U0053347

世界哲學家叢書

亞里斯多德

曾仰如　著

傅偉勳／韋政通　主編

東大圖書公司

國家圖書館出版品預行編目資料

亞里斯多德／曾仰如著.－－二版一刷.－－臺北市:
東大, 2012
面; 公分.－－(世界哲學家叢書)

ISBN 978－957－19－0149－7　(平裝)

1.亞里斯多德（Aristoteles, B.C.384－322）－學識－哲
學

141.5

© 　亞里斯多德

著 作 人	曾仰如
發 行 人	劉仲文
著作財產權人	東大圖書股份有限公司
發 行 所	東大圖書股份有限公司
	地址　臺北市復興北路386號
	電話　(02)25006600
	郵撥帳號　0107175－0
門 市 部	(復北店) 臺北市復興北路386號
	(重南店) 臺北市重慶南路一段61號
出版日期	初版一刷　1989年3月
	二版一刷　2012年11月
編 　　 號	E 140290

行政院新聞局登記證局版臺業字第○一九七號

有著作權‧不准侵害

ISBN　978－957－19－0149－7　　(平裝)

http://www.sanmin.com.tw　三民網路書店

※本書如有缺頁、破損或裝訂錯誤，請寄回本公司更換。

《世界哲學家叢書》總序

　　本叢書的出版計劃原先出於三民書局董事長劉振強先生多年來的構想，曾先向政通提出，並希望我們兩人共同負責主編工作。一九八四年二月底，偉勳應邀訪問香港中文大學哲學系，三月中旬順道來臺，即與政通拜訪劉先生，在三民書局二樓辦公室商談有關叢書出版的初步計劃。我們十分贊同劉先生的構想，認為此套叢書（預計百冊以上）如能順利完成，當是學術文化出版事業的一大創舉與突破，也就當場答應劉先生的誠懇邀請，共同擔任叢書主編。兩人私下也為叢書的計劃討論多次，擬定了「撰稿細則」，以求各書可循的統一規格，尤其在內容上特別要求各書必須包括(1)原哲學思想家的生平；(2)時代背景與社會環境；(3)思想傳承與改造；(4)思想特徵及其獨創性；(5)歷史地位；(6)對後世的影響（包括歷代對他的評價），以及(7)思想的現代意義。

　　作為叢書主編，我們都了解到，以目前極有限的財源、人力與時間，要去完成多達三、四百冊的大規模而齊全的叢書，根本是不可能的事。光就人力一點來說，少數教授學者由於個人的某些困難（如筆債太多之類），不克參加；因此我們曾對較有餘力的簽約作者，暗示過繼續邀請他們多撰一兩本書的可能性。遺憾的是，此刻在政治上整個中國仍然處於「一分為二」的艱苦狀態，

加上馬列教條的種種限制，我們不可能邀請大陸學者參與撰寫工作。不過到目前為止，我們已經獲得八十位以上海內外的學者精英全力支持，包括臺灣、香港、新加坡、澳洲、美國、西德與加拿大七個地區；難得的是，更包括了日本與大韓民國好多位名流學者加入叢書作者的陣容，增加不少叢書的國際光彩。韓國的國際退溪學會也在定期月刊《退溪學界消息》鄭重推薦叢書兩次，我們藉此機會表示謝意。

原則上，本叢書應該包括古今中外所有著名的哲學思想家，但是除了財源問題之外也有人才不足的實際困難。就西方哲學來說，一大半作者的專長與興趣都集中在現代哲學部門，反映著我們在近代哲學的專門人才不太充足。再就東方哲學而言，印度哲學部門很難找到適當的專家與作者；至於貫穿整個亞洲思想文化的佛教部門，在中、韓兩國的佛教思想家方面雖有十位左右的作者參加，日本佛教與印度佛教方面卻仍近乎空白。人才與作者最多的是在儒家思想家這個部門，包括中、韓、日三國的儒學發展在內，最能令人滿意。總之，我們尋找叢書作者所遭遇到的這些困難，對於我們有一學術研究的重要啟示（或不如說是警號）：我們在印度思想、日本佛教以及西方哲學方面至今仍無高度的研究成果，我們必須早日設法彌補這些方面的人才缺失，以便提高我們的學術水平。相比之下，鄰邦日本一百多年來已造就了東西方哲學幾乎每一部門的專家學者，足資借鏡，有待我們迎頭趕上。

以儒、道、佛三家為主的中國哲學，可以說是傳統中國思想與文化的本有根基，有待我們經過一番批判的繼承與創造的發展，重新提高它在世界哲學應有的地位。為了解決此一時代課題，我們實有必要重新比較中國哲學與（包括西方與日、韓、印等東方

國家在內的）外國哲學的優劣長短，從中設法開闢一條合乎未來中國所需求的哲學理路。我們衷心盼望，本叢書將有助於讀者對此時代課題的深切關注與反思，且有助於中外哲學之間更進一步的交流與會通。

最後，我們應該強調，中國目前雖仍處於「一分為二」的政治局面，但是海峽兩岸的每一知識份子都應具有「文化中國」的共識共認，為了祖國傳統思想與文化的繼往開來承擔一份責任，這也是我們主編《世界哲學家叢書》的一大旨趣。

傅偉勳　韋政通

一九八六年五月四日

自 序

　　英國名歷史學家兼小說家威爾斯 (H. G. Wells, 1866–1946) 當被問及世界歷史上三大偉人為何許人也？曾經一番思索之後，肯定地指出，非耶穌基督、釋迦牟尼、亞里斯多德莫屬，由於前二者對人類意志的影響至深至鉅，而亞里斯多德乃對人類理性方面的影響最為深遠。

　　的確，亞氏曾引導人們作有系統的思考，如何根據客觀事實作分析、綜合的工夫，以成功地達到追求真理的目的，從而決定了西方學術的發展方向，直接或間接地塑造了西方人的思想模式，其功厥偉，無可倫比。

　　「人天生有求知慾」，此乃亞氏在《形上學》上開宗明義之言，亦為千古名句，所以他對各種事物鉅細靡遺，付諸極大的興趣與關懷，並加以鑽研與探微。因此生在二千五百多年前，亞氏即能把在他之前和同時代的人所思、所言，及所提出的問題做通盤的討論、思考、徹悟之後均能提出相當正確的解決之道。

　　亞氏還發明了科學研究方法與嚴謹的推理模式，以便有條不紊地整理、推論與分析當時所有有關於全部人類的廣泛知識。由於在其時科技的不發達，資訊之貧乏，研究對象距當時年代的久遠，考證遺賢文獻之不易，他所能利用的工具與資源亦甚有限，

是以，亞氏的知識領域亦受某種程度的限制，故在天文學與其他自然科學上難免有所偏差。縱然如此，他仍力圖克服環境上的困難，以銳利的觀察力、豐富的閱歷、出類拔萃的才智、客觀的態度、冷靜的思考、無比的毅力在各種學科上，為全人類作了最大的貢獻，因而能成為一位史無前例的一代宗師，集天文學家、生物學家、心理學家、史學家、哲學家於一身。「他的著作汗牛充棟，而這些著作實在包含了人類各項優美的才華，因此，我認為它們是很合適於編排成一個目錄。」以上是寫哲學家生平的傳記作家狄奧黎詩鳥斯 (Diogenes Laertius) 對亞氏的讚語❶。的確，亞氏對人類文化與文明影響之大，雖不敢言絕後，然確實是空前的，吾人若要詳作敘述，恐怕要寫成一本如同西洋思想史那般的長篇著作。

亞氏也是首先研究比較政治及分析各種政體之優劣的學者，並深入的探討人所具有的心理、生理和倫理活動。他對個人與國家、教育與法律、德行與幸福的關係所作的分析，使他成為舉世無雙、無可匹敵的第一流倫理、政治、教育學家。他對文學、詩詞和戲劇的透視與評論所產生的影響力更是不同凡響、歷久不衰；自然他對邏輯學和形而上學的貢獻更是無人可出其右、堪與比擬。因此，研究亞氏思想的發展史專家耶克爾 (W. Jaeger)，當其評估亞氏的歷史地位時所作的評論堪稱中肯：「亞里斯多德這個名字乃意味客觀、永恆、長久以來的整個抽象思想界之知識巔峰，及士林哲學家心目中之偶像。……雖然今日已不像過去一樣，把他視為真理的化身，然而，作為西方知識界的巨擘，其在歷史上的重要性與影響力，的確並不因著過去五百年，人們為了擺脫其思想

---

❶ *Lives of the Philosophers*, V. 21.

之窠臼，給歐洲文化所帶來的哲學成就而減低。」❷所以亞氏永遠是大詩人但丁心目中承先啟後的「智者之師」(il maestro di color che sanno)。「哲學家的代表」(The Philosopher)、「學問之父」、「真理的化身」、「智慧的象徵」、「知識的結晶」等尊稱，對亞氏而言，誠為實至名歸也。

　　緣於此，吾人委實對他有加以研究之必要。筆者鑑於國內介紹其思想的書籍寥寥無幾，是故即使個人才疏學淺，仍大膽著手進行撰寫之工作，雖然其間經歷諸多困難，夜闌人靜擲筆而嘆，然而仍奮力不懈，期能對讀者作周全的介紹與忠實的交代，但限於篇幅難免有遺珠之憾，尚祈前輩高明指正，不勝銘感。

曾仰如謹識

民國七十八年一月

---

❷　"The name of Aristotle suggests impersonality, timelessness, intellectual sovereignty over the whole world of abstract thought throughout long stretches of history, and scholastic idolatry...But the days when he was identified with truth itself have passed. His historical importance as the intellectual leader of the West is certainly not lessened by the fact that the evolution of independent philosophical achievement in European culture has taken the form of a five-hundred-years' struggle against him." (*Aristotle: Fundamentals of the History of His Development,* Oxford:The Clarendon Press, 1962, p. 368.)

代號說明

Ana. Pr.	=	*Prior analytics.*
Ana. Post.	=	*Posterior analytics.*
Cat.	=	*Categories.*
De An.	=	*De anima.*
De gen. et corrupt.	=	*De generatione et corruptione.*
De Inter.	=	*De interpretatione.*
De Juv.	=	*De juventute.*
De Memo.	=	*De memoria.*
De resp.	=	*De respiratione.*
E. E.	=	*Eudemian ethics.*
E. N.	=	*Nicomachean ethics.*
G. A.	=	*De generatione animalium.*
H. A.	=	*Historia animalium.*
I. A.	=	*De incessu animalium.*
M. A.	=	*De motu animalium.*
Meteor.	=	*Meteorologia.*
Met.	=	*Metaphysics.*
M. M.	=	*Magna moralia.*
P. A.	=	*De partibus animalium.*
Phys.	=	*Physics.*
PO.	=	*Poetics.*

Pol.   = *Politics.*

Rhet.   = *Rhetoric.*

Soph. El.   = *Sophistical Elenchi* (*refutations*)

Top.   = *Topics.*

目 次

第一章　生　平

　　大詩人但丁在其《神曲》的〈地獄篇〉中曾提到：「吾見承先啟後之一代宗師，居間而坐於群哲之中，備受萬人頌揚與推崇，柏拉圖與蘇格拉底貼身而立，侍於兩側以示尊崇。」❶由這首讚美詩中，我們可以了解過去兩千年來人們給予亞里斯多德的封號：「哲學大師」(The Philosopher) 實是名副其實當之無愧。

　　亞氏之所以能始終保持不墜的聲譽，成為智慧的巨人，在希臘三哲中列為翹楚，乃是由於他是一位不眠不休的學者，對學問與知識的研究充滿了熱忱與專注，對真理的追求相當執著，頗知擇善固執，不屈不服，因此他常以「吾愛吾師，吾更愛真理」的精神來努力鑽研，甚且以此飽受他人的指責與批評，但是即使遭受非議及中傷，亞氏就哲學的立場上仍秉持追尋真理為職志及奉之為一生之最崇高境界。所以整個古代的文明在他的俯覽之下更見光芒萬丈，而亞氏自身對西方文化的了解與貢獻，在人類歷史上能舉足輕重更能長期支配人類思想的智者中，吾人深信除了亞里斯多德之外，再也無人能出其右，與之並駕齊驅。所以其成就

---

❶　"Vidi 'l maestro di color che sanno, seder tra filosofica famiglia. Tutti lo miran, tutti onor li fanno. Quivi vid'io Socrate e Platone, che 'nnanzi a li altri più presso li stanno." (Divina Comedia, *Inf*. IV 131–135.)

與影響，雖不敢說是絕後，但絕對可謂空前，值得我們敬佩不已。

有關亞里斯多德的生平資料十分有限，加以年代久遠，許多事實之可考性，亦非常艱難，因此所能搜集到的也只是斷簡殘篇，未能窺其全貌，對於一個曠世不朽之智慧巨人，其生平點滴無法深入介紹，殊屬遺憾之至。

亞里斯多德大約生於西元前 384 年，其出生地為加勒比半島東北岸名叫斯達奇拉的小鎮，故也常被稱為來自斯達奇拉者 (The Stagirite)，現在則叫斯達布羅 (Stavro)，有人將那種非希臘血統的特質歸因於他出生於北方斯達奇拉 (Stagira)❷，而事實上斯達奇拉是完完全全屬於希臘的小鎮；Andros 和 Chalcis 時代開始成為希臘的殖民地，也是一個商港，其居民操埃阿尼亞 (Ionia) 方言。亞氏的父親宜高邁 (Nicomachus) 是屬於 Asclepiadae 宗族，似乎在西元前第七或第八世紀時從 Messenia 移居而來。母親費斯蒂 (Phaestis) 屬於歐末米亞 (Euboea) 島上的嘉基 (Chalcis) 族，同時後來也成為亞氏避難投奔之處。

據悉亞氏之父是馬其頓國王阿敏達二世 (Amyntas II) 的御醫和朋友，亞里斯多德便因此淵源和馬其頓皇室發生了長久的親密關係，從此對於他的一生事業極為重要且有關連。因此可以確知的是亞里斯多德的部分少年時光是在皇家所在地白拉 (Pella) 渡過的。由於出生於醫生家庭，自幼即耳濡目染，於是自然而然的享有充分的機會與良好的環境來刺激他，使他養成對自然科學，尤其對生物學方面的興趣及使與生俱有的科學氣質得以更上一層樓。Galen 曾說了一些有關 Asclepiad 家族在解剖方面如何訓練他們的子弟，使其具有基本的醫學常識及處理能力。所以亞里斯多

❷　D. Ross, *Aristotle* (Norwich: Jarrold and Sons Ltd., 1960), p. 1.

德極可能也接受了這些方面的訓練，因此也許當他的父親在給病患動手術之時，亞氏曾從旁協助，所以便有人指謫亞里斯多德曾是一個密醫 ❸，但是據說亞氏本身似乎也曾當過阿斯格爾比亞 (Asclepiad) 醫師公會之會員，並且亦曾在斯達奇拉 (Stagira) 懸壺行醫，至於真象如何？今人實難以獲得確切之查考。

由於他出自於一個富裕的家庭，因此傳言中的亞里斯多德是一個紈袴子弟，衣著十分講究，華麗無比，手指常戴戒指，並蓄著在當時頗為時髦的短髮，表現出一種貴族子弟所特有的氣派，舉止相當溫文儒雅。至於他的外表及生活形式上之表現，由於有關這方面的資料甚少，有的亦僅是些微不足道的細節，因此頗多穿鑿附會之說，實不足為信。但是有一個比較可信而傳統的描述指出：亞氏是一個禿頭、腿極瘦長、小眼、說話時口齒不清，但卻是位非常出色的演說家，用詞清晰明暢、言簡意賅，口才犀利極具說服力。而且機智過人，反應靈敏，在與之談論時，常有令人招架不住之嘆！許多與他為敵的奸邪小人，刻意的加以攻擊、誣蔑，指出亞氏是個傲慢蠻橫、浪漫輕率、不拘小節、自我縱容的人；亦有人指責他的為人常有優柔寡斷、夜郎自大的表現，這些惡毒而毫無意義的詆毀，在當時雖時有傳聞，或大放厥詞以訛傳訛加以醜化，但是卻絲毫無損於後人對亞里斯多德的崇拜與信服，因為亞氏這個人與其說是和藹可親，不如說是令人敬佩來得恰當。如果我們想要多了解亞里斯多德的為人，或許可以從他在處理遺囑上窺知一二。我們從黎詩烏斯 (Laertius) 所保存的一份甚有價值的文件（亞里斯多德的遺囑）中看出亞氏的仁慈和開明，在其遺囑中表明將按妻子琵蒂亞斯的意思遺體與妻合葬，將家產

---

❸　Ibid., p. 2.

留給家人和其兩個孩子，留給曾與其同居的女子赫比麗斯的是衷心的感情和熱愛，給他的幾個奴隸的是保證在他死後或女兒出嫁之後還給他們自由，由此安排中，可以看出亞氏的責任感、設想周到，以及寬大為懷的胸襟，設若前者所言亞氏之為人與此印證之下，謠言應是不攻自破，絲毫無傷於此一代哲人。

　　亞里斯多德年幼時，雙親即相繼過世，乃由勃克洛舍士 (Proxenus) 這位親戚監護成長，後來亞里斯多德為回報撫養之恩，也領養了勃克洛舍士的兒子尼嘉諾 (Nicanor)。在亞氏十八歲時，勃克洛舍士將其送入當時世界智識中心的雅典去接受教育，從此進入了柏拉圖學院親炙柏氏的教誨整整有十八至二十年之久❹，直到柏拉圖逝世方才離去。事實上在當時並不是哲學生活吸引了他進入這所學院，而只是在基本上為了接受希臘所能供給的最佳教育罷了！但是姑且不論其進入這所學院之動機為何，柏拉圖的思想影響其一生的思想乃無庸置疑。這一次在雅典的停留是其智能發展的三個階段中之第一個，在此段時間，亞氏所表現的是一種迥然與眾不同，非常人所可及的好學精神和毅力，舉凡一切門類的知識無不努力鑽研，從不厭倦。傳說中他曾自製一個機器，用來驚醒自己，使睡魔不致打斷他的研究，以此來鞭策惕勵自己，如此專心一致的求知，因此儘管在興趣上、方法上、及論點上，蘇格拉底、柏拉圖及亞里斯多德有許多不同點；但這三位偉大的哲學家創造出一個如班布拉 (Kenford Bambrough) 所說的緊密的智慧王朝，此三人在哲學界的成就同為永垂不朽，影響後人至深至鉅。

　　雖然亞氏如此不眠不休的在柏氏的身旁接受教育，討論哲學

---

❹　各家說法不一，有人說達二十年，有的則說達十八或十九年之久。

問題，經過長時期的薰陶及思想的洗禮，但卻並不因此完全接受所有柏拉圖的思想，在許多方面他們的思想是大不相同的。有一句話其意為：「世人的心不屬於亞里斯多德，則必屬於柏拉圖。」似乎從中蘊涵著亞里斯多德和柏拉圖互相反對的意味，而實則不然。凡是真正了解亞里斯多德的人，絕不會把他的體系認為和柏拉圖的完全相反，雖然在某些觀點上迥異，但是吾人仍應確定亞里斯多德是柏拉圖派當中最偉大、最能發揚光大其學說的一個。因為他的體系仍然是建立於「觀念」之上，企圖建設一種免於柏拉圖的缺點之理想主義，他的體系實際上就是柏拉圖哲學的發展。換言之，亞氏無法不受柏拉圖學說的影響。但是當柏拉圖正在發展他的後期辯證法，並逐漸在心中找到宗教傾向的基礎時，亞氏很可能開始注意到經驗科學的問題，所以師生間顯然已有了見解上的分歧，因此一度是柏拉圖最忠實的信徒，而被柏拉圖稱為「最優秀的學生」、「學校的主腦」，卻因二人觀點上的日趨差異，而逐漸導致他們之間的關係似乎不再似從前般的親密。但柏拉圖在世時，他們師生顯然不曾有過嚴重的分歧，亞氏始終是學院裏忠實的一份子。在一些有名的著作章節中，他很關懷的提出一些對柏拉圖的批評，然而此乃基於真理之前，不得不也，誠如孟子所言：「余豈好辯哉？余不得已也！」吾人從其名言：「吾愛吾師，吾更愛真理」❺中證明其赤誠之心及對真理不得不之苦衷。

---

❺ "We had perhaps better consider the universal good and discuss thoroughly what is meant by it, although such an inquiry is made an uphill one by the fact that the Forms have been introduced by friends of our own. Yet it would perhaps be thought to be better, indeed to be our duty, for the sake of maintaining the truth even to destroy what touches

　　然而正如同古代任何偉人一樣，亞氏仍少不了有一些中傷者，
所謂樹大招風，欲加之罪何患無辭。這些與他敵對的人，曾指控
亞氏對柏拉圖的無禮，甚至指謫他對老師的忘恩負義，指亞氏在
學院中肆意搗亂，製造事端，引起同學中的破裂，並常與柏氏大
唱反調，而使柏氏大感頭痛，以致柏拉圖的晚年落落寡歡甚為痛
苦。如果把柏拉圖的煩惱歸罪於亞里斯多德，實為無稽之談，毫
無事實根據，亦欠公平，對於一位哲人肆意在其人格行徑上擅作
攻擊，誠已失君子之風。所以我們必須根據所知加以分析與澄清。
設若亞里斯多德站在完全反對的立場，倘若真與柏氏貌合神離，
甚至採取與老師截然不同的哲學主張，那麼試想亞里斯多德又何
需且樂意長時期的留在學院裏，二十年不算短的歲月列於柏氏門
下，直到柏氏逝世始離去，如此作法豈不令人費解？此外在柏氏
死後，亞氏在追悼文中備極推崇柏氏之為人：「使邪惡之輩連讚美
他的資格都沒有，他又以生平及教學，讓世人知道快樂與美善如
何同時得兼。」❻設若二人苟有不和，如此肺腑之言豈僅止於虛飾
做作。故很肯定的是，亞氏將柏拉圖視為良師益友，推崇有加欽
佩不已。

　　事實上柏拉圖亦深知這位來自北方野蠻國的學生是偉大的，
他亦曾讚美亞氏為學院之主腦 (the mind of the school)、勤讀者
(the reader)，幾乎將其視為智慧的化身，所以對於一些無中生有
的傳言，固然不因受於無風不起浪，有煙之處概曾有了火之惑而

---

us closely, especially as we are philosophers or lovers of wisdom; for, while both are dear, piety requires us to honour truth above our friends." (*E. N.* I, 6, 1096a12–16.)

❻ Frag. 623. (D. Ross, *Aristotelis Fragmenta*, Berlin, 1870 edt.)

深信不疑,但也不必因此對這位偉人之人格有所懷疑或大打折扣,因為畢竟眾所皆知的是:他們都是天才,都是西方大哲,在基本上師生的關係曾持續了二十年之久,這才是事實,至於傳說也就歸傳說,置之一笑罷了。

在學院中的二十年,他不僅僅是一位學生,也是一位求知慾極強的研究者,在古代的哲學學院中是把共同理想、抱負、精神及基本看法的人連在一起所組成的團體,但各人卻能相當獨立地從事自己的研究,尤其我們可以肯定,在這些年裏亞里斯多德自己在研究自然科學上,比柏氏或學院中的任何人所能教他的更下工夫。他曾授過課,也許只教修辭學。在這段時間內,他可能寫過一些如今已遺失的著作,但在這些著作中他以迎向大眾胃口的方式來寫出一些不太具有創見的哲學思想,而且好像也開始寫一些目前尚存的著作。

西元前 348-347 年,柏拉圖逝世,當時亞里斯多德、齊諾克雷弟斯 (Xenocrates) 及柏拉圖的外甥斯皮優西帕斯 (Speusippus) 三位同時被列為學院繼承人的候選人,後來斯皮優西帕斯被選上了以後,繼續主持一切校務,他與亞里斯多德的見解不盡相同,於是亞氏終於決定與齊諾克雷弟斯一起離開雅典。然而亞氏之所以離去並不全然是與斯皮優西帕斯的尷尬關係,或牽涉到學院中的其他份子,因為沒有證據顯示二人之間或與其他份子間有敵意的存在。所以另一種說法指出極有可能是與當時的政治情況有關,因為在當時馬其頓王菲力普二世掠奪了奧林達斯 (Olynthus) 之後,奧林達斯的衰落及希臘盟邦的分崩離析,造成了雅典的反馬其頓傾向和氣氛,使雅典不再適合成為和馬其頓有關的外國人之居所。不論他是基於那一個理由離開雅典,事實上他與同伴齊諾

克雷弟斯離去之後，便接受赫米亞 (Hermeias) 的邀請到小亞細亞的阿梭斯 (Assos) 建立分院。赫米亞原本是個奴隸，起義後成為 Atarneus 和 Assos 的統治者，是馬其頓王的朋友，也是一位哲學的愛好者，據悉亦曾於柏拉圖門下受教兩年，亞氏和其同伴來到阿梭斯定居之後，赫米亞對亞氏非常禮遇和欣賞，除了將亞氏和齊諾克雷弟斯這兩位少年哲學家待為上賓之外，亞氏一行人在此可以無拘無束的鑽研哲學，並時常在庭院中討論，他們的一切生活所需都由赫米亞供給。

這段期間他與赫米亞相處非常和諧，可謂莫逆之交，赫米亞的為人很好，學問頗高，對亞氏幫助亦大，尤其在科學方面，因為當亞氏停留於東愛琴海 (the Eastern Aegeam) 的那段期間，他進行了許多奠定他科學聲響的重要工作，在這方面有其特有的表現。更由於赫米亞向來對亞氏的激賞與讚揚，便將其姪女（或有說養女），後被收為義女的琵蒂亞斯 (Pythias) 嫁給亞氏為妻，生了一個也叫琵蒂亞斯的女兒，夫妻生活十分圓滿幸福，亞氏在其遺囑中提起她時，字裏行間仍充滿了情意綿綿，無限深情之意流露無遺，並囑人將其與琵蒂亞斯同葬。亞氏在琵蒂亞斯死時，正與另一女人赫比麗斯 (Herpyllis) 住在一起（同居但未結婚），且生了一個兒子叫小宜高邁 (Nicomachus)，亞氏衷心的熱愛過這兩位女子和他們的孩子，由此可知亞氏的浪漫多情但極具責任感。

亞氏在阿梭斯停留期間，赫米亞正施行著一種傳統式的專制，他被人罵為一個暴君、一個野蠻、沒有男子氣概的傢伙，但是姑且不論其為人如何，自始至終與亞氏的情誼非常深厚，亞氏也非常尊敬他，因此當西元前 341 年赫米亞遭波斯人之陷害，被推翻甚至以釘十字架的殘酷方式處死，卡利斯山尼士曾經寫下一篇哀

悼文，並述及亞氏也為赫米亞寫下讚美詩，後來即使因此詩引來非議，但亞氏仍不以為悔，可見赫、亞二人知己之交，無可置疑。

　　亞氏滯留阿梭斯的第三年末，遷移到靠近萊滋波斯島 (Lesbos) 的米提蘭尼 (Mitylene)，雖不知他為何遷到該地，但是在此地邂逅了同一島上艾雷蘇斯 (Eresus) 地區的青年狄奧華都 (Theophrastus)，這位青年後來成為他最得力的助手與學生。不久，亞氏返回故鄉斯達奇拉城，直到他答應菲力普國王的徵召才離開。在阿梭斯停留的這段期間是亞里斯多德哲學生涯的第二階段之開始，又可稱為旅遊階段，此乃亞氏研究生物學領域對自然科學發生興趣的時光。亞氏觀察並收集有關天文學、氣象學、化學、物理學、心理學的種種資料，但是就其為科學的研究者而言，他的主要聲譽卻建立在動物學與生物學上。亞氏對動物的研究不但為他的生物學奠定了基礎，而且直到他死後二千年才有新理論予以取代，其成就不可不謂大矣。這些偉大的作品，可能大多在阿梭斯及萊滋波斯二地完成，因此由那些常常在生物學中出現的地名可得知亞氏觀察所及之地區，並看出東愛琴海乃是主要的研究之地。

　　在西元前 343 或 342 年，亞里斯多德應馬其頓國王菲力普二世之邀請，成為十三歲的亞歷山大太子的家庭教師。菲力普乃是在當時最強而有力的國王，正為其子物色一位最偉大的教師，聽到了亞氏的聲名，並曾由赫米亞之處得知亞氏的博學和智慧，因此選中了亞氏，亦由此可見亞氏在當時的聲名已蒸蒸日上，博得國王之青睞。而亞里斯多德此刻自身也想改變他與馬其頓政府的關係，由於這個職位能提昇他在馬其頓朝廷的地位和影響力，受到相當的尊重和禮遇，所以亞氏欣然答應從事教職。

　　亞氏來時，亞歷山大還是個暴戾的青少年，激動易怒，有癲癇性氣質，並甚嗜酒，他的消遣就是馴服人們所無法馴服的悍馬。自從接受教職之後，無人得知究竟亞氏傳授何種學問給亞歷山大，但是可確定的是，亞氏曾致力於鎮定亞歷山大那蘊發中的火山之火，然而他對付亞歷山大還不如亞歷山大對付其野馬來得成功！雖然在教學的效果上並不顯著，但是的確也曾給這位年輕的王子立下道德表率，作為依循。亞里斯多德教育亞歷山大的主題可能落在荷馬和其他希臘戲劇家的作品，這是希臘教育的主要部分。據說亞氏曾將荷馬的《伊里亞特》加以改編傳授予亞歷山大，因為亞歷山大的智力也的確足以接受更高深的知識。

　　亞歷山大在跟隨老師的五年求知生涯中，倒是頗知敬師如父的道理，據布爾達克的說法：「亞歷山大敬師如父，他說父親賦我以生命，而亞氏則教我以生活之道。」因此亞歷山大曾認真的和老師討論統治者的職責及治理國家的藝術。亞氏也曾為亞歷山大編了兩本書，其一為《君王論》(*On Monarchy*)，其二為《殖民地論》(*On Colonies*)。這是此位希臘偉大的君王及殖民者所最感興趣的課程。起初在 Pella，後來在附近的 Mieza 皇家城堡中，亞里斯多德與亞歷山大在一起研討時，亞里斯多德的精神尤其放在政治問題上，因而傾全力大量的收集希臘各城邦的憲法觀念，藉此也幫助了亞歷山大。至於亞歷山大的天分頗高，不光是研讀哲學，更而實行了征服亞洲，統一世界的雄圖。亞里斯多德反對進而曾警告過亞歷山大，因為亞氏堅信征服亞洲與東方文化相融和的意念相衝突，而不願希臘人與東方人相提並論，然而師生的關係並未因此而完全破裂，但在西元前 340 年亞歷山大攝政之後，亞氏傳道、授業、解惑的生涯也告結束，因此離開了馬其頓，從此他

們的關係逐漸淡薄，甚少往來，後來更因為亞氏的姪子嘉黎斯蒂尼 (Callisthenes) 隨亞歷山大出征波斯時（以史學家身份隨行），因叛國罪於西元前 327 年被賜死，自此二人關係十分冷淡不再有任何親近之跡象，亞氏在生物學文章中甚少提到這位大帝的名字，在其他著作裏更從未曾提及。不過在那段授課期間，亞氏最大的收穫在於與馬其頓建立起良好的友誼關係，尤其和安第巴特 (Antipater) 往來融洽，安第巴特於亞歷山大出征亞洲時被委派代理主持國政，後來成為希臘最強而有力的統治者。

　　西元前 335–334 年，亞里斯多德在菲力普二世崩逝之後，不久重回雅典，於是開始了其生命中最豐富的黃金歲月，一段最美好的時光。但他並沒有重回柏拉圖學院，雖然此時好友齊諾克雷弟斯已繼斯皮優西帕斯成為學院的主持人，但亞氏另作安排。在雅典城外，東北方向 Lycabettus 與 Ilissus 山之間，有一個供奉阿波羅梨塞翁 (Apollo Lyceius) 和其他女神 (Muses) 的廟宇附近有一個林園，柏拉圖曾提過這是蘇格拉底最愛去的地方。亞氏因是外國人不能買下，故只租了房子，建立了屬於他自己的學校——梨塞翁 (Lyceium－Lyceum)，故後人以「梨塞翁」為學術機構之代稱。

　　由於每天早上他與學生們在廊屋與樹木間徜徉，討論深奧與難解的哲學問題，「漫步學派」(Peripatetics) 因此而得名；在下午或傍晚則向較多的聽眾發表較淺的思想觀念，傳統上深奧難懂的課程與一般性課程都有區別的。因此入門的學生很多，各依程度，各依所需來學院中求知，所以無論這間亞里斯多德創建的學院看起來是多麼的不正式，但是卻相當的重要。而事實上，它像是一所大學或學術機構，具有團體性的組織和規則，方能維持秩序。

亞里斯多德亦領導學生組織一個委員會，每十日由一位委員來監督學校，並負責處理各種事務，答辯新生所提出之問題。也聽說亞里斯多德訂下規矩要委員每月聚餐討論一次，一同逍遙悠遊於運動場旁邊的散步道上，而學生也在此時提出質疑，接受老師的教導。

亞里斯多德住在梨塞翁，致力於教育與著述的工作，歷經十三載，由西元前 335–323 年是其哲學活動的第三個，同時也是其最後的一個階段，我們稱之為梨塞翁階段或第二次雅典時期，幾乎可說是集其一生中最寶貴、最有價值、最具效力的一個時期。不但收集了許多哲學家及科學家的著作，而且創始了前所未有的一項重要的工作，就是對各種學科作學術性的研究。此外我們知道所殘存的講義、文獻和重要著作，都是在當時完成的。亞氏於經營這所學院的艱難過程中，十三年的辛勤耕耘和心血的付出是沒有白費的，他著手進行了收集數百篇的手抄稿和一些地圖，存放在一個足以展示以他的講義為主的博物館，然而梨塞翁學院不同於柏拉圖學院的是：柏拉圖學院著重數學、冥想及政治哲學，而梨塞翁則注重生物學、歷史與自然科學，因而亞氏特別重視從事於科學之研究，他花了許多時間進行第一手之原始研究。據說亞歷山大曾給了他八百達崙 (talent)（約等於四百萬美元）的物理學及生物學設備費與研究費，這麼一筆龐大的經費，加上自己本身已有的可觀收入，以及由於婚姻給他帶來了希臘最有權勢的公民財產，有此足夠的財力作後盾，於是亞里斯多德能安心的作收集和研究的工作。傳聞中有一個動人的故事：亞歷山大曾經為了滿足其了解動物性質的求知慾，因而派遣了幾千人遍佈在希臘及小亞細亞一帶，以供亞氏自由支配運用，所以亞氏能夠任意的動

用全馬其頓帝國的獵人、捕鳥人、漁夫及園藝師們，當觀察到一些有趣的科學現象時，都要向亞里斯多德報告，雖然這些報告的內容，或許有些過於誇大其辭加以渲染，或許有些毫無價值可言，亞氏也未必見得能如預期中的從這些遠來的訊息，得到相當確實的知識，但是從他們所提供的動植物資料中，至少總有些是有事實根據的，亞氏對於這些資料都能謹慎而適當的使用，因而亞氏的作品仍然或多或少要依賴這些專業人員所提供的資料，以如此豐富的資源，亞氏建立了世界上最早的動物園，對亞氏在科學上、哲學上的研究有莫大的影響。

　　在西元前 323 年六月，亞歷山大逝世之後，那些向來竭力維護自己權利的希臘人不禁欣喜若狂，在雅典反馬其頓的情緒也因此暴發高漲起來，難以遏抑平息。亞里斯多德並非馬其頓的官員，而其自身在梨塞翁學院所傳授的政治理論，也與馬其頓的利益相違背，但是儘管如此，由於他的馬其頓血統，更由於他曾與青年時期的亞歷山大關係密切，再加上亞氏擁有許多馬其頓的朋友，因此很自然的成為被人們聯想、猜疑與反對的對象，甚至竟遭池魚之殃被控以瀆神之罪名，基於學院與柏拉圖學派對他的敵意，加上政治因素的敏感以及曾給赫米亞寫過墓誌銘、哀悼文，因此罪名幾乎被判定了，亞氏不願意看到那些陪審員及盲目的群眾對他懷有敵意的眼光及批評。而當時群眾情緒的激動憤怒喪失理智的舉動，與處死蘇格拉底之群眾情緒上的表現態度已可相提並論不分軒輊，亞氏不願意看到雅典人再度冒犯哲學，而他自己又步上蘇格拉底的後塵，所以在未接受審判之前，乃毅然而然的作了一個明智的決定，離開雅典，即使是百般無奈，由於沒有選擇之餘地。亞氏的這種舉措，絲毫沒有怯懦或非法之處，因為在當時

雅典的法律上明文規定，凡是所有被控告的人，均有權利決定自己遠離這個城市的自由，所以亞氏絕非吾人所想像之畏罪潛逃，若有人作如是想，乃荒謬之至！

亞氏到達了卡爾西斯 (Chalcis) 之後，雖仍致力於將雅典人由再次的反哲學罪惡中拯救出來的工作，但是生活自此陷入孤寂落寞中，因此抑鬱以終 (322 B. C.)，逝世時享年六十二歲。

綜觀亞氏的一生充滿了多彩多姿，有年少的貴族氣派浪漫多姿的時光，有成熟穩重甚受禮遇的授業生活，有在梨塞翁學院鑽研真理及與學生相處之愉快而燦爛的回憶，終至黯然放棄功成名就，回歸平靜的沉寂老年，一代宗師自此似一顆巨星殞落在暮色蒼茫中，逐漸消失它的燦爛光芒，自此人類又即將陷入黑暗之中，再永無止境的期待哲學復活的曙光，正可以中國的一句讚語形容：泰山其頹乎，梁木其壞乎，哲人其萎乎！一代哲人的一生雖不代表神奇，雖未具任何傳奇色彩，但在其生平極為平凡中散佈了智慧的光芒，自是理性的化身，哲學家的代表，故後人每每在書中提及「哲學家」三字，即專指亞里斯多德，可見今人給予其尊崇和莫大的評價，也許在當時未見聲名遠播，地位至高無上，但是吾人仍可確知的是他在希臘享有盛名是無庸置疑的，現在我們僅以雅典人為其所樹立的碑銘作結：「對雅典貢獻良多，全心為雅典人服務，尤其是為了提高雅典人的利益，而在菲力普國王面前加以仲裁、遊說。」可見亞氏在人民的心目中佔有舉足輕重的地位，在哲學界居於首屈一指，永遠作為智慧的先驅，指引人們邁向真、善、美的崇高境界，永享千秋萬世的歌頌與欽崇。

年　表

西元前 384 年	亞里斯多德生於加勒比半島東北岸斯達奇拉小鎮，其父倪考馬可斯（宜高邁）是馬其頓宮廷御醫。
西元前 367 年	亞氏十八歲時前往雅典，在柏拉圖門下從學，達二十年之久。
西元前 348-347 年	亞氏離開雅典，接受赫米亞之邀請前往阿梭斯，停居三年，與赫米亞姪女結婚後又與另一女人同居。
西元前 342 年	亞里斯多德應馬其頓國王菲力普二世之請，前往 Mieza 教導時年十三的亞歷山大大帝，一共五年。
西元前 335-334 年	亞氏重回雅典，並開始在梨塞翁講學。
西元前 323 年	亞歷山大逝世；亞氏被控瀆神罪，乃離開雅典，轉往卡爾西斯。
西元前 322 年	亞里斯多德逝世於卡爾西斯，享年六十二歲。

第二章　著　作

　　當梁啟超先生於對亞里斯多德推崇備至之餘，曾說：「大哉亞里斯多德，生乎二千年以前，而令今世之言哲學者、言名學者、言數學者、言天文學者、言心理學者、言倫理學者、言生計學者、言政治學者，無不崇拜之以為鼻祖、以為本師。試一翻泰西汗牛充棟之科學書，觀其發端處敘述本學之沿革，無論何科，無不皆推本於亞里斯多德。」(《飲冰室集》卷二) 梁氏這一席對亞里斯多德的讚詞，雖有點言過其實之嫌，但其中大部分絕非空穴來風，實言之有理，由於亞氏的確如大詩人但丁所說的：乃承先啟後的一代宗師。(il maestro di color che sanno./The master of those who know.) 其著作之多，幾乎包羅萬象，其內容之豐富，對後代影響之鉅，實無以言喻，惜有些已經散失，如今所留下的，只是一些斷簡殘篇。即使在尚保存的書卷中，有些也不一定為亞氏的真作品。因此近代鑑定其著作的真偽已成為一門專門的學問。在論其著作時，筆者無意在此問題上大作文章，所以避而不談，只把那些已大致上被確認為亞氏的真著作，加以簡單的介紹。讀者若對其著作之鑑定具有興趣，不妨參考以下資料：

　　I. Düring, *Aristotle in the Ancient Biographical Tradition* (Göteborg, 1957); I. Düring and G. E. L. Owen, eds., *Aristotle and*

Plato in the Mid-Fourth Century (Göteborg, 1960); M. Schwab, *Bibliographie d'Aristotle* (Paris, 1896); M. D. Philippe, *Aristotles* (Bern, 1948), a bibliographical study; A. H. Armstrong, *An Introduction to Ancient Philosophy* (3d. ed. London, 1957); W. W. Jaeger, *Aristotle: Fundamentals of the History and His Development*, tr. R. Robinson (2d. ed. New York, 1948); W. D. Ross, *Aristotle* (New York, 1953); G. R. G. Mure, *Aristotle* (London, 1932); Ed. Zeller, *Aristoteles und die alten peripatetiker* (4rd. ed. Berlin, 1921); J. Zürcher, J., *Aristoteles Werke und Geist* (Paderborn, Schöning, 1952); D. J. Allan, *The Philosophy of Aristotle* (Oxford, 1952); G. Fraile, O. P., *Historia de la Filosofia* (2d. ed. Madrid,), Aristoteles, etc.

若以內容來分類，亞氏的著作大致上可分成七大類：

一、邏輯學，其中有：

㈠《範疇論》(*On Categories*)，共十五章。

㈡《論解釋》(*De Interpretatione*)，共十四章。

㈢《分析學前編》(*Prior analytics*)，分兩卷，卷一共四十六章；卷二共二十七章。

㈣《分析學後編》(*Posterior analytics*)，亦分兩卷，卷一共三十四章；卷二共十九章。

㈤《題論》(*On Topics*)，共八卷。

㈥《詭辯性謬論》(*De Sophisticis Elenchis*)，共三十四章。

二、自然哲學 (Philosophy of nature)，其中包括：

㈠《物性學》(*Physics*)，共八卷：卷一有九章；卷二有九章；卷三有八章；卷四有十四章；卷五有六章；卷六有十章；卷七有

五章；卷八有十章。

㈡《蒼天論》(*De Caelo*)，共四卷：卷一有十二章；卷二有十四章；卷三有八章；卷四有六章。

㈢《生滅論》(*De generatione et corruptione*)，共兩卷：卷一有十章；卷二有十章，後加附錄一章。

㈣《氣象學》(*Meteorologia*)，共四卷：卷一有十四章；卷二有九章；卷三有六章；卷四有十二章。

㈤《論心靈》或《論靈魂》(*De anima*)，共有三卷：卷一有五章；卷二有十二章；卷三有十二章。

㈥《論世界》(*De mundo*)，共七章。

㈦《論精神》(*De spiritu*)，共九章。

㈧《動物史》(*Historia animalium*)，共九卷：卷一有十七章；卷二有十七章；卷三有二十二章；卷四有十一章；卷五有三十四章；卷六有三十七章；卷七有十二章；卷八有三十章；卷九有五十章。

㈨《論動物的部分》(*De partibus animalium*)。

㈩《動物行為論》(*De motu animalium*)，一卷。

(十一)《動物生態論》(*De incessu animalium*)，一卷。

(十二)《動物生成論》(*De generatione animalium*)，共五卷。

(十三)《論感官與感覺物》(*De sensu et sensibili*)[1]，共七章。

(十四)《論記憶與回憶》(*De memoria et reminiscentia*)，共兩章。

(十五)《論夢與醒》(*De somno et vigilia*)，共三章。

(十六)《論夢》(*De somniis*)，共三章。

(十七)《藉夢論占卦》(*De divinatione per somnum*)，共兩章。

---

[1] 此書及隨後八本書，通常被稱為《自然短論》(*Parva naturalia*)。

㈥《論生命之長短》(*De longitudine et brevitate vitae*)，共六章。

㈦《論年輕與年老》(*De juventute et senectute*)，共二十一章。

㈧《論生死》(*De vita et morte*)，共四章。

㈨《論呼吸》(*De respiratione*)，共十六章。

三、《形上學》或《第一哲學》(*Metaphysics or First Philosophy*)，共十四卷：卷一有十章；卷二有三章；卷三有六章；卷四有八章；卷五有卅章；卷六有四章；卷七有十七章；卷八有六章；卷九有十章；卷十有十章；卷十一有十二章；卷十二有十章；卷十三有十章；卷十四有六章。此乃亞里斯多德最重要的著作。

四、倫理學，其中包括：

㈠《倫理學大綱》(*Magna moralia*)，共有兩卷：卷一有卅四章；卷二有十七章。

㈡《歐德美亞倫理學》(*Eudemian ethics*)，共有四卷：卷一有八章；卷二有十一章；卷三有七章；卷四有十五章。

㈢《宜高邁倫理學》(*Nicomachean ethics*)，共有十卷：卷一有十三章；卷二有八章；卷三有十一章；卷四有八章；卷五有十一章；卷六有十二章；卷七有十四章；卷八有十四章；卷九有十一章；卷十有九章。

㈣《論德行與毛病》(*De virtutibus et vitiis*)，共八章。

五、政治學，包括有：

㈠《政治論》(*Politics*)，共八卷：卷一有十三章；卷二有十二章；卷三有十八章；卷四有十五章；卷五有十二章；卷六有八章；卷七有十七章；卷八有七章。

㈡《一百五十八邦國的憲法集成》。其中雅典憲法發現於1891 年。

㈢《論雅典共和國》(*Atheniensium Respublica*)。

六、《經濟學》：共有兩卷：卷一有六章，分別論政治與經濟的關係；婦女在家庭中所扮演的角色及如何對待奴隸等；卷二只有一章，討論各階級人士的經濟情況。

七、文藝著作，其中有：

㈠《修辭學》(*Rhetoric*)，共三卷：卷一有十五章，卷二有二十五章；卷三有十九章。

㈡《詩學》(*Poetics*)，有二十六章。

㈢《雅典戲劇演出記錄》：奧林比亞競賽勝利者名單，戲劇導演論集等雜著。

於今把亞氏的比較重要著作加以簡介：

一、　邏輯學

「邏輯學」也叫做「理則學」，後者是意譯，前者則是音譯，來自希臘文的 λογιχη，其本意是指「語言」。不是亞里斯多德，而是齊諾克雷弟斯 (Xenocrates) 所創的。對亞氏而言，語言固然是人類所專有的，但當人用語言時，不見得都能有條有理及正確地表達自己的意思，所以必須有一些規則或方法可循，否則不能，或至少不易有效而正確地表達。亞氏把這種方法或規則稱為 Analytika (analytics)，有「不錯綜複雜」、「條理分明」、「不糾纏不清」的意思。

亞氏有關邏輯學或理則學的著作至少有六種，統稱為「工具」(Organon)，吾人無法確定此名詞是否由其本人所取，不過它的含

意卻甚正確、恰當，因為邏輯學本身並非一種獨立的學科，只是一種工具、方法，是為研究任何一門學科，尤其哲學，所必須先有的訓練，由於它旨在使人知道正確的推論，循正當的方法，以免犯錯，以順利地獲得真理，這是研究任何一門學問者所必須先具備的條件，及應有的素養。

亞氏的全部邏輯學著作之排列次序如下：㈠《範疇論》；㈡《論解釋》；㈢《前分析學》；㈣《後分析學》；㈤《題論》；㈥《詭辯性謬論》。此乃根據內容，而非根據時間的排列法，此種安排後人也無法確定是來自亞氏自己，或來自後來編亞氏著作的羅德安道尼古斯 (Andronicus of Rhodes)。若按寫作的時間，似乎《範疇論》、《題論》及《詭辯性謬論》較先，隨後就是《論解釋》，再來就是《前分析學》、《後分析學》。但在《前分析學》裏的有關形式邏輯部分可能是最後才加進去的。除了這六種屬於邏輯學著作外（其實《範疇論》裏的一部分可以屬於形上學著作），《形上學》裏的卷四論不矛盾原理也可以屬於邏輯學著作，而且可能先《論解釋》寫成的 ❷。此六種著作所討論的內容極為豐富，它們的重要性是不等的：有些是冗長而乏味及已過時了，有些則非常重要及出乎意料的時髦。

在《範疇論》裏（希臘文的 Kategoria，有陳述、說明之意），亞氏主要論到各名詞的意義；各名詞之間的不同意義；各種表達方式的意義，譬如他一開始就把名詞分成「異義詞」(equivocal)、「同義詞」(univocal) 和「引申詞」(derivative)；接著就論單稱表達式和複合表達式，前者只代表一個概念，如「人」、「牛」、「跑」、「勝利」；後者則表達不同，但有關聯的概念，即把不同概

---

❷ *Enc*. Britanica─Aristotle.

念形成一個具有統一性的命題，如「某人在跑」，「張三勝利了」。

　　有些概念所代表的事物，當說明一主體時，可以有不同的方式：第一能說明一主體 (predicable of a subject)，但不在主體內 (not present in a subject)，譬如「張三是人」，「人」就可說明或陳述張三，但絕不在張三內，即離開個體的張三，「人」所代表的內容即不能存在。第二種方式是：有些事物在主體內 (present in)，但絕不能說明主體 (not predicable of)，如有些文法上的知識，是存在於主體的思想內，卻不能說明任何主體。第三種是既在主體內，又能說明主體，譬如知識是在人的思想內，卻又能說明文法。最後一種是指有些東西既不在主體內，又不能說明主體，譬如一個個體既不在另一個體——主體內，也不能說明另一個個體，如個別的「人」和個別的「馬」，由於每一個體都是一個別的獨立單體，有自己的固有本質與特徵。

　　單稱表達式的內容無真假之分，既非真，亦非假，因為「真」或「假」只在形式「判斷」的命題中出現。亞氏在著名的《範疇論》中所提到的十個範疇——自立體、分量、性質、關係、空間、時間、姿態、裝備、行動和被動——即單稱表達式。這些範疇絕不只是思想代表外物時的模式，或概念的塑型；它們還代表外在世界的實際情形，並形成邏輯學與以實體為對象的形上學或存有學的橋樑，所以範疇具有邏輯學性質，同時也具有存有學的性質。範疇的二分法是自立實體 (substance) 和依附實體 (accidents)，在十個範疇中，只有一個是自立實體，其他九個均屬於依附實體。從存有觀點言，自立實體才是真正、正式和嚴格的存有者，故也是最重要的，是依附體的基礎，因為它存在於己，不存在於其他物上；依附實體就其本身而言，則不存在於己，它必然存在於他

物上 (cujus esse est inesse)，所以與其說是存有者 (ens－being)，不如說是存有者之存有者 (ens entis－being of being)。此外亞氏又把自立實體分為第一和第二兩種：前者指個別的實體，如張三、李四；後者則指代表許多個體的普遍性，如「人」的概念，因為它可適合於許多個別的人。

《題論》大致上可以說是一本討論辯論技巧的冊子。面對著對方所提出的問題（主要是針對當時辯士派的人士們所提出的、及想解答的問題），如何加以有效的反駁，及如何為自己的立場作有力的辯護。為了達到上述的目的，一方面必須知道如何去發現對方所提出之論證的缺點；另一方面必須把自己的觀點說得頭頭是道以使對方心服口服，或至少沒有破綻令人無懈可擊。亞氏認為推論的三段式 (syllogism) 是最有利的工具，所以他在這部著作裏為推論的三段式訂定了規則。閱讀之時，需要耐心，因為大部分是冗長乏味的 ❸。

《詭辯性謬論》旨在闡明一些論證表面上看來似乎是正確的，然而，實際上卻是謬論，或是在用辭方面，或是在內容方面，後者主要可歸納成七種：

第一種是「附性謬論」(fallacia accidentis)，譬如：笑是一種特性；人是會笑的，所以人是一種特性。（有笑的特性之物是一種特性是不正確的。）

第二種是「錯誤表達式謬論」(fallacia dicti)，譬如：黑人有白牙齒，故黑人是白的。

第三種是「不正確結論謬論」(fallacia consequentis)，譬如：倘若張三在跑，他就在動；張三在動，故張三在跑。

❸ *Cat.* 2, la18–lb10.

第四種是「論旨不合謬論」(ignoratio elenchi)，是指辯論時走失了確切問題所在，或所證明的命題和本來所應證明的命題並不相同，也不相干。譬如：張三敬拜偶像，故張三敬拜聖賢。

第五種是「竊取論點謬論」(petitio principii －begging the question)：在於把待證明的事作為證據，藉之作為證論的出發點，譬如說：某人是某人的父親，證明某人是某人的兒子。所以「循環論證」(circulus vitiosus) 也算是此種證據之一。因為所謂「循環論證」乃以甲句證明乙句，再以乙句證明甲句，譬如：因為靈魂是不滅的，所以它在脫離肉體後能繼續存在。

第六種是「原因虛設謬論」(non causa pro causa)，是指以假的原因當做真的原因，如：使人醉的飲料，不能喝；酒會使人醉，故不能喝。

第七種是「問題多於答案謬論」(fallacia plurium interro-gationum ut unius)，譬如：人與石頭是否為動物❹？

在《論解釋》裏，亞氏一開始就提到一些文法上的問題，如名詞、動詞、句子及各種命題的分別、性質和關聯等。矛盾說法和傳統的四種命題的格式也在討論範圍之內。此四種格式是：A：全稱肯定命題：凡甲皆為乙，譬如：凡中國人皆是亞洲人；E：全稱否定命題：凡甲皆非乙，譬如：凡中國人皆非白種人；I：特稱肯定命題：某甲為乙，譬如：張三是中國人；O：特稱否定命題：某甲非乙，譬如：張三非白種人。

《前分析學》特別討論「推論三段式」(syllogism)，其內容需修改的不多。首先他給「推論三段式」下定義：「是一種議論，藉著在此論證裏所說過的幾點，其他一點必定要跟著來，並需其

---

❹　*SE*. 4, 166b20ss.

他名詞的協助。」接著他就把此推論式分成不同的種類，譬如：有
定言、假言；有肯定、否定；有全稱、特稱，並也為各推論式制
定規則，指出不同的樣式 (moods) 與格式 (figures)。所謂「樣式」
是三段論證的前提，依照性質和量的不同排法；「格式」是指在三
段論證的前提中，所佔的不同位置。著名的三段推論式：「凡人都
會死；蘇格拉底是人，故蘇格拉底會死。」即亞氏的傑作。同樣
的，「若凡乙皆是甲，而凡丙又皆是乙，那麼凡丙就皆是甲」的樣
式也是亞氏所發明的。

《後分析學》主要論科學化知識的性質、條件及獲致之方法。
科學化知識所具備的特徵有二：從所實際發生的事情，求出必要
的結論，即由前提中能推出確切的結論。但前提也需要證明，否
則結論也不一定是真的。但前提也無法一直需要證明，否則必將
推至無窮盡，所以必須有一些無需證明的原理原則來作前提，否
則是不會有結論的。亞氏在這部著作裏列出這種前提所應具備的
六種特性是全書的最精彩部分，分別是：第一，必須是有事實根
據的真實命題；第二，必須是最先的命題，即無需，並也無法證
明的命題；第三，必須是自明的；第四，必須比由它們所推出的
結論更明顯；第五，必須比結論優先；第六，必須指出結論所涉
及的事情之原因。

亞氏介紹兩種前提成立的方法：「歸納法」(induction) 與「直
明法」(intuition)。寫到《後分析學》的最後時，亞氏敘述「直明
法」所涉及的步驟：第一，從外界事物攝取感覺印象；第二，當
事物不在眼前時，把所取得的印象予以保留；第三，把所保留的
印象牢牢記住；第四，由重複的記憶所產生的經驗；第五，從經
驗中抽出可適合於眾多個別事例的普遍概念，即具有必要性、確

定性及真實性❺。

　　總之，有關這六種著作，大致上可以說《範疇論》討論名詞；《論解釋》討論命題；《前分析學》討論推論的三段式；其他三種則談論證：《後分析學》論定言三段論證；《題論》談辯論三段論證；《詭辯性謬論》則論有缺陷或不健全的論證。從以上的簡介中，很明顯地可看出亞氏對正確的推理藝術所做的貢獻乃功不可沒。即使有些缺點，然而，在兩千多年以前能有如此進步與周密的論調，的確史無前例，「邏輯學之父」之尊稱，亞氏可說當之無愧！

二、自然哲學

　　自然哲學乃研究自然界的各種物體，包括非生物與生物，所發生各種現象及內在結構。《物性論》是研究非生物的最重要著作；《心靈學》則討論生物，尤其人類，所以可稱為「心理學」或「人類學」，茲分別加以簡介：

　　「物性學」與現代的「物理學」皆來自希臘文的 physika，但亞氏在其 physika 所討論的與現代的物理學所討論的不一樣。亞氏在 physika 裏討論一些普遍的原理原則，物體之內在構成之要素，把實現與潛能及變動等的原理應用於自然界的物體上，所以，若以現代人的眼光來看，它應屬於形上學，也因此以「物性學」稱呼，似較適當。

　　在這部著作裏一開始，亞氏就討論自然界物體的第一原理之數目和性質，主張「變動」是不可否認的事實以反駁巴曼尼底斯的「不變一元論」(static monism)。

---

❺ *Ana. Post.* II, 19, 100a4–7.

在卷一裏，開始所強調的是，我們必須先知道事物的第一原理，進而知道它們的最根本要素，由於此乃認識事物的最科學化方法。

亞氏是「實在論」的擁護者，所以其學理均根據事實而來，自然物體最明顯不過的事實莫過於「變動」，因此他也將「變動」作為研究的出發點。

任何「變動」均從能變到實際的變，而在變動中，必定有「不變」的要素和「變」的要素，否則變動就無法產生。亞氏稱不變的要素為「原質」或變動的根基 (substractum)，它本身是什麼都不是，但什麼又都可以是，所以它是變動的最根本主體，是純潛能，是在變動中所一直留下或不變的要素；「原形」則是變的要素，它是使什麼都不是，但又什麼都可以是的「原質」成定型，屬於特殊種類之物的決定要素，所以有實況的意味，由此兩者相結合而成（匱乏是兩者的連接要素）即是所有自然界物體的內在結構，稱為「本質」或「物性」(nature)，它是「動」與「靜」的最初根源或原因。

在卷二裏，亞氏繼續談物體的內在構成要素，但強調它們的性質。「原形」比「原質」更接近物性，因為前者在一完整物性之完成的過程中，扮演更重要的角色。

由於自然界的物體由上述兩要素所組成，所以是物質物體，既然如此，就有物質的特徵，如面積、體積、線、點等。因此亞氏就順便討論這些特徵，及如何以與數學不同的觀點來討論。

「變動」之存在既是事實，但它是如何完成的？事物本身不能促使自己起變化，否則就是矛盾，所以應由他物所促成的，即所謂「原因」問題。亞氏的著名「四因說」就植根於此，它們是：

第一，物之所由來的「物質因」(material cause)；第二，決定物性或限定原質之潛能的形式因 (formal cause)；第三，物之所以形成的目的因 (final cause)；第四，使變動成事實的推動因 (efficient cause)。此外，亞氏也把「變化」和「自發性」(spontaneity) 列入原因內。

在卷三與卷四裏，亞氏先給「變動」下正式的定義：「是能動者，不斷繼續尋找其潛能之實現」(The fulfilment of what exists potentially, in so far as it exists potentially)；接著就討論其性質及與變動有關的觀念，如「無限」、「位置」（空間）、「空虛」（真空）、「時間」等。對亞氏而言，「無限」是取不完美、不定型之意，其存在僅是可能而已，即不矛盾，但實際上是不存在的 (only potential, never actual)。

從變動到不變是卷五的主題。變動的最終目的是不變或不動。變動是在一主體內所起的變化，共有兩種：實體的 (substantial) 和附體的 (accidental)；前者是一物變成在性質上完全不同的另一物，如草經過消化後長成牛身上的肉，紙燒成灰；後者則是同一物在依附體方面起變化，共有三種：在質方面，在量方面，及在位置方面。但在所有變化的過程中，必須有一個可作為變化的根據之不變主體。「原質」就是實體變化的不變主體；完整的自立實體則是附體變化的不變主體。

卷六則從另一觀點討論變動的性質，即變動的連續性與不可分性及可分性。

在卷七與卷八裏，他把注意力放在不受推動的原始推動者的問題上。

卷七一開始就提到他的著名原理：「凡變動均為他物所促成

的」(Everything that is in motion must be moved by something else)，但不能無限逆退，故必須有一個不受推動的原始推動者 (The first unmoved mover)，他是單純的，即沒有部分，是不可分的，因為是非物質的，缺乏體積，故也是永恆的，既然如此，變動也應是永恆的。此永恆的變動應是連續循環的位置變動，藉此變動，不受推動的原始推動者推動萬物。宇宙間含有變動的物體是有形的，故是物性學所討論的對象，無形者則是形上學所研究的範圍，故亞氏主張需要形上學補充物性學之不足。

談完自然界的非生物後亞氏接著就討論生物，《論心靈》應算是比較重要的著作，共分三卷；卷一主要提到前人有關「魂」的意見並加以反駁，其目的在於發現是否有可取的地方，及達到「他山之石，可以攻錯」的目的❻；卷二及卷三的前半部給「魂」下定義，並敘述和說明魂所有的營養與感性能力；所剩餘的其他部分則專論「理智」。

亞氏在這部著作裏，一方面強調討論魂的本質及其特性是非常重要的，由於其知識對一般真理的追求有莫大的貢獻，及它所涉及的對象是很高尚與神奇美妙的；另一方面也承認對魂有確實的認知是世界上最困難的工作之一。

在他尚未提到前人之各種意見前，先界定所要討論的內容，譬如：到底應否把魂列入何種範疇內？是屬於自立實體？或依附體，如質或量？或其他依附體？魂是潛能的存有者，或是實際存有者？魂是可分割的，即從部分合成？或是缺乏部分？魂是單一的？或是多元的？除了人的靈魂外，是否還有其他的魂存在？前

---

❻　"...in order that we may profit by whatever is sound in their suggestions and avoid their errors." (*De Anima*, I, 2, 403b23.)

人好像只提到人的靈魂,對其他魂則未作清楚的交代。是否有些
能力可以不以魂與肉體為其共同主體?換言之,是否有些能力可
以單獨以魂為主體?若有,亞氏認為「理智」的可能性最大。

亞氏把前人的意見大致上歸納為兩種:有些人(包括
Democritus 所主張的火,Diogenes 的空氣,Hippo 的水,Critias 的
血等)主張魂是自動的根源,是從土、空氣、火及水四種元素混
合而成,或是其中之一;有些人則主張魂是由相反元素之協調或
比例所組成的,稱為「協調學說」(Harmony theory)。亞氏對前人
的這兩種意見均加以反駁,斥為荒謬,因為在骨裏元素的比例與
在肉裏的比例不同,那麼主張「協調學說」的人士就必須承認在
一個軀體裏有許多不同的魂猶如有不同的組織。

既然前人的意見無可取之處,亞氏就著手提出自己的見解,
所以在卷二首先給魂下第一個定義:「能有生命的有機之自然軀體
的第一實現。」在第二章的結束前,他又給魂,特別是人的靈魂,
下了第二個定義:「是首先我們所藉以能生存、能知覺和能思維之
根源。」此二定義均有深長的意義,在討論其生物學和人類學時,
我們會詳加解釋,不過,其主要點是肯定魂是生命的根源及是軀
體的實現,把在「物性學」裏所提過的「形質論」應用到魂與軀
體的關係上來。

「魂」既是生命的根源,但具有三種不同的生物,故有三種
不同的生命:植物生命、感性生命和理性生命。植物生命所具有
的功能是營養、發育和生殖;感性生命的功能,除了上述之外,
尚有感覺、知覺,分為內外二種,包括觸覺、視覺、聽覺、味覺、
嗅覺、想像力、綜合感、記憶、利害感和位置移動的能力;理性
生命,則是最高層次的,屬於人類所專有的,其獨特功能是思維

和理性欲望，但這並不意味在人內有三種不同的魂，其實在人內只有一個魂，即靈魂，它除了自己的獨特功能外，尚含有所有其他下等魂的功能，因為高級魂涵蓋低級魂的功能，反之則不然。

「魂」雖非軀體的「質料因」，然卻是軀體的其他因。由於它是產生動的根源，所以是「推動因」；同時也是「形式因」，因為是軀體的實現和原形；且是「目的因」，因為軀體乃為魂而存在。

在卷二的下半部，亞氏特別提出感官的作用及感覺之形成。所謂「感覺」乃意指感官藉著與外界物體的接觸以攝取不含物質的「感性印象」(sensible forms)，猶如軟蠟接受印痕，但必須透過媒介體，且彼此間應有適當的比例，否則感官就無法順利地達到目的。觸覺的細膩及敏銳是人天資的高低之原因。

在卷三裏，亞氏繼續討論感官與感覺物的關係，他並揚言沒有所謂的第六感，且也不需要。

最後亞氏才提到不同於知覺的「思維」。「思維」與「知覺」之所以不同乃由於第一、知覺不會犯錯，而思維則能犯錯；第二、所有禽獸都能有知覺（感覺），但不能思維。「想像」是介於思維與感覺之間，但不同於該二者。不同於感覺的理由是：第一、想像能在夢中發生；第二、想像不像感覺，需要其對象的實際臨在；第三、想像會是假的，感覺則常是真的；第四、當我們看見一個人時，不說我們想像他是一個人；第五、即使人把眼睛閉上時，仍保有視力。「想像」也不同於知識、理解或意見，因禽獸會想像，但不會理解，也不會發表意見。然而若不先假定感覺，想像不會發生。對於未曾經歷過的事，不能有想像，所以想像是「感覺能力的實際運用所產生的動。」

「理智」是人藉以能思維和認識的能力。思維雖然不同於知

覺或感覺，但它與其對象的關係正如感官與其對象的關係，即從對象攝取與自己相稱的印象。感覺雖然是非物質的，但卻是物質性的，所以應受物質的限制，故其作用也只能限於固定的範圍之內。理智則是絕對非物質的，不受固定對象的限制，在理論上，它是萬能的，凡是事物，凡是存有者都是其對象，雖然在現階段──與軀體結合時，其適當對象是物質物的非物質部分──物質物的物性。

　　理智就其本身而言是被動認知能力，它能成為所有物 (capable of becoming all things)。但在卷三的第五章，亞氏提到所謂的「主動理智」，它是使能被認識之物變成實際上被認識者 (capable of making all things)。因為亞氏用非常模糊的文字敘述其性質及功用，所以有關其正確意義引起極多的爭議。至於人的靈魂是否不滅，亞氏未作很清楚的交代，因為他只說理智好像是被注入靈魂內的獨立實體，它是不滅的。

　　在這部著作裏的最後一部分只是重新討論已談過的問題，如魂的性質、功能及如何有效地運用各種功能等。無論如何，亞氏對各層次的生物，尤其對最高等的生物──人，所做的研究，的確相當詳細與深入，是唯一能與現代人類學相媲美的古人所留下的作品，「心理學」或「人類學之父」的雅號再一次被肯定！

　　《自然短論》(*Parva naturalia*) 由八短篇著作所組成，分別討論到生物的天然功能、生命步驟的分析、動物軀體的共同特徵、牠們的活動範圍、感官與感覺物的關係、記憶、回憶、生命的長短、年輕與年老、生與死及呼吸等問題。

三、形上學（第一哲學）

亞里斯多德自己取名為「第一哲學」(First philosophy) 或「神學」(Theology) 的《形上學》是由十四卷所組成的著作，不論從內容或從年代觀點，均非一部有連貫性和有系統的著作，因為大部分是由亞氏的講義所組成的，甚至其中有一部分可能是亞氏授課的內容，由其學生所筆錄並加以整理後所完成的。是一部非常深奧與難懂的著作，據說阿拉伯籍的大思想家，阿味齊納 (Avicenna)，曾宣稱他前後細讀此著作凡四十次，尚無法理解其中的奧理，其內容對西方思想影響之大乃無庸置疑，迄今仍是最好及最有價值的形上學著作。

有關這部著作的內容，除了卷十二的第六、七和九章提到神學問題外，其他地方均未正式提到，而根據耶克爾 (W. Jaeger) 的說法，這部分乃先完成的手稿，是後來才被收入此書內，其內容顯然受柏拉圖的影響甚大。在該書的其他部分（卷一、二和卷三的第九至第十章及卷十四），當亞氏試給「第一哲學」提供一個「超越對象」(transcendental object) 時，也未完全擺脫柏氏的陰影，但在嗣後的其他部分裏，就有創新的觀念，以「存有者自身」，或「存有者之為存有者」(ens inquantum ensbeing as being) 為形上學的研究對象，所以在這部著作裏的大部分篇幅旨在闡明有關「存有者」的一般概念；論原因、自立實體 (substance)、實現與潛能 (act and potency)；論原理，尤其第一原理和各原則或公理 (axioms) 等，今分別加以簡介：

卷一和卷二 (Alpha/alpha)：論學問的性質與等級及事物之原因等。「求知是所有人性之使然」(All men by nature desire to know)，這是亞氏在這部著作裏開宗明義的一句名言，也可作為哲學史的首頁，因為人之所以開始研究哲學，乃基於對周圍事物感到驚訝；只知道它們的發生，而不知其原因。人既然天生有求知的強烈欲望，自然就想追根究柢，直到獲得最後的解釋，即最後的原因❼。因此接著亞氏就要討論「原因」，先把前人有關它之意見作一個簡介、批評，以取其精華，棄其蕪雜，俾能收截長補短之效。

為了強調哲學，尤其第一哲學，所追求的是「智慧」，亞氏先說明獲得知識的情形，以及人類與禽獸所有的不同知識。真正的知識是知道事物的原因，尤其最後原因，所以亞氏就著手去研究，終有四個結論：物之所由來的「質料因」(material cause)，如木料對桌子而言；使一物異於他物之理的「形式因」(formal cause)，如桌子的形狀；促使木料成為桌子的「推動因」(efficient cause)，如木匠；木匠之所以要製造桌子的「目的因」(final cause)。

形上學既然是追求真理與智慧之學，自然人對事物的原因之知識是非常重要的，由於人無法知道事物之真相，除非先知道其原因。因此，亞氏肯定第一原理之存在，而此原理無需加以證明，否則將會推至無窮盡，將不會得到任何確實的結論，而原因也只限於四個。

卷三 (Beta)：主要討論「自立實體」(substance)，而它是最重要及最基本的存有者，因為是最固定的、最根本的，是變化的根基。有關知識的對象，亞氏同意柏拉圖的說法，個別物自身是無法認識的，人所認識的是個別事物的共同特性。

---

❼ "For it is owing to their wonder that men both now begin and at first began to philosophize." (*Met*. I, 2, 982b12–13.)

　　卷四 (Gamma)：亞氏先給形上學下定義：「論存有者之為存有者」(being as being)，是與眾不同的一種學科，因為其他學科均討論特定的存有者，唯形上學是論最共同的存有者，因此它所研究的原理原則對所有學科均可適用，譬如第一原理：不矛盾律，排中律及因果律。由於它們是自明的，故無需，且也不能證明，至多只能加以間接的說明，譬如以歸謬法證明它們的可靠性。形上學家的主要目的即是尋找這些無需證明的原理作為其他證明的基礎。然而，第一原理的價值並非同等的，亞氏特別強調不矛盾律的重要性，是最可靠、最明顯及最無法反駁的原理❽。

　　卷五 (Delta)：被稱為哲學辭典，因為亞氏曾詮釋了三十個哲學上的重要專用名詞，其中比較重要的有：「必然」(necessity)：指「非是不可」，或「不得不」的意思；「自立實體」(substance)：事物之特性之負載者，或支撐者，而其自身則並非特性；「優先」(priority)：不含任何潛能的純實現；「能力」(potency)：是指動或變的根源；「偶然」(accident)：非意料中所發生的事，如挖土種樹意外發現財寶。其他如「原因」(cause)、「要素」(element)、「自然」(nature)、「一」(one)、「多」(many)、「存有者」(being)、「同」、「異」、「相似」、「不相似」、「對立」、「相反」、「限制」、「可能」、「不可能」、「多少」(quantum)、「性質」(quality)、「相關」(relative)、「整體」和「部分」等，亞氏均有清楚的界說，這對哲學名詞的固定意義有很大的幫助。

　　卷六 (Epsilonn)：討論第一哲學或神學的性質與目的，並指出

---

❽　"We have now posited that it is impossible for anything at the same time to be and not to be, and by this means have shown that this is the most indisputable of all principles." (*Met.* IV, 4, 1006a2–4.)

與其他特殊的理論學術（數學和物性學）不同的地方。對「存有
者」(being) 的各種意義也有清楚的交代；最後則提到「依附存有
者」(accidental being) 的性質與來源，強調其近乎非存有特性
(akin to non-being)，故不是學問所討論的正式對象 (There is no
science of it) ❾。

卷七 (Zita) 和卷八 (Eta)：自立實體 (substance) 是主要課題。
本質或共相 (the universal)、類別 (genus) 和支撐物 (substractum)
均稱為自立實體，但何者為首要自立實體，亞氏並不清楚。若從
認識觀點看，本質則是最先的，因為所謂真正的認識，不是認識
物之品質、分量或位置等，而是認識其本質，即一物之所以為該
物及不同於他物之理 (which it is said to be per se) ❿。本質或共相
相等於柏拉圖的理型 (forms)，或觀念 (ideas)，但亞氏反對其為獨
立存在的自立實體。

由於物質實體的本質是從原質（支撐物）和原形組成的，所
以亞氏也在此處提到此兩觀念，並給原質下定義：「不是任何特定
之物，也不是任何依附體如質、量，且沒有固定的物形。」❶❶它與
原形的關係是潛能（且是純潛能）與實現的關係。原質本身是不

---

❾　*Met*. VI, 2, 1026b20–25.

❿　"We think we know each thing most fully, when we know what it is, e.g.
　　what man is or what fire is, rather than when we know its quality, its
　　quantity, or its place; since we know each of these predicates also, only
　　when we know what the quantity or the quality is." (*Met*. VII, 1,
　　1028a37.)
　　"There is knowledge of each thing only when we know its essence...to
　　know each thing, at least, is just to know its essence." (Ibid., 1031b9ss.)

❶❶　*Met*. VI, 3, 1029a20.

受限定，它能受原形的限定，一旦受到限定後，它就能存在。

卷九 (Theta)：亞氏討論其中心學說謂：實現與潛能，實現先於潛能，潛能是所有動與變的根源，故永恆或必然之物不可能是潛能之物。因為實現實際上不同於潛能，故不可能一物從同一觀點看，是實現，同時又是潛能。

卷十 (Iota)：進一步討論「一」、「多」、「同」、「異」、「相似」、「對立」、「相反」等。雖然相反之物一定是不同的，但同一物從不同的觀點看，可以（也可以不同時）同時具有相反的特性。「可滅者」(perishable) 與「不可滅者」(imperishable) 不是在形式上，而是在性質上為相反之物。因為性質上之不同遠超過形式上的不同，故「可滅者」與「不可滅者」之間的差距甚大。

卷十一 (Kappa)：從第一章到第八章是卷三、四和六的摘要；第八章到第十二章是物性學的卷二、三和五的摘要：論幸運、潛能、實現、變動、無限、變動的種類、一起、分散、接觸、居間、連續、繼續、毗連等。

卷十二 (Lambda)：所談即有關亞氏的神學觀念，由於它主要基於「凡受動者，就必須被他物所推動」的原理，證明最初不受動的推動者 (The first unmoved mover) 的存在 ❷。此最初的推動者必是永恆的，是純實現，是至完美的，其本質就是實現 ❸，由於永恆者先於可滅者，實現先於潛能，完美先於不完美，故也是必然的存有者，否則無物能存在。他既然是永恆的，他即無任何缺點、任何邪惡，是至善本身，是單純的，是其他萬物所追求的對

---

❷　"Since that which is moved must be moved by something, and the first mover must be in itself unmovable." (*Met.* XII, 8, 1073a26.)

❸　"Whose very essence is actuality." (*Met.* XII, 6, 1071b20.)

象，因此，他不但是萬物的最初推動因，且是最後目的因，證明此物——神——之存在可說是亞氏的形上學之主要宗旨，故也可稱為「神學」。

卷十三 (Mu) 和十四 (Nu) 又再度討論柏拉圖的理型或觀念學說，反對其獨立和永恆存在的可能性。亞氏並不否認有所謂理型之物，因為人的知識要求其存在。他所反對的是其在具體的個別物之外的獨立及預先存在 (independent and prior existence outside of particulars)。亞氏最後以討論數學的對象——數字——作為這部著作的結束。

總之，亞氏的這部著作，在思想史上具有的價值乃受到一致的肯定，雖然有些地方顯得冗長、諸多重複、及有些籠統不清，甚至在系統上不太連貫，故閱讀起來也相當累人。因而欲窺其全貌，固非可能，然全然不懂，亦不可能。無論如何，沒有人敢否認它是一部探討哲學基本問題的深奧及永垂不朽之名著。

四、倫理學

在亞氏有關倫理學的著作中，以《宜高邁倫理學》最為重要，是收集亞氏的一些講演詞，據說由其兒子宜高邁 (Nicomachus)——倪考馬可斯——所整理付梓的，所以在連貫性與系統性上有些地方也欠嚴謹，甚至有不少重複之處，但無人否認，它是一部頗具價值的倫理學著作，不但綜合了前人的意見，且加以比較、批判、取捨，而後說出自己的見解以啟迪後人，所以這部著作也最能證實大詩人但丁對亞氏的歌頌：是承先啟後的一大宗師 (The master of those who know)。

全書共分十卷：卷一討論有關倫理的一般性問題。大致而言，

亞氏的倫理思想可以說是「幸福論」、「目的論」，充滿了理性主義的色彩，故他首先就肯定人生必有目的，而「善」即是此目的，同時也是人的幸福，因為他同意前人的說法：「善」是「一切物之所欲也。」(Good is that which is desirable, or is what all desire)❶然而，對何謂善、目的及幸福，卻有見仁見智之異，有些人主張人生幸福在於享樂；有的以為在於榮譽；還有人則以金錢、道德或身體的健康為人生的幸福。亞氏反駁了他們的意見之後，提出了自己的見解：人的幸福應建立於完全合乎理性、合乎道德的長久而完善的生活上。

由於他主張幸福在於合乎道德的活動 (virtuous activity)，所以就開始論道德，將其分為兩大類：屬於靈魂的理性部分和屬於非理性部分，前者稱為「理性德行」(intellectual virtues)，後者稱為「倫理德行」(moral virtues)。亞氏主張理性德行比較高貴，所以才以合乎理性的「靜思冥想生活」(contemplative life) 為最高貴的，同時也是最幸福的生活，因為它具備了幸福生活的所有條件。人倘若無法渡這種最幸福的生活，至少也應退而求其次，使自己的行為合乎倫理德行。

亞氏在卷二、三、四和五裏詳細討論諸倫理德行，如：勇敢、節制、正義、機智、慷慨、誠實等，及相反諸德的惡習。尤其在卷二裏所強調的道德之標準在於遵守「中庸之道」，「過」與「不及」均是不道德的主張甚合情理，故也普遍地為後代倫理學家所遵循。

在卷六裏主要討論理性德行：其性質、功用、種類與卓越性，特別是「明智」或「實踐智慧」(practical wisdom) 對道德生活的

---

❶ *E. N.* I, 1, 1094a3.

重要性，因為真正的德行在於使行為實際及具體上與「正理」相符合，使行為在個別的實際情況中能遵守「中庸」之道。所以僅知道何者為善行，何者為惡行；何者為正義者或不義者；何者為勇者或懦弱者，不能稱為有德之士，尚應在某一具體的實際情況下如何成為義者或勇者，這就只能來自「明智」，由於明智者才能在實際情況中明辨是非、分別善惡、衡量利弊、比較輕重，而後在「兩利相衡取其重，兩害相權取其輕」的大原則指導下，做最合乎情理的明智選擇。所以亞氏一直強調「明智」是眾德之輔導者，眾德均受其管轄，不智者絕非有德之士，缺德者亦絕非智者，由於缺乏明智，德行也就不存在，反之亦然，基於此，亞氏曾批評蘇格拉底的「知便是德」(knowledge is virtue or leads to virtue)之主張，因為蘇氏只說對了一半，若指的是實踐的知，即明智，是對的，若指一般的知，則與事實不符。

　　在卷七裏則討論貞操與淫亂，順便也論及快樂或享受 (pleasure)。快樂本身是無所謂好壞，端視其是否來自於善行或惡行，若是前者則是好的，否則即是壞的。快樂的反面是痛苦，是物之所惡也，那快樂就自然是物之所欲也，故說它是「善」也未嘗不可，但若毫無保留地稱它為「善」或「至善」則不可。

　　雖然亞氏主張一般人的幸福生活在於合乎道德的活動，但並不忽視其他物，如財富，身體健康，物質享受，感情的充實，尤其在友誼方面，因為在所有世物中，它是最有價值的 (the greatest of external goods)，同時也能給人帶來最大的快樂。亞氏的這種主張與我國古人所說：「有朋自遠方來，不亦樂乎！」及與美國一位已故政治家史蒂芬生 (Adlai Stevenson) 所說的「人生最美者乃朋友也！」(The best of one's life is one's friends) 實可前後媲美，也因

此，在論完快樂後，在卷八、九中就論「友誼」：其性質、種類、不同的功能與價值、及維持友誼的方法為討論的主題。

亞氏反對「幸福者，無需朋友」(When fortune is kind, what need of friends?) 的說法，由於人是政治或社會動物，絕無法離群索居，不管其處於順與逆境中，均需要朋友的相扶持，因為他是另一個我 (another self)，當你有需要時，朋友的贊助是不可缺少的；當你擁有時，你也需要有付出，即需要有人提供你行善的機會。不過亞氏特別強調建立於德行的友誼，因為此種友誼才是德行的效果，所以與有德之士交往才能真正享受其中的樂趣。

在最後一卷裏，亞氏又重新詳細討論「快樂」（享受），因為一般人常把「快樂」（享受）與幸福視為密不可分的，追求快樂似乎是人性使然，且快樂與痛苦不斷地左右人的一生，在人傾向於美善與幸福，甚至任何活動的過程中，它們能產生決定性的影響，於是選擇快樂與逃避痛苦就成為人們生活的中心。在論快樂的性質與功能時，亞氏仍堅持一貫的主張：它並非全然不好，亦非全然好，它是可好可不好，是好亦是不好，全基於由何種行為所產生的效果而定：由善行所帶來的快樂自然是好的，由惡習所帶來的則是壞的。

既然倫理學之目的主要旨在指出人們獲得幸福的方法，所以亞氏也以再論「幸福」作為最後的結論：合乎「靜思冥想」的生活是最崇高與最理想的幸福生活；其次是合乎倫理德行的生活。然而欲渡這種生活絕非易事，故需藉著教育的開導和法律的指點與約束，此即引起亞氏寫另一部著作——《政治學》——的動機，如此就得以前後相互貫串合成一部完整的著作。

五、政治學

在亞里斯多德有關學術的區分之觀念裏，倫理學與政治學應屬於實踐性學術 (practical sciences)，因為它們以討論人的行為、習慣與技能為課題，而這些並非固定的，它們可以獲致，也可以失落；作為倫理與政治行為之主體的人，會隨著所處的環境、所有的教育與家庭背景、經濟情況、社會地位與生活方式等而有所不同，所以這兩門學術不如理論性學術 (theoretical sciences) 那麼固定與精確。

亞氏把《政治學》(Politics) 分成八卷：卷一討論家庭經濟；卷二討論從前及當時所被認為是理想的邦國，譬如：斯巴達 (Sparta)、格勒特 (Crete) 和迦太基 (Carthage)；卷三討論邦國、市民及各種政體；卷四、五和六再詳論各政體的優劣及革命的可能性、動機、目的及如何避免等；卷七和卷八論理想國度的條件，並強調教育對維持理想國度的重要性。

照亞氏的看法，人不但是倫理動物，且更是政治或社會動物，因為人不能離群索居，必須與他人生活在一起才能在倫理方面獲得完美。因此國家之成立乃是理所當然的，而其主要目的即是提供國民一個安定與幸福的生活環境，有足夠的物質享受以順利促成德行的進修、促進公共福利之達成及幸福之獲致，這是亞氏的政治學之全部精神，同時也是亞氏之所以把倫理學從屬於政治學之理由，因為倫理學是有關個人的特殊善及使個別的行為能否獲得完美與幸福，但在理論上，團體先於個人，所以公益也應先於私利。

國家應是一個有組織、有制度的社會團體，而其體制之優劣，

端看是否能達到其成立之目的。由於組成國家的份子有不同的背景與條件，所以也甚難確定一個可適合於大家的特定政體。關於政體之優劣，亞氏曾指出一個大原則：以公益為目標的政體是優良的；以私利為目標則是不良的。基於此，亞氏認為君主制 (Monarchy or Kingship)，貴族或賢人制 (Aristocracy) 和共和或共濟制 (Polity) 為優；暴君制 (Tiranny)，寡頭制 (Oligarchy) 和民主或暴民制 (Radical Democracy) 為劣。亞氏所譴責的民主政體，有點像貧民或暴民政體，所有分子毫無限制地都有資格參政，所以與現代人所提倡的民主政體頗不相同。他所說的「共和政體」或「憲政政府」(Polity) 才類似今日真正的「民主政體」，實際上（雖然不是理論上）它是最好的，由於由富民與貧民來共同主政，如此才能兼顧到雙方的利益，使所有國民都能獲得平等的待遇。亞氏欣賞此政體的另一個理由是，他認為君主制或一人攝政，雖然理論上是理想的，然實際上卻易生弊端，因為一方面時常可能會成為世襲；另一方面由於憑個人的愛惡來統治國家極易演變成專制與獨裁；且一個人的能力、精力極為有限，終於會有窮於應付及心有餘而力不足的情形發生。

亞氏在《政治學》上非常強調國家的安定與持續性，然而他也承認破壞安定與持續性的革命會發生，但革命不一定都是壞的。為了推翻暴政的革命自然是好的，而最不樂意發起革命的有德之士最有權利起來反抗暴政、其動機也最合理與正當。促使革命的原因與動機因著不同的政治體制而異，但亞氏堅持由各階層人士所參與的民主政體享有最大的穩定性。雖然他不反對革命，但也認為要盡量避免，因為任何改變均會製造混亂。換言之，除非萬不得已，不可輕言革命，亞氏在這方面顯得相當保守。主政者的

資格在《政治學》裏也有詳細的規定，其中以具備實踐智慧 (practical wisdom) 的德高望重者為最佳的人選。

　　亞氏在《政治學》的最後兩卷（卷七和卷八）討論理想國之成立及教育對維持已成立了的理想國之重要性。在亞氏心目中的理想國似乎應是易於管理的小國，應有能自給自足的經濟基礎。農夫、技工、商人不適於參政，奴隸更不必提，因為他們不能享有任何權利。只有軍人、僧侶、貴族才有資格參政。從美觀與功用觀點實行都市設計也是理想國所應注意的事；教育市民服從法律更是主政者，尤其立法機構的責任，其目的是培養良好的國民與優秀的主政者。至於其他與國民福祉有關的事，諸如娛樂、運動、休閒、結婚的年齡、婚姻的維持等也是主政者所責無旁貸的。總之，亞氏的《政治學》的確給後代人提供了諸多寶貴的啟示，所提到的道理仍被後代政治家奉為圭臬。

六、修辭學

　　亞里斯多德的《修辭學》(Rhetoric) 對西方修辭學影響甚鉅，連羅馬時代的大修辭學家，如西塞羅 (Cicero) 和昆提連 (Quintilian) 也得承認，他們從亞氏的《修辭學》中獲益良多，而現代有關這方面的理論仍無法擺脫亞氏的影響，許多公開演說均以它為主要根據。

　　在亞里斯多德之前，希臘人對修辭學已有粗淺的知識，譬如辯士派的學者們為了有效地反駁及說服對手，必定也在這方面下過工夫；艾索克拉底 (Isocrates, 436–338 B. C.) 為有名的演說家，自然也注意修辭的技巧。但大都偏重外在的修辭，所以亞氏在柏拉圖學院講授修辭學時，就曾批評艾索克拉底在內容或思想方面

的貧乏 **⓯**。

亞里斯多德在《修辭學》這部著作裏，除了提到說話或行文時要注意體裁外，更要注重其內容，故他的修辭學帶有濃厚的哲學色彩，共分為三卷：在卷一開頭就強調修辭學與辯證學或邏輯學是一體兩面，同是共同性學術，不像其他特殊學術有特殊與個別的研究對象，由於所有學術都要運用修辭的技巧，也因此，與其說是一門學術，勿寧說是工具或方法。透過修辭的技巧與有效的論證達到說服之目的乃這門學問的本質，故他給修辭學下的定義是：「在任何特殊情況中，尋找可說服他人的有效方法之技能。」(The faculty of observing in any given case the available means of persuasion) **⓰**。

修辭學的主要功能乃：第一、不但使邪不勝正，且使真理戰勝邪說；第二、提供給聽眾一些特殊知識；第三、使易於查看問題的正反兩面；第四、使他人信服自己的論點，即能達到說服他人的目的。論證或簡略三段論證 (enthymeme) 是最強而有力的說服利器，它旨在建立他人的信心及激發他人的情緒，因此亞氏在此著作的卷一和卷二曾不厭其煩地加以討論：論其來源、性質、功用和構成等。論證的體材乃事情發生的可能性 (probabilities) 和徵兆或痕跡 (signs)。藉著修辭的技巧能生動地把可能發生的事變成事實，再配合各種已發生的徵兆以達到說服之目的。列舉個別的事例以歸納出普遍的原理，再從該原理推出個別的事理也是說服他人的有效方法，是以，邏輯學上所用的歸納與演繹法，對修辭學亦同樣適用。

⓯ David Ross, op. cit., pp. 2–3.

⓰ *Rhet.* I, 2, 1355b26.

　　亞氏依聽眾的對象、事情所發生的時間和說話的目的，把演說分成三種：第一、政治性 (political)：其聽眾是某一特定團體；事情發生的時間是「未來」；其目的旨在指出事情之可行性與否；第二、辯護性 (forensic)：其聽眾是法官或陪審團；論有關過去發生的事；其目的在於指出事情是否曾發生過；第三、表演性 (ceremonial)：其聽眾是廣大的大眾；有關目前所發生的事；其目的在於褒貶某人。

　　為了達到演說之目的，演說家除了運用邏輯與事實外，辯護性的演說要求其聽眾有輕鬆的心境；政治與表演性的演說要求演說家有高尚的品德，淵博的學識和善良的動機。

　　有關政治事務的演說家必須知道國家的預算、各種經費的來源與用途；戰爭與和平、國防、進出口貿易、國家的憲法及各種政體的優劣等。從事表演式的演說家應特別對是非善惡的倫理問題有深入的瞭解。從事辯護性的演說者，亞氏提醒他們要注意犯罪動機的性質和次數、犯罪的心境及受審人的身份與背景。

　　既然人的一切行為均有目的，均為了獲致某種善或快樂 (pleasure)，所以，演說家也應對人所追求的快樂有所了解。亞氏把快樂定義為：合乎道德的富裕生活 (prosperity combined with virtue)；或獨立的生活；或最大快樂的可靠享受；或生命與財產的安全之保證與善用等。

　　在演說時，除了例舉事實及運用邏輯外，演說家自己必須具備高雅的風度，高尚的品德，正確的判斷和善良的動機。由於情緒影響人的判斷甚大，故演說家也必須注意感受者的心境、身份和感受力。總之，成功的演說家對聽眾的身份、心理、背景、愛惡等都必須有所認識。

在《修辭學》的卷三裏，亞氏探討用辭的技巧，因為只知道要講什麼是不夠的，尚必須知道講得漂亮、動聽，所以演說的體裁、風格、用辭得體都能增加其說服力。好的體裁 (style) 應是簡單明瞭和恰到好處，避免粗俗與誇張；應是自然而不做作 (artificially)。當然有關體裁不能做硬性的規定，由於它能因著各種不同情況而異。以適當的比喻灌輸新觀念也會收到良好的效果。

一篇演說或文章應由引言、中心思想 (statement)、論證和結論所構成。在引言裏，陳述其目的。可用結論以確保聽眾對自己的好感及對對方的反感；加強或減低主要事例 (chief facts) 的重要性；激動所需要的聽眾情緒；就要點加以說明以喚醒聽眾的記憶。最後可以以此作為結束：「我已說所要說的。你們也已聽到了，事實已擺在你們眼前。請自行裁決吧！」 ❶

亞氏的著作可說汗牛充棟，其內容包羅萬象，因限於篇幅，實無法加以一一介紹，以上只不過是其中比較主要的幾部著作的簡介。即使如此，吾人已充分發現他對諸多重要問題的獨到見解，對後人確有莫大的啟迪作用。其全部著作猶如一座金字塔，拾級而上，縱橫上下，環環相扣，巨細靡遺，系統精密，分析入微，有關天、人、物的各種知識均做了深入的探討、精確的闡述，連萊布尼茲都曾驚嘆：「在數學以外，第一位能以數學的精確性寫作者，非亞里斯多德莫屬！」(He was the first to write mathematically outside of mathematics)。

---

❶ "I have done, you have heard me. The facts are before you. I ask your judgment." (*Rhet*. III, 19, 1420a25.)

第三章　邏輯學

「邏輯學」也叫做「論理學」或「理則學」，後者是意譯，前者為音譯，源自希臘文的 λογιχή，英語則是 logic。現在一般人之所以也稱它為「理則學」乃根據　孫中山先生的一席話：「近人有以此學用於推論特多，故有譯為論理學者，有譯為辨學者，有譯為名學者，皆未得其當也。……吾以為應譯之為理則學者也。」❶

亞里斯多德被學術界譽為「邏輯學」之父，其因有二：

第一、雖然在亞氏之前的詭辯學派的學者們 (Sophists) 和柏拉圖等曾為人設定一些推論的原則，然並未留下完整的資料足以形成一門學科，此可由亞氏《詭辯性謬論》(*Sophistical Fallacies*) 的結論中的一段話得到印證：

> 在修辭學中，我們手邊有許多古老的資料，可是在邏輯方面卻一無憑藉，只有在我們花了許多努力與時間之後，才會有成績。倘若你對此有所了解，而且記得我們開始研究的情況，那麼，你便會想到邏輯這門科學如今已經有了相當的進展，足以與那些在傳統中已有良好研究發展的學科

❶　參閱王化歧著，〈國父對理則學的創造〉，《主義與國策雜誌》，第七十一期；吳俊升著，《理則學》，臺北，正中書局，第三版。

相提並論。因此，凡是聽過我們講述的人，將會原諒我們
粗略的研究成果，而對我們的研究發展有一份溫馨與感激。

第二、亞氏有關這門學科的著作，總稱為《工具》
(*Organon*)，不但內容豐富，且也頗有系統，其中包括《範疇論》
(*On Categories*)、《論解釋》 (*On Interpretation*)、《前分析學》
(*Prior Analytics*)、《後分析學》 (*Posterior Analytics*)、《題論》
(*Topics*) 及《詭辯性謬論》(*Sophistical Fallacies*)，藉著這些著作
亞氏的確建立了頗完整的邏輯學系統。

中文的「邏輯」乃譯自英語 logic，源於希臘文的 logos，本
由希拉克萊圖 (Heraclitus) 所發明的，因其認為宇宙的本源是火，
火下行成萬物，萬物上行又歸於火，故稱此不斷上行下行的原則
為 logos。後來希臘的斯多亞學派 (Stoicism) 亦把宇宙的原理說成
logos，故有上下連貫、條理分明之意。亦有「言語」或「名詞」
的意義。人的言語乃為了更清楚、更明確的表達觀念，使人在思
考或推論時有規則可循以達到正確的思考、適當的推論之目的。

亞里斯多德並未為這門學科採取「邏輯」($\lambda o \gamma \iota \chi \acute{\eta}$) 這個名
詞，而事實上，它在西塞羅 (Cicero) 之後才出現，而且他所稱的
是「辯證法」(Dialectic)。亞歷山大 (Alexander) 是第一位以此名
詞指「邏輯學」或「理則學」的學者。亞氏本人替這門學科所取
的名稱是「分析學」(Analytics)❷，所以其邏輯也叫做「形式邏
輯」(Formal logic)，因為它著重分析思想形式，但此種形式並非
與外在實有無關；例如三段推論式中的「凡是人皆會死，孔子是
人，故孔子會死。」這個結論是根據邏輯的形式規則而正確推論出

❷　Sir David Ross, *Aristotle* (Norwich: Jarrold and Sons Ltd., 1960), p. 20.

的，且此結論在實在界可以得到證實。換言之，邏輯所分析的人類思考，是以實在界為根據與對象，並非憑空杜撰的。當然，亞氏也承認，事物存在於思想以外的方式與它們在思想以內的方式並非完全相同。

亞里斯多德的邏輯曾廣泛地被採用，甚至一枝獨秀，直到最近才與新近的「符號邏輯」(Symbolic logic) 或「數學邏輯」(Mathematical logic) 分庭抗禮。有人說亞氏的邏輯已落伍了，已步上窮途末路，甚至被後起之秀的符號邏輯所取代。這是不正確的，因為亞氏的邏輯又稱為形式或傳統邏輯，仍有其不可抹煞的價值。事實上，現在歐洲大陸的各大學仍在傳授這種邏輯，仍以它為主，連著名的符號邏輯家——波亨斯基 (I. M. Bochenski) 也不得不承認其永恆價值：「符號邏輯最著名的學者們，亦對實證派人士的態度不敢苟同而輕視傳統邏輯，如 Ajdukiewiez 曾用符號邏輯，嚴格證明了亞里斯多德的邏輯之一切形式皆是合理的；Lucaziewiez, Goblot, Wundt 等人認為，傳統邏輯所有的東西，乃是他們所未曾夢想到的；Becker 用符號邏輯，證明亞里斯多德的邏輯學為精細周詳的傑作；Salamuncha 在士林哲學中，找到許多定理，人們以為是某位符號邏輯家所發現的。經過這些研究之後，今天我們可以說：符號邏輯是合理的維續人類數世紀來的努力，它利用現代的發明，持續這項努力，發現了許多新的東西，但它絲毫未曾否認傳統哲學的價值，甚至直至今日，傳統邏輯，借助了符號邏輯之光，顯得比以前更可靠。」❸ 史特炳 (Susan Stebbing) 也說：「傳統三段論證法仍保持其價值。」❹ 薛哥斯

---

❸　I. M. Bochenski, *Novo lezioni di Logica symbolica* (Rome, 1938), pp. 1–6.

(Heinrich Scholz) 對亞氏的邏輯有以下的讚詞：「《工具》(*Organon*) 迄今仍是世人所寫邏輯學中最美和最具意義的典籍。」❺於今就淺論此仍具有時代意義的邏輯學。

第一節　理智的行為

　　亞里斯多德把邏輯學之目的指定為：「提供推理的方法」(the means of reasoning)❻。他所謂的「推理」，自然指的是「正確」的推理或判斷 (scientia recte judicandi)，其目的，一方面使人的理智不至於犯錯；另一方面則使人的理智獲得真理，所以嗣後多瑪斯在註亞氏的《後分析學》時把它發揮成：「指導理智活動的技藝，藉之，人在推理活動上，能按部就班、輕而易舉及無妄無誤地進行。」❼

　　人是「理性動物」(rational animal)，「理智」是人所具有的主要能力，運用此能力的行動稱為推理作用，因為人並非憑「直觀（覺）」(intuition)，而是藉著「推論式」(discursion or reasoning) 認識事物，即由原理原則逐步引出結論。然而，宇宙間的事理是錯綜複雜的，大部分難以一目了然或瞭若指掌，故時常會下不正確的結論，即人會犯錯。為了避免犯錯，必須有正確的方法可遵

---

❹　*A Modern Introd. to Logic* (London, 1933), p. 102.

❺　*Geschichte der Logik* (Berlin, 1931), p. 27.

❻　*Top.* I, 18, 108b32; VIII, 14, 163b11.

❼　"Ars directiva ipsius actus rationis, per quam scil. homo in ipso actu rationis ordinate et faciliter et sine errore procedat." (In *Anal. Post.* I, lect. 1.)

循，因此對正確的認知，對真理的獲致，邏輯學是不可或缺，是必要的工具。但「推論」是複雜的步驟，它以「判斷」(judgement) 和「初步認識」(simple apprehension) 或「簡單概念」(idea or concept) 為先決條件。換言之，推論乃由許多「判斷」所形成的，而「判斷」則由許多概念所組成的。因此，「推論」雖然是邏輯學的主要研究課題，但它必須藉著「概念」與「判斷」，因為此二者是推論的資料，缺少它們，推論則無法成立。這三者——簡單概念（對事物的初步認識）、判斷和推論——均為理智的行為，是正確推論的要素，今分別論述如下：

一、初步認識——簡單概念

有關初步認識的簡單概念，有下列諸問題應作討論：

㈠初步認識的意義

「對簡單事物的初步認知。」❽這是亞氏對初步認識的描述。多瑪斯在註解時曾言：「理智有兩種活動，其中之一是對簡單事物的初步認知，藉之，理智認識每件事物的自身本質；另外一種是理智的綜合和區別活動。此外，還有第三種，即推論：從已知求未知。第一種是第二種的基礎，因為人對事物無法進行綜合與區別的工作，除非先有初步的認知。第二種則是第三種的基礎，因為理智必須從已表贊同的已知之物才能對未知之物的確實性進行探索。邏輯學既然是『論理之學』(rationalis scientia)，它就必須討論屬於上述三種活動之物。」❾多氏又言：「當理智知道事物是

---

❽ "indivisibilium intelligentia—thinking of the simpleobjects of thought." (*De An.* III, 6, 430a26).

❾ In *Interp.* I, lect. 3, a. X, n. 3; 1. c. n. 5.

什麼時，即是對簡單事物的初步認知，這種認知也叫做理智的訊息，或藉著理智所有的影像。」❿「按照這種活動——最初認識——理智不表贊同，也不表反對。」⓫

綜合上述，可以給初步認識下一個較清楚與完整的定義：「是一種理智藉以認識事物的本質之行為，但不加以肯定或否定。」⓬所以，這種認知行為應算是理智的初步動作，譬如當我們知道「人」是什麼？「新鮮」是什麼？「花」是什麼？但並未加以肯定或否定：「人是聰明的」，「花不是新鮮的」。

這種認知行為雖然是初步的，但已是相當複雜，因為它包含了許多其他動作：第一、「注意」：在眾多事物中，只留心其中之一；第二、「反省」：對自己的行動加以思考，知道自己有所認識；第三、「抽象」：進行取此捨彼的挑選行為；第四、「比較」：把許多事物加以對照以便知道它們的異同；第五、「分析」：把一個完整的概念分解成不同的簡單概念，如把「人」的概念分解成「動物」與「理性」，因為「人」的概念乃由此二者所組成；第六、「綜合」：把不同的概念組成一個完整的概念以便一目了然，如把「動物」與「理性」綜合於「人」的概念裏以便對「人」有較圓滿的認識。透過以上的程序，理智才形成「概念」(idea or concept)，藉之，人就對事物有了初步的認識。所以，「概念」應算是初步認識所產生的效果，是人對事物的認知之媒介，因此，

---

❿ St. Th., in *Anal. Post*. I, 1, lect. 1, n. 4.

⓫ *III Dist*. 23, 2, a. 2, sol. 1.

⓬ "Actus quo intellectus aliquam essentiam cognoscit, quin quidquam de ea affirmet vel neget." (Joseph Gredt, *Elementa Philosophiae Aristotelico-Thomisticae*, Barcelona: Herder, 1946, n. 6.)

初步認識與概念之間有密切的關係，彼此不能分離，是一體的兩面，其意義、其形成的過程及其性質與價值等，將是我們討論的課題。

(二)**概念的意義**

　　亞里斯多德在其著作中多處出現以不同的名稱稱呼「概念」：「措辭」(word-logos)：表示思想的表達方式 (*E. N.* I, 4, 1096b21; 24)；「觀念」(idea—eidas)：表示理智認識事物的媒介❸；「靈魂的收受」(reception of the soul) 或「感受」(affections of the soul)：強調理智初步的被動性質❹；「孕育」(conception)：表示理智形成概念時與動物懷孕生子的過程頗相似❺；「肖像」或「心像」(image or form)❻：表示客體事物在思想內的代表或替身。但他最常稱它為「思維」(thought)：表示理智在思考時所產生的結果 (*De Interp.* I, 16a10)。所以，概念無非是：「在理智內客體事物的替身或代表，藉著它，我們認識事物自身。」(Gredt, op. cit., p. 10)。

　　事物的客觀存在乃無可否認的事實，當一部汽車橫衝直撞的將你撞倒，你會懷疑它的存在嗎？當一隻兇猛的狼狗把你咬得遍體鱗傷，你還會否認牠的存在嗎？人不但承認這部車輛或那隻狼狗的存在，且知道它們只是同種類的眾多個別物中之一，即知道眾多個別物的共同點，它對同種類的所有個體都可適合，但這種「共同點」仍是從個體物而來的，因為只有個體才有具體的存在，

---

❸　*De An.* III, 4, 429a28.

❹　*De Interp.* I, 16a3, 7; Ross, op. cit., p. 15.

❺　*Top.* 114a18.

❻　*De Interp.* I, 16a8; *De An.* III, 8, 432a7; 11; *Cat.* I, 1a17.

人所能真正接觸到的也只是個體而已。當我們接觸到這些個體所
形成的共同點，就是所謂的「概念」，它是在理智內外界事物的替
身，因為事物本身不會進入理智內，在理智內所有的只是它們的
替身或心象而已。至於它們是如何形成的，是相當複雜的問題，
同時也就是我們將要討論的課題。

㈢概念的形成

「概念」也叫做「理性印象」(intelligible image)，與「感性
印象」(sensible image) 不同：後者是想像力的產物，是具體的、
個別的，它只能適合於少數的個體，譬如：我們看見一朵白色的
玫瑰花時，所形成的是該朵花的感性印象，它頂多只適合於白色
的玫瑰花，對紅色的玫瑰卻不適合。而前者——理性印象——則
是普遍的、抽象的、永久的、超越時間與空間的，它是理智的產
物，對一個特殊的個體可以適合，對同一種類的每一個特殊個體
也同樣適合，譬如「人」的概念——理性動物——對所有的人都
可以適合，只要是「人」，不分古今中外，都應該是理性動物，所
以它所含的意義可以普遍地說明所有的人，這種「普遍性」是概
念的特徵，故也稱為「普遍概念」(the universal idea) 或「共相」
(the universal)，其形成的過程是：

亞里斯多德主張人具有兩種知識：「感性知識」(sensitive
knowledge) 和「理性知識」(intellectual knowledge)。前者是在內
外感官的密切合作下所形成的，譬如一朵紅色的玫瑰花，我們對
它的認知是紅色的、堅硬有刺的、具有香味的，因為我們視力所
見是紅的，以手觸摸則堅硬有刺，鼻孔聞到它的香味，而後經過
內在感官的「綜合感」(common sense)、「利害感」(vis
aestimativa) 和「想像力」(imaginative power) 合成一個完整的感

性印象，再藉著「記憶」(memory)，此印象得以保留在我們的腦海中，即使該朵玫瑰花不存在了，我們仍能有它的印象。但如以上所言，此印象永遠是具體的、個別的、特殊的、物質的，只能適合於該朵特定的紅色玫瑰花，對其他玫瑰花則不適合；更不適於所有的花。

　　然而，事實上，我們有一些普遍、超物質和非具體的概念，譬如真、善、美及人、狗、貓、花、草等概念，它們又是如何形成的呢？

　　柏拉圖以其有名的「觀念論」來答覆此問題：人的靈魂在未與肉體結合前，已先存在於觀念世界裏，認識該世界裏的所有觀念，而這些觀念是普遍的、非物質的。當靈魂與肉體結合時，是非自然及強迫性的結合，所以原先所獲得的普遍觀念暫時被遺忘了，但並未完全失去，一旦機會來臨時，這些普遍觀念會一一被找回的，譬如當人與外物接觸，或經他人提醒與指點後，自然會記起原先所有而暫時遺忘的普遍觀念。故照柏氏的說法，人所有的理性知識只不過是「回憶」(reminiscence) 而已——重新找回原有的觀念。因此，人實際上所有的普遍概念不是從感覺世界的個別與物質物而來。相反的，感覺世界的個別物分享了觀念的實在性，是觀念的影子或拷貝（複印），觀念卻是感覺物的根源。柏拉圖的學說被稱為「先天觀念論」(innatism)，或「唯心論」，因為按照他的說法，人的知識缺乏客觀性，沒有真價值，且不與實體相符合，人所認識的，只是觀念而已，而不是實有物本身。

　　亞里斯多德極力反對這種說法，因為這是沒有根據的，全是柏拉圖的幻想。亞氏比較喜歡就事論事，盡量根據事實求問題的解答。

亞氏主張在人的靈魂內有一種特殊的精神能力，它能「神化」或「精神化」物質物以配合理智的需求，此能力亞氏稱之為「主動理智」(agent intellect)，它猶如「光明」（其實希臘文的主動理智就有光明或光照的意思），照耀物質物使之變為可以被理智所認識之物，就好像陽光使顏色變成實際上可看見的。主動理智光照物質物的感覺形象 (phantasm)，將它加以改造而後在被動理智裏形成理性表象，藉此，被動理智才能認識事物。因此，亞氏承認理智有雙重能力：抽象與認識能力，前者是主動理智，後者則是被動理智 (passive or possible intellect)。主動理智，顧名思義是主動的或具有創造性的 (active or productive)；被動理智的功能則是被動的或能接受的 (passive or receptive)。感官的適當對象是感覺物 (the sensible)，但感覺物只是潛能地被理智所認識 (potentially intelligible)，因為是物質的，人的理性認識能力──理智──是非物質的。物質物與非物質能力之間缺乏相稱性，故物質物照原來的存在方式，即未經過改造，不能被非物質能力所認識。當感官的對象以感覺形象的形式出現於主動理智前時，此對象具有物質物所有的具體性質。由於它是物質能力的產物，故含有所有物質條件，必須受時空間的限制，是個別的、特殊的和具體的。主動理智的主要功能是「光照」。當它向感覺形象進行光照行動時，感覺對象的具體或個別性質就被暫擱一旁，所留下的則是感覺形象所代表的物體之赤裸裸本質，而它所注意的也僅此「本質」而已，此即是所謂的「抽象作用」：取此捨彼的行動。感覺物在主動理智之強烈光照下，所含的兩部分──個別或具體部分與共通或抽象部分──被分得清清楚楚。於是主動理智就把代表物之本質的共通部分抽出以作為被動理智的適當對象，因此，此部分是非

物質的，所以才能被非物質的認識能力——理智——所認識。明乎此，主動理智在人獲得理性知識的過程中，扮演非常重要的角色：它把含有物質性之物變成非物質的，把個別物提昇為普遍或共通的，把感官的對象變成理智的對象，把原先只潛能地被理智所認識之物變成實際上被理智所認識之物 (from intelligible in potency to intelligible in act)。

主動理智因著自身所具有的創造功能，能產生一種理性印象 (impressed species)，即是主動理智所提供給被動理智的知識資料。被動理智一旦接受此資料後，就開始自己的行動——產生或形成自己的影像，稱為理性表象 (expressed intelligible species)，亦稱為「概念」(idea or concept)，藉之，理智就認識適合於同種類事物的本質。故「概念」只是理性知識的工具或媒介，而非對象。自然概念本身也可以是認識的對象，即當我們思考概念時，此時的概念就變成認識的對象。換言之，當我們知道已知之事物時，我們就以概念作為認識的對象 (to know that we know what we know)，固然我們可以把望遠鏡作為觀察的對象，但是當我們用望遠鏡觀察事物時，事物才是觀察的對象，而非望遠鏡了。

總括上述，亞氏對理性知識的來源，對概念的形成的確作了相當合理的說明，此乃亞氏對人類知識所作的莫大貢獻。人的智能開始時猶如一張白紙，但有無限大的潛能，能認識所有物。知識的初步激勵來自感覺經驗；外在感官（視覺、聽覺、嗅覺、味覺和觸覺）接觸到感覺世界的物體，然後進入內在感官（想像力、記憶、利害感及綜合感），漸漸形成外在感官所接觸到的物體之感性形象 (phantasms)，又稱為感性表象 (expressed species of sensible order)，此時主動理智就開始進行它的工作：與感性表象合作，從

被動理智的潛能中抽出理性印象以產生一個與理智（被動）同性質的思想形象 (intentional form)，它就代表事物的普遍性本質及刻印在被動理智上的理性印象。被動理智經過此被接受於其內部深處並與之相結合的思想形象的刺激後，就能產生理性表象——概念，哲學家把它比喻成動物懷孕後所生的兒子，因此概念——理性表象——也稱之為理智的兒子 (concept)。（以上參考拙著《宗教哲學》，中華民國七十五年由臺灣商務印書館發行，第 567–570 頁）

四概念的性質與價值

我們已知代表事物之本質的普遍概念之形成乃是理智與感官合作的結果：感官提供資料，理智運用其抽象能力進行「取此捨彼」的工作，只把適合於同種類之物的共同點從各個體中「取此」，屬於各個體自身所有的不同特殊因素則被拋下不顧。所以，構成普遍概念或共相的基本因素有二：「同一性」(unity) 和「共通性」(communicability)，即它既是「一」，又是「多」，因為它是一個可同樣地適合於同種類的眾多事物的概念 (unum in multis)，這就是亞里斯多德所說的：「共相之謂共相在於它能普及多數。」**❶❼** 然而，「一」與「多」是矛盾的，如果是「一」，就不能同時是「多」，反之亦然。亞氏對此難題的答覆是：共相的共通性只存在於思想內，不能單獨存在於思想之外**❶❽**，但它所含的內容，所代表的事物之本質卻實際存在於每一個體中，即在每一個體身上的

---

❶❼ "The universal is common, since that is called universal which is such as to belong to more than one thing." (*Met.* VII, 13, 1038b10–11.)

❶❽ "Universale est quod natum est pluribus inesse, non autem quod pluribus inest." (St. Th., in *Met.* VII, lect. 13, n. 1570ss; 1574.)

確有共相所含的內容，因為理智運用其抽象能力在形成共相時，乃把原先在個體中已有之物抽出，而不是憑空捏造或無中生有。所以共相所含的內容應完全與原有之物相符合，而理智的確也具有此本事，就理智本身而言，不但能認識且能正確的認識事物，此乃基於亞氏經常所強調的：「自然造任何物都不徒然」(nature does nothing in vain)，而這種正確的認識對人類的知識而言，是極為重要的，否則人類也就無法獲得真理，因為「真理」不外乎「概念與事物之相符合」(adaequatio intellectus cum re)。

凡「概念」均有所指，即有內涵，雖然有些內涵比較豐富或複雜，有些則比較貧乏或簡單。越簡單者，其適合性或共通性也就越大越廣；越複雜者，其共通性則也就越窄、越狹 (major est comprehensio, minor est extensio; major est extensio, minor est comprehensio)，譬如「動物」這一概念的內涵就比「人」簡單、貧乏，所以其共通性也較廣，它不但對非理性的禽獸，並對有理性的人均可適合；「人」的概念則僅適合於人，對禽獸則不適合，因為其內涵較複雜與豐富。

㈤名稱或言語

人的理智在形成「概念」後，就利用它作媒介以認識事物，以獲得理性知識。但人尚經常把自己所得來的知識傳授給他人，或與他人溝通，其管道是「言語」(term) 或「名稱」和「文字」，因此，此二者應算是概念向外表達的方法或工具，於今先論言語—名稱。先談其意義，再論其種類：

1. 意義：學者們根據亞里斯多德的意思給言語（名稱）所下的定義是：「人所創造的有意義的聲音。」[19] 人與禽獸一樣，會發

---

[19] "Vox significativa ad placitum." (Gredt, op. cit., n. 19; *De An*. II, 8,

出聲音，但所不同的是，人可以把聲音變成有意義的。除了極少
數的自然聲音，如哀、嘆、鳴、泣、嗚咽之外，其他絕大部分的
聲音，其本身均不具任何意義。因此，有意義的聲音需要由人來
訂定，其意義並非來自聲音的天性。人之所以要把聲音變成有意
義，乃為了表達在理智內所有的概念以便與他人溝通。雖然概念
與有意義的聲音——言語——都代表事物，但兩者的性質並不相
同：概念所代表的是事物本身，故是物象；有意義的聲音——名
稱，則代表概念，故是符號。「概念」是人的理智與事物相接觸時
所造成的，所以是自然的、固定的、不是任意約定的。「名稱」則
是人隨著自己的意思所制定的，故並非自然的、固定的，譬如我
們目前所稱呼的「桌子」，當然指的是「桌子」，「椅子」，指的是
「椅子」。然而，若在開始時，把現在所謂的「桌子」命名為「椅
子」，把「椅子」命名為「桌子」，那麼，其稱呼的方式也就大不
相同了。所以，代表概念的名稱乃由人自己隨意約定的。然而，
一經約定而成共識之後，就不可以輕易的更改，否則言語或名稱
就失去意義，又回復到無意義的聲音了。

　2.種類：從不同的觀點，可產生不同的名稱：

　　⑴從名稱的內涵去看，有「簡單名稱」和「複雜名稱」，端
視其含義而定：「人」、「牛」、「跑」、「週」、「末」、「車輛」、「鑰

420b35; *De Interp*. 2, 16a5; St. Th., in *De An*. II, lect. 18, n. 477). 此與
文法上之「名詞」(noun or term) 的意義不同，亞氏的定義是：「人所
約定的有意義，但不含時間性（與動詞有別）的聲音；各部分分開，
則無意義。」(A sound which has a meaning established by convention
and has no timereference and of which no part taken by itself has a
meaning.—*De Interp*. 2, 16a19a.)

匙」等皆是簡單名稱；「車輛鑰匙」、「週末」、「人跑步」等則是複雜名稱。此外，又有「具體名稱」和「抽象名稱」：「桌子」、「椅子」、「車輛」等皆屬於前者；「真」、「善」、「美」等則屬於後者。

(2)從名稱的外延去看，有「共名」(common term) 和「別名」(special term)，但這是相對的說法，因為「共名」又可以有「大共名」和「小共名」；「大別名」和「小別名」。如「物」即是大共名，「動物」則是別名或小共名；「人」可以是共名，若對「張三」而言，同時又是別名，若對「動物」而言。小共名對大共名而言則是別名；大別名對小別名來說，則是共名。

(3)從「名稱」與「名稱」的關係去看，有「同義詞」(univocal)：一個名詞所指的主要內容在「同一意義下」可說明不同的個別物，如人──理性動物，當指張三、李四、王五時的意義是完全相同的；「異義詞」(equivocal)：同一名稱有兩個以上完全不同的意義，故一個名稱除了音與字體相同外，其所指的意義則完全不同，如「黃牛」即是「異義詞」，因為它可指拉車或耕田的畜生，同時也可指以高價出售入場券或車票的不法之徒，因為前者為非理性動物，後者則為理性動物，兩者在本質上是風馬牛不相及；「類比詞」(analogical)：同一名稱應用於各物時，其意義是部分相同，部分不同，但不同的成分遠勝過相同的成分，如「存有者」(being) 即是一例，因為它可以說明「自立存有者」(substantial being) 和「依附存有者」(accidental being)；「造物主」和「受造物」，他們雖都是存有者（彼此相同之處），但在意義上又大不相同：自立存有者是能獨立存在者，依附存有者則自身無法獨立存在，它必須依賴他物而存在；造物主是「自有者」(ens a se)，故是「必然存有者」(necessary being)，受造物的存在則是

由他物所促成的，故是「非必然存有者」(contingent being)❷。

㈥文字

人對事物有初步認識後，在思想內就形成「概念」，若以聲音向外傳達就成言語或名稱；若以符號加以記載成為持久的，即是文字，所以可定義為：「人所製造用以表達概念（思想）或言語的有意義符號。」但文字也和言語一樣，並非本來就有意義，而是由人約定俗成，否則只是純粹符號而已，不具任何意義，故也不能稱為文字❷。

㈦範疇和述詞式

凡「概念」皆具有普遍性，但我們可以再進一步從不同角度去觀察此普遍性：第一、從內涵方面：只注意概念的內容，如「人」、「動物」，不去考慮它們所涉及的事物。因為人的思想最初及直接所關注的是內容，故也稱「直接普遍性」或「第一意向」；第二、從外延方面：只注意概念的普遍性所能涉及的事物，如「人」是否可涉及其他個別的人，這就需要「反省」之後才能知道，所以也稱為「反省普遍性」或「第二意向」。居於直接普遍性之最高峰的概念 (summa genera) 即是「範疇」(categories－praedicamenta)；居於反省普遍性之最高峰的概念就是「述詞式」(predicables－praedicabilia)，今分別加以討論。

1.範疇 (Categories－praedicamenta) 的意義與種類

範疇的希臘文是Κατηγορίαι，其字面意義是：「在法官面前提出控告。」「控告」自然有「陳述」或「說明」之意。我們在思

---

❷　*Cat.* c. 1; Gredt, op. cit., n. 19, 20.

❷　*De Interp.* 1, 16a5; 4, 17a1; St. Th., in *Interp.* I, lect. 2, n. 8; lect. 4, n. 11; lect. 6, n. 8.

考事物時，可將看法加以陳述，即說明實體所含的性質，也可說明實體實際的存在狀態，如它們本身是實體或是實際上具有依附體的實體，因此「範疇」有邏輯與存有意義，故它既是邏輯學所研究的課題，同時也屬於形上學的討論範圍。如今先就邏輯學觀點來論，等談形上學時，再從另一觀點討論。

　　亞里斯多德對範疇的確定數目並不一致：在《範疇論》(*On Categories*) 與《題論》(*On Topics*) 中曾列出十個，但在《後分析論》(*Posterior Analytics*) 中卻只提到八個，在《形上學》的卷七、十一提到七個，在《宜高邁倫理學》只提到六個❷。不過一般人都贊成在前兩者中的區分法，把它分成十個，分屬於兩大類：一個自主體和九個依附體。茲說明如下：

　　⑴自立體 (substance)：自己能夠獨立，無需依賴他物而存在者。如人、狗、貓、馬、牛、羊、桌子、椅、花、草、張三、李四等。亞氏尚把自立體分成第一和第二兩種，前者指受實在的依附體所限定的個別事物，因此，它再也不能說明另一事物，是最極限之物 (species infima)，如孔子、張三、李四；這枝筆或那張紙。後者指從個別事物中所抽出的普遍本質，它可作為第一自主體（個體）的述詞，如「人」，可以充作張三的述詞：張三是人。自立體比依附體更具實有的意義，因更具備物之本質❸。其他有關自立體的觀念，談及「形上學」時再詳述。

　　⑵依附體 (accidents)：是與自立體對立的概念：其自身不能單獨存在，必須依賴他物才能存在，以他物為其存在的主體或

---

❷　*Ana. Post.* I, 22, 83a24; 83b15ss; *Met.* VII, 1, 1028a11; XI, 12, 1068a8; *N. E.* I., 6, 1096a20.

❸　*Met.* VII, 4, 1030b5; 21.

寄託所，如顏色、尺寸、高度等，總共有九個：

A.分量 (quantity)：由於自身所有的體積或擴延性，使一部分在另一部分之外，構成可以分割及計算的物體，如多少、大小、高低等，都屬於分量依附體。

B.性質 (quality)：對實體的限定、修飾、描述，使實體以一種特殊的形式呈現於人的眼前。此依附體所涵蓋的範圍最廣，凡是發問：「怎樣？」「如何？」其答案均指出事物的性質依附體，如「張三是怎樣？」答：「他很好。」或「他是善良的。」皆說出了此種依附體。是以，文法上的「形容詞」或「修飾詞」絕大部分都含有「性質」依附體的意義。

C.關係 (relation)：指出兩物之間因著特殊與連帶的情況，當提到一物時，必定聯想到另一物。如說到父親，必定聯想到子女；提到國王，必定聯想到臣民或屬下；至於主人，必定牽涉到傭人。

D.空間 (space)：指事物所佔的位置，所被安置的地方，如「在這裏」，或「在那裏？」；「在東方」，或「在西部」。凡問「在那？」，其答案即是「空間」。

E.時間 (time)：指事物的早晚先後之程序。如今天、明天、昨天；現在、過去、將來。當問：「幾時？」，其答案就是時間依附體，因為均指出時間的剎那，均能給所發生的事作某種解釋。

F.姿態 (posture)：指事物在地區內的狀態。如坐、站、蹲、臥等。

G.裝備或習性 (habit)：一物受其他物之裝飾。如穿著、習慣等。

H.行動 (action)：在他物身上產生效果的行為。如殺人、

打人、揍人等。產生效果者為行動的主體，但其本身不會產生效果，必須藉著自己所產生的動作才能產生效果，此種動作便是「行動」依附體。

　　I.被動 (passion)：由他物接受某種效果的行動。如「挨」打、「被」罵、「被」殺等。

　2.述詞式 (predicables－praedicabilia)

　　指一個普遍概念如何適合於其他個體：是否指一物的本質？若是，是指全部本質或部分本質？換言之，是對所涉及的事物之性質與方式加以說明。一切有限的實體均可歸納於它，共有五個：

　　⑴類 (genus)：指一個普遍概念，不說出一物的全部本質；它所說明的僅是全部本質的一部分而已，它是同類物所共有的，譬如「動物」即是人的「類」，因為它僅指出人的局部本質：人不僅是「動物」，且是「理性」動物，所以「動物」一詞不但適合於「人」，且對其他非理性的禽獸也能適合，如狗、豬、牛、羊等也都是動物。當然「類」還分為近類、遠類，甚至更遠的類，如「動物」即是人的「近類」，「生物」即是人的「遠類」，「物體」則是「更遠的類」。

　　⑵種 (species)：指出一物的全部本質的普遍概念，它對同種或同性質的各個體可以通用，但對其他不同種或不同性質之物則不適合。譬如「人」是「理性動物」，那麼，「理性動物」就是所謂的「種稱」，因為它一方面適合於所有個別的人，如張三、李四、王五；另一方面則對不與人同種或同性質的其他物不適合。

　　⑶種差 (specific difference)：指事物的完整本質之決定因素的普遍概念，它限定「類」的共通性以便成為「種」。譬如「理性」不是人的全部本質，只是部分本質而已，然而，卻是決定部

分，因為它加在「動物」概念上之後，就成為特殊的「種」，就與其他動物截然不同。

(4)特性或固有性 (property)：同樣是一個普遍概念，但它所含的內容既不涉及事物的全部本質，也不說明其部分本質，然而，與本質卻有密切的關係：以本質為基礎及由本質而來，故與本質雖有分別，卻不能分離，永遠陪伴著它，所有同種類之物都應具備，及僅該種類之物才有❷，譬如「人會笑」，「笑」即是人的特性或固有性，因為它雖不是人的本質，但與本質卻有密切的關係，除了人之外，其他物均缺乏此特性，凡是人，及所有的人都會笑，且僅有人才會笑。同樣的，「分量」是物質物的特性，「理智」則是精神實體的特性，因為它們都符合「特性」的條件。

(5)偶有性 (accidents)：它所含的內容既不是事物的本質，也不從本質而來，又不與事物時常在一起。因為它只不過是偶然附加在本質之上，故它的「有」或「無」對本質毫無影響，即是可有可無及忽有忽無的，譬如「白色」對紙而言，「站」、「坐」或「臥」對人而言，皆是「偶有性」。

有一點值得注意的是：屬於範疇之一的「依附體」與屬於述詞式的「偶有性」外語皆為 accident，但其意有別：依附體的基本意義是：自身不能單獨存在，必須存在於他物之上 (cujus esse est inesse)；「偶有性」則是：偶然附加在一物的本質之上，與物之本質沒有密切的關係，不但與本質有分別，且時常可與之分離，故它本身自然也不能單獨存在，必須存在於他物之上，以他物為

---

❷ Porphyry: "Quod convenit omni, soli et semper." (Isag. c. 4, 4a14). Aristotle: "Quod non indicat essentiam, soli autem inest et conversin praedicatur." (*Top.* I, 5, 102a18).

其存在的主體或寄託所。因此,「依附體」的意義要比「偶有性」廣,凡是「偶有性」必定是「依附體」,反之則不然,因為物之「特性」不是「偶有性」,但卻是「依附體」❷⑤。

(八)定義與區分

「概念」雖是人對事物的最初步認識,但卻是非常基本與重要,是真理之基礎,學問之根據,對它有清楚的認識及明顯的了解才是正確思想的先決條件。了解概念的內涵及其外延乃對它有更深一層認識的最佳途徑。「定義」關係到概念的內涵,「區分」(division) 則涉及其外延,所以在此提出討論。

1.定義 (definition)

「定義」就字源來說,有「界說」或「界定」之意,是給某種事物劃定界限,規定範圍使與其他事物分離,以便知道與其他事物的不同點。就實際意義而言,是把一事一物所含的意義,用簡單扼要、但卻是完整的說法予以表達,使人對之有正確的觀念,而不致與其他事物混為一談。

亞里斯多德將定義分成兩種: 第一、字面定義 (nominal definition)❷⑥: 從文字的來源或組合以確定其意義,故也稱之為「字源定義」(Etymological definition),例如「哲學」,其字面意義是「愛智之學」,因它乃譯自希臘文的 philosophia,而此字是從

---

❷⑤　亞氏有關範疇及述詞式的見解,可參閱下列的著作: *Met.* IV, 2, 1003a33; IV, 4, 1007a35; V, 13; V, 9, 1018a12; V, 30, 1025a14; *Top.* IV, 6, 128a26; I, 5, 102a18; 102b4; *Cat.* 5, 2a11; 2, 1a20; 6, 4b20; 5a1; 6, 5b11; 8, 8b25; 8, 10b12; *Phys.* I, 3, 186a34; *Ana. Post.* I, 22, 83a24 及聖多瑪斯的註解。

❷⑥　*Ana. Post.* II, 10, 93b30.

「愛」(philo) 和「智慧」(sophia) 組合而成的。第二、「實質定義」(real or essential definition)。亞氏把它定義為:「指出事物是什麼性質之物的措辭。」(term that indicates what a thing is) 即說明一物與其他物之基本區別點,故也等於藉著事物的構成原因指出該物的「本質」**㉗**,因此,也可稱之為「本質定義」(essential definition)。

事物之本質由「近類」(proximate genus) 和「種差」(specific difference) 合成,因此,「實質定義」也應把上述二者指出,否則就不是完善的定義。「近類」是不同種之物的共同要素,可適合於不同性質之物,為不同性質之物所共同擁有的。「種差」則是使一物成為特定物的因素,它限定「近類」的共通性,是一物之所以為該物,而不是其他性質不同之物的較基本要素,它與「近類」相合而完全限定了一事物的範圍,與其他不同種之物劃清界限,成為一種特定及與眾不同之物。以人的定義——理性動物——為例,即可說明實質定義的構成因素。「理性動物」中的「動物」性質,不但適合於人,且適合於與人同類的其他無理性的動物,譬如豬、狗、牛、羊,故對「人」而言,它便是「近類」。倘若「人」僅具備此要素,則人與其他不同種之物無異,無法分辨它們的不同,不能劃清彼此間的界限,故必須加入其他要素——理性——才能顯出人之所以為人之理,及與眾不同之處,那麼,「理性」便是「人」的定義之「種差」,是人的主要特徵,與「近類」——動物性——相合,才使人與其他不同種之物有別**㉘**。

㉗ *Ana. Post.* II, 3, 90b4; 10, 93b2913, 97b26; *Top.* I, 5, 101b39; *Met.* VII, 4, 1030a14; 17.

㉘ 其他有關定義,參閱以下著作: *Ana. Post.* II, 10, 93b30; II, 7,

2.區分 (division)

「把整體分成組成整體的部分」是謂「區分」。「區分」的目的是使人對某物有較清晰的概念，以便更詳細知道該物的性質，它與「定義」的目的是相同的，只是所用的方式不同：「定義」是把組成整體的部分加以「綜合」，「區分」則剛好相反：把整體加以「分析」，分解成所組成的部分。因此，在所有的「區分」裏，必須有三種因素：第一、被區分的「整體」；第二、整體被區分的「部分」，即整體必須是由部分所組成的，否則就無需區分，也不能被區分；第三、有所根據。譬如，把「人」分成白種人和黃種人，那麼，「人」就是被區分的整體；白種人與黃種人即是被區分的部分；皮膚的顏色則是區分的根據❷。

二、判斷、命題和原理

「簡單概念」是人對事物的初步認識，同時也是理智的第一種行為。理智的進一步行為是由許多簡單概念所組成的「判斷」，其中比較顯著且價值較高者，稱為「原理」；若用言語或文字向外表達即成「命題」。前面已論過初步認識，現在接著討論「判斷」、「命題」和「原理」。

㈠判斷

亞里斯多德在《論解釋》(*De Interpretatione*) 書中有一段文字對理智的行為之性質及其功能有詳細的說明，值得一提，因為將有助於對「判斷」與「命題」的了解：

92b26ss; *Met.* VII, 4, 1030b5.

❷ *Ana. Post.* I, 31, 46a31; 13, 96b15ss; *Top.* VI, 6, 143a36; St. Th., in *Ana. Post.* II, lect. 14, n. 2; *ib.* II, 5, lect. 4.

「首先我們必須對『名詞』和『動詞』，『否定』和『肯定』，『命題』和『句子』有一個正確的觀念。

「語言是思想經驗的記號，文字則是語言的符號。並不是所有人均有相同的文字。同理，所有人也沒有相同的語言。然而，語言所直接象徵的思想經驗，對所有人卻都是一樣的，就好像在思想內代表事物的概念是一樣的。

「在心靈中的思維有的不牽涉到真或假，有的則必須是真的或假的。這種情形在說話時也能發生，因為『真』或『假』意含『組合』和『分離』。不附加任何其他因素的單純名詞和動詞，就像沒有組合或分離的思維，尚無所謂『真』或『假』，譬如『人』(man) 和『白的』(white)，分開來講，就尚無真假可言。為了證明上述所言，以『山羊雄鹿』(goat-stag) 為例，它雖有意義，但無所謂『真』或『假』，除非加上『是』或『不是』。至於用現在式 (present tense) 或其他時式，則可視情況而定。

「所謂『名詞』(noun)，我們指的是：由人所約定的，但沒有時間性（不是指沒有表示時間的名詞，因為有的名詞就意指時間，如現在、過去、未來——作者）之有意義聲音，各部分被拆開後，則無意義可言。fairsteed 這個名詞，若把它拆開為 fair 和 steed，單字 steed 或 fair steed 都沒有意義。雖然 fair steed 有意義，但與合在一起時的 fairsteed 之意義不同，也就徒然無意。同樣的，pirateboat（賊船）這個名詞的 boat（船），除非與 pirate 連在一起，否則是無意義的。

「動詞除了有自己的意義外，附帶有時間性。被拆成部分後，各部分都沒有自己的獨立意義；造句時，常具有陳述他物的意思。

「現在讓我來解釋一下何謂動詞附帶有時間性：'health'（健康）是一個名詞，'is healthy'（是健康的）的 'is' 就是動詞，因為除了有它自己的意義外，它還指明『目前』的情況。

「句子 (sentence) 是語言的有意義部分，其中有些部分是有單獨意義的，因為是一種表達思想的方式，雖然不一定是完整的判斷，對此我將加以解釋。譬如 'human' 這個字是有意義的，但不構成一個否定或肯定的命題 (proposition)，除非附加其他東西。若把其所組成的字母加以拆開，那就沒有意義了。同樣的，'mouse' 這個字，其部分 '-ouse' 也是無意義的，它只不過是一種聲音而已。

「每一個句子都有意義，然而，它是由人所約定的，而不是其性之使然。但每一個句子不一定就是一個命題，除非有真假之分時。譬如在祈禱時所表達的思念，就是一個句子，由於既不是真的，也不是假的，故也就不是一個命題❸⓿。」

多瑪斯在註解以上的文字時曾說：「開始時我們就說過，亞里斯多德在《論心靈》卷三的第六章裏提到理智的兩種行為，在其中之一裏找不到『真』或『假』，在另一種則能找到。所以亞氏於

---

❸⓿ *De Interp*. c. 1–4.

此處也說，人的理智在思考時，有時沒有真假之分，有時則非有
不可……『真』與『假』首先是關於結合與分離 (circa
compositionem et divisionem)。即使是複合的名詞，也只指簡單的
概念，不分『真』或『假』，除非加上『是』或『不是』，藉此，
理智才形成判斷。」❸

　　所以多瑪斯嗣後根據亞氏的思想，給「判斷」下的定義是：
「是理智的行為，藉此行為，理智以肯定的方式把兩個概念加以
結合，以否定的方式把兩個概念加以分離。」❸

　　「判斷」與「初步認識」及「推論」都是理智的行為，但理
智藉著這些行為所執行的工作卻不一樣：藉著「判斷」，理智把兩
個概念加以分析或綜合以便看出彼此間的關係，若能加以結合，
則予以肯定，否則予以否定；若所肯定的正是事物所具有的，就
是真理，否則就是錯誤；相反的，若所否定的，正是事物所沒有
的，就是真理，否則就是錯誤，這也就是亞氏在其《形上學》所
說：「非者說它是也，是者說它非也，即是假的；相反的，是者說
它是也，非者說它非也，即是真的。」❸「主詞與述詞是真正結合
在一起時就加以肯定，當它們是分離時就加以否定，就是真的判
斷。」❸譬如，「秦始皇是暴君」，即是「判斷」，且是真判斷，因

---

❸　*De Interp.* I, lect. 3, n. 23, 13.

❸　"Operatio intellectus secundum quam componit et dividit, affirmando et
　　negando." (*De Ver.* q. 14, a. 1. c.)

❸　"To say of what is that it is not, or what is not that it is, is false; while to
　　say of what is that it is, and of what is not that it is not, is true." (*Met.*
　　IV, 7, 1011b26.)

❸　"For the true judgement affirms where the subject and predicate really
　　are combined, and denies where they are separated, while the false

為「秦始皇」與「暴君」可以相結合;「高山不能遮太陽」,也是
「判斷」,且也是真判斷,因為它與事實相符;「人勤地不懶」自
然也是真判斷,因與事實相符。但若把「人」、「勤」、「地」、「懶」
加以分開,就不是「判斷」,而只是初步認識的簡單概念。總之,
「真理」與「錯誤」正式是於「判斷」中形成,不在於「初步認
識」時,而「判斷」的真假,全看它是否與事實相符: 肯定其所
是,否定其所不是; 結合其應結合,分離其當分離**❸**。

(二)命題

「概念」是人在理智內對事物的初步認識,所以是一種內在
行為,它可透過語言或文字向外表達而成「名稱」。由許多概念組
成「判斷」,因此它也是一種內在行為,若藉著語言或文字向外表
達就成「命題」,故「判斷」與「命題」可以說是一體的兩面**❸**,
兩者間猶如名稱與概念的關係。茲將「命題」的意義、種類分述
於下:

1.意義

亞里斯多德給「命題」下的定義是:「肯定其所是,否定其所
不是的文句。」或「敘述『真』或『假』的文句。」**❸**

---

judgement has the opposite of this allocation." (*Met.* VI, 4, 1027b20–
23.)

❸ *Met.* IX, 10, 1051b2ss.

❸ 嚴格說來,兩者仍然不同,因為: 一、同一判斷可用不同的命題來
表達,如狗吠與狗叫;二、同一命題可以表達不同的判斷,如「汎
神論和一神論都承認神存在」是一個命題,卻表達不同的判斷;三、
不是所有判斷都可以用命題來表達,所以人常說: 非筆墨與言語能
形容於萬一。

❸ "A sentence affirming or denying one thing of another." (*Ana. Pr.* I,

亞氏時常把「命題」稱為「前提」（πρότασις）❸，說它是結論的根據❸，因為結論是由前提所引申而來的。

首先，「命題」應是一個「文句」。（這裏所謂的「文句」是指用文字寫下，或用語言說出的句子。）因為單獨一個名詞，甚至許多名詞，若彼此間缺少關聯，就沒有正式的意義。再者，構成命題的文句不應是「祈求句」（deprecative），如「我請你幫個忙」；或「祈使句」（imperative），如「你把門關上」；或「疑問句」（interrogative），如「那是你的書嗎?」；或「呼籲句」（vocative），如「布魯特斯，連你也要殺我!」(Et, tu, Brute!)，而應是「陳述句」（enuntiative or declarative），如「張三用功讀書」。所以，不是每一個文句都是「命題」❹。構成「命題」的文句必須以肯定或否定的方式陳述另一物，否則就不能形成正式的判斷，因為那就無所謂「真」或「假」，所以一個正式的命題乃由三種成分所組成的：第一、主詞 (subject)：指被陳述的事物；第二、述詞 (predicate)：指陳述主詞的事物；第三、連繫詞 (copula)：指理智的行為，說出主詞與述詞的關係：兩者若相合，就用肯定的連繫詞，否則就用否定的連繫詞，如「流水（主詞）是（肯定連繫詞）不腐的（述詞）」；「一切發亮的未必都是金子」(All that glitters is not gold)。主詞與述詞應算是命題的材料 (matter)，連繫詞則是其

24a16.)

"Having in them either truth or falsity." (*De Interp.* 4, 17a3.)

❸ *Ana. Pr.* I, 24a16.

❸ "From which the appropriate conclusion of each science is developed." (*Ana. Post.* I, 13, 77a37.)

❹ *De Interp.* 4, 17a3.

形式 (form)，因為若只有主詞與述詞，命題或判斷尚未形成，等到連繫詞的加入後，命題才算正式成立❹。當然，若缺少可以相連之物，連繫詞本身也毫無意義❷。

後來的邏輯學家常強調，所有命題都從上述三種成分組成的，而連繫詞常是「現在時式」(present tense)，並且只能用「是」(is)或「不是」(is not)，譬如「你將會成功」，其實際意思是：「你是未來的成功者」；「希特勒沒有成功過」，其意是謂：「希特勒是一位未曾成功過的人。」然而，照羅斯 (D. Ross) 教授的意見，亞里斯多德對以上所說的，似乎並未作很清楚的交代❸。

2.種類

亞里斯多德有關命題的區分，雖然不如今日邏輯學家那麼清楚仔細，但已相當複雜了，其中主要有：

⑴從形式方面看 (ratione formae)，有「定言命題」(categorical proposition) 和「假言命題」(hypothetical)❹：前者是指直接陳述詞和主詞的關係，以連繫詞「是」或「不是」來連繫或分開，如「張三是好人」或「李四不是賊」。後者是指一個命題之形成，有賴於另一個命題之成立，所以常是集合命題，通常用「如果」、「或者」、「不然」、「和」、「及」等字樣，如「如果你乖，則你的師長會喜歡你」；「你或者是站著，或者是坐著」；「你不能

---

❹　*De Interp.* 5, 17a10.

❷　*De Interp.* 3, 16b20–25.

❸　D. Ross, op. cit., pp. 27–28; *De Interp.* 11, 21a24–33.

❹　雖然亞氏未明言假言命題（判斷）不同於定言命題，但他在論三段論法時，曾提到它 (D. Ross, op. cit., pp. 31–32)，所以為了清楚起見，還是遵從後代邏輯學家所贊成的這種二分法。

同時又要馬兒肥，又要馬兒不吃草」。

「定言命題」又分為「肯定」和「否定」兩種。這是最普通（因為所有命題都可以有正反兩面）及最重要的分類❹，前者是使述詞與主詞相連；後者則把兩者分開。然而在前者裏，述詞以全部內涵及部分外延陳述主詞，如「人是動物」。「動物」的全部內涵可適合於人，但其外延只局部涉及到人，因為「動物」的範圍比「人」的範圍寬：凡是人都是動物，但不凡是動物都是人。在後者（否定句）裏，述詞以全部外延稱謂主詞，但其內涵則只局部適合於主詞，如「人不是狗」。「狗」的全部外延稱謂「人」，因為人完全在狗的範圍以外，故不是「有些狗」不是人，而是「所有的狗」都不是人。然而，人和狗並非截然不同，狗是動物，人也是動物；狗有生命，人也有生命，所以至少在這方面，二者是相同的。

亞氏經常把肯定句和否定句放在同等地位上，然而有時也認為前者比後者優異及明顯。因為：第一、從語言的結構上，肯定句比較簡單明瞭；第二、否定的結論要求一個肯定的前提；肯定的結論既不應該也不能有否定的前提，所以肯定命題是更基本的證據❹；第三、肯定句能提供給人對事物更完整的知識❹。

肯定句和否定句有時是「矛盾的」(contradictory)，有時則是「相反的」(contrary)：前者是指有同樣的主詞和述詞，如「張三

---

❹ D. Ross, op. cit., p. 28.

❹ *Ana. Post.* I, 25, 86b34–39.

❹ "He who recognizes what a thing is by its being so and so knows more fully than he who recognizes it by its not being so and so." (*Met.* III, 2, 996b15–20.)

是好人」，「張三不是好人」，或「李四不是壞人」，「李四是壞人」。
但「杜鵑是白的」，「杜鵑不是白的」就非矛盾，如果其一所指的
是花，另一個則指鳥類，所以，欲構成矛盾的命題，就不應該是
異義詞 (equivocal)。有意義的全稱肯定和肯定句則是「相反命
題」，如「每一個人都是聰明的」，「沒有人是聰明的」。相反的，
不具有全稱意義的全稱肯定和否定句就不是「相反命題」(顯然有
時指的是相反意義)，如「人是健康的」，「人不是健康的」，因為
雖然命題中的「人」是全稱詞，但句子卻不具有全稱意義。「每一
個人都是健康的」與「有些人是健康的」也不是矛盾命題；「每一
個人是健康的」與「沒有人是健康的」；「每一個人是公正的」與
「沒有人是公正的」則是相反命題❹。

　　肯定命題又可分為「單句」(simple) 和「複句」(composite)：
前者指以一個名詞肯定或否定另一個名詞，如「人是動物」，「人
不是鬼」；後者乃指從許多單句所組成的命題，如「多行不義必自
斃」或「山窮水盡疑無路，柳暗花明又一村」❹。羅斯教授也把
下列句型列入複句命題：「張三和李四是人」；「張三是既聰明又伶
俐的」，由於這兩個句子表面上看起來是單句，而實際上卻是複
句：「張三是人」，及「李四是人」；「張三是聰明的」，及「張三是
伶俐的」❺。當然，這種複句與集合複式單句不同，其例子有：
「有些動物是有理智的」；「春花怒放」，因為其主詞或述詞均附有
形容詞，並且與複式單句也不一樣，由於其主詞或述詞，或二者
皆為組合詞，如「人是有感情的動物」；「賢慧的女人討人喜歡」；

---

❹　*De Interp.* 7, 17a25–17b23.

❹　*De Interp.* 5, 17a20–24.

❺　D. Ross, op. cit., pp. 31–32.

「百花盛開必然好看」。

　　(2)從資料方面看 (ratione materiae)，命題可分為「必然的」(necessary)：所陳述的東西是非如此不可，如「人是理性的動物」；「非必然的」(contingens)：所陳述的東西不必非如此不可，如「人是健康的」；「不可能的」(impossible)：所陳述之物乃不可能發生的，如「人是草木」。「非必然命題」同時也是「可能命題」(possible)，而「必然命題」的反面也就是「不可能命題」❺。非必然或可能命題必須具備兩個條件：第一、不是不可能的；第二、不是非此不可的，即其反面不是一定是假的，所以它是介於「不可能」與「必然」之間，而「可能」與「不可能」並非矛盾，因為「張三可能是坐著」等於「張三可能不是坐著」，故「張三是坐著」，但他不是非坐著不可，也不是不可能不是坐著，所以「他不是坐著」並非一定是假的，但「他是坐著」也是真的❺。然而，當他是坐著時，就不能不是坐著，否則就是矛盾。因此，當我們說：「張三是坐著」，若指不同的時間而言，他就不是非坐著不可❺。

　　(3)從分量方面看 (ratione quantitatis)——以主詞的分量為根基，可分為「全稱的」(universal)：當主詞為一共名，附有全稱的分量副詞，如「所有的人是動物」，或「每一個人都是善良的」；「非全稱的」(non-universal) 或「特稱的」(particular)：當主詞為一共名，附有表示特殊意義的分量副詞，如「有些人是善良的」；「單稱的」(singular)：當主詞是指一個別物，如「張三是善良

---

❺　*De Interp.* 12, 21a35.

❺　*De Interp.* 12, 21b35–37.

❺　*Ana. Pr.* 2, 13, 32a18–20; *Met.* V, 12, 1019b28–30.

的」;「不定的」(indefinite): 當主詞為一共名, 不附加任何表示分量的副詞, 如「相反之物為同一學科所研究的課題」(contraries are subjects of the same science);「享樂是不好的」(pleasure is not good)❺❹。其實「不定單一句命題」可以是全稱或特稱命題, 只是由於實際上尚不確定到底屬於那一種, 才如此稱呼。然而, 除非已確定, 否則作為三段推論法的前提時, 它是取特稱意義, 所以「享樂是不好的」這個命題, 是指「有些享樂」, 而不是指「所有享樂」❺❺。但亞氏在《後分析學》上, 也主張它有全稱的意義❺❻。他的這種模稜兩可之態度被後代的邏輯學家所澄清: 倘若不是命題所陳述的是自然物體, 則是全稱命題。如「人不是石頭」等於「沒有人是石頭」或「所有人都不是石頭」。如果所陳述的是非必然事物, 則是特稱或單稱命題, 如「人在跑」等於「某人」或「某些人在跑」❺❼。

　　(4)從結構方面看, 命題可分為「純粹的」(absolute) 和「形態的」(modal), 端視在命題裏的連繫詞是否有附加形態副詞。如「張三是君子」是純粹命題;「張三一定是君子」或「張三可能是君子」即是形態命題。形態副詞通常是「一定」、「或者」、「應該」、「可能」和「偶而」等❺❽。

　　(5)從性質方面看 (ratione qualitatis), 有「真命題」和「假命題」, 以其內容是否與事實相符而定, 如「天不生無用之人, 地

---

❺❹　*Ana. Pr.* I, 24a17–22; *De Interp.* 7, 17a38.

❺❺　*Ana. Pr.* I, 4, 26a28–33.

❺❻　D. Ross, op. cit., p. 30.

❺❼　Gredt, op. cit., n. 40–43.

❺❽　*Ana. Pr.* I, 2, 25a1–5; *De Interp.* c. 12.

不長無根之草」，若事實的確如此，即是真命題，否則即是假命
題❺。

　　⑹從根源方面看 (ratione originis)，有「直接」或「自明命
題」和「間接」或「不自明命題」：前者是指從述詞與主詞的分
析，對兩者的關係就可一目了然，無需其他媒介詞，即不需要證
明，因為第一、它是最先的；第二、述詞的概念已明顯的包含在
主詞內，故一旦承認主詞所含的意義，就不能否認述詞所說的，
否則就是矛盾，如「三角形有三個角」或「全體大於部分」及「非
必然之物是由他物所促成的」。凡需要證明的命題即是「間接命
題」，如「靈魂是不滅的」❻。「直接命題」也叫做「分析命題」
(analytical proposition)。

㈢原理（第一）

　　在「概念」中，「普遍概念」或「共相」是比較顯著的；同樣
的，在「判斷」中，也有一些比較顯著的，被稱為「原理」。其中
有些甚至是所有推論（論證）的基礎，因為其價值較高，故被稱
為「第一原理」，它們就是目前所要討論的：

　　亞里斯多德給「原理」或「根源」所下的定義是：「其他物從
它而來，而有或而認識之物。」❻「原理」(principle) 或「根據」
有「原因」的意思，它可以是事物之存在或認識的原因。作為存
在的原因之原理是「存有學」(ontology) 所討論的課題；作為認識
的原因之原理則屬於邏輯學的範圍。

---

❺　St. Th., in *De Interp*. I, lect. 9, n. 2.

❻　*Ana. Post*. I, 2, 72a7; *Phys*. II, 1, 193a5–6.

❻　"That from which a thing either is or comes to be or is known." (*Met*. V, 1, 1013a18.)

　　人的認識過程是相當複雜的，尤其對複雜與不明顯事物的認識，必須按部就班，從一些命題推論而獲得結論。故推論必須有所依據，即是所謂的「原理」。但在原理中，必須有些無需證明的最明顯原理，否則推論的過程將無終止，最後的結論也將無法獲致。

　　亞氏堅決主張必須有些原理由直覺及直接而獲得的，無需任何論證 ⓺⓶，它們是所有思考的基礎與先決條件 ⓺⓷。由於它們的地位崇高，被稱為「最卓越的公理」(axioms par excellence) ⓺⓸。其中有些屬於形上的，有些則屬於邏輯的，今分別論之：

　　1.屬於形上的，有：

　　⑴「不矛盾律」(principle of non-contradiction)：是最重要、最矛盾，最明顯及最無法爭議的原理 (The most indisputable of all principles) ⓺⓹，因為它是建立於「存有者」(being) 與「非存有者」(non-being) 的意義上，而「存有者」是所有概念中最先被認識的及最普遍的，在「存有者」與「非存有者」之間沒有任何共同點，所以是最矛盾的，同時也是其他原理的基礎 ⓺⓺，其公式是：「存有者不能同時又是非存有者」(to be and not to be cannot be at the same time)，或「不能同時肯定又否定同一物」(everything must be either affirmed or denied) ⓺⓻。

　　⑵「同一律」(principle of identity)：「存有者是存有者」

⓺⓶　*Ana. Post.* I, 3, 72b18–23.

⓺⓷　*Met.* IV, 3, 1005b35ss.

⓺⓸　*Ana. Post.* I, 2, 72a19.

⓺⓹　*Met.* IV, 3, 1006a1–5.

⓺⓺　*S. th.* 1–2, q. 94, a. 2.

⓺⓻　*Met.* III, 2, 996b29.

(being is bieing);「非存有者是非存有者」(not-being is not-being);「甲就是甲」;「乙就是乙」。亞氏雖然沒有特別強調其重要性❻，但也提到它:「凡是真的，均必須在任何情形下就是其自身」(for everything that is true must in every respect agree with itself)❻;「同樣的一物就必須是其自身」(a thing is the same as itself)❼。

「同一律」也叫做「相等律」，其公式是:「兩者相等於第三者，則彼此相等」(ea quae sunt eadem uni tertio sunt eadem inter se)，即「甲等於乙，乙等於丙，則甲等於丙」(A=B, B=C, A=C)，這是三段推論式的基本原則❼。

(3)「排中律」(principle of excluded middle):亞氏似乎對此原理的重視勝過對「同一律」的重視，故對他而言，此原理是名副其實的第一原理❼，其公式是:「存有者與非存有者之間，二者必居其中，沒有成為第三者的可能性」。不過，此原理得以不矛盾律為基礎，即其有效性必須先假定不矛盾律之有效性。

(4)「相反律」(principle of discrepance):「甲等於丙，乙不等於丙，則甲乙不相等」(duo quorum unum est idem et alterum non est idem uni tertio, non sunt eadem inter se)❼。

(5)「充足理由律」(principle of sufficient reason):「凡存在者，必有其存在的充分理由」，它包括「因果律」(principle of

❻ G. M. Manser, O. P., *La esencia del Tomismo* (Madrid, 1953), p. 334 (Spanish translation).

❻ *Ana. Pr*. I, 47a8.

❼ *Met*. V, 9, 1018a9.

❼ *Ana. Post*. I, 6, 75a6.

❼ Manser, op. cit., p. 334. Cf. *Met*. III, 7.

❼ *Ana. Pr*. I, 1, 24b29.

causality)：「凡非必然之物，必由他物所促成的」。亞氏也屢次提到此原理的重要性：「凡生成者，必來自其他物」**❼❹**；「凡遭受者，或被推動者，必定由實際產生行動者所促成」**❼❺**；「凡被推動者，必由他物所推動」(Everything that is in motion must be moved by something.)**❼❻**。

2.屬於邏輯的，叫做「涵蘊律」(principle of implication)，其意義是：第一、凡被涵蘊者，必在涵蘊者之內，而凡在被涵蘊者之內之物，亦必在涵蘊者之內，如甲在乙內，丙在甲內，那麼，丙也必在乙內；第二、凡被涵蘊者，必在涵蘊者之內，然而，當涵蘊者在某物之外時，則被涵蘊者也必在該物之外，如甲在乙內，但乙不在丙內，故甲也不在丙內。屬於這種原理的細則共有四個：

⑴「肯定一切」(dictum de omni)：指當一個普遍概念所包括的全體事物，加以肯定時，這個概念就涉及在其外在以下的所有物，如「凡是人都會死，張三是人，故張三便會死」。所以，「凡是人都會死」的命題不但對所有人都適合，且對每一個人也適合，那麼，自然對張三也適合。

⑵「否定一切」(dictum de nullo)：指當一個普遍概念否定所包括的全體事物時，在它以下的所有事物也遭到否決，如「凡人皆非永存，李四是人，故李四便非永存」。因為李四是包括在人的外延之下，所以凡對人不適合的，對李四也同樣不適合。

⑶「肯定全體、肯定部分」(dictum de omni, dictum de singulis)：指凡對全體適合或不適合時，對部分或個體也是適合或

---

❼❹　*Met.* VIII, 7, 1032a13.
❼❺　*De An.* II, 5, 417a17.
❼❻　*Phys.* VII, 1, 241b25; 242a4, 14, 17.

不適合，如「凡是人皆有理性，王五是人，故王五有理性」。

　　⑷「肯定部分，肯定全體」(dictum de singulis, dictum de toto)：指凡對部分或個體適合或不適合，對全體也是適合或不適合，如「張三、李四、王五皆有理性，張三、李四、王五皆是人，故凡人皆有理性」**⑰**。

三、推　論

　　「簡單概念」是人理智的初步認識之行為。至於由許多概念所組成的「判斷」是其進一步的行為，「推論」則是屬於最高層次，所以放在最後再來討論它。首先論其意義，然後再談其相關的問題：

㈠意義

　　人之異於其他物在於人能思考，尤其能推論，因為從推論中才能獲得許多新的知識，才能舉一反三，人類才有進步，才能發明各種新的科技，這對人而言，的確是一種優點。然而，若從另一角度看，它——思考——同時也是一種缺點，由於人不能對所有事物一目了然，需經過一番苦心積慮的複雜思索過程才獲得點點滴滴的新知，也因此甚容易犯錯。假若人能和上帝一樣，不需要思索、推論就能「直明」事理，那該多好！

　　既然事實顯示，人不但能「推論」，且需要「推論」，人就應該善加利用，其定義如下：「是理智的一種動作，藉此動作，人利用已經知道的媒介詞，從一項真理推出其他暗含其中的真理。」**⑱**

---

⑰　*Ana. Pr.* I, 1, 24b28–30; I, 4, 25b32ss.

⑱　"Discurrere ab uno in aliud, ut per id quod est notum deveniat in cognitionem ignoti." (St. Th., in *Ana. Post.* I, lect. 1, n. 4.)

「推論」(reasoning) 和「議論」(argumentation) 不同：前者是內在所為，故是「理智的動作」；後者乃將此動作向外表達，即以言語加以闡述。

「推論」之目的乃在求新的知識，但並非完全是新的，而是已經暗含在其他已知的真理中，透過媒介詞用正確的推論方式加以引申或明顯化。譬如人想知道靈魂是否單純的 (simple)，即是否不從部分組成的，他把「生命之源」作為「單純的」與「靈魂」之間的媒介，其推論方式如下：

> 生命之源是單純的，
>
> 靈魂是生命之源，
>
> 故靈魂是單純的。

由上所述，我們可看出「推論」與「初步認識」及「判斷」有諸多不同之處：

第一、「推論」之形成需藉著「媒介詞」或「中詞」(medium)，「判斷」則無此需求❼❾；

第二、「推論」是理智行為的最後及最高層次，其他二者則不然；

第三、「推論」是人的固有行為，它不適合於在人之上的上帝和天使，由於他們無此需要；也不適合於在人之下的禽獸，由於牠們缺乏產生此行為的能力。

(二)成分

完整的「推論」是由代表三個概念的「名詞」，三個判斷的三個「命題」和「歸結」(consequentia) 所組成：

1.三個名詞

---

❼❾　St. Th., in *Ana. Post.* I, lect. 1.

它們簡稱為「大詞」(major)、「小詞」(minor) 和「中詞」或「媒介詞」(medium) 共同組成推論的「遠質料」(remote matter)，至少含蓄地在所有推論中出現兩次。「中詞」用來連接「大詞」和「小詞」，它在推論中所佔的地位極為重要，缺少它，無法形成「歸結」而有結論。

2.三個命題

其中兩個叫做大小前提 (antecendents—premises)，另一個叫做「結論」(consequens—conclusion)，共同組成推論的「近質料」(proximate matter)。「結論」以小前提作主詞，以大前提作述詞。

3.歸結

指出結論與前提的正確關係，是理智的思維作用，藉此，理智才能由前提的事理歸結到應有的結論，所以不可與「結論」混為一談，如：

　　君子不做暗事，

　　張三是君子，

　　故張三不做暗事。

人一旦有了「君子不做暗事」的判斷，同時又知道「張三是君子」，自然就歸結到：「張三不做暗事」，因為此乃基於前所提過的原理：若甲等於乙及乙等於丙，自然就會馬上歸結到「甲等於丙」的結論，此又基於下列的理由：「在時間上先認識大前提，然後才認識結論；小前提則和結論一起被認識」 ⑧。

由此可知，「結論」與「歸結」乃大不相同。「歸結」的正確

---

⑧　"Major cognoscitur prius tempore quam conclusio, minor simul cum conclusione cognoscitur." (J. a S. Th., *Cursus philos.* thom., logica, p. II, q. 24, a. 3.)

性不一定基於「結論」的正確性（其實「歸結」只有「對」或「不對」之分，沒有所謂的「真」或「假」，由於它純粹是邏輯的功能），因為「結論」可以是正確的，但「歸結」則適得其反，如：

君子不念舊惡，

張三是君子，

故地球是圓的。

相反的，有時「結論」是不正確的，即是假的，可是「歸結」卻是正確的，即是對的，如：

凡實體皆是物質，

精神是實體，

故精神是物質。

(三)**種類**

我們曾提到，「推論」是「理智的一種動作，藉此動作，人利用已知的媒介詞，從一項真理推出其他暗含其中的真理」。此種情形通常有二：個別真理暗含在普遍真理中，及普遍真理暗含在個別真理中。所以，人的理智在追求真理時，從一項真理到另一項真理的發生情形也有兩種途徑：從普遍到個別──由共通的原理，推出局部的事理，及從個別到普遍──從局部的事理，歸納出共通的原則，前者稱為「演繹法」(deduction)，後者叫做「歸納法」(induction)，因此，「推論」也分屬於此兩種類：「演繹推論式」指其結論已暗含在前提中，猶如部分存在於全體裏；「歸納推論式」指其結論與前提的關係猶如全體與部分的關係[31]，茲舉例說明：

---

[31] "Thus demonstration develops from universals, induction from particulars." (*Ana. Post*. I, 18, 81a40; *Ana. Pr*. II, 23; St. Th., in 1. c. lect. 30, n. 4; lect. 1, a. 11.)

演繹推論式：

美德是高尚的，

勇敢是美德，

故勇敢是高尚的。

歸納推論式：

勇敢、正義、仁愛是高尚的，

勇敢、正義、仁愛皆是美德，

故美德是高尚的❷。

㈣規則

「推論」雖然是人的理智最高層次的行為，但也容易犯錯，故應受若干規則的指導才能正確地「推論」，其中比較重要的有❸：

1.從正確的前提不可能推出不正確的結論，因為前提之於結論猶如原因之於效果，什麼樣的原因自然產生什麼樣的效果，如：

重物向下墜（正確），

鐵是重物（正確），

故鐵向下墜（正確）。

財主門前孝子多（正確），

---

❷ 有時省略小前提。聖多瑪斯在註《後分析學》時，用過這樣的例子：蘇格拉底、柏拉圖、和其他許多人發高燒時，醫師長久以來都用這草藥治病，所以它能治療發高燒。(Diu medicus consideravit hanc herbam sanavisse Socratem febrientem, et Platonem, et multos alios singulares homines, ergo talis species herbae sonat febrietem simpliciter. —Ana. Post. 20.)

❸ Ana. Pr. II, 2, 53b7ss.

張三是財主（如果正確），

故張三門前孝子多。

2.從不正確的前提，有時會引出正確的結論，但不是本然的 (per se)，而是偶然的 (per accidens)，如：

凡石頭皆有生命（不正確），

凡人都是石頭（不正確），

故凡人都有生命（正確）。

——但人有生命，並非因為是石頭，而是另有原因。

3.前提應比結論更明顯。因為人在推論時，乃從認識前提後才認識結論。換言之，人之所以能獲得結論所含的真理，是由前提中的真理所引起的，該真理原先是不明顯的。這種「化暗為明」的過程必須由更明顯之理所造成的，如：

愛人者人恆愛之，

上帝恆愛世人，

故上帝恆為人所愛。

4.結論常隨著分量較差的前提。理由是：「否定句」與「特稱句」的分量不如「肯定句」與「全稱句」，所以結論也應有前提所含的意義，如：

凡實體皆是物質，

精神是實體，

故精神是物質。

——論三段推論式時，會再討論此規則。

㈤**推論所根據的不同原理**

「推論」所根據的原理有共同的和特殊的；主要和次要的。屬於共同的有：不矛盾律、同一律或相等律、相反律、排中律、

因果律及涵蘊律中的「肯定一切」和「否定一切」定律，由於它們對演繹推論式與歸納推論式均可適用。屬於特殊原理的有：「肯定全體、肯定部分」和「肯定部分、肯定全體」，因為前者只適合於演繹推論式；後者則只對歸納推論式才適合。屬於主要原理的有：形上原理的「不矛盾律」和邏輯原理的「肯定一切」及「否定一切」定律，其他則屬於次要的原理。

㈥推論的三段式──三段論證

人是「理性動物」，因此，「講理」、「推論」是其性之使然，故也是人的特徵。然而，因為它是相當複雜的過程，倘若不能善加運用，不但無法從中獲益，即無法獲得新知，且有時反而為害匪淺，即在追求真理的過程中會出差錯，所以必須遵循正確的途徑，嚴守一定的規則方能有效地幫助人們尋求新知、傳授所知、圓滿地釋疑解難、一針見血地反駁誤謬。邏輯學所謂的「三段論證」(syllogism) 即是推論的良方善策。

「三段論證」的希臘文是συλλογισμός，其字義是「組合言論」(sermo compositus)，在柏拉圖的著作中曾經出現過，但取「分門別類」(division) 之意，亞里斯多德曾指責它為「薄弱的推論法」(weak syllogism)❽，所以在亞氏之前無人正式討論過，純粹是亞氏之創舉❽。亞氏在這方面所作的貢獻，的確足以名垂青史，連康德都說，亞氏所留下有關三段論證的規則、形式已是非常完美無瑕，任何增減，不但於事無補，且徒增困擾❽。

---

❽ *Ana. Pr.* I, 31, 46a33.

❽ 有人說是釋迦牟尼所首創的 (Cf. Essai sur la phil. des Indous by Colebroke)，但缺乏證據。

❽ "La Logique ne s'est pas trouvée dans la necessité de reculer d'un pas

　　有關「三段論證」的意義、結構、種類、格式和規則需加以
討論：

　　1.意義與結構

　　亞里斯多德給「三段論證」所下的定義是：「是一種論證（議
論），藉著在此論證裏所述的幾點，另一點必定跟著而來，無需其
他名詞的協助。」**❽**

　　定義裏的「論證」(argument－discourse) 應算是其「近類」，
它可由兩個，或三個，甚至更多的命題組成。譬如下列的論證即
由不同命題組成的：

　　　美德是高尚的，
　　　故仁義是高尚的。
　　　（由兩個命題組成的）

　　　美德是高尚的，
　　　仁義是美德，
　　　故仁義是高尚的。
　　　（由三個命題組成的）

　　　人是動物，

---

depuis Aristote: ce qu'il y a encore de remarquable, c'est qu'elle n'a pu
faire jusqu'ici un seul pas de plus." (Kant, *Critique de la raison pure*,
tom. 1, p. 2.)

❽　"An arrangement in which, certain things being stated, something other
than what is stated follows of necessity from their truth, without needing
any term from outside." (*Ana. Pr.* I, 1, 24b18–22.) 有人把「論證」
(argument) 譯成「言辭」(discourse)，指幾句聯綴成辭的話。

動物是生物，

生物是實體，

故人是實體。

（由四個命題組成的）

然而，純粹的三段論證只由三個命題組成，此與複合三段論證 (polysyllogism) 不同，因為後者可由三個以上的命題及兩個或兩個以上的三段論證所組成，如：

從部分組成者是組合體，

但物體是從部分組成，

故物體為組合體；

然而組合體是可分的，

故物體是可分的。

「三段論證」的目的在使人從已知求未知，而此「未知」必定「暗含」或「隱藏」於「已知」裏（猶如部分在全體裏 (as a part in a whole)）。由於只是「暗含」，所以表面上看來並不清楚，必須藉著有效的方法或適當的過程將它顯示出來。此目的無法達到，除非預先知道它們未知與已知之物彼此間的適當關係，並加以銜接，進而將所暗含的明顯化，以便有效與合理地獲得結論。因此，組成三段論證的命題，不是隨隨便便即可，必須是彼此間有關連的命題，這就是定義裏所說的：「藉著所說過的幾點，另一點必定要跟著而來，無需其他名詞的協助。」茲舉例說明：

識時務者為俊傑，
　（中）　　（大）

劉邦是識時務者，
（小）　　（中）

故劉邦為俊傑。
（小）　　（大）

好漢不吃眼前虧，
（中）　　　（大）

韓信是好漢，
（小）　（中）

故韓信不吃眼前虧。
（小）　　　（大）

　　在以上的第一例子裏，「劉邦」和「俊傑」為兩個相合的名詞，它們與第三個名詞：「識時務者」相合；在第二個例子裏，「韓信」和「眼前虧」為兩個相離的名詞，因為其中一個——韓信——與第三個——好漢——相合，另一個——眼前虧——則與它不合，這種與第三個命題相合與相離比較的結果，就造成「肯定」和「否定」兩種不同的結論。因此，在正式的三段論證裏，有三個名詞和三個命題，前者稱為「遠質料」(remote matter)，後者叫做「近質料」(proximate matter)。三個命題的前兩個稱為「大小前提」，最後一個叫做「結論」。三個名詞中的兩個稱為「大詞」和「小詞」，另一個叫做「中詞」或「媒介詞」。「大詞」和「小詞」在「前提」和「結論」裏各出現一次；充作比較的「中詞」在前提裏出現兩次，但在「結論」裏卻找不到❽❽。

　　2.種類❽❾

　　因為三段論證乃從不同的命題所組成的求知方式，故其種類也可從這兩方面著手：

---

❽❽　*Ana. Pr.* I, 4, 25b32ss.

❽❾　有關三段論法的區分，可參考：*Ana. Post.* I, 18, 81a40; St. Th., in 1. c. lect. 30, n. 4; *Ana. Pr.* II, c. 23.

(1)從命題方面看，有「單純的」和「複雜的」。前者指其大小前提為單純的命題；後者則指其前提由許多命題所組成的，故不是一個單句，此又與前所說的「多形命題的三段論證」(polysyllogism) 不同，如：

君子不念舊惡，

耶穌為君子，

故耶穌不念舊惡。

——單純三段論證。

君子動口，小人動手，

張三動口，李四動手，

故張三為君子，李四為小人。

(2)從求知方面看，有：

A.定言三段推論式 (categorical syllogism)：在大小前提中的大詞與小詞和中詞（媒介詞）相比較以便在結論裏推論出彼此的關係：或是相合，或是不相合。此乃最普遍的三段論證。所採取的方法是演繹法，即從普遍到個別，從全體到部分，故也稱為「演繹推論式」，其所根據的原理，除了是所有推論所共同的原理外，特別根據「肯定全體，肯定部分」(dictum de omni, dictum de singulis)，如：

人無笑臉休開店，

張三無笑臉，

故張三休開店。

B.歸納推論式 (inductive syllogism)：藉著列舉各項個別事理以顯示結論的共同真理，故所採取的是歸納法，即從個別到

普遍，從部分到全體，所根據的原理是「肯定部分，肯定全體」
(dictum de singulis, dictum de toto)，如：

　　孔子、孟子和曾子皆是人，

　　孔子、孟子和曾子皆死了，

　　故凡人皆有死。

　　C.假設推論式 (conditional syllogism)**⑩**：指前提是由假
設命題所組成的，可採取「廢存式」(tollendo ponens)，或「存廢
式」(ponendo tollens)：即在結論裏可以肯定在小前提裏所否定
的，也可以否定在小前提裏所肯定的，如：

　　若張三不是我的敵人，便是我的朋友，

　　但張三不是我的敵人，

　　故是我的朋友。

　　　　或

　　若張三不是我的敵人，便是我的朋友，

　　但張三是我的敵人，

　　故不是我的朋友。

　　D.選言推論式 (disjunctive syllogism)：指在前提中有不同
的命題可供選擇其中之一為真的命題。同樣也可採取「廢存式」，
或「存廢式」：即可以在結論裏選擇在小前提中所否定的，或不選
擇其所肯定的，如：

　　張三或是站著，或是坐著，

---

⑩　假設、選言及結合推論式同屬假言推論式 (hypothetical syllogism)，
　　但亞氏並未把假言推論式視為分類之一種，卻把它列入定言推論式
　　內，而把假言推論式視為「反面論證」(reductio ad impossibile)
　　(*Ana. Pr.* I, 23, 40b25ss)。

但張三不是坐著，

故是站著。

　　或

張三是站著，或是坐著，

但張三是坐著，

故不是站著。

　　E.結合推論式 (conjunctive syllogism)：指以結合句為大前提的推論式。大前提的連接詞常應是否定的，否則就無法推論。而小前提常為肯定的，結論則為否定的，所以只能採取「存廢式」：即在結論裏否定小前提所肯定的，但不能肯定所否定的，由於無論否認那一點，卻並不因此意味承認另一點，如：

張三不能同時又是站著又是坐著，

但張三是坐著，

故不是站著。

張三不能同時是站著又是坐著，

但張三不是坐著，

故是站著。

　　──不對──因為他可以是臥或睡著。

　3.規則

　　三段推論法是在幫助人有正確的推論以尋求真理，所以必須遵循一些規則，否定反而會導致錯誤而不自覺。大致而言，這些規則已經由亞氏設定好了 **❾**，後代的邏輯學家加以整理後，歸納成八項，其中四項是關於名詞，另四項乃關於命題：

---

❾　*Ana. Pr.* I, c. 24–29; St. Th., in *De Interp.* I, c. 7, lect. 10, n. 23–24.

　　第一規則：限用三個名詞：大詞、小詞和中詞。

　　所謂「限用三個名詞」是指：不僅從數量方面，且從意義上也只能有三個名詞，不能少，也不能多，因為三段推論法旨在兩個名詞與第三個名詞的比較之下以顯示是否相合，或不相合，若只有兩個名詞，就不能與第三者相比，且彼此間的關係已確知，那就不叫「推論」。若有四個名詞，則可以兩個、兩個相比，所得的將是不同的結論。這是最基本的規則。通常不正確的三段推論式皆肇因於此，其發生情形有兩種：第一、實際上有四個不同意義的名詞；第二、一個名詞代表兩種意義，如：

　　　　所有植物是有生命的，

　　　　所有金屬品是礦物，

　　　　故所有金屬品是有生命的。

　　　　——有四個不同意義的名詞。

　　　　公牛是動物，

　　　　公牛是山，

　　　　故山是動物。

　　　　——表面上只有三個名詞，然實際上有四種意義。

　　公孫龍子的〈白馬論〉上所說的「白馬非馬」就犯了違反此規則的錯誤：「馬者，所以命形也，白馬所以命色也，命色者非命形也，故白馬非馬。」雖然這裏只有三個名詞：「白」、「白馬」、「馬」，可是卻代表四種不同的意義，因為「白色」的「白」與「白馬」的「白」意義不同，前者是抽象名詞，後者則是具體名詞，所以不能結論出「白馬非馬」，頂多只能說「白色非馬」。

　　第二規則：結論裏的名詞之外延不能大於前提裏的外延。

　　理由是：三段推論法旨在從前提中推出結論，故結論之真理隱藏在前提裏猶如部分在全體裏，而部分比全體小，因此，結論的外延也應比前提的外延窄，否則是結論包含前提，而非前提包含結論，如：

　　　　所有中國人皆是黃種人，

　　　　但所有中國人皆是人，

　　　　故所有人皆是黃種人。

　　在前提裏的「人」是指特殊的一種，在結論裏則指一般的人，故比較廣，因此，所得的結論是錯的。

　　第三規則：中詞不可在結論中出現。

　　理由是：中詞乃用來比較大詞與小詞以便指出它們的關係，所以只能在前提裏出現。而且，前已提及，中詞只能重複兩次，它既然已在前提裏一而再出現過，就不得於結論中再出現，如：

　　　　拿破崙是總領，

　　　　但拿破崙是矮小的，

　　　　故拿破崙是矮小的總領。

　　有時中詞在結論裏出現，雖然不違反此規則，然而是無謂的重複，故從修辭學觀點而言，是不好的，如：

　　　　君子好義，小人好利，

　　　　孔子既是君子，

　　　　孔子君子便是好義不好利。

　　　　──結論裏的「君子」便是中詞，是無謂的重複乃顯而
　　　　　易見的。

　　第四規則：中詞在前提裏至少應有一次是共通名詞。

　　理由是：中詞在大小前提裏均曾出現過。如果皆取局部或個

別名詞的意義，則主詞和述詞就不能包含在中詞以內，如此，便無法推出兩者的正確關係，結論自然也就不正確了，如：

　　一些動物是非理性的，

　　但人是一些動物，

　　故人是非理性的。

　　第五規則：兩前提均為否定句，無法有結論。

　　理由是：假若大小前提皆為否定句，則中詞與大詞和小詞均無關係，所以大詞與小詞彼此間亦無關，如此，中詞就不能執行「比較」的任務，結論因而也無法產生，如：

　　石頭不是樹，

　　樹不是動物，

　　故石頭不是動物。

　　──照規矩不能有結論。

　　第六規則：兩前提均為特稱句時，也無法有結論。

　　理由是：特稱句的前提兩者均為肯定的，或均為否定的，或是其中之一是肯定，另一個則是否定的，以上情形皆無法產生正確的結論：

　　⑴若兩前提均是否定的特稱句，就違反第五規則，即得不到結論。

　　⑵若兩前提均是肯定的特稱句，就違反第四規則，即中詞至少應有一次是共通（全稱）名詞。

　　⑶若其中之一是肯定的特稱句，另一個是否定的特稱句，那麼，在前提裏只有一個名詞是全稱句，即中詞，那麼，大詞與小詞的外延一定是較窄的，但結論當是否定的，它必要求外延大的名詞為其述詞，故不能有結論，除非把中詞放在結論裏，如此

也就違反了第三規則：中詞不得在結論裏出現，如：

> 有些有理性的動物是會死的，
>
> 有些生物不是有理性的動物，
>
> 故有些生物是不會死的。
>
> ——違反第二規則。

第七規則：由肯定的大小前提所推出的，必定是肯定的結論，即不能是否定的。

理由是：這是根據已提過的原理：兩者相等於第三者，則彼此相等，如：

> 動物是有生命的，
>
> 狗是動物，
>
> 故狗是沒有生命的。
>
> ——正確的結論是：故狗是有生命的。

第八規則：結論常隨分量較差的前提。

理由是：否定不如肯定，特稱不如全稱。因此，若在大小前提裏有一句是否定句，結論就應是否定句；若有一句是特稱句，結論也應是特稱句，如：

> 凡是壞人都不值得尊敬，
>
> 有些中國人是壞人，
>
> 故凡是中國人都不值得尊敬。
>
> ——正確的結論應是：有些中國人不值得尊敬。

4.格式 (figures)

如前曾提及，三段推論法對追求真理，對正確思考，對有條理的推論是非常重要的，但必須遵守某些規則，否則就無法有正確的結論。此外，也必須按照某些「格式」把在三段推論式裏的

三個詞類──大詞、小詞和中詞──放在適當的位置上，否則正確的推論無法產生。亞氏在《前分析學》中❷曾提到下列三種「格式」：

(1)中詞在一個前提中是主詞，而在另一個前提中便是述詞。如：

　　M 是 P──凡動物皆是實體，

　　S 是 M──人是動物，

　　故 S 是 P──故人是實體。

(2)中詞在兩個前提中都是述詞。正如：

　　P 是 M──凡人皆會笑，

　　S 是 M──狗不會笑，

　　故 S 不是 P──故狗不是人。

(3)中詞在兩個前提中都是主詞。亦如：

　　M 是 P──人皆會笑，

　　M 是 S──人皆是動物，

　　故 S 是 P──故有些動物會笑。

四、論證明

> 必須先討論三段推論式，然後才討論「證明」，因為前者的意義比後者廣，後者則是前者之一種，故凡是「證明」都是三段論證，反之則不然。

以上乃亞氏在《前分析學》中的一席話❸，足以說明為何吾

---

❷　*Ana. Pr.* 29a19–26; 53a3–12.

人在論完三段推論式後，緊接著要談「證明」(demonstration)。先
談其意義，再論其種類：

㈠意義

　　一般而言，「證明」是能使人獲得真實與確定結論的推論。要
有真實與確定的結論，必須先有同性質的前提，因此，「證明」也
可說：「根據真實與確定的前提所作的推論。」亞氏詮釋「證明」
有較嚴格的兩個定義於下：

　　1.「能提供科學化知識的三段論證。」❹此處所言的「三段論
證」主要指的是「定言三段論證」(categorical syllogism)，因為它
是藉著「肯定一切」(dictum de omni) 和「否定一切」(dictum de
nulio) 的原理，由普遍事理推出局部或個別事理。然而，並非三
段論證都是「證明」。要能成為「證明」，必須能提供「知識」，及
提供「科學化」的知識──學術。

　　人對事物的領悟、認知、了解都可以是知識，但不一定是科
學化知識或正式的認知。有關這種稱為「學術」或「學問」的知識
之定義、性質與具備的條件等，亞氏均有詳細的闡說，容後再談。

　　2.「由真實、最先、直接、優先及較明顯的前提所產生的必
要結論。」❺所謂「證明」，顧名思義乃「由不明顯到明顯藉著明
顯的命題」(from the non-evident to the evident in the light of the

❾❸　*Ana. Pr.* I, 4, 25b28–30.

❾❹　"A syllogism productive of scientific knowledge." (*Ana. Post.* I, 2, 71b18.)

❾❺　"The premises of demonstrated knowledge must be true, primary, immediate, better known than and prior to the conclusion, which is further related to them as effect to cause." (*Ana. Post*, I, 2, 71b21–22.)

evident)。所以，「證明」乃藉著「推論」，尤其藉著「三段論證」，把原先尚存疑或不清楚的事變成確實與明顯使人確認其為真。此目的無法獲致，除非前提與結論之間有邏輯的聯繫，有密切與必要的因果關係，因此前提先必須具備某些條件；其次，它與結論所建立的關係也應有清楚的交代。至於前提所應具備的條件有三：

　　第一、是「真實的」：因為「證明」的目的在獲得「真實」與「確定」的結論，此任務無法完成，除非推出結論的前提是「真實的」。理由是：真實與確定的結論要求同性質的前提，不真實或假的前提不能產生真的結論，有關此點前已多次說明，無庸贅言。

　　第二、前提尚應是「最先的」及「直接的」，即必須是「自明的」：在它之前不應有其他命題，否則它本身就尚需證明；命題的主詞與述詞的關係無需透過其他媒介詞的穿針引線，所以是「直接的」：知道主詞與述詞的內容後，即刻可知二者的相合或不相合，如：「人是理性動物」、「上帝存在」皆是直接與自明的命題，至少就其本身而言 (quoad se)，反之，「上帝是永恆的」就不是直接命題，由於它必須藉著第三名詞——不變性——作媒介：上帝是永恆的，因為他是不變。此處有一點值得注意的：作為證明結論的「前提」只需要是「相對」，而不必是「絕對」的直接與最先 (non formaliter et in se, sed virtualiter)，即它只需要與絕對直接及最先的命題有密切的關係。

　　第三、前提與結論應是原因與效果之關係。換言之，結論應的確由前提所推出的，所以應是「必要的」結論。也因此，不但從認識觀點 (in cognoscendo)，且從構成觀點 (in essendo) 看，前提均應「先」於結論，因為原因自然先於效果，及其意義也應比結論「更明顯」，否則，它就不能證明結論，由於它本身就不明

顯，又如何使結論變成明顯呢？此外結論則不需要它來證明，因為結論已比它更明顯。

(二)種類

「證明」的種類很多，其中最普通與最重要的是「知其然」(demonstratio quia) 和「知其所以然」(demonstratio propter quid)。前者乃僅指出事物存在的事實：事物就是這樣或那樣，然而並未說明其原因；後者則說明事物之所以存在，及為什麼是這樣或那樣，即說出其原因。因此，「知其所以然」證明是最完美的，是科學化知識的基礎。譬如：凡不變者，皆是永恆的；上帝是不變的，故上帝是永恆的。由相反元素合成之物是會毀滅的；人的身體是由相反元素合成的，故是會毀滅的。從以上說明，即知凡嚴格與正確的三段論證均是「知其所以然」的證明。

「知其然」證明有三種：

1.「先然」證明 (a priori)

乃指從原因推到效果的證明，如：大丈夫能屈能伸；某人是大丈夫，故他能屈能伸。凡「知其然」證明均是「先然」證明，反之則不然。

2.「後然」證明 (a posteriori)

與前者恰恰相反，即從效果推到原因，如根據受造物的存在證明上帝的存在。這種證明法可循兩種途徑：由個別事例推出普遍事理，即藉著「歸納法」，或由普遍事理推出個別事例，即運用「演繹法」，如根據一個普遍的原理證明上帝的存在：在一系列的受推動之物裏，不能無限逆退而無最初的不受推動者之存在。

3.「相關」證明 (a simultaneo)

也叫做「類似先然證明」(quasi a priori)：被證明之物與用以

證明該物的理由或實際上是同性質的或相關的，如凡自有者 (ens a se) 即是自立存有者或其自身就是存有者 (ipsum esse subsistens)。

「知其然」和「知其所以然」證明都可以是「直接的」與「間接的」。前者指由真實和確定的前提能直截了當地引出結論的證明；後者也叫做「歸謬」或「反面」證明 (reductio ad absurdum—impossibile)：從主張的反面去證明一種主張之荒謬或不可能，即證明其主張之反面是假的——難為人所接受。若從原因證明其反面為荒謬即是「知其所以然」證明，如：假若石頭有生命，它就會奔跑。若從效果來言，即是證明「知其然」，如：若石頭會奔跑，它就有生命；假若狗會推論，牠就是理性動物[96]。為了交代清楚起見，茲列表於下：

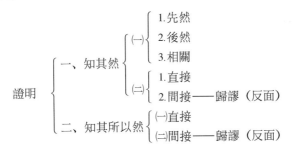

---

[96]　有關證明的分類，可參考：*Ana. Pr.* I, 23, 40b25; *Ana. Post.* I, 13, 78a22; St. Th., in *Ana. Post.* I, lect. 20, n. 3; 23, n. 1ss; In *De An.* II, lect. 3, n. 253; In *Phys.* VIII, lect. 21, n. 8.

第二節　論學術

「初步認識」——簡單概念之形成、「判斷」和「推理」為人理智之三種行為，其運作有密切之關聯：「初步認識」乃為了形成「判斷」，「判斷」是為了給「推理」提供資料，而「推理」之目的是為了幫助人獲得真理，即使人基於事物自身的理由對該事物有真實與確切的認知，此即所謂的「學術」或「學問」(science)，它同時也是我們最終所要討論的課題。茲將其意義、特性及種類略述於後。

一、意　義

亞里斯多德和先蘇哲人們，尤其和柏拉圖一樣，主張「學術」應是對事物有固定、確實、必要與穩固的概念。但其反對柏氏的獨立與永恆超越理念世界的具體存在，故不贊成感覺世界是理型世界的分享或拷貝（複印），只主張神是超越實體，是永不變的 **❾❼**。

亞氏把知識分屬於兩個不同的層次：感性和理性。前者為人類所有知識之根源，「個別性」($\kappa\alpha\theta$'$\check{\varepsilon}\kappa\alpha\sigma\tau\sigma\nu$) 是其特徵，雖是真實的，但並不科學化，因為其對象乃因時、因地、因人而異，故缺乏固定性、確實性與穩固性，且也無法區別「實體」(the substantial) 與附體 (the accidental)。「意見」(opinion) 並不構成「學術」，因它缺少「必要性」，雖然可以成為真實判斷的基礎。科學化知識——學術——要求認識的對象之固定性、必要性及穩定性，

---

❾❼　*Met.* XII, 6, 1071b4.

如此才能建立科學化知識的確實性。只有理性知識才能構成學術，因為只有它才能形成具有「學術」所要求的上述特性的普遍概念（καθόλου）。有了以上的觀念後，亞氏給學術下的定義是：「對於事物，按照其本身的原因（理由）所有的確實知識。」**❾❽**

　　「學術」不是主觀的幻想或憑空杜撰，必須有所根據，就事論事，而且必須是客觀的，應針對事物本身的客觀性作一番探討：探究其內在或外在原因或理由以期對該物有所認識。所謂「原因」或「理由」乃指事物的結構、形成及其發生的情形等。有些事物能按照其內在原因去研究，有些則只能按照外在原因，端看事物的性質而定，於是也就形成各種不同性質的學術。譬如哲學、數學、化學、物理等即屬於前者；歷史和考古學則屬於後者，因為當我們研究歷史或古物之真偽及正確的年代時，是以該事以外的證據，去證明它的真偽。

　　不是所有的知識都是學術。一些缺乏證據的傳聞、消息、謠言，及猶豫不決的意見，都不能稱為學術。學術必須是「確實」的知識，即應是有憑有據的，且已被證明為確實的。總括上述，為構成「學術」所應具備的條件有：

　　第一、知道事物的原因（理由）。

　　第二、此原因乃屬於其本身所有，而不屬於其他無關的事物。

　　第三、原因與效果之間應有必要或密切的關聯，即不但對事物的認識原因 (causa in cognoscendo)，且對其構成原因 (causa in essendo) 有所認識。所以必須是確實的認識，否則就無法提供真

---

❾❽　"We know the cause on which the fact depends, as the cause of that fact and of no other, and, further, that the fact could not be other than it is." (*Ana. Post.* I, 2, 71b9.)

實與確實的知識。

　　然而，「確實性」有若干種：「形上的」(metaphysical certitude)：建立於形上原理上的確實性，是絕對的，有百分之百的可靠性，不可能有例外的情形發生；「物性的」(physical certitude)：建立於自然法則 (the laws of nature)，或物理定律上的確實性，通常是絕對正確的，也不會有例外，除非有奇蹟出現，即例外並非絕對不可能的；「倫理的」(moral certitude)：關於人事方面的確實性，它並非絕對的可靠，即在一般情形下，某事確實是如此發生的，但亦有例外。構成「學術」的知識首先要求形上確實性，其次則是其他確實性。不同性質的「學術」，所要求的「確實性」程度也不同。不同程度的「確實性」造成不同價值與地位的學術，所以哲學，尤其形上學，是最高貴的學術，因為它是建立於形上確實性之基礎上，這有當代名哲學家馬里旦 (J. Maritain) 的話可資印證：「哲學是人類知識中最高的知識，的確是一種智慧。人類的其他科學都在哲學以下，因為哲學要評判科學，指導科學及辯護科學的原理。」❾❾其次是數學，再來就是自然科學，最後則是其他人文科學，如文學、歷史、倫理、社會科學等，由於它們所根據的確實性之程度不同，所以也就分屬於不同價位的學術。

二、特　性

　　由以上對「學術」意義的說明，可以具體地指出其若干特性：

　　㈠是一種有關事物本質的知識 (οὐσία, τὸ τί ἦν εἶναι)，因為學術必須對「它是什麼?」(τί ἐστι) 的問題有個正確的答案，

---

❾❾　*Elements de philosophie*, p. 81.

此也等於以定義 (ὁρισμός) 指出一物的本質。

㈡是藉著認識事物之原因 (αἰτία) 對該物所有的知識，由於人只知道一件事物的存在 (that it is—ὅτι) 是不夠的，尚必須知道「它是什麼?」及「為什麼是那樣?」(διότι)，譬如人只知道火是發燒的，尚不夠，還要知道為什麼是發燒的 **⑩**。

㈢是必要知識 (the necessary knowledge—καθ' αὑτὸ, ἀναγκαῖον)，即要知道事物是非如此不可，不能是其他方式 **⑩**。

㈣是普遍知識 (universal knowledge—καθόλου)，所謂「普遍」乃指「固定」、「不變」及「必要」的意思 **⑩**，而不是指「抽象」、「非個別」及「非具體」之意 **⑩**。

總之，根據亞氏對「學術」的看法，它應是「普遍知識」(universal knowledge)，即人對事物所有的固定、穩固、必要及確實知識，此知識在於說明事物形成的各種原因 **⑩**，及涉及事物之本質，而此本質乃藉著普遍概念（其形成的過程已經討論過了）

---

⑩ *Ana. Post.* II, 1, 89b34; 90a31–33; *Top.* V, 6, 145a15; *Met.* I, 1, 981a30; II, 1, 993b20; VII, 11, 1037a14; *E. N.* VI, 2.

⑩ *Ana. Post.* I, 2, 71b9–12; I, 33, 88b30–89a3; *Met.* I, 1–2; XI, 8, 1064a15; VI, 2, 1027b19; *E. N.* VI, 6, 1140b30; "The object of scientific knowledge is of necessity." (*E. N.* 1139b23–24.)

⑩ *Met.* XI, 2, 1060b20; III, 6, 1003a14.

⑩ *S. th.* I, q. 56, a. 1 ad 2; q. 86, a. 1 ad 3; *De Spir. creat.* I, 9 ad 15; *De anima*, q. 1, a. 17 ad 5; *De verit.* q. 2, a. 2 ad 4.

⑩ "El conocimiento de las cosas por sus causas en Aristoteles tiene un sentido integral. No se trata solamente de las causas ultimas, ni solo de las causas extrinsecas (eficiente y final), sino tambien de las intrinsecas (material y formal) que constituyen la esencia de cada cosa." (G. Fraile, O. P., *Historia de la Filosofia*, Madrid, 2nd. ed., 1968, p. 438, n. 5.)

而被認識，並能在其定義中被表達出來以充作「判斷」和「推論」的資料。

三、種　類

　　亞里斯多德有關學術的分類基於他對存有者的觀念。亞氏反對巴曼尼底斯的主張：存有者是唯一的，不分彼此及是不變的，故也只能有一門學術❿。根據亞氏的意見，存有者是眾多的及是類比的，每一種存有者均有自己不同的特殊本質以構成不同性質的存有者，而它們之間所擁有的完美也不一樣，故所分屬的等級也不同：從純物質的無生命之物往上升到生物（植物、動物）之後，再繼續往上升到天體直到最後及最完美的超越世界的神──所有完美的最高峰。

　　既然在實體界裏有眾多且不同性質的存有者，那麼在思想界裏也應有不同的認知方式與之相配合。由於亞氏是「實在論者」(realist)，故他的一切哲學思想均以事實作根據，因此他強調人的認知方式應配合實際存有者的種類，即有多少存有者的種類，就應有多少認知的方式；不同的認知方式構成學術種類之不同：「再者，有多少種類的實體，就必須有相同種類的哲學；既然如此，也就必須有所謂的第一哲學及其他順序而下的哲學。」❿亞氏的這種觀念與康德所說的恰恰相反，因為後者主張：存有者的種類應配合認知的方式，即有多少認知的方式，就應有相同種類的存有者。

　　所有行為，學術及藝術的種類均以自己的不同形式對象──目的──作區分 (specificantur ab objectis)，「因為有眾多的行為、

---

❿　*Met.* XI, 3, 1060b31ss.

❿　*Met.* IV, 2, 1004a3.

藝術及學術，故也應有眾多的目的。譬如醫術的目的在於促進健康，造船的技術在於興建船隻，軍事的目的在於獲得勝利，經濟學之目的則在生產致財。」❿因此，每門學術的尊卑以各自所研究的對象之高低為衡量❿。有鑑於此，亞氏在《形上學》卷六把學術分成三大類：理論 (speculative)、實踐 (practical) 和創造——詩詞 (productive)，屬於理論性的又有物性學 (Physics)：以變動及與物質無法分開的實體為研究的對象；數學 (mathematics)：以不變、但與物質無法分開的實體為研究的對象；神學 (theology)：其所研究的對象是永恆、不變及非物質的實體——神。由於它的研究對象是最高貴的神，故其地位與價值也是最崇高的：「最高貴的學術必須以同樣高貴之物為其研究的對象。」❿於此，很明顯的，亞氏有關於數學所研究的對象之看法，仍受其師柏拉圖的影響，但後來就有所改變❿。

在《形上學》卷十一中，雖然亞氏仍把「物性學」列入理論性的學術，然而是從「變動」，而不是從「存有者」的觀點去研究可變動的實體 (qua moving, but not qua being)。同樣的，數學研究

---

❿ *E. N.* I, 1, 1094a1–8.

❿ "Each science is called better or worse in virtue of its proper object." (*Met.* XI, 7, 1064b2–6.)

❿ "And the highest science must deal with the highest genus." (*Met.* VI, 1, 1026a20.) "The class of theoretical sciences is the best, and of these themselves the last named theology is the best, for it deals with the highest of existing things." (*Met.* XI, 7, 1064b2–4.)

❿ 在《形上學》卷四 (1, 1003a20) 及卷十一 (9, 1061b20) 把研究分量 (quantity) 作為數學的對象。其意見與柏拉圖不同，可參閱：*Met.* III, 2, 997b–998a20; VI, 1, 1026a10; I, 6, 987a5.

數量 (quantity) 也不是從存有者的觀點。神學是最高貴的學術，由於它以永恆、不變及與眾不同的實體 (χωριστή) 為研究對象。第一哲學 (first philosophy) 也屬於理論性學術，因為它討論「存有者自身」(being as being) 及其特性，如存有者的單一性、第一原理和各種定理 (axioms)⑪。

在同一著作裏的卷十二亞氏把實體分為三大類，其中兩種是變動不居及可感覺得到的實體，而在這些實體中，又分為暫時的，即可毀滅的和永恆的。前者指的是植物及動物；後者則指天體，其性質亞氏未曾詳述。第三種是永恆與不變的實體，是神學研究的對象，其他則是物性學的課題⑫。

亞氏開始時把「物性學」列入理論性學術以研究物質世界的所有可變動的實體，而把屬於不同學術的純物質的非生物與生物混為一談，完全受 Xenocrates 與 Speusippus 的連累，而此二人的意見則深受柏拉圖的影響。可喜的是，到後來，亞氏終於加以區別，把它們分屬於不同的學術⑬。

亞氏原先把數學列入理論學術也受柏拉圖的影響，由於柏拉圖把它視為理性學術 (dianotical)⑭，但他後來在《形上學》的不同地方對數學所研究的對象之觀點與柏氏的意見就有出入，主張數學的研究課題是由線、角、數字等的數量所產生之關係和比例⑮。

---

⑪　*Met.* XI, 4, 1061b20–30; 7, 1064b1ss.

⑫　*Met.* XII, 1, 1069a18–1069b2; 6, 1071b2.

⑬　Fraile, op. cit., p. 447.

⑭　*Met.* VI, 1, 1225b7; *Ana. Post.* I, 1, 71a1.

⑮　*Met.* XI, 9, 1061b20.

　　亞氏所謂的「實踐學術」是為了實用而追求知識，即把知識作為達到目的之方法，並非為了知識或真理本身而追求，那是「理論學術」的目的。屬於實踐性的學術有：政治學：其所研究的對象是城邦的良好管理；經濟學：家庭的完善治理是其討論的課題；倫理學：旨在指導以合乎道德的個人生活。換言之，亞氏把治國、齊家、修身分屬於上述的三種實踐性學術。此外，亞氏也可能（因未明言）把醫學、體育、音樂、雕刻、辯護學等視為實踐性學術。

　　屬於創造性學術的部門有：詩詞學、修辭學。至於邏輯⓰和文法⓱，甚至第一哲學⓲則屬於一般性的學術。為了清楚起見，茲把亞氏的學術種類列表於下：

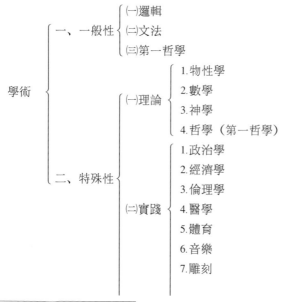

⓰　*Met.* IV, 3, 1005b2–4.

⓱　"Grammatica considerat omnes voces." (St. Th., in *Met.* IV, I, n. 547.)

⓲　*Met.* IV, 1, 1003a20–24.

```
        ┌ 8.辯證
        │ ┌ 1.詩詞學
  (三)創造 ┤
        │ └ 2.修辭學
```

以上有關亞氏的邏輯所作的介紹雖屬簡單，但已不難看出他
對這門學術的偉大貢獻，誠如馬里且教授所說的：

　三段論證的格式之理論，在亞里斯多德的《前分析學》中
　已被討論得十分透徹。亞氏曾說，在他以前沒有人研究過
　這問題。的確，單獨一人將一門科學研究完成，確實是科
　學上很罕見的一個例子，因為此後在邏輯上的研究，如斯
　多噶派、士林學者和近代，尤其十九世紀的邏輯學家，都
　不能改進定言三段論證的學理，任何的增減均無濟於事❶❶❾。

---

❶❶❾　J. Maritain, *Formal logic, Manhattanville*, 1937, p. 205.

第四章　宇宙論——物性學

「宇宙論」(cosmology) 按傳統之說，乃屬於「自然哲學」(natural philosophy or philosophy of nature) 的一部分，其所研究的課題是感官所接觸到的自然事物之起源、結構與形成。感官之所以能接觸到這些物體乃由於它們是變動的，有生有滅及可以變多。總之，可變動的物體是「自然哲學」所要討論的，因為物質物體的變化和物體的生命表現，皆是宇宙自然界的現象，故稱為「自然哲學」。然而，這些物體有基本上的不同：雖然它們都是變動的，但有些是被動的，有些則是自動的，或更明確的說，則是被動的自動者 (passive-active)，即它們有生命。於是亞里斯多德把「自然哲學」分成「普通」與「特殊」兩種 (general and special phil. of nature)，前者討論被動的物體，後者則涉及自動的物體。由於有位置的移動 (local motion)、生滅的變化 (motion of generation and corruption) 和成長的過程 (motion of augumentation) 三種不同的變動，所以特殊自然哲學又包括三個部分，亞氏亦以三部不同的著作分別加以討論：在《論天與地》(De coelo et mundo) 中，曾提到位置移動的物體；在《論生與滅》裏，討論到生與滅的物體；在《論心靈》(De anima) 中，亞氏則詳述有生命活動的物體，包括植物、動物和人類。在《物性學》(Physics) 裏，

亞氏則專論被動的物體，即在時空內的物體 (with spatio-temporal beings)，或一般性的變動物體 (mobile beings as such)。這些亦是所謂「宇宙論」所要研究的主要課題，它同時也提及位置的移動和生、滅的變動，因此筆者把這些問題都列入「宇宙論」中討論，雖然亞氏在當時並未加以命名。

「宇宙論」主要討論的是宇宙的起源與結構，故從此問題開始討論甚為合乎邏輯的。

第一節　物體的起源與結構

浩瀚無垠的宇宙是由人類和其他無數的物質物體組成，錯綜複雜而且經常千變萬化，譬如，木材會變成木炭，木炭燃燒產生氣、灰和土；再從氣、灰和土又形成木材，所以除了人之外，尚有無數變動不居的物質物體之存在，此乃千真萬確之事，同時也是人類所發現的最明顯現象，因此，人類首先就把此現象作為研究的對象：一物會變成其他許多不同之物，其因何在？在變化的過程中，是否有一個可作為萬物之起源的共同不變根源？若有，是否有一個是所有變化、生、滅的最初、最基本的共同根源？物質物體之本性與特性是什麼？又有什麼變化？及在何種條件之下起變化？總之，人類最先渴望知道的是有關自然界萬物之起源或構成因素，及其變化的根本原因；從感官所經驗到的變化，尋求不變的根源。此等問題之解答，則見仁見智。

被尊稱為西洋哲學之父的泰利斯 (Thales, 624–546 B. C.)，由於受希臘傳統神話的影響，以「水」為萬物最基本的共同不變根源，所有物均從它而形成，然而，其主張的真正理由，吾人無法

確知。但根據亞里斯多德的推測，可能他觀察萬物的滋養物和種子皆有濕氣，動物生命的根源也是濕氣，至於萬物所需要的熱度亦從濕氣而來，並藉之方能繼續生存❶。

米里特斯，或阿尼亞學派 (The Melesian or Ionian school) 中的另一位學者安納西曼德 (Anaximander, 610–546 B. C.)，較泰氏年輕，對其說法並不以為然，主張以「無限者」或「非限定者」(Indefinite or unlimited—to apeiron) 代替泰氏的「水」為萬物的根源，其理由也許基於萬物的變化乃無窮盡或無限的，因此作為變化之根源或支撐物 (substractum) 也應是同性質之物，此與近代物理學的「物質不滅」論有點類似。安氏能以較抽象的「無限者」替代具體的「水」，在人類思想上的確已向前邁進了一大步。

安納西美尼斯 (Anaximenes, 588–524 B. C.) 以「空氣」（取蒸汽或濕氣之意）為萬物之根源，其量是無限的，且具有生命，藉著凝結與稀化作用，火、風、雲、水和土由它而形成的。無疑的，安氏之主張受上述二人影響而介乎其間。

恩培都克利斯 (Empedocles, 493–433 B. C.) 則以多元論代替一元論，謂火、水、空氣和土為萬物之源，一切物之生成與消滅皆由此四種元素的混合與分離而產生。

安納薩哥拉斯 (Anaxagoras, 500–418 B. C.) 則認為原始元素不只四種，而是無數，稱為「種子」(seeds)，是細微不可分的。最初於混沌的交錯中充滿世界，由運動而逐漸形成不同混合物，如火、水、空氣、土，再由此四種混合物之重新混合與分離，個別的自然物才有生成與消滅的可能，故一切物之生滅皆為種子之混合與離散。

---

❶　*Met.* I, 3, 983b20ss.

德謨克利特斯 (Democritus, 460-370 B. C.) 為原子論的創始人之一，主張最初有無數不可分的原子存在，它極為微小，感官無法觀察得到。原子有大小、形狀之不同，只有「量」之差別，卻無「質」的不同。原子的堅固性與不可入侵性，在虛空 (void) 作機械式的活動以形成萬物。由於原子的性質是相同的，故由它所形成的萬物也是同性質的，所以充其量只是程度上之差別，而在性質上依然相同。原子既是物質，由它所形成的萬物自然也應全是物質，因此，主張原子論者堅決反對精神與物質為不同性質的二分法。那麼，原子論與唯物論也就無異了，所以德氏被稱為唯物論之父，乃順理成章之事。

希拉克萊圖 (Heraclitus, 535-475 B. C.) 因為主張「萬物流動說」(universal movilism)，故對其而言，「變動」或「生成」(becoming) 就是唯一的實體，萬物不但在變，且經常及徹底地變，當一物變成另一物時，不留下任何東西以做新物與舊物的共同根源，及非變不可，因為「變」即是物的本質。他既然主張「變」是萬物的本質，那麼，最易變及不斷在變的「火」就應是萬物的最原始根源：萬物由火而來、而構成，最後又歸於火。

與前者處於針鋒相對的學者是埃利亞學派 (The Eleatic school) 的始祖，巴曼尼底斯 (Parmenides, 544-501 B. C.)，是主恆一元論 (static monism) 的代表，主張「存有者」(being) 是唯一不變的實體，「變」則是感官的錯覺，必須受理性的糾正，因為所謂的「變」乃從一存有者變成不同的存有者，此乃不可能的，由於「存有者」是唯一的，由它所變成的存有者（因凡物皆為存有者），仍然是同樣的存有者，故根本就沒有變。更不能來自非存有者，因為它是「無」，從無中不能生有 (ex nihilo nihil fit)。既然沒

有變，自然也不會有「多」，由於眾多物之間必定有所差異，否則就是一物了。然而，此不同點不能來自「存有者」，因為它是物的共同點，而非分別點，誰也不能說物與物之間的不同點基於其共同點；也不能來自「非存有者」(non-being)，因為它是「無」，而「無」又怎能是物的分別點呢？所以其結論是：只有「恆」，沒有「動」；只有「一」，而沒有「多」，此唯一的實體是「存有者」(being)，它是不可分的、絕對的、不生不滅及永不變的❷。

柏拉圖在瞭解以上兩種極端學說後，想盡辦法加以折衷，於是他一方面贊成希氏的「變」與「眾多」的說法；另一方面也不否認巴氏的「不變」與「唯一」之意見。柏氏把世界分成感性與理性兩種，前者是不變的、唯一的與真實的；後者則是易變的、眾多的與不真實的。在萬物的形成過程中，他主張有三種實體是永恆的：理型 (Ideas)、神 (Demiurge) 和能容 (receptacle) 或物質 (matter)，它是不定形，處在混沌的狀態中，但可以藉著神的能力以分享理型而變為特定和有秩序的，所以柏拉圖有關宇宙的創造說，無非是使雜亂無章之物變成井然有序，使未定形者成為定形者 (creation is the determination of the determinable, order out of disorder)。由於「物質」是不完美的，所以分享理型的感性世界，充其量也只能有「物質」所能提供的完美，因此只能分享理型的局部完美。因為這種不完美的分享，在感性世界裏才有眾多同種類之物，譬如眾多的貓，眾多的人。

柏拉圖自信此乃解決問題的合理說法：從「存有者」(受定形的存有者——理型) 到其他「存有者」(可變成定形的未定形之存有者——物質) 可以形成眾多的存有者 (分享理型的感性世界的

---

❷ *Phys.* I, 8, 191a24–33.

人、狗、貓等），而此眾多的存有者乃是不同的「存有者」。

所以柏氏的學說一則不同於巴氏的主張：從存有者不能有其他不同的存有者；再則也不同於希氏所言：所有物都是變動不居的 (All things are in a state of flux, nothing remains)，是眾多而非唯一的，因為柏氏主張理型是不變的、是唯一的，雖然分享理型之物是眾多的、易變的。

亞里斯多德對前人之主張均不滿意，由於未圓滿地解決「一」與「多」、「變」與「不變」，及物體之起源與構成要素諸問題，所以他提出了自己的看法：

亞氏是主張「實在論」(realism) 的思想家，他對哲學問題的探討絕不憑其主觀幻想，而是根據客觀事實──就事論事。從「變動」(motion) 或「生成」(becoming) 的觀念，他很清楚地發現，任何有變動的物體之內在結構要素或根源上不外乎三種，而僅此三種就已足夠，即：第一、變動的「共同主體」、「支撐物」(substractum) 或「底基」。任何物在起變化時，它是從起點到終點，一方面擺脫舊形的限定，另一方面則接受新形的限定，即它在失去原有之物的當時，同時也獲得新來之物，所以是新舊二物的交換所──共同主體；第二、事物在起變化後所出現的新限定──「新型相」(form)，它是變化的終點；第三、在主體或支撐物上新舊型相的限定之「匱乏」(privation)──變化的起點。任何變化，即在舊物之毀滅與新物的產生過程中均需要此三者，否則就不會有舊物之消失和新物之出現。譬如在紙變成灰的過程中，先需要紙的預先存在，而在紙內有紙與灰的共同主體，同時亦有與此共同主體結合在一起的紙的型相，故是紙而非灰，但也有紙和灰的型相之匱乏，即在紙與灰的共同主體裏所擁有的紙的型相

有喪失或匱乏的可能 (potential privation)，同時又潛藏有灰的型相，但只是「潛藏」而已，實際上尚匱乏灰的型相 (actual privation)，這就是「匱乏」的真諦：在紙與灰的共同主體內，其舊型相（紙的型相）可能喪失與新型相（灰的型相）的實際缺乏，但可能實現 (actual privation, but potential realization)。或用亞氏的術語:「灰的型相僅潛能地存在於紙與灰的共同主體裏，但實際上卻不存在」(It exists potentially, but not actually)。換言之，變化的共同主體實際上所擁有的是紙自身的型相，雖有喪失的可能，所以是紙，而尚不是灰。等到真正變成灰時，紙的型相就喪失了，其地位就被灰的型相所取代，原先在紙上所匱乏灰的型相，此時就已具有，而原先在紙上所有的紙自身的型相，此時也就消失了，由於已被灰的型相所取代，所以原先接受紙的型相之主體如今已成為接受灰的型相之主體，故此主體是新舊二型相的共同主體，亞氏稱它為「原質」(prime matter)。自然，灰還可以變成其他物，譬如變成土，那麼，在灰變成土的過程中，在灰裏除了有在紙變成灰的過程中所留下作為紙與灰二者的共同主體之物及灰的型相外，尚有灰的型相之可能匱乏與土的型相的實際匱乏，但可能實現，等到灰正式變成土時，灰的型相之可能匱乏就成為事實，而土的型相之實際匱乏就已不存在了，即二者都從潛能變成實現了 (What was only potential has become actual)❸（有關「潛能」與「實現」之基本概念，在討論亞氏的形上學──第一哲學時，會加以詳述）。也因此，「一物之毀滅即是另一物之產生」(corruptio unius est generatio alterius)，因為每一物的舊型相之喪失就立刻被新的型相所取代，於是在性質上完全不同的新物就出現於宇宙中，

---

❸　*Phys.* I, 8.

這種生生息息的現象都是一種物性的變化 (substantial mutation)，從「生」的觀點來看，在共同主體上的「匱乏」(privation)，是新型相的實際匱乏之實現 (mutatio a privatione formae substantialis ad forman substantialem)；從「息」的觀點來看，則是舊型相的可能匱乏之實現 (mutatio a forma substantiali ad privationem ejus)❹。總之，亞氏主張物體的內在結構要素或根源有三種：第一、「主體」或「支撐物」(substractum)，它是物之所有變化、生、滅所共同的不生與不滅之最原始基礎；第二、「型相」：物性之決定因素。此二因素或根源就是後來士林哲學所熟識的「原質」(materia prima－prime matter) 和「原形」(forma substantialis－substantial form)；第三、在主體上新舊型相之「匱乏」(privation of the form in the subject)。有關它們的學說簡稱為「形質論」(Hylomorphism)❺。今逐一加以討論：

一、原　質

有關「原質」($\pi\rho\tilde{\omega}\tau\eta\ \ddot{\upsilon}\lambda\eta$)，先論其存在，次談其意義，最後論其特性：

㈠存在

「原質」本身是不可知的，感官也無法察覺得到❻。既然如此，亞氏又何以知道它的存在，及如何獲得有關它的概念呢？前曾提及，亞氏是主張「實在論」者，他的哲學思想全根據由感官所觀察到的事物，其原則是：「除非透過感官，否則人便一無所

---

❹ *Phys.* I, 7, 191a14–21.
❺ Gredt, op. cit., pp. 210–211.
❻ *Met.* VII, 10, 1036a8.

知」(Nihil est in intellectu, quin prius fuerit in sensu)。有關「原質」的存在亦從可感覺到的事物之變動所類推 (by analogy) 而來的。譬如雕刻師（推動因）能把一塊木材或大理石雕刻成許多不同的成品，即在木材或大理石上可能成為某種成品變成實際的成品，但成為成品的雕像與原先的材料──木材或大理石──有共同的主體，因為在成品上尚存有二者之成分，只是它們的形狀不同而已。然而，此乃事物外形之改變 (accidental change)。可是，另一種改變則截然不同，譬如紙被燒成灰，或食物經消化作用之後變成動物身上的肉，因為紙與灰，食物與肉為兩種在性質上完全不同之物，此稱為「物性」之改變 (substantial change)，於其中，也應有一個共同主體作為改變的底基，否則舊物的物性就從有到無及新物的物性就從無到有，但這兩種情形都不可能發生，所以舊物必須有所失（否則就不起變化）及有所留下（否則就是從有到無），而新物必須有所獲得（否則也沒有變化），所獲得之物即是舊物所留下的（否則就是從無到有），此舊物所留下作為新物能從中有所獲得之物即是新舊二物的共同主體，它不是任何單獨存在的完整實際物，亦非任何特定種類之物，只是能在推動因的影響之下接受各種型相 (form) 的限定，此純潛能、不特定，但能無限地被限定之物即是「原質」或「第一質料」(prime matter)，類似吾人感官所接觸到之物的外形改變中的第二質料 (secondary matter─materia secunda) ❼。

　　亞氏有關「原質」的觀念或許多少受到柏拉圖的啟示，由於後者曾提及未受定形的「質料」為所有物之「容器」(receptacle) 及「孕婦」(the pregnant) (Timaeus, 49a52d)，故有點類似亞氏的

❼　*Phys.* I, 7, 191a8ss.

「原質」，但不完全相同，因為柏氏把「質料」全取否定的意義，乃不實在的，理型 (Ideas) 方為實在的根源。神 (Demiurge) 把實有的理型刻印在質料上使之分享理型的實在性。反之，亞氏的「原質」則有肯定之意，乃實際的實有物 (a positive thing)，雖然不能單獨存在，經常必須與另一實有——原形——結合在一起❽，以成定形及受到限定。

㈡意義

由於「原質」是不完整之物，它既無「近類」(proximate genus)，又無「種差」(specific difference)，故無法下嚴格與正式的定義❾。但亞氏仍舊加以描述，給予非正式的定義，分肯定與否定兩種：

1.否定定義：「非任何特定物，亦非任何依附體，如質、量，亦不屬於使一物成定形的範疇中的任何一個，且缺乏固定的物形。」❿

所謂「非任何特定物」，乃指「原質」不是一完整物，它與「原形」共同構成一完整物——物之本質，各是此完整本質的一部分而已。

「非任何依附體，如質、量」乃由於「原質」是物之本質的一部分，而本質乃是自主體，並非依附體。「質」(quality) 與「量」(quantity) 均為依附體的代表，是依附於自立體上之物，它

---

❽ *Met.* VIII, 1, 1042a27; VII, 7, 1032a15.

❾ St. Th., *De ente et essentia*, c. 2.

❿ "Which in itself is neither a particular thing, nor of a certain quality or quantity, nor assigned to any other of the categories by which being is determined." (*Met.* VII, 3, 1029a20; VIII, 5, 1044bss.)

們之有無對物的本質毫無影響，故原質的確非任何依附體。

「缺乏固定的物形」其理由是：「原質」是一切變化的不變主體，它自身是無形無狀的，於接受「原形」之加入後，「原質」方因而受定形，才隸屬於那一種固定類形之物性。

2.肯定定義：「物之所由來的第一、基本和共同主體。」**⓫**

「主體」二字在上述的定義裏可算是其「近類」，有被他物所寄託之意，是其寄託所。「原質」不同於「原形」，由於後者在理論上乃後於前者，前者則先於後者，是舊物之毀滅與新物之產生的共同主體。茲再以前述之紙變成灰作比喻。紙的原形消失後，紙的原質留下充作灰的原質以等候其原形之加入，否則灰的原形將無所寄託，在此意義上，灰的原形如同被接受於其原質內（與紙的原質相同），及受到支撐，於是，該原質就變成原形的寄託所或主體，猶如自立體為依附體的主體，譬如：顏色、厚度等為紙的依附體，它們必須寄託在紙上才能存在，如此，自立體就變成依附體的主體。

「原質」不但是「主體」，且是「第一」主體，由於從原質與原形的結合而成為物之本質，是一完整的自立體，且是依附體的自主體，但因為原質在先，完整的自立體在後，故自立體是第二主體，原質則是「第一主體」。

此外，原質還是「基本」主體，由於原質與原形結合成為物的本質，它自然是物的基本部分。再者，此二者是完整物性的兩部分，互相結合而產生一在性質上完全不同的第三者──物的完整本質，是以，兩者的結合是基本與非常密切的，不像兩塊磚頭

⓫ "A primary substratum of each thing, from which it comes to be not in an accidental manner, and which persists in it." (*Phys.* I, 9, 192a31–33.)

用水泥砌在一起，那是毗連的結合 (justaposition)，因為每塊磚頭已是一完整物，一獨立單位，彼此結合並不產生一與自身不同性質的第三者。

所謂「共同主體」已如上述，意指原質為新舊二物所共有的主體，譬如紙與灰的內在結構成分，是部分相同，部分不同：前者為「原質」，後者為「原形」。

每物皆由不同「原因」所促成的：「推動因」(efficient cause) 是物「藉」著它 (by which) 而產生；「目的因」(final cause) 是物「為」了它 (on account of which) 而造成；「模形因」(exemplar cause) 是物「照」著它 (to whose likeness) 而形成；「形式因」(formal cause) 是物「透過」它 (through which) 而有存在；原質乃物之構成的「質料因」(material cause)，是該物「從」它 (from which) 而來，是物之構成的根基，此即是定義裏所謂「物之所由來」的含意。

多瑪斯在註解亞氏的《物性學》時，詮釋「原質」為：「眾所周知，木材原先既無椅子，又缺床的形狀，由於它有時可以有椅子的形狀，有時帶有床的形狀，因此，當吾人目睹空氣蒸發成雨時，便說：原先在空氣的形狀下者，於今在水的形狀下。因而便有一共同之物留在二者內，它既不屬於空氣，亦不屬於水的形狀，它與自然界物體的關係，有如銅與雕像，或是木材與床的關係，或像任何無形狀的質料與型相的關係，此原先不帶任何形狀，但後來卻有形狀者，稱之為『原質』(materia prima)。」(In *Phys*. I, 13)

㈢特性

「原質」有諸多特性，其中較重要的有：

1. 是純潛能 (pure potency) ⓬：「實現」(act) 和「潛能」
(potency) 二概念在亞氏的哲學體系裏佔頗重要的一頁，其應用甚
廣。亞氏亦把它們在其「形質論」上作了最廣泛的「類比」應用。
（所謂「類比」，即它們與實現和潛能二概念並非完全一樣，它們
均為實有物，而不是抽象概念；實現與潛能則是極普遍及極抽象
的概念，但有其相似之處。）「原質」是「潛能」，「原形」則是「實
現」。然而，潛能又有「純潛能」與「混合潛能」之分，即在潛能
內是否含有「實現」的成分，若有，即是「混合潛能」，否則是純
潛能，如物質物體之本質乃是從潛能的「原質」及是實現的「原
形」所合成，那麼，此「本質」就是混合潛能，同時亦是混合實
現 (mixed potency and mixed act)，因為在它內含有實現與潛能的
成分。

　　「原質」不僅是「潛能」，且是「純潛能」，即不含有任何實
現成分：既無「第一實現」或「形式實現」(first or formal act)，
又乏「第二」或「存在實現」(entitative act)。

　　有關「原質」是否為純潛能，及是否為亞氏之主張的問題曾
引起熱烈爭論，但贊成者仍佔絕大多數 ⓭，其理由是：

　　第一、是原形的「第一主體」。若非純潛能，則至少有部分實
現，那麼，原質就已經存在了，因為實現提供存在，凡物有存在，

⓬　"The substratum is substance, and this is in one sense the matter, and by
matter I mean that which, not being a 'this' actually, is potentially a
'this.'" (*Met.* VIII, 1, 1042a27; IX, 7, 1049a23; XII, 2, 1069b14; XII, 4,
1070b12; XII, 5, 1071a10; XIV, 1, 1088b1; XIV, 4, 1092a3; *De An.* II,
1, 412a6–10.)

⓭　Henri Grenier, *Thomistic Philosophy* (Charlottetown, Canada: St.
Dunstan's University, 1950), p. 27; Fraile, op. cit., pp. 478–479.

乃是實現之故。若一物已先存在，任何後來之物均是附加於上的，均為依附體，如此，在理論上後於「原質」的「原形」就是附加物，即是依附體，然而，這是不合理的，因為「原形」不但是物之本質的一部分，且是主要部分，是決定物性的因素。

第二、是所有物的「共同主體」。原質若存在，因為有部分實現，則必須是特定之物，必屬於某一種類之物，即非所有物的共同主體了。

2.本身是絕對不可認識的 (unknowable)，感官也無法覺察得到❶，除非是因著實現，潛能本身是不可認識的。再者，除非是特定之物，否則也是不可認識的。原質既是不含任何實現的純潛能，且是最不特定的，它只能因著實現才成為特定的，故是絕對不可認識的。感官之所以無法覺察得到，乃由於其非物的外在現象，而是屬於物的內在結構，非感官的對象。不過，它卻是理智的認識對象，在此意義上，是可理解的 (intelligible)。

3.是完全被動的 (purely passive)：此乃基於原質是純潛能之緣故。所謂「主動者」，即其自身能產生行動，欲達此目的，它先必須是特定的存有者，但原質本身既不是特定之物（一物須藉著型式實現才成為特定的），又不是實際或具體的存有者（任何物均必須藉著「存在實現」才能是實際的存在者），由於它不含有任何實現的成分，所以是純潛能，故它是完全被動的，然而，它在推動因的影響之下可以接受任何限定。

4.除非和原形結合在一起，否則絕不能單獨存在❶：其理由是：

---

❶ *Met*. VII, 10, 1036a8.

❶ *De gen. et corrupt*. II, 1, 329b24–27.

第一、由於它是純潛能。凡存在者，必須是實有及現有之物。

第二、任何存在之物均必須是特定及具體之物，但原質缺乏特定的物形，不屬於任何種類，它是物的共同主體，雖然它可成為任何物的主體，但實際上什麼都不是，事實上根本就不存在，而「不存在」與「存在」為矛盾的概念，絕不能同時發生。

第三、原質與原形的相結合構成物質存在者的完整本質，各是此完整本質的一部分，由部分組成之物，僅完整的組合體 (the composite) 才有存在，各部分分開時，該物就不存在，所以，不是完整的組合體之原質，絕無法單獨存在。基於此，連原形（物質性原形）亦不能單獨存在，因為它也只是完整組合體的一部分，因此亞氏曾強調，從「存在」觀點看，完整物先於其組成部分❶。

關於這點，多瑪斯後來發揮亞氏之主張時，有一段很精闢的話值得一提：

「凡是現有之物，或其本身就是實現，或是分享實現的潛能，實現者與原質之理乃是相反的，由於原質就其本身而言是潛能者，因此原質除非分享實現，否則就不能存在，被原質所分享的實現只是原形，故分享實現的原質與原質有原形完全是同一回事。是以，若原質無原形可以存在，即等於說矛盾之物可以並存，對此，連萬能的上帝亦無能為力的。」❶

5.是實有之物 (something real)：雖然原質是純潛能，缺乏任何實現，不能單獨存在，但不是「無」，即使幾近於「無」，仍是實有者，因為它是物質物體構成因素之一，是物之所由來的共同主體，因此，它應該是「實有」，而不能是「無」，蓋從無中不能

---

❶　*Met.* VII, 10, 1035a–1036a.

❶　St. Th., Quodl. III, q. 1, a. 1.

生有。

6.是不生不滅的 ❶。所謂「不生」乃意指不能單獨受生，及不生於根基，此乃由於：

第一、若單獨受生，則必是一特定的完整物及實際的現有物。然而，根據上述，這些特性皆與原質的基本意義相違。(參考第四特性)

第二、凡受生者，必生於一底基，必由原已有的原料而生 (from a preexisting matter or subject)，否則就是「創造」(creation)，而非「產生」(generation)。但在物質物的產生過程中，原質是第一及最先的底基，沒有任何物比它更為優先。

原質不但不生，且是不滅的 (ἄφθαρτος)，理由是，它是所有變化的共同主體，物之毀滅乃由於其原先的原形之喪失或匱乏，但原質必須留下以作為新物的原形之底基，假若此新物再毀滅的話，原先的原質又留下以再接受另一個新物的原形，因為前曾提過：「一物之毀滅即是另一物之誕生」(the corruption of the one is the generation of another)。世界上有新物之出現，即因為原質是永遠不滅的，在它內，任何原形之喪失，它就馬上找到新的原形，所以亞氏也主張：「原質是永恆的。」(ἀγέννητος)

為了證明原質是不生不滅的，亞氏曾借重「不矛盾」原理來推論：倘若原質受生及會毀滅的話，那就是「有」，同時又是「無」，「存在」同時又「不存在」，因它在生之前（無或不存在）已生了（有或存在），在滅之前（有或存在）已經滅了（無或不存在）❶。

❶ *Phys*. I, 9, 192a33; *Met*. VIII, 1, 1042a30.

❶ *Phys*. I, 9, 192a28–36.

多瑪斯在註解這段文字時，很技巧地發揮了亞氏的思想:「在潛能條件下的原質是不生不滅的。理由是，如果原質受生，必生於一主體，而原質就是發生的根本主體。原質即是物體從它而來者。假若原質可以受生，那就必由原質而來，如此，原質即已存在於產生之前，此乃不可能之事。同理，物之毀滅亦然，由於毀滅意味物體歸於原質，假若原質毀滅，那麼，物在毀滅之前就已經毀滅，此亦是不可能的事。」❷⓿

原質既不受生，即不生自他物，那它從何而來及如何來? 亞氏對此問題未作明確的交代，只說它從開始就已存在。至於後來士林哲學家的主張:「原質是由上帝從無中與原形一起創造的。」(concreated by God from nothing) 對亞氏而言是陌生的。

7.是世界上所有物質物的變化（生滅）之共同和相同主體 (common and identical): 此乃從抽象觀點而言，即在理論或意義上，所有物質物的原質是共同及相同的，但實際上不然，由於實際上各物有自己的原質，而非同一原質。然而，在連續的變化中，所有物的原質不但在性質上，且在數目上都是共同及同一的。譬如木材變成漿，漿變成紙，紙又變成灰，灰變成土，其原質是共同及同一的。換言之，從性質上看，所有物的原質是共同及相同的，從數目上看卻不盡然 (specifically the same, but not numerically)。

8.是「生」與「滅」的第一及最後主體: 理由是: 物質物之物性的產生是原形（物質性原形）從原質的潛能中引出而被接受於原質內，兩者相結合而成一完整的物性，雖然在時間上是同時存在的 (priority of nature, not of time)，但在性質上則原質先於原

---

❷⓿ St. Th., in *Phys.* I, lect. 15.

形。完整的物性形成後就是一個獨立的自主體，它是依附體的主體，卻是第二主體，因為原質已先以主體的身份出現過，故是「第一主體」。至於物在毀滅時，是原形重歸於原質的潛能中，新的原形又從原質的潛能中引發而來及被接受於原質內，而原質則繼續不斷留下做新原形的主體，故從物之毀滅或分解的觀點而言，原質是「最後的主體」。

9.是完全不定形的──完全無形無狀的，但可以接受任何限定，即無論如何去限定它皆可 (indefinite and unlimited)。然而，此乃從抽象或理論觀點而言，實際上它一次只能接受一種原形的限定，當它接受一種原形後，不能同時有其他的原形，且事實上只能直接接受特定原形的限定，因為受分量 (quantity) 所預先準備好的原質只適合於直接接受與自己相稱的原形，譬如當紙被燒成灰，紙的原質照常規只能直接接受灰的原形之限定；而不能直接接受土的原形，更不能直接接受生物的原形之限定，由於在兩者之間缺乏應有的相稱性與適應性。

10.與原形結合在一起是其天生或自然傾向。「原質」本身是潛能，故是不完美、不完整、不確定、不實在及不真實的，故自然傾向於能使它成為完美、落實……之物，它就是「原形」，因是代表完美、落實與真實的實現。雖然「原形」也只是完整物的一部分，然而卻是決定及主要部分，所以只有與「原形」結合時，「原質」才是完美與完整的，既然如此，它對「原形」就有天生或自然的強烈傾向，所謂「投其所好」，猶如女人自然傾慕於男人，醜的天生傾向於美的**㉑**。

㉑ 　*Phys.* I, 9, 192a22.

二、原　形

雖與「原質」對立，卻是相關及互相依賴與補充的物質物之另一個構成要素或根源是「原形」(substantial form—$\mu o\rho\theta\eta$, $\varepsilon\hat{i}\delta os$, $o\dot{v}\sigma\acute{i}\alpha$ $\dot{\omega}s$ $\varepsilon\hat{i}\delta os$, $\pi\alpha\rho\acute{a}\delta\varepsilon\iota\gamma\mu\alpha$, $\dot{\varepsilon}\nu$-$\tau\varepsilon\lambda$-$\dot{\varepsilon}\chi\varepsilon\iota\alpha$)，茲探討其意義及特性。

㈠意義

多瑪斯在註解亞氏的《物性學》時，綜合其思想給「原形」下的定義是：「為原質的第一實現，與其一起構成物之完整本質。」[22]

在亞氏的哲學體系裏，原質有潛能的意味，因是不定形及不完美的，原形則使原質成定形及變成完美，所以原形是「實現」，且是原質的「實現」。譬如紙和灰有共同的原質，從原質的觀點，此兩者乃不分彼此，但紙不是灰，反之亦然，乃因著「原形」的緣故，故它是物的類別之決定因素。

原質與原形的結合僅構成物的完整本質，只有本質，物尚無具體存在，直到「存在」的加入，物才是實在的，才是實際的事物，即能具體的存在於宇宙間，因此「存在」等於限定了「本質」，是「本質」的「實現」，「原形」雖是「實現」，但與「存在」一比，它並非「最後實現」，只能是「第一實現」，「存在」則是「第二」或「最後實現」[23]。

㈡特性

原形的特性最重要的有下列數種：

---

[22] *Phys*. I, lect. 15.

[23] Grenire, op. cit., pp. 30–31.

1.是實現 (act)：前述原形使一物成為某特定的種類，使一物與其他性質不同之物有分別，雖然並非最後實現（存在 (existence) 才是最後實現），但卻真正是實現，故也是「限定的根源」(principle of specification)，主要為了限定原質，由於原質乃可以成為任何物，但又不是任何特定之物，等受原形之限定後，其身份才趨向於明朗，才知道它究竟屬於何種種類之物，所以稱為「潛能」❷。

2.是完美 (perfection)：原形既是實現，那自然就是完美，由於它意味「完美」，猶如與其對應的「潛能」，本身是不完美的，只是為獲得完美的能力而已。

3.是不受生的 (not generated)：一物之產生必來自先已存在的底基，但物之最先底基是原質，而原形不但不是原質，且與原質對立，故不能來自原質。既然如此，它就不受生。

4.潛藏於原質內及從原質的潛能中引發而來：原形（物質物之原形）既不受生，亦不由創造而來——從無中生有，那麼，最合理的解釋應是從原質的潛能中所引發而來。即它先潛藏於原質的潛能中，在外力的影響下，原先潛伏在原質裏的原形，就成為實際的原形，此即「由原質的潛能中所引發而來」的意義❷。有關生物的原形或其生命根源是否亦從原質的潛能中所引發，亞氏未作清楚的交代，好像是說從太陽的熱能而來。在一段非常模糊的文字裏，他似乎主張「理智」(νοῦς) 是外來的 (θύραθεν)。

5.不能單獨存在 (物質性原形)：原形存在的目的只是為使原

---

❷　*Met.* VII, 4, 5, 6, 1029b–1032a; VIII, 6, 1045b18–25; IX, 6, 1048a; XII, 2, 1069a; *Phys.* I, 5, 188a.

❷　St. Th., in *Met.* VI, lect. 7, n. 1430–1431.

質成定形，及與原質一起組成事物的完整物性，此目的一旦喪失，即無存在的必要，故也必將消失無蹤──既無需也不能單獨存在。

三、匱 乏

　　世上的事物千變萬化乃無可否認。舊物之毀滅，新物的出現，乃司空見慣之事。故哲理有言：「一物之毀滅即是另一物的誕生」(corruptio unius est generatio alterius)。但毀滅之物與新生之物不能是同一物，否則既沒有毀滅，就不會有誕生。換言之，新物不從舊物而來，也不從無中生有，故它必來自與自身不同之物，因此，古時的哲學家均主張在毀滅與誕生的過程中，有一個「相反」之物的存在，它是物的結構要素之一，於是有些就主張「濃」與「稀」，「冷」與「熱」，「愛」與「恨」，「空」與「滿」，「硬」與「軟」，「濕」與「乾」等多變化的要素，即所謂任何變化均要求在起點與終點之間有「相反性」(contrariety) 的存在。

　　然而，事物的構成要素可從生成 (from the state of becoming) 及實際存在 (from the state of actual existence)，或從產生及其組成部分這兩個不同觀點去考慮。

　　從事物的實際存在來看，亞氏以為有「原質」（主體）與「原形」兩要素；從事物的產生來看，卻具有「原質」（主體）、「原形」和「匱乏」(privation─στἡρησις) 三種要素。

　　所謂「匱乏」主要指在主體上即將產生或構成之物的原形之缺失，但不是全然的匱乏，若是，便成「虛無」❷。而是在主體內的匱乏，雖然主體實際上缺少它，但將來能擁有它，因此它與主體並不相反，即兩者並非勢不兩立，否則就不能同時並存，借

---

❷　*Phys.* I, 8, 192a16.

用亞氏之言：「相反之物乃彼此排斥或互相破壞」(contraries are mutually destrucgive)❷。所以主體就其本身而言與新物的原形亦非完全相反，否則二者無法結合為一。所謂「相反」乃指在主體上有舊物的原形之可能匱乏，及新物的原形之實際匱乏，但實際上尚不存在。由於有此種匱乏，故等時間一旦成熟（受外在因——推動因的影響），在主體上實際所有的原形就被擠丟而被與自己相反或不同的新物之原形所取代。換言之，在主體上舊物的原形之可能匱乏，此時就成為事實，而新物的原形之實際匱乏已不再存在了❷。此「匱乏」即是一物之毀滅與另一物之產生的相反要素，假若在主體上缺乏此要素，新物就無法產生，宇宙間的物體也就不會起新陳代謝的作用，因此，在事物的產生過程中，此「匱乏」要素是必要的❷。

亞里斯多德在其《物性學》的卷一第七章曾詳細說明此要素的存在與性質，柯普斯登 (Fr. Copleston) 在其《西洋哲學史》上對亞氏的主張作了充分的發揮：

> 變化之產生乃由於先有某物之存在，而就因為此物能變成其他物，雖然尚不是該物，此即潛能的實現 (the actualization of a potentiality)。而此潛能本身也是實在之物，只是尚未達到它所欲形成之物而已。以蒸汽為例，它

---

❷ *Phys.* I, 9, 192a21.

❷ "It comes into being from that which incidentally is, but not from it as being, but from not being the particular thing that comes to be." (D. Ross, *op. cit.*, p. 66.)

❷ *Phys.* I, 7, 190a5ss; I, 9, 192a1ss; *Met.* XII, 5, 1071a1ss.

並非從無中生有，而是來自水。但它不能來自水的本身，因為水之本身只能是水。蒸汽來自水，乃指水能變成蒸汽，並「要求」變成蒸汽，故加熱到一定的溫度，就變成蒸汽；但就水本身而言，它始終不是蒸汽，它尚「匱乏」蒸汽的原形──這不僅指它未獲得蒸汽的原形（形式），而且是指它能夠有及應該有蒸汽的原形，只是尚未得到而已。是以，變化除了具有「原形」與「原質」兩種積極要素之外，還應該有「匱乏」或「需求」(exigency) 的第三種要素。它雖然不是積極要素，卻是變化所必須預設的。亞氏主張以上三種要素的存在乃變化所要求的先決條件。

亞氏在《論生與滅》的卷一第三章 (I, 3, 317b18) 也提到「匱乏的存在：

> 在事物的生成過程中，必須預計某物之存在，它不但不是潛能，且非實際的存有者，故它可稱為「存有者」及「非存有者」(Is spoken of both as "being" and as "not-being")。

總括上述，亞氏主張原質──主體、原形和匱乏為所有物質物之構成的最先要素或根源 (positive first principles or elements)，前二者為積極或實在要素，匱乏則是消極要素 (negative first principle)。

亞氏稱它們為「最先要素」，乃由於其合乎下面的定義：「它們不從任何其他物所構成的；其中之一亦不從另一個所構成的，而所有物則由它們所構成的。」❸⓪

所謂「不能從任何其他物所構成的」理由乃顯而易見，由於它們是事物之最先構成要素，否則（若由他物所構成的）就不是「最先的」，而構成它們之物反而先於它們，如此一來，它們也就成為「效果」而非「根源」了。

它們不僅是「最先的」，且是「相反」的最先要素。相反之物與其說能相輔相成，毋寧說彼此排斥，所以「最先要素」，第一、不是由另一要素所組成的，它們分開時，都不是由許多部分所組成之物，而是其他組成物之部分。第二、也不從另一要素所構成的，然而，這只是從抽象觀點而言，譬如黑色不來自白色，冷亦不來自熱，但白色之物可變成黑色之物，熱的東西也可以變成冷的。同樣的，事物之原形並非正式地從「匱乏」所構成的，而是從缺乏原形的主體——原質——中所引發而來的，因此頂多只能說原形「偶然地」(accidentally) 從「匱乏」而來。

所謂「所有物從它們所構成的」是指一切有變動的物質物體，而這些物體由它們而生，若它們不存在，這些物體也就不存在了。

四、組成體

前述自然物體——物質物體——在生成的過程中要求「原質」、「原形」和「匱乏」三種要素或根源的存在；但於實際存在時只有潛能的「原質」與實現的「原形」，分開來講，它們都是一個單體，但並非完整的單體，只是完整單體的兩部分，因此，它們雖然彼此間有分別，但實際上卻不能分離，即不能單獨存在，必須結合在一起成為一個完整的單體或完整的物性後才能存在，

---

❸⓿ "Things which are not made from anything else, not from one another, but from which all things are made." (*Phys.* I, 5, 188a27.)

稱之為「組成體」(the composite or compound—σύνολον)。

　　雖然由「原質」與「原形」的結合成為一個完整的單體——物性（原質與原形之結合的直接效果是物性或物的本質，而非物體自身），但有不同的「結合」，所以應先知道「結合」的種類，然後才能確定它們的結合究竟屬於何種性質的結合：

　　首先，「結合」分為「實際的」(real) 和「思想的」(mental)。前者指各部分就其自身而言結合在一起，與人的思想無關，它們的結合不是由人的思想所造成的，譬如氫和氧結合成「水」是實際的結合。後者則完全由人的思想所造成的，即人的思想把屬於同一性質或種類的各個體統一起來，使它們在同一意義下來考慮。譬如人的思想把世界上所有的個別人當做一整體的各部分來考慮，於是在腦海裏就形成「人」的概念。因此，所有普遍概念（花、草、豬、馬、牛、羊等）都屬於這種「結合」。

　　若從不同的觀點去考慮「實際結合」，又產生不同性質的結合：

　　從「完美」或「密切度」觀點看，有「實體的」(substantial) 和「非實體的」或「偶然的」(accidental)。前者乃指從二不完整的部分結合而成一完整之物或一完整的組成體，如靈魂與軀體結合成一個完整的人；原質與原形結合成為一完整的物性——物質物的完整本質。後者乃指完整物性之物的結合，它又可以是：一、「集合」(aggregate)：許多物集中在一處，也叫做「位置結合」(local unity)；二、「構合」(structural)：不同物結構成一個整體，其發生情形有㈠不同的完整自主體之結合，如磚頭、水泥和鋼鐵建造成一幢房子；㈡自立體與依附體的結合，如紙與其顏色、鐵與其重量的結合；㈢依附體與依附體的結合，如石塊的擴延性

(extension) 與其形狀 (shape) 的結合; 三、動力結合 (dynamic):
一個自立體指揮另一個自立體以產生同一行動或效果, 如駕駛和
車輛一起產生行動; 四、「倫理結合」(moral): 許多人共同組成一
個團體。

從原因觀點看, 有「天然的」和「人工的」。顧名思義, 前者
乃指出於自然的結合, 如人的身體從各部分所組成的, 或氫和氧
的結合而成水。後者則指藉著人工將各部分組成一整體, 如鐘錶、
車輛等。

從形式觀點看, 有「直接」與「間接」結合, 全看該結合是
否透過第三者而定, 如氫、氧結合成水是「直接結合」; 工人用水
泥把兩塊磚塊砌在一起則是「間接結合」。

從式樣觀點看, 有「形上的」(metaphysical): 由各形上部分
組成一完整物, 如人由理性、感性、生命、物質和自立體所組成
的;「自然的」(natural): 由自然力量所促成的, 如電子和質子組
成原子; 從各原子又組成一物體;「倫理的」(moral): 由有理性的
人組成一個具有共同目標的團體, 如國家、教會、公司、軍隊、
家庭等。

阿味羅厄斯 (Averroes) 主張原形是物的完整本質, 原質則只
是此本質的主體或寄託所, 猶如劍鞘是劍的套子 (receptacle), 而
不是其組成部分。柏拉圖也說, 人的靈魂是人的全部, 軀體只是
其暫時落腳之地, 故靈魂宛如暫時借宿於旅社的客人 ❸, 二者的
結合皆非實體結合。

亞里斯多德則強調, 原質與原形的結合是「實體」或「實質
結合」(substantial or essential union), 由二者的結合而成為一完整

---

❸ Grenier, op. cit., p. 42.

的單體——物性或本質，因為它們均是此完整物性或本質的部分
(essential parts)。物質物之生與滅在於舊原形之喪失及新原形之獲
得，然而，當毀滅時，必須有所留下，否則即變成「無」——從
有到無；在產生時，必須有作為底基之物的預先存在，不然便是
從無中生有，此二者皆為不可能的，故在生滅的過程中必有所留
下及有所喪失與獲得，前者為原質，後者則是原形，由此二者結
合成為一完整物性或本質。

　　再者，我們給事物下實質定義 (essential definition) 時，均須
把原質與原形兩觀念包括進去，譬如人的定義是「理性動物」，而
非「理性魂」(rational soul)，因此，它們亦應同屬於物的完整物
性或本質的部分，故它們的結合是順理成章，適當、圓滿、天然
與自然。此外，還應是直接的結合，即不藉著任何與自己不同的
第三者做媒介。其因是原形是原質的「實現」，它天生即是為了限
定原質使之成定形；另一方面，原質對原形有一種強烈的自然傾
向，因為它只有與原形結合時，才能獲得自己所需要的完美。

　　由於，原形不僅是原質的「實現」，且是原質的「第一實現」。
如果它們之間的結合不是直接的，而需藉著其他物做媒介，那麼，
原質的「第一實現」即是此媒介物，而非原形了。況且，此媒介
物也必然是由原質與原形所組成的，那它們的結合自然也需要其
他媒介物，如此推論下去，豈不無止境的陷入無限逆退的困境中？

　　因此，原質與原形都不能單獨存在，兩者必須結合一起成為
完整物性後才能存在，否則（若單獨存在）既不能承受，亦不能
有所作為。這種結合以哲學術語則稱之為「受原形所定形的原質」
(materia informata)，或「一個完整的實體」(individuum
substantiale)，它才是行動、承受和所有依附體的主體，以及生與

滅的結果 (terminus generationis et corruptionis)。從靜態觀點看，它是承受者或接受者；從動態觀點看，它是行動的產生者。

所有及每一個個別物的原質，基本上是一樣的，雖然每一個個別物由於受分量依附體的限制，所有的部分原質（故不是原質的全部）不同於其他個別物所擁有的；從抽象或理論觀點看，許多同種類之物所擁有的原形是共同的，但實際上，每一個個別物所擁有的原形則是它自身所固有的，及與其他物所擁有的完全不同。

所謂「原質與原形結合成為一完整物性後才能存在」的正確意義必須加以澄清。命題裏所說的「存在」並非指事物的實際和具體存在，只是其必要的條件而已，因為物之「物性」或「本質」仍是處在潛能的狀態中，它必須受執行實現任務的「存在」(existence) 或「存有實現」(existential act) 之限定後才能正式及實際存在，因此在所有組合物裏有雙重的潛能及雙重的實現：原質對原形而言是第一潛能；由它們兩者的結合成為完整的物性（本質）對「存在」而言是「第二潛能」；原形對原質來說是「第一實現」，「存在」對由原質與原形的結合而成的物性或本質來說則是「第二」或「最後實現」❸❷。

第二節　物體的生與滅

變動的物體的內在結構乃由「原質」與「原形」所組成的完整組成體，它是「生」的終點，是「滅」的起點，所以論完「組成體」後，要進一步討論「生」(generation) 與「滅」(corruption)

---

❸❷　St. Th., *De Spirit. Creat.* a. 1; *S. th.* I, q. 7, a. 3, ad. 3.

的意義、過程與個別物之形成。

一、意　義

　　亞里斯多德在《物性學》的卷八之第七章，論「位置的移動」(locomotion) 為主要運動時，有這樣一席話：「每一種運動或變化都是從一端到與其相反的另一端。生與滅的過程就是這樣發生的，從存有者這一方到非存有者另一方。」❸

　　從上述引言及亞氏「形質論」的主張，可以給「生」與「滅」下一個定義：「在一主體上從非存有者變成存有者」(The change from non-being to being in a subject)。實體的生 (substantial generation) 則是：「在原質內所匱乏的原形之獲致」，或「在原質內所擁有的原形為所匱乏的新原形所取代」。「滅」則是「在主體上從存有者到非存有者」。實體的滅 (substantial corruption) 則是「在原質內所擁有的原形之喪失」，或「在原質內所擁有的原形之可能匱乏被另一個原形所充實」。

　　由於原形是決定性因素，原質則是不確定的，它可成為任何物，但就其本身而言，卻什麼都不是，它必須與原形相結合才成定形，才屬於特定種類之物，因此，從二者的結合所產生就是嶄新的組成體，它與新原形雖都是「生」的成果或終點，但前者是「生」的全部成果，後者則只是局部成果，因為「組成體」才是真正與正式的存有者 (quod existit)，原形則是組成體所賴以成定形的因素 (quo existit vel constituitur in sua specie)。

---

❸　"Every other motion and change is from an opposite to an opposite: thus for the processes of becoming and perishing the limits are the existent and the non-existent." (*Phys.* VIII, 7, 261a34–35.)

二、過　程

在一件具體存在的事物裏，除了內在或主要的結構要素外，尚有外在或次要的要素，前者稱為「自立體」(substance)，後者是謂「依附體」(accidents)，兩者實際上不同，然而卻有密切關係，不但每一件具體事物應有依附體，且按照自立體的性質有自己固定的依附體，它們的改變會影響一物之「生」與「滅」，因為前已述及，一物之「生」與「滅」基於原質裏新原形之獲致與舊原形之喪失。或更恰當的說，基於原質一方面對舊原形之不再適合，另一方面則對新原形之更適合，但這種「適合」與「不適合」不來自原質，而來自依附體（當然尚需其他因素，如推動因的干預），由於依附體在其他因素的影響下促使原質對舊原形不再適應，對新原形則更適應，而依附體本身也以全新的面貌出現以配合新物所應有的固有依附體。故「生」之出現乃由於原質在依附體的影響下對某種新的原形更加適應——近的適應性 (proxima dispositio)；「滅」之發生乃因為原質在依附體的影響下對原有的原形已不再適應，這種不適應對「生」而言則是遠的適應性 (previa disposition)，而此現象的發生是同時及瞬息的 (instantaneous)，由於原質從不能單獨存在，所以亞氏一再強調：「一物之毀滅即是另一物之誕生」(corruptio unius est generatio alterius)。雖然在「生」與「滅」的過程中，原質能從一主體換到另一主體，但原形則不能，因為各個別物必須有自己固定的原形。

三、個別物之形成——個體性之基本要素（原理）

整個宇宙是由形形色色及無奇不有之物所組成的，分屬於不

同的「類」(genus)、「種」(species) 和「數字單位」(numerical unit)，譬如人和牛羊為不同種，卻是同類，共同屬於動物類；張三和李四為同種，分享共同的人性——人的本質，所以屬於同一人種，然而卻是不同的個體，不同的單位，即在數字上為不同的二物。為何不同的個體可以分享共同的本質呢？為什麼同一本質可以增多，可以被許多個體所分享？既然張三與李四分享共同的本質，那麼他們之間就應該沒有什麼分別。可是他們卻是不同的個體 (they are different individuals)，所以在他們內有共同點，也有不同點，前者稱為「本質」，後者稱為「個體性」(individuation)，但此個體性是如何形成的呢？是什麼使他們成為此個體而不是其他個體呢？換言之，何為個體性的最基本要素或原理？(What is the principle of individuation?)

　　眾所周知，柏拉圖只主張理型世界 (the world of Ideas) 是真實的、實在的、完美的及唯一的。感覺世界之物則屬於相反性質，由於只不過是理型世界的拷貝，其真實性之程度全以分享理型世界的真實性之多少為衡量，而理型世界之所以是真實、完美及唯一的，由於它是精神體的緣故；感覺世界之所以屬於相反性質，由於夾雜著物質，故受到限制，於是就成為許多個別的存有者。

　　亞里斯多德將物之個體性與物之「一」與「多」發生密切關係，因為一個體物本來就是一方面在己是絕對單獨不可分及無法共有的；另一方面則與其他眾多的各物有別❸❹。基於此大前提，亞氏說明了精神物與物質物的個體性之形成：不從原質與原形合成之物——精神物，就其本身而言是絕對單一的 (All things which have no matter are without qualifications essentially unities) ❸❺。因

---

❸❹　*De gen. et corrupt.* I, 3, 318a26.

此，精神物的個體性之基本因素乃基於其「單純性」(simplicity)。
基於此，多瑪斯嗣後主張精神物，即只原形是其本質之物，每一
個體分屬於一不同種類，不可能在同一種類內有不同個體的出現，
即不可能不同個體共享同一本質 (quot-quot sunt individua, tot sunt
species)❸。

　　有關從原形與原質合成的物質物，亞氏認為「物質」(原質)，
或更正確地說，「特定的物質」是它們個別性的原因，猶如男女之
不同，不在於他們所分享的共同人性，而是因著各自的物質和身
體; 張三 (Callias) 之所以是張三這個人而與其他個體不同之理由，
乃在於其所擁有的物質（原質）不同❸。

　　亞氏在《論天空》(*De Caelo—on the Heavens*) 時仍持此意見:
在自然界或藝術界的所有有形之物中，必須區別一般性的形和摻
雜著物質的形，所以這個特定的宇宙 (this universe) 和一般性的宇
宙 (simple or unqualified universe) 不同，前者乃指在物質裏的形或
本質，藉之，本質可以在同一種類裏無限制地增多; 後者之增多，
全基於特定的物質（原質）❸。嗣後 Alexander of Hales ❸和多瑪
斯❹都把亞氏的意見解釋為受分量所限制的物質，即是具備特定
分量的有形物質才是個體性的根源 (materia signata quantitate)。

　　在《形上學》卷五第六章上論物之各種不同的單一性時，亞

---

❸　*Met.* VII, 6, 1045b23.

❸　*S. th.* I, q. 50, a. 4; *De malo*, q. 18, a. 1 ad 18.

❸　*Met.* IX, 9, 1058b21; 1058b10ss.

❸　*On the Heavens*, I, 9, 277b27s; 278a1–17.

❸　*S. theologica*, I, p. 2, inquis. I, q. 2, c. 1 (Quarachi, 1924), n. 337.

❹　*De Caelo*, I, lect. 19, n. 4ss.

氏特別強調「物質」是造成數字單位，即個體的原因❹，所以潛藏分量之空間限度的物質是使形——本質——成為個別之要素，及與其他個體不同的原因❷。

第三節　論物性及其相關概念

組成宇宙的萬物可從生成 (becoming) 與實際存有 (actual being) 觀點，及從動與靜的觀點加以討論。前二者已詳論過，於今專論後二者。「物性」(nature) 是事物的動與靜的根源或原因，故先論它。既然「物性」含有原因的意義，那麼，順便也應討論「原因」（它是形上學所正式討論的）及與它相關的「目的」(finality)、「必然」(necessity)、「偶然」(chance) 和「幸運」(luck or fortune) 等問題。

一、物　性

㈠名詞的澄清

英語的 nature 乃源自拉丁文的 natura，與希臘文 physics 的意義相同。但在西方語文中，此字有不同的意義，在中文中，也有

---

❹　"Again, some things are one in number, others in species, others in genus, others in analogy; in number are those whose matter is one..." (*Met.* V, 6, 1016b31–35.)

❷　至少這是聖多瑪斯的註解："Numero quidem sunt unum, quorum materia est una. Materia enim, secundum quod stat sub dimensionibus signatis, est principium individuationis formae. Et propter hoc ex materia habet singulare quod sit unum numero ab aliis divisum." (*Met.* V, lect. 8, n. 876.)

不同的翻譯：天性、本性、物性、自然、自然界、大自然、性質、人情、常理，甚至也指造物主上帝等。但拉丁文的 natura 乃來自動詞 nascere，有「出生」的意義：指生命體生來就有，或成長時出現的特徵，或指任何物從其起源即已具有的本質特性，譬如某人天生就具有藝術氣質；有時亦指使物與物之間不同的內在結構，在此意義上，可譯為「本性」、「天性」或「物性」，通常把它與「本質」(essence) 視為同義詞。但嚴格說來，並不盡然，由於前者在後者上還加「動」的成分：「本質」是一種事物之所以為該種事物之理，所以是形上學所研究的對象；「本性」或「物性」則是事物之所以能動或靜（遭受）的原因或根源，故是宇宙論的課題。因為「本性」屬於事物的內在結構，而一般而言，「內在結構」是比較固定的、有規律的、自然的，故也常譯為「自然」，如「自然律」(the laws of nature)；「順其自然」(let nature take its own course)；也可指具有變化之事物的整體，稱為「大自然」或「自然界」，如「自然界的均衡」(the balance of nature)；「自然界的秩序」(the order of nature)；也指每件物所具有的特徵，即氣質、性情，如「善良」或「惡劣的性情」(good or bad nature)。因為自然物體都是天生的或上帝所創造的，所以也指「上帝」或「蒼天」，如「天生蒸民，有物有則」(Nature well orders everything)。

㈡物性的意義

亞里斯多德為「物性」所下的定義是：「事物所有的動靜之首先或根本與基本的內在原因和根源。」❹在此定義中有若干點須注

---

❹ "The principle and cause of the motion and the rest of the thing in which that principle exists fundamentally and essentially, and not accidentally." (*Phys.* II, 1, 192b22).

意的:

第一、物性是事物之動靜所由來的根據，故是「根源」。然而，它只是「遠根源」，而不是「直接」或「近根源」，如產生行為的各種能力：視力或理智為觀看或思考行為之「直接」或「近根源」或「近因」。雖然如此，它仍是「首先」或「根本的」(fundamentally)，由於它所指的是自立單體，即事物自身。

第二、物性取其靜態的意義是被動的根源──承受的主體；若取其動態的意義，則是產生活動的根源，有主動的意味，故它不僅是根源，且是「原因」或是「推動因」(efficient cause)，或是「形式因」(formal cause)，或是「質料因」(material cause)，在此意義上，它和只是「根源」(principle)，而不是「原因」的「匱乏」(privation) 有別。

第三、物性不但是根本的根源，且是基本的根源 (essential principle)，由於它是事物的本質，或至少是其一部分，而不是任何依附體或其他附帶之物，所以「物性」除了與前面所提的產生行為的能力有別外，還與附帶的內在根源不同，譬如醫生治好自己的病，醫生主要是病人，附帶地是醫生，故他若運用自己所擁有的醫術治好自己的病，那是一種技能，而不是「本性」或「物性」，因此不能說「本性」治好了病。

第四、物性是事物所固有的，而非外來的；是天生的，與生俱來的，故是「天然的」和「內在的」。它不同於人由學習而得的「技藝」(art)、「原因」或「強制力」。

第五、物性是首先產生行動的根源或原因。此處所說的「動」乃指任何從潛能到實現的過程 (any transition from potency to act)，因此它不僅指位置的移動，而且是指物體的所有變動。事物的任

何變動均為了追求自己所缺乏及所需要的完美，一旦獲得後，「動」也就停止了，由於它已找到了自己所追求的完美，於是就處於「靜」的狀態中。在此種狀態中的物性，一方面享受已獲得的完美，另一方面則接受可能加諸於它的行動，故它又是承受的主體 (the patient)。

　　從以上的說明，組成完整物性之部分的「原質」可以稱之為「物性」，由於它接受並保存原形及其他加諸於它的行為；完整物性的另一部的「原形」，自然亦可稱之為「物性」，因為它是限定的根源——使原質成定形及變為事實，是完整物性的決定因素，同時也是事物產生行動的最根本根源，在此意義上，它比原質更具「物性」的意義❹。

　　若從「最初」和「最根本」的觀點看，由原質和原形所組成的完整組成體就不能稱之為「物性」，因為原質與原形比它更優先及更根本。但前已說過，原質和原形都不能單獨存在，自然也不能產生行動，因此當它們未結合時，就不能是動靜的正式與真正的根源，由它們所結合而成的組成體才是，所以嚴格說來，它——組成體——才是「物性」。關於此點亞氏曾言：「原質和原形都不是物性，由它們的結合才構成物性。」❺

　　「物性」既然是動靜的內在根源，故凡是來自外在根源的動靜，便不從物性而來，亦非天然的，而是人造的。藉著人工所產生的成品稱為「藝術品」或「人工製品」(artifact)；「物性」則是

---

❹　*Phys.* II, 1, 193b7.

❺　"Quod autem ex his (nempe ex materia et forma, seu compositum) natura non est, sed constat natura." (Joseph Hellin, S, J., *Phil. Scholasticae Summa*, Madrid, 1959, vol. II, p. 333.)

天生的，是自然的傑作，因此兩者大不相同。「人工」或「技藝」
(art) 除了是外在根源外，它還是依附體，而非自立體，故是「在
正確知識或技巧的指導下，把可製成產品之物加以完成的技能或
習慣。」❹

　　由外在的人力所促成的動靜，可以順或不順著物性，甚至可
以違反物性，稱之為「強制」(compulsion) 或「強迫」(violence)，
其定義是：「沒有行動者或承受者的合作，由外在根源所產生的行
為。」❹簡單地說：「在一種外力的驅使下做不情願做的事。」

　　所謂「不合作」乃指缺乏傾向或意願，可以是「消極的」與
「積極的」。前者指承受者雖然缺乏意願，但也不抗拒；後者則指
加以抗拒或力拼，這種舉動可以是「主動的」和「被動的」。「主
動的」乃指當承受者被迫行事，但加以抵抗，如少女被強暴時，
用力抵抗勿使色狼得逞；「被動的」則指由於外力的干預，不能如
願以償，如原質已被安排好去接納原形，但受到外在因素的阻撓
無法遂願。只有積極的抵抗（包括主動或被動）才構成「強制」；
因為消極的抗拒等於沒有抗拒，所以不構成「強制」，同時亦非明
顯地不情願。

　　由上述得一共識：「強制」與「物性」或「自然」的對立性甚
於「技藝」，因為「技藝」只是一種外在因素，大致是順著物性或
順其自然；「強制」則不但是外在因素，且違反事物的自然或天生
傾向，也因此，從完美觀點言，「技藝」比「強制」優，因為後者

❹　E. N. VI. 士林哲學家用言簡意賅的美麗拉丁文給「技藝」下的定義
　　是："recta ratio factibilium." (S. th. 1-2, q. 57, a. 3: "recta ratio
　　aliquorum operum faciendorum.")

❹　E. N. III, 1, 1110a1-2; 1110b2; 5; Phys. II, 1, 192b21.

之目的不在建設，而在破壞。但「物性」或「自然」是最完美的，因為「它做任何事都不徒然」(natura nihil facit frustra)❹❽；「它做任何事都盡善盡美的」(natura semper tendit ad meliorem)❹❾。「技藝」無論如何地高明也只能模仿自然 (Art only imitates nature)，而不能取代自然，即不能做自然所能做的，譬如人的技藝再高明也絕不能製造一隻有生命的狗繁衍其下一代，至多只能製造精緻的鐘錶，但依然不能以生育的方式產生，故諺語所云：「天然美遠勝人造物」(God made the country, man made the town) 是有其根據的。

二、原　因

　　宇宙間充滿「變動」乃不爭之事實，因為吾人不但在自身內體驗得到，譬如認知的行為，感受的行為；且也產生其他外在的動作，如寫字、建屋、造橋等。然而，凡變動，不但有承受者，且有所依據而發動，同時亦必有促成的原因，故「原因」的觀念乃來自「變動」。「物性」不僅是變動的根源，且是「原因」，因此，論完「物性」後，接著就談「原因」。茲略述於下：

㈠意義

　　「對事物之改變或存在具有積極與實際影響的根源」。以上是後代士林哲學家們根據亞里斯多德之思想所完成「原因」的定義❺⓪。

---

❹❽　D. Ross 在由他所出版的亞里斯多德《論心靈》(*De anima*, Oxford: Clarendon Press, 1961, p. 54) 給這句話所做的解釋是：「自然會提供給所有受造物其所需要的能力。」

❹❾　*De gen. et corrupt.* II, 10, 336b27.

雖然「根源」(principle) 不一定是正式的原因，然而，凡「原因」必先是「根源」❺，因為它有「開始」、「優先」的意思，是「其他物首先從它而來、而有、而認識之物。」❺「原因」必定先於「效果」❺，故應是「根源」。但是，它不是一般的根源，必須有「積極」與「實際」影響的根源，因此，對事物沒有這種影響的純粹消極根源，就不是「原因」。譬如桌子從非桌子而來，桌子的這種「匱乏」，雖是「根源」，但不是「原因」。在邏輯學上，「結論」由前提所引出的，從其存在的觀點來看，前提的確是結論的原因，因為前者若不存在，後者便也無從而有；然而，從邏輯觀點來看，前提對結論沒有「實際」的影響，所以也不能稱為正式的「原因」。

再者，「效果」的存在（任何存在皆由不存在到存在，故都是一種改變）對「原因」有絕對的依賴性，而「原因」也絕對影響「效果」的存在：原因若不存在，效果也無從而有，故原因對效果具有「實際」的影響力，不像「點」與「線」，或「黎明」與「日子」的關係。「點」雖是「線」的開始——根源，「黎明」是一天的開始，然而卻不是「原因」，因為在它們之間缺乏依賴性。

㈡種類

「原因」的觀念從「變動」而來，而「變動」與「潛能」和「實現」的觀念發生密切的關係，因為它無非是「從潛能到實現的過程」，或「是潛能的局部實現」(potency half actualized)，因

❺ *Met.* V, 1, 1013ass; IX, 8, 1049b28; *Phys.* I, 5, 188a27; VII, 1, 242a1ss.

❺ *Met.* V, 1, 1013a17.

❺ *Met.* V, 2, 1013a18.

❺ *Ana. Post.* II, 16, 98b17.

此,「原因」的種類也來自潛能與實現,所有變動的物體均從此二者組合而成的, 基於此, 亞氏把「原因」分為:

1.質料因 (material cause)

「事物由它構成之後, 仍繼續存在於該物內之物」(out of which a thing comes to be and which persits in it)❺❹。譬如銅即是銅像之質料因, 木料即是木製品的質料因, 由於銅或木料仍留在銅像或木製品內。於此, 質料因顯然與「匱乏」不同, 因為後者雖然亦是事物之構成要素,然而一旦事物製成之後,它就不存在了,且它已經成為事實了。

因為質料因具有潛能的意味, 故可簡述為「接受型相的限定之潛能」(potency receptive of form)。由於原質受原形的限定, 故也是質料因;「自立體」受「依附體」的限定, 自然亦為此種因。

2.形式因 (formal cause)

「限定與確定質料因的根源」(principle which determines and specifies material cause)❺❺。質料因是潛能, 其本身是不受限定及不確定, 由於它什麼都可以是, 但又什麼都不是, 即無法確定它到底是什麼, 譬如「金」可以製成各種金屬品 (當然「金」就其自身而言, 已是一特定之物), 然而, 在尚未接受各金屬品之限定前, 它就不是任何特定的金屬品。金和銀的原質是相同的, 只有在接受其自身的原形之限定後才正式成為金或銀。因此, 凡沒有受限定, 但能接受限定之物都是質料因; 與它對立及限定它的因素則稱為「形式因」, 至於「模形因」(exemplar cause or archtype)亦可歸納於「形式因」內, 乃因它具有限定的作用❺❻。

---

❺❹　*Phys.* II, 3, 194b24; *Met.* V, 2, 1013a24–25.

❺❺　*Phys.* II, 3, 194b27; *Met.* V, 2, 1013a27.

3.推動因 (efficient cause)

「首先產生動的根源」(The principle from which motion first flows forth)❺。任何變動發生之前,必先有「目的」,否則它就無法發生,但此「目的」必須先藉著推動者的動作才能達到,所以「目的」雖然首先存在於推動者的意念中 (prima in intentione),然而,在實現時,卻是最後才獲致的 (ultima in executione)。推動者的動作——推動因——是使「目的」實現的因素,故在實現的過程中,它先於「目的」(prima in executione)。再者,質料因與形式因不能有所作為,除非當兩者結合時,而它們之結合乃由推動因所促成,所以也比它們優先存在,此即亞里斯多德所謂的「首先」之意義。

4.目的因 (final cause)

「動者因之而動」(for the sake of which an agent acts or a thing is done)❺。任何物都要尋求與獲得自己所缺少及所需要之物,此即是各物的「目的因」,它是所有行動、變化、結合的根源。譬如「健康」就是運動或散步的「目的因」,當吾人發問「為什麼做運動或散步?」答案是:「為了健康。」那麼,「健康」即「目的因」。有了「目的」之後,才去散步或運動,因此,它是行動之所以產生的決定因素,有了它,才有行動的產生。

5.工具因 (instrumental cause)

前面所提過的四個主要原因,質料因與形式因是內在因,是在物之內;推動因與目的因則是外在因,因為是在物之外,同時

---

❺ Ibidem.

❺ *Phys.* II, 3, 194b29; *Met.* V, 2, 1013a32.

❺ *Phys.* II, 3, 194b33; *Met.* V, 2, 1013a32.

亞氏也提到「工具因」(*Phys.* 195a1)，它也叫「次要的推動因」，或為達到目的之「方法」，是被主要推動因所利用以完成目的，如我用筆寫字，「我」就是主要推動因，「筆」則是工具因；醫師以減肥、藥物或動手術的工具使病人恢復健康，都是「工具因」，因它們都是被醫師利用為達到目的之方法或工具，所以都稱為「工具因」。

關於「原因」，除了上述之外，羅斯 (D. Ross) 教授還提到若干點頗值得作參考：

第一、一件事之產生有諸多原因，不僅其中之一而已。

第二、所有原因的種類皆有「遠因」與「近因」之分，如王五教唆李四殺死張三，前二者皆是推動因，但王五是張三的死亡之「遠因」，李四則是「近因」。原質與木料皆是木製品的質料因，但前者為「遠因」，後者為「近因」。原形與桌子的實際形狀同是形式因，但也有遠近之分。求學問為了增加知識，知識之增加為求將來在事業上有所發展，在社會上有立足之地，那麼，求學問也就有遠近兩種目的。

第三、若乙附帶甲，而乙是丙的因，如此甲就是丙的「附帶原因」(cause per accidens)。雕像的真正因是雕刻師，而張三是雕刻師，故張三也可以說是該雕像的原因，但只是「附帶原因」。

第四、甲利用其技術產生某種效果，該效果之原因可以說是甲本人，或甲的技術。譬如病人康復的原因——推動因，或是醫師本人，或是他的醫術。

第五、正在進行中的個別效果，該原因與該效果必須共存廢，譬如一位畫家正在繪畫，倘若該畫家不存在了，或停止工作，畫也就半途而廢了。至於，已產生過或尚未產生的效果，原因與效

果均不必彼此共存廢，譬如建築師和其蓋好的或尚未蓋的房屋，則不需共存廢。

第六、為了避免語意不清，最好先知道效果的正確原因，而後加以指定。譬如說房屋是由「甲」這個人所建造的，但實際上「甲」是運用其建築技藝造房屋，故正確的說法應是：房屋是由「甲」這位建築師所建造的。

第七、經常原因與原因之間彼此影響，即所謂「互為因果」的道理 (causae sunt sibi invicem causae)，亞氏在《物性學》卷二的第三章曾提及❺❾。譬如勤勞促成工程之完美，從推動因觀點看，前者即是後者的「因」，而後者便是前者之「果」；但人之所以勤勞，乃為了工程的完美，從目的因觀點看，後者即是前者的「因」，而前者則是後者的「果」。同樣的，運動是健康的「因」──推動因，健康則是運動的「果」；藉著運動，人才有健康。若從另一觀點看，健康便是運動的「因」──目的因，運動則是健康的「果」，為了健康，人們才去運動。換言之，推動因促成目的因之實現，而目的因則促使推動因產生行動，二者「互為因果」。「原質」受「原形」的限定，所以前者是「果」，後者則是「因」──形式因；但必須先有可以被限定之物，原形方能被接受於該物內以便進行限定的行為，此物即是原質，在此意義上，原質便是「因」──質料因，而原形則是「果」。

在論原因時，亞氏也順便提到相關的原理：「同一物（其正反兩面）是相反效果的原因」(contrariorum est eadem ratio)，譬如，船長之領航與否關係著航程之安危❻❿。

---

❺❾　"somethings cause each other reciprocally..." (*Phys.* II, 3, 195a9); *Met.* V, 2, 1013b9; D. Ross, op. cit., pp. 72–73.

三、目　的

　　「目的」(finality－teleology) 是「動者因之而動」。但動者及被動者，不一定都為了目的而採取行動，所以有人就主張：在自然界裏所發生的事均出自物質的盲目必然性所產生的結果，「目的」乃不存在的。在亞里斯多德之前，恩培都克利斯 (Empedocles) 早在達爾文之前已把「適者生存」(the survival of the fittest) 的理論應用到動物對各種環境的適應為自然的現象，毫無目的可言。但亞里斯多德反對此種說法，堅持自然界之物體的存在都有目的，由於事實顯示，事情的發生絕大部分都有規律，經常是一致的，雖然亦有例外，畢竟畸形怪狀是不常見的。倘若萬事萬物的發生均無目的，都是偶然的，那麼，不可能事物經常發生及絕大部分皆以同樣的方式發生❻。

　　再者，人藉著技藝製造東西均有目的，由於技藝是一種認知的習性，它不但認識目的，且知道如何用最適當的方法達到目的。但技藝只能模仿自然，因此自然造物更應該有目的，此乃根據哲理所言：「凡適合於同類者，更適合於出類拔萃者」(propter quod unumquoque tale et illud magis)。

　　雖然自然界的事物之作為均有目的及為了目的，但有不同的形式：有些乃天生被註定朝向固定的目的，它們自己卻不認識目的，且也不會加以選擇，如水往低處流，火向上燃；有些則認識目的，但不會加以選擇，即不知道選擇為達到目的的更適當方法，

---

❻　*Phys.* II, 3, 195a14; *Met.* V, 2, 1013b14.

❻　"Chance cannot be identified with any of the things that come to pass by necessity and always, or for the most parts." (*Phys.* II, 5, 196b13.)

如禽獸；有些則不但認識目的，且能選擇為達到目的的適當方法，如人，由於他具有理智，能知道物與物之間的適當關係❷。

　　為了說明自然造物不是盲目的，而是有目的，亞氏曾用不少人所慣用的口語歌頌自然：「自然猶如好主婦，不丟棄任何可製造成對人有用之物。」「自然做任何事，既不徒然，也不多餘。」「自然能明察秋毫，預見未來。」❸

　　亞氏對「目的」的存在之信念甚為堅定，在他的整個思想體系裏充滿了目的論的色彩，對此，羅斯 (D. Ross) 教授說得很清楚：「主張宇宙間到處洋溢著目的，是亞里斯多德宇宙論中最明顯特徵之一。除了少數的偶發及巧合的事例外，所有存在及發生的事情都有目的。」❹亞氏這種主張與我先民所說「天生蒸民，有物有則」乃不謀而合。

　　既然自然界是非常有規律的及有目的，且每物都被安排朝向最好的目標，那麼，是否有所謂「上天的安排」(Divine providence)？亞氏未作明確的交代，不過有時他也偶而會提到，譬如，「天不造無用之物」(God and nature create nothing that has not its use)❺，「為了使宇宙更加完美，上帝使事物生生不息連綿不絕——上天有好生之德。」❻

---

❷　*Phys.* II, 5, 196b18.

❸　*G. A.* 744a36, b16; *De Caelo*, 291b13.

❹　D. Ross, op. cit., p. 185.

❺　*De Caelo*, I, 4, 271a33.

❻　*De gen. et corrupt.* II, 10, 336b32.

四、必　然

所謂「必然」(necessity)，或「非此不可」，乃指一物非存在不可，及不能不如此存在，譬如，只要是「人」，就非是「理性動物」不可。因為，第一、他必須有理性；第二、他必須有動物性，否則他就不是「人」。同理，「三角形」必須有三個角，其任何的增減都已不是三角形了。與「必然」對立的觀念是「非必然」(contingent)，或「可能」(possible)，即它是可有可無及忽生忽滅的，譬如「人」，當他存在時，還可以不存在，因此，「人」就不是必然，而是非必然之物。

「必然性」有三種：第一、形上的 (metaphysical necessity)：是絕對的，絕無法更改，在任何情況下都不會有例外。譬如不矛盾律、同一律、排中律及因果律的有效性就屬於形上的必然性；第二、自然或物性的 (physical necessity)：並非絕對的，一般說來，是可靠的，但也會有例外，只是並不多見而已，譬如重物向下墜，輕的往上飄，但仍有相反的情況發生。既然如此，當然也可說是非必然的。第三、倫理的 (moral necessity)：其可靠性是相對的，一般而言，事情的確照常發生，然而也很可能有例外，譬如俗語說：「紅顏多薄命」、「忠臣出於孝子之門」這些說法就不見得是絕對可靠的。

有了以上的概念後，接著討論有關存在於自然界之物是否是必然或非必然的。換言之，自然在產生效果時，是否有意外或會出差錯？是否非產生效果不可？及是否永遠產生固定的效果？

亞氏主張「自然」就其本質而言，是非必然因 (an intrinsically contingent cause)，故它並非經常及非產生固定的效果

不可，即其產生效果的可靠性並非百分之百❻，不像有些哲學家所強調的：「自然」就其本身而言是必然因，它之所以不能產生固定的效果乃受外在因素，或其他相反原因的阻撓❻。此說顯然是極其荒謬的，因為所謂「必然因」就不能受任何外在因素的影響，是絕對可靠的 (infallible)。倘若外力能左右它，那它就是不可靠的 (fallible)，如此，又怎能稱為「必然因」呢❻？

　　自然界之事物所以是非必然因，乃由於它們不但有時不能產生效果，且不能產生註定要產生的效果（即使這種情形的發生是少見的），其理由是：第一、因為其存在是非必然的，故其行動亦應是如此，由於事物之行動必須配合其存在，存在是行動之根源，故先於行動，什麼樣的存在配合什麼樣的行動；第二、自然物體是變動不居的，不會永保原狀 (not always remains the same)，此乃基於它們的原質是純粹潛能之故（前已提過），它可以接受所有原形，但凡原形都是有限的，一個有限的原形不能完全限定原質的無限潛能，故原質常會尋求其他原形，因此它會不斷地改變目前的存在情況，即會不斷地尋找新的原形。既然如此，它就不是絕對可靠的「必然因」，而是「非必然因」，即有時會出差錯，或因著自身的缺陷，或受到外在因素的影響，不過這種情形的發生乃不多見。譬如自然界不時有畸形異狀之物出現，即是最有力的證明。但吾人必須一再強調，這種例外情形的發生畢竟是罕見的、

---

❻　*De. Interp.* c. 9; Grenier, op. cit., p. 66. "Aristotle is not an absolute determinist." (Ross, op. cit., p. 80.)

❻　Fr. Suarez 就如此主張 (Disp. *Met.* disp. XIX, sect. X, n. 3, 4.— Vivrés)。

❻　St. Th., in *Phys.* II, 1, 8, n. 4. (Leonina)

少有的，而絕大部分則是可靠、正常及固定的，因此，自然物體之所作所為均有固定的目的，在此意義上，也可以說它是「必然因」──具有「物性必然性的原因」(the cause of physical necessity)：對大部分情況而言是「必然因」，對少數例外情況而言則是「非必然因」。總之，亞氏主張存在於自然界的「必然性」不是「絕對的」(not a simple necessity)，而是「相對」或「假設必然性」(hypothetical necessity)，譬如，吾人必須有一把銼刀用來銼東西，那麼，銼刀就必須是鐵製的。不是因為銼刀先是鐵製的，故才用來銼東西，而是因為要銼東西，所以才必須先有鐵製的銼刀。同樣的，人如果需要聽和看，他就必須有聽覺和視覺，故聽覺天生就是用來聽聲音，視覺用來看東西，並非因為人先有聽覺和視覺，所以才用來聽和看，因此，「目的」決定事物之存在與否，及應以何種方式存在──凡存在之物皆有目的及為了固定的目的 (it comes to be for an end)❼⓿。

五、偶　然

　　由於「非必然因」並非絕對可靠的，有時會出差錯，會有例外，故稱之為「違反常規的例外事例」。此並非是有意的，是出乎意料的，因此乃是偶發事件，是以，論完「必然」後，就接著論「偶然」(chance)，及與它相關的「幸運」或「運氣」(fortune or luck)。

　　發生於自然界的事物，其發生的原因，有些為人所知，有些則否；有些是經常發生及照固定的常規發生，有些則是罕見及反常的。罕見與反常之事，由於是出乎意料的，故稱為「偶發事

---

❼⓿　*Phys.* II, 9, 200a10ss.

件」，而產生的原因就稱為「偶然因」(accidental cause)，可以從不同觀點去看此因：

第一、從「原因」觀點看。譬如一位音樂家建造房屋，建屋本來或正式原因是他所擁有的建築技術，而不是他的音樂技能，由於此技能不是註定為建屋之用，所以只能說是「偶然因」，且是一種巧合。但這種現象──同一個人是建築師，同時也是音樂家──並不經常發生，因為不是所有建築師經常都是音樂家，反之亦然。

第二、從效果觀點看。譬如人在掘土時找到財寶，那麼，掘土的行動即是尋獲財寶的「偶然因」。

從效果觀點去看推動因 (efficient cause)，可以在兩種情形下成為「偶然因」：

㈠當一種原因產生一種效果，同時也附帶產生另一效果，而此附帶效果在大部分情況下都會發生，譬如把柱子移動，靠該柱子支撐的石頭自然就會掉下來。石頭落地的效果必定與柱子被移動的效果相連在一起，但並不是因著人移動柱子的動作，而是地心引力所致。

㈡所附帶的效果只在少有的情況下發生，譬如樹被風吹倒卻意外的壓死了正在奔跑的狗 **❼**。

上述二例，後者才是偶發之事，前者則不是，因為沒有人會說石頭是偶然落地的。因此，構成「偶然」的條件有二：其一是不常發生的事；其二不是原因所企圖的，兩者缺一不可 **❼**。

由以上的分析，「偶然」可定義為：「意外的罕見事例」或「違

❼　St. Th., in *Phys.* II, 1, 8, n. 8. (Leonina)

❼　St. Th., *C. G.* I, III, c. 6.

反常規的事情」。「偶然因」則是促使該事情發生的原因❼。

　　偶然事件之出現通常都由於促成它發生的「偶然因」本身不健全及會出差錯，再加上其他因素的影響。然而，它之所以能受影響，即是由於其本身不健全及會出差錯，否則其他因素也無法左右它。通常畸形的胎兒乃因其父母的生殖力之不健全及其他外在的因素，例如濫用藥物、吸煙、酗酒等所造成。但如果不健全的生殖力在普遍的情形下都將造成胎兒的畸形，那麼，也就不能說是偶然的事例，因是為人父母的粗心大意甚至於明知故犯，故應是自然與必然的結果。所以，正確地說，只在健全的生殖力及一切均正常的情況下，仍造成畸形的胎兒，如此才算是偶然事例。

　　亞里斯多德在其《物性學》的卷二第四、五、六三章中討論過「原因」之後，曾詳細探討「偶然」、「幸運」和「自發」(spontaneity)。首先他說明了它們的不同意義：「自發」的意義較廣，它包括「偶然」和「幸運」，反之則不然。後兩者只能適用於理性動物，對無生命之物、低等動物及嬰兒卻不能適用，除非用比喻的說法，例如說石頭很「幸運」因其被用來建造祭壇。相反的，「自發性」可應用於無生命之物、低等動物及嬰兒等。

　　無論是偶然事例、幸運事例或自發性事例，它們的存在不但是事實，且可用理論加以證明，因自然界的所有事物的能力、知識均非絕對可靠的，皆能出差錯，且都是有限的。因此，它們就

---

❼　*Phys.* II, 5, 197a5; 18. 亞氏曾提到人因吃鹹肉被強盜殺死的例子，表面上看起來好像是件偶發的事情，但事實上卻不然，由於每種行動均事出有因：人因吃鹹肉，才覺口渴，於是去找泉水喝，剛好強盜躲在水泉背後，一見他來──給強盜提供機會──且又可能身懷財寶，故才將他殺死以達到謀財害命的目的。

會受其他因素的影響（由於其自身就是不十分可靠的），以致會有一些意外的罕見事情發生，及有些其自身能力無法控制的事情發生，同時它們亦無法知道與解釋的，這些事例即稱為「偶然」、「意外」或「自發的」。但我們必須注意一點，沒有任何原因（包括直接或正式、間接或偶然、明顯或不明原因）所引起的純粹偶然事例，是不可能發生的，否則就成為無因之果，這在理論上是不能成立的。譬如財寶之尋獲，絕非掘土者所意料到的，但若他未掘土及財主未曾隱藏財寶，自然亦無法被尋獲，所以財寶之尋獲與掘土及藏寶的行動有密切關係，故「沒有所謂的偶發事件」(nothing happens by chance) 是正確的。

第四節　變動及其相關概念

凡宇宙間可感覺到的自然物體均是「宇宙論」所研究的範疇，這些亦即是有變動的物體，而屬於事物內在結構的「物性」則是變動的根源和原因，變動又與分量 (quantity)、連續體 (the continuum)、空間（位置）、時間、空虛密不可分。茲逐一加以討論。

一、變　動

有關變動 (motion—change)，先論其意義，再談其種類。
㈠意義

「變動」或「運動」或簡稱為「動」，有多種意義，廣義指任何行動或作為。譬如愛、恨、認知、欲望等。其次，它也可以指從一種狀態到另一種狀態，任何一種改變，譬如理智──認知能力──從不知到有知的過程即是一種改變，故也稱為「動」。然

而，嚴格的意義則指感官所接觸到的改變，尤其指連續的逐漸改變，因為這種改變對感官而言是比較明顯的，才能較清楚地感覺得到。

　　雖然「變動」、「運動」或「動」乃日常的習慣用語，但其正確意義與性質卻不易把握，對此，連亞里斯多德也有同感❼。亞氏給「變動」下的定義是：「在潛能狀態中的實現，繼續不斷尋求其潛能的實現——完成」(The fulfilment or actualization of what exists potentially in so far as it exists potentially)❼。此定義的正確意義的確難以理解，故必須詳加解釋。

　　首先，吾人必須知道「變動」是「實現」(act)，而不是「潛能」(potency)，是潛能的實現，即此實現原先也是在潛能的狀態中，後來才成為事實，故是一現有者 (an actual being)，稱為「實現」或「潛能的實現」：對原先的潛能而言是「實現」，但對未來的實現而言，它卻是「潛能」，它只是能獲得，但尚未獲得所需要的實現。倘若它仍停留在此潛能狀態中而不繼續運用其所擁有的能力去尋找其他實現，那也就沒有變動了。因此，構成變動的主要條件是已成為事實的實現必須運用其能力繼續不斷去尋找所需要而尚未獲得的其餘實現，等到全部獲得後，其潛能就完全實現，變動也就停止了。當然有時獲得局部實現後，也會中途停止，就不再繼續尋求其餘尚未獲得的實現，在這種情況下，「變動」也就停止了。故「繼續不斷尋求其餘的實現」可以說是「變動」的本質。譬如冷水是由熱水變成的，但熱水在變成冷水之前，它有變

---

❼　"It is hard to grasp what motion is." (*Phys.* III, 2, 201b33.)

❼　*Phys.* III, 1, 201a10. 西方中古時代學人們所採用的拉丁文翻譯是："Actus entis in potentia prout est in potentia."

成冷水的潛能（否則就不會變），一旦變成冷水後，該潛能就成為實現；但在冷水裏也有變成熱水的潛能，冷水必須利用此潛能（實際上是被利用）去尋找熱水的實現，且要不斷地尋找，因為，倘若變成溫水後就不繼續努力去變成熱水，那麼，變動也就停止了。總之，「變動」不但使潛能成為實現（對先前的潛能而言），且使實現變成潛能（對後來的實現而言）以便成為實現。或更正確與簡單地說：「變動」乃是使能實現的潛能繼續不斷地實現──變成事實。因此，「變動」永遠是潛能與實現的混合物 (mixed potency－mixed act)──潛能的局部實現 (potentiality partly actualized)，否則就是完全潛能──變動尚未開始；若潛能已完全實現了，則是全然實現──變動也就停止，所以羅斯 (D. Ross) 教授說得有理：「變動是局部實現。全然實現則是變動的完成──結束。不能把變動無條件地 (simpliciter) 歸類於潛能或實現，它雖然是實現，但又不盡然是實現，因為在此實現內，尋求其他實現的潛能又不斷出現。」❼❻

㈡種類

　　亞氏有關「變動」的觀念，很顯明的含有目的的意義，由於變動之所以產生乃為了尋求所缺乏及所需要的完美──全部或局部實現，一旦已獲得，其目的就已達到。既然如此，變動的種類自然也以其所傾向的目的而定 (motus specificatur a termino ad

---

❻　"Movement is incomplete activity and activity is completed movement. Movement cannot be classed 'simpliciter' either as potentiality or as activity. It is an actualisation, but one which implies its own incompleteness and the continued presence of potentiality." (D. Ross, op. cit., p. 82.)

quem)，其中主要的有：

1.實體變動——突變 (substantial or instantaneous)

一物變成另一種不同性質之物，如紙變成灰。這種變動是瞬間的 (instantaneous)，故嚴格說來不是「變動」(motion or change)，而是「突變」(mutation)。

2.附體變動 (accidental)

物的性質不變，只是其外形的改變，通常是在漸進的連續過程中完成的 (successively and continually)，故是真正與正式的變動。因其朝向的目標 (terminus ad quem) 之不同而有不同的變動：

⑴位置的移動 ($\phi o \rho \acute{\alpha}$, $\kappa \acute{\iota} \nu \eta \sigma \iota s$ $\kappa \alpha \tau \bar{\upsilon}$ $\tau \acute{o} \pi o \nu$, $\kappa \alpha \tau \grave{\alpha}$ $\tau \grave{o} \pi o \bar{\upsilon}$)：物體位置的改變，譬如車輛的前進或後退；房子的朝東或向西。亞氏把它視為最主要的變動❼。

⑵數量的改變 (quantitative change—$\kappa \acute{\iota} \nu \eta \sigma \iota s$ $\kappa \alpha \tau \grave{\alpha} \tau \grave{o}$ $\pi o \sigma \acute{o} \nu$, $\kappa \alpha \tau \grave{\alpha}$ $\mu \varepsilon \gamma \acute{\varepsilon} \theta o s$)：物體數量之「增」($\alpha \ddot{\upsilon} \xi \varepsilon \sigma \iota s$) 或「減」($\phi \theta \acute{\iota} \sigma \iota s$)，譬如人體體重之增加或減少。

⑶品質的改變 (qualitative change)：物體的品質之更動——某些品質之獲致或失落 ($\kappa \acute{\iota} \nu \eta \sigma \iota s$ $\kappa \alpha \tau \grave{\alpha}$ $\tau \grave{o}$ $\pi o \iota \acute{o} \nu$, $\kappa \alpha \tau \grave{\alpha}$ $\pi \acute{\alpha} \theta o s$, $\dot{\alpha} \lambda \lambda o \acute{\iota} \omega \sigma \iota s$)，也稱之為「變更」(alteration)，譬如物體顏色的更改❽。

二、分　量

「變動」是在可感覺的物體上所產生的變化，因此，有這種

---

❼　*Phys.* VIII, 7, 260a29.

❽　以上的變動種類可參考：*Phys.* IV, 4, 211a12ss; V, 2, 226a24ss; VIII, 7, 260a26.

物體的存在，才有變動的可能，而物體之所以有變動（連續變
動），乃由於有分量 (quantity)⑦，因為它是可感覺的物質物之第
一或首要特性，茲詳論「分量」之意義、種類及特性。

㈠**意義**

　　亞里斯多德曾在《範疇論》第六章和《形上學》卷五第十三
章提到「分量」，及在同著作的卷十第一章特別討論「分量」的測
度 (measure) 特性。但亞氏似乎未給「分量」下過完整、正確和嚴
格的定義，故他在不同的地方有不同的說法，譬如他說：「所謂分
量乃指可分成許多部分，各部分自成一物及此物。這些部分可數
的，稱為多少；若是可衡量的，則謂之為大小。」⑧這裏亞氏很明
顯的強調「分量」乃由「許多部分」(plurality of parts) 組成的單
體，及其「可分割性」(divisibility)，而在分離後的各部分可自成
一單體。嗣後多瑪斯也證實此的確是亞氏的思想，並強調「分量」
的可分割性：「拋開分量，所有實體皆是不可分的，此乃亞氏之主
張。」⑧「物體因有分量才是可分的，缺乏分量，物體是不可分
的。」⑧

　　亞氏在別處則說：「測度是分量所固有的，藉著測度吾人首先
認識分量。」⑧他又把分量的「可衡量性」(measurability) 視為其

---

⑦　這裏所指的是有形或形下變動 (physical motion)：從潛能到實現的連
　　續過程，而不是指形上變動 (metaphysical motion)：缺乏連續性從潛
　　能到實現的單純過程。這種變動只在精神實體上發生，由於它們缺
　　乏分量 (quantity) 之故。

⑧　*Met.* V, 13, 1020a8.

⑧　*C. G.* IV, 65.

⑧　*S. th.* I, q. 50, a. 2; Quodl. 9, q. 4, a. 6; in Boeth. de Trin. 4, a. 2.

⑧　"Measurement most strictly of quantity...for a measurement is that by

主要的特性，此觀點也在其他地方表達過:「分量者有如二尺、三尺長之物。」❽有時他把「佔空間」(occupation of a space) 當做分量的主要特性:「同樣的，空間也屬於連續分量，由於一個立方體的各部分佔某些空間，而這些部分有共同的界限，所以被立方體的各部分所佔去的空間之各部分，猶如立方體的各部分亦有共同的界限。」❺「吾人可以說白色的物體是大的，因為它所佔據的面積或地區是大的。」❻

基於亞氏的說法不一致，後代哲學家亦無法給「分量」下一個為大家所接受的定義,而各人對分量的本質看法更是見仁見智，譬如蘇亞黎 (Fr. Suárez) 以分量的各部分能「佔空間」視為分量的本質；聖大雅博 (St. Albert the Great) 以分量的「測度」；思高圖 (D. Scotus) 以其「可分割性」；杜蘭都斯 (Durandus) 以其對空間的實際佔有；甚至有人把分量的「不相容性」(impenetrability) 視為分量的本質❼。但大部分的哲人以分量的各部分互有分別所形成的擴延性或體積 (extension of plurality of ordered parts ─ ordo partium in toto) 作為其本質似乎比較合理，同時也更接近亞氏的思想❽，因為它是分量的第一、最重要及最基本的特性，同時又是其他特性的基礎，及與其他依附體（分量是依附體之一種）有

which quantity is first known." (*Met.* X, i, 1052b19–21.)

❽ *Cat.* 4, 1b28.

❺ *Cat.* 6, 5a7–11.

❻ *Cat.* 6, 5b2; 8.

❼ R. P. Phillips, *Modern Thomistic Philosophy* (London: Burns Oates & Washbourne Ltd., 1935), p. 62. 蘇亞黎 (Fr. Suárez) 好像也主張「不相容性」或「可衡量性」為分量的本質。(Grenier, op. cit., p. 83).

❽ Phillips, op. cit., p. 62; Grenier, op. cit., p. 79. *C. G.* IV, 65.

別的主要點，理由是，由於分量有擴延的部分 (extended parts)，故才成為可分割的 (divisible)、可衡量的 (measurable)、不相容的——互不侵犯 (impenetrable)、可動的 (movable)，及才能夠實際上佔有空間 (filling and occupying a space)。

因為分量是物質實體的第一特性，而擴延性或體積是分量的首要及基本特性，因此，有時易把此二者搞混，以為分量或其擴延性即是物質實體的本質，笛卡兒就有此種想法，他曾說:「物體之本質不基於其硬度、重量、顏色或感官所接觸的其他方式，而僅基於物體的長、寬、厚之擴延性。」**❽** 其主張與亞氏思想背道而馳，因為，第一、亞氏把分量歸入依附體 (accidents) 的範疇內，物質實體則是自立體 (substance)，兩者不可混為一談。第二、物質實體的本質乃由原質與原形組合而成，兩者的結合是藉著「滲透方式」(by penetration)，理由是，原形是原質的實現，原質則受原形所限定而成定形，且是整個地被限定，因此兩者的結合是屬於「實體結合」(substantial union)。相反的，分量的擴延部分與部分間的結合是極限與極限間的結合 (between extremities)，稱為「毗鄰結合」(by justaposition)，不彼此滲透，不是整個全部的結合，各部分之間互不侵犯，故是屬於「附體結合」(accidental union)。第三、物質實體既然是自立體，其本身是不可分割的，尤其不能分割成有體積的部分以致各部分能自成一完整的單體。但前已提過，「可分割性」(divisibility) 乃分量的主要特性之一，且在分割之後，各部分可自成一單體。第四、經驗證明，有時分量在變，但實體卻不變，譬如人的身高、體重不斷在變，小時候的體重、身高與長大後全然不同,但仍是同樣的人,人的實體——本質——

---

❽ *Princ. Phil.* 4.

卻不變，因此，亞氏在《論生與滅》一書中曾肯定:「在生長的過程中，分量改變，實體卻不變。」多瑪斯在註解這段文字時說:「增長者得以挽救與保留自己的實體，而生與滅乃關於實體的變化。當一物單純的生與滅時，其實體不得保留。另有一些變化與實體無關，而是關係到附屬實體者，例如分量……當一物增減時，發生增減的實體不變，可是在增減中，體積之大小卻有所改變，可成為更大或較小的。」(*De gen. et corrup.* 1, lect. 14) 因此，雖然分量是來自物質實體的本質，然而並非其本質，兩者之間卻有實際之分。

(二)種類

亞氏把分量分成:

1.連續的 (continuous): 各擴延部分彼此相連，即各部分的極限互相貼在一起，如線、面、體積、時間、空間或位置，在它們身上的各部分都有共同的界限加以相連。

「點」是相連線的各部分之共同界限;「線」則是相連面，而「面」或「線」則是相連體積的各部分之共同界限。

「時間」分成「過去」、「現在」、「未來」三部分，它們也有共同的界限。

「空間」或「位置」也是連續分量，因為被立方體的各部分所佔去的空間的各部分也有共同的界限。

2.分離的 (discrete): 分量的各分子互相分離而合成一大數量，所以各部分不相連於一個共同界限上，譬如「數目」和「言語」。

「數目」之所以屬於分離分量，乃由於一個數目與另一個之間缺少共同的界限，如五加五等於十，但此兩個「五」之間沒有

共同的界限，每一個都是獨立的，故它們是分離的。同樣，「言語」亦屬於分離分量，因為組成它的音節與音節之間也沒有共同界限，各自都是分離的，且是不同的。但「言語」由於它有長短音節，故是可衡量的，所以毫無疑問的是「分量」**⑨**。

㈢特性

除了已提過的外，亞氏還特別提到以下三種分量的特性**⑨**：

1.不含相反的性質，即沒有排除性 (having no contraries)：一種分量不排除另一種。因為分量不是主動之物，不會對其他物採取行動。再者，經驗顯示，分量的一部分不會使另一部分從大變小，或從多變少，而是一部分被除去後，另一部分則留下。當我們說東西的大或小，多或少時，是在與其他東西相比較時的說法，其本身則沒有大小或多少可言。譬如兩座山相比才有所謂大山與小山；兩粒米相比方有大小之分。若單獨一座山，或一粒米，就不可能有大小之分，否則同一物就同時是大的又是小的，如此怎麼可能？同樣的，沒有任何東西可與「四尺長」和「三寸寬」相反。

2.在程度上沒有大小或多少之分 (no variation of degrees)：分量在「量」上可以增減，然而，在「質」上卻不會改變。數目有大小之分，卻沒有多少之別**⑨**。譬如十比五大，五比十小，但在「質」上它們是一樣的，無多或少之分；張三比李四高，李四比王五矮，基於人性同為相等，即無涉於高矮之別。

3.有相等或不相等之分 (equality and inequality)：由於分量使

---

⑨　*Cat*. 6.

⑨　*Cat*. 6, 5b10–6a35.

⑨　"Unus numerus est major altero, sed non est magis numerus." (Gredt, op. cit., p. 148.)

物體成為可測量的，那麼，兩個東西若在測度方面是一致的，它們就是相等的，否則即是不相等的。

三、連續體

前已述及，分量分為「連續的」和「分離的」，但前者是其主要分類，後者僅是從前者所引出，故論完「分量」的一般性概念後，於今就要研究其特殊的種類——「連續分量」或「連續體」(the continuum)：其意義與性質。

㈠意義

在尚未肯定「連續體」的意義與性質之前，亞里斯多德在其《物性學》的卷五第三章先澄清一些與它極易搞混的概念以便更清楚地確定其意義，其中主要有：「連接」(succesion)、「接觸」(contact)、「毗連」(continguum) 和「連續」(continuum)[93]。

1.連接：一個物體（可以在位置上、性質上或其他觀點上）在另一個之後，但在它們之間沒有同性質之物體將它們連在一起，譬如一條線在另一條線之後，一幢房屋在另一幢之後，如果在兩條線之間有其他物，在兩幢房屋之間有一部車輛，就不能說一條線接連另一條線，一幢房屋連接另一幢。再者，一物接連另一物時，必須在它之後，譬如數目「二」接連「一」，必須在「一」之後，「初二」接連「初一」，必須在「初一」之後。

2.接觸：當兩件東西的界限相接觸時，即一物緊挨著另一物，以致它們的界限相結合於同一位置上。

---

[93] 有關連續體可參考亞氏《物性學》：226b34; 227a27; 231a27; 231a21; 1068b26; 1069a14, and St. Thomas' commentaries: V *Phys.* lect. 5; VI *Phys.* lect. 1; *Met.* XI, lect. 13, ed. Cathala, n. 2404–15.

3.毗連：一件東西在另一件之後相連接在一起及彼此相接觸，譬如織成布的眾多線，砌成牆的許多磚塊即毗連一起構成一個毗連體，但每條線和每塊磚頭各自仍是一個完整的個體。

4.連續：是毗連的細分。當兩件東西的界限是共同及同一的時候，則兩件東西彼此包括。倘若各自保留自己的界限，就不能構成連續體，因此，連續體實際上是一個單體，譬如一條線即是連續體的最佳例子。

由上述的分析，很明顯看出，接觸者必須是連接者，反之則不然，譬如對於數目，只能說是一個連接另一個，而不能說，兩個數目相接觸。連續者必須是接觸者，反之則不然，因為物體的界限可以在一起，但不一定是同一的。然而，倘若兩個物體的界限是同一的，就必須在一起，也因此，兩物僅僅相接觸，或毗連，或連接在一起都不構成連續體，如果以空間的不同幅度作考慮的話，就會獲得不同的連續體，譬如線、面和體積。在線上，有「點」。「點」是不可分的，故稱為線的「不可分者」(所謂「不可分者」是指不能被分成較小的部分，由於它沒有擴延性，故不佔空間)。「點」是三度不可分者；「線」是二度不可分的連續體，由於它沒有寬度和厚度；「面」乃是一度不可分的連續體，因為它缺少厚度；「體積」則是三度可分的連續體，基於它有三度空間的理由。

連續體有兩種：靜的或持久的和動的或連接的。前者分成「物性的」(physical) 和「數學的」(mathematical)。所有自然物體都屬於物性連續體；「線」、「面」和「體積」則屬於數學連續體，同時也是靜的連續體。「動」和「時間」則被納入動或連接的連續體範疇內。

㈡性質

有關連續體的性質，有諸多問題待解答：是可分的或不可分的？若是前者，是否可分至無限？若答案是否定的，那麼最後就必須有不可分者出現。果真如此，連續體也就從許多不可分者所構成，那麼，連續體本身也應是不可分的，由於「無」上加「無」仍是「無」。「不可分者」無論怎麼增多，絕不能構成「可分者」。擴延性乃構成物體之所以可分的基本理由，不可分的物體（其實這是矛盾的說法，因為凡物體──物質物體──就必須有分量，因此就必須有擴延性即體積）必定缺乏擴延性，沒有擴延性之物加上另一個沒有擴延性之物不能成為有擴延性之物。這是哲學上的難題之一，在亞里斯多德的時代就已存在，於今就來討論他對此問題的看法：

1.實際上 (actually) 連續體不從不可分者構成的。亞氏提出許多理由來證明其論點：

⑴不可分者乃是缺乏界限的，但連續體是有界限的，雖然各部分共享同一的界限。

⑵不可分者之所以為不可分者乃因為沒有擴延性（由於擴延性是可分的特徵之一），但連續體不管是線、面或體積都有擴延性，都佔有空間，但所佔的空間是不等的。

⑶倘若連續體由不可分者組成，譬如一條直線從不可分的點組成（事實上不能由點組成的），那麼，組成線的許多點或是隔離的，或是相接觸的，或是連續的，然而，這三種情況都不可能發生，其理由是：

A.不能是隔離的：由於隔離與連續的意義相反，有隔離就不能是連續的。

B.不能是相接觸的：因為物與物之相接觸所能有的三種

情況都不可能發生：

　　a.一物之整體接觸另一物之整體，如此一來，就無法構成連續體，因為構成連續體，其部分必須在其他部分以外，所以是部分與部分，並非整體與整體的接觸，否則就是「毗連」，而非「連續」。

　　b.物之部分接觸另一部分：這也是不可能的，因為「點」或任何不可分者都沒有部分，否則即是可分者。

　　c.物之部分接觸另一物的整體：其不可能發生的理由與上述相同。

　　再者，「點」不能連接另一個「點」（連接是接觸的先決條件），由於在任何兩點之間必定有一條線居中把它們隔開。既然不相接觸，也不連接，那又怎能構成連續體呢？這也就同時證明了第三種情況（組成線的許多點是連續的）之不可能。因此亞氏曾如此強調：「連續體從不可分者構成的，乃是不可能的事，就如同線不能由點所構成的，因為線是連續體，點則是不可分的。」❾❹

　　⑷倘若連續體從許多不可分者構成的，那麼它就可分成許多不可分者，但在沒有被分之前，先必須相接觸，可是不可分者乃缺乏擴延性，故也缺乏部分與界限，那又怎麼接觸呢？

　　2.連續體實際上 (actually) 只是一個完整的單體，在自身以內沒有實際部分 (actual parts)，只有潛能部分 (potential parts)，因為實際部分就是各自獨立的部分，就已經是許多的單體，譬如一條

---

❾❹　"Nothing that is continuous can be composed of indivisibles, v. g. a line cannot be composed of points, the line being continuous and the point indivisible." (*Phys.* VI, 1, 231a25.)

直線的確可以分成許多其他直線，但只是潛能地可分 (potentially divisible)，在未分成許多直線之前，只是一條直線而已，它的各分子只是可以分開，但實際上並未分開，所以亞氏說：「雙線是從一條線的兩半組成的，但只是潛能地，唯有只當兩半完全實現時，才把它們彼此分開。」**❾❺** 多瑪斯在註解時，也同意他的說法：「凡是實際上是兩個的，絕對不可能是一個。但是可以成為兩個的，在實際上成為一個，例如連續體的分子；一條線的兩半雖可以成為兩條線，但實際上目前只是一條線。」**❾❻** 多氏再三地強調：「在連續體內的部分是在潛能狀態中。」**❾❼**「在整體內的部分，並非實際上可分的，而只是潛能地分。」**❾❽**「某種同性質的連續體之部分在被分之前，不是實際的可分部分，只是潛能地可分。」**❾❾**

以上所言，已加強了對「連續體實際上不從不可分者構成的」之命題的證明，因為每一個不可分者，實際上已是不可分者，在由它們所構成的連續體內應有許多已經分開的分子，如此一來，與其說是「連續體」，勿寧說是「毗連體」。

3.連續體可分至無限：此命題乃是前面所言的必然結論，因為，假若不能分至無限，最後一定有不可分者出現，如此，它就是從不可分者構成的，這就違反了上面所肯定的。

---

❾❺ *Met.* VII, 13, 1039ass.

❾❻ In VII *Met.* lect. 13.

❾❼ "Partes sunt in potentia in toto continuo." (In *Met.* V, lect. 21.)

❾❽ "Pars autem prout est in toto, non est divisa in actu, sed in potentia tantum." (In *Phys.* VII, lect. 9.)

❾❾ "Partes alicujus homogenei continui ante divisionem non habent esse actu sed potentia tantum." (IV, *Sent. dist.* X, q. I, a. 3, q. 4, sol. 3, ad. 1um.)

為了證實其可靠性，必須先對「無限」(infinite) 的概念加以說明：

一般而言，「無限」是否定詞，有「缺乏」、「沒有」之意義，其相對詞是「有限」(finite)。但否定詞有在形式上是否定的 (negative in form)，在內容上卻是肯定的 (positive in content)；另一種則是在兩方面都取否定之意 (negative in form and in content)。前者意指完美、完成、確定、落實，故有「不受限制」(unlimited) 之意，譬如「實現」(act) 本身即是不受限制，它之所以受到限制乃受「潛能」的限制，因此就其本身而言，是完美的、確定的。後者則意指不完美、未完成、不確定、不落實，故有「未受限定」(undetermined)、「不確定」(indefinite) 的意義，譬如「潛能」(passive potency) 就屬於此種意義的「無限」⑩。在哲學上亦把前者稱為「否定無限」(negative infinity)，後者則稱為「匱乏無限」(privative infinity)。亞氏在談到「分量」之「無限」時，將其定義為：「取之不盡，用之不竭。」⑩

亞氏把「無限」主要分為：從「增加」角度看的「無限」與從「區分」角度看的「無限」。前者乃指一物可以無限地增加，譬如「數字」；後者則指一物可分至無限，如「空間」。至於「時間」，則屬於兩者，可無限地增加與區分⑩。

「無限」又可分為「絕對的」和「有條件的」。前者是指從任

---

⑩　參閱拙文〈實現受潛能的限制〉，《哲學與文化月刊》，第 151–152 期。

⑩　"A quantity is infinite if it is such that we can always take a part outside what has been already taken." (*Phys.* III, 6, 207a7.)

⑩　*Phys.* III, 4, 204ab; D. Ross, op. cit., p. 83.

何角度看都是無限的；後者則指在某一固定角度之下看是無限的。
還有一種是「實際上」或「完成中」的「無限」和「潛能中」的
「無限」。前者指其完美或實現就其本身而言，實際上已是無限
的；後者則指其完美或實現就其本身而言，實際上是有限的，但
可無限地增加。

有了以上的概念之後，於今就來證明上述的命題（連續體可
分至無限，或可無限地被割分）：由於前已述及，連續體雖然就本
身而言，實際上是一單體，但潛能地可分成許多部分，而這些被
分後的部分又各自成為一個單體，它又可分成較小的部分，因為
任何連續單體從抽象觀點看都從兩半合成的，故能再作中分，其
中的一半又可再分為二，如此可一直無限地分下去，除非會出現
「無」或「零」，而事實上，此乃不可能的，因為從「有」不能到
「無」，所以必定可分至無限。

有一點值得注意的：我們說連續體可分至無限，是指抽象或
數學連續體，而不指實際的自然或物質連續體，因為這種連續體
附帶有各種依附體，有固定的形體，是從能「整除」的部分
(aliquot parts) 組成的，所以不能分至無限。再者，這種連續體一
旦分成最小時，若再繼續分下去，就會出現不同性質的物體，因
其質料將會無力支持原先的形式 (form)，於是就被新的形式
(form) 所取代 ❿。

---

❿ "Corpus mathematicum est divisibile in infinitum, in quo consideratur
sola ratio quantitatis in qua nihil est repugnans divisioni infinitae. Sed
corpus naturale, quod consideratur sub tota forma, non potest in
infinitum dividi, quia, quando jam ad minimum deducitur, statim propter
debilitatem virtutis convertitur in aliud. Unde est invenire minimam

四、空間與真空

「宇宙論」主要研究可感覺的物質物體,「分量」乃是此種物體的主要特性,有了它之後,物體才會產生可感覺的變動(連續變動),有了變動,物體才佔有空間或位置,及形成時間,故論完「分量」後,就要談與它有密切關係的概念。

首先,亞里斯多德並未直接討論「空間」(space),雖然在他的著作中偶而提到,但似乎把「空間」與「位置」(place)混為一談,所以在專門討論「位置」時,時常也用「空間」來代替❿,但基本上他還是認為兩者並非相同的❿。

亞氏把「空間」視為「間隔」(interval)、「距離」(distance)。有所謂的「實在空間」與「想像空間」。前者與分量發生密切關係,然其本身卻不是物體的分量,只是其直接效果及由分量所構成的,因為分量主要是物體的各部分依照方位所有的次序與秩序,由此次序與秩序依照長、寬、厚三種空間幅度直接產生建立於分量上的遠近關係。這三種幅度彼此緊連著,而同時又互相保持遠近不同的距離,因著分量的緣故,一個物體按照方位與另一個物體亦保持適度的距離。因此,這種距離的關係可在兩種情況下加以考慮:第一、在同一分量內,從一個極限到另一個極限,從一

---

carnem, sicut dicitur in I. Physicorum, nec tamen corpus naturale componitur ex mathematicis." (St. Th., *De Sensu et Sensato*, lect. 15; *S. th*. I, 48, 4, ad 3um; 1–2, 85, a. 2, 0; *II Sent. dist*. XXX, q. 2, a. 2, 0; III *Phys*. lect. 10, a. 9; *De Pot*. IV, a. 1, ad 5um; *IV Sent. dist*. XII, q. I, a. 2, sol. 3.)

❿ *Phys*. IV, 1, 208b7; 33; 209a7; 18.
❿ *Phys*. IV, 4, 211b7ss.

部分到遠近不同的另一部分，如此就產生「內在距離」或「內在空間」；第二、從一個物體到另一個物體；從一種分量到另一種分量的距離，於是就形成「外在距離」或「外在空間」。但一般認為空間是位置，或容器的界限之間的間隔或距離，因此，「空間」也簡稱為長、寬、厚三面的距離關係，由於「距離」與三面界限乃構成「空間」的必要因素，缺一不可。

「空間」是物體所佔據的地方，但也可以是空無一物，即「真空」或「空虛」(void)。在真空內，及在兩個有距離分量之間也能有真實空間的存在。當我們想像在物質世界以外或以前，與真實分量的界限無關，並在宇宙創造之前就已存在，即使沒有宇宙，它也存在有空間，即是無底止、無界限、不變而永久存在，但又是空無一物的宇宙收容所，稱為「無限」或「絕對」或「想像」空間，它不是真實與實際的，只是幻想之物 (ens rationis) 而已。

「空間」可以是實在的，因為它是由長寬厚的物體特性所形成的，而物體是實在的，其特性自然也是實在的，那麼「空間」也必然是實在的。但「真空」卻不是實在的，即不存在。亞氏在《物性學》的卷四第六章到第九章曾高談闊論此問題。

首先，他敘述其他人對「真空」的不存在之推論方式：

凡物體都佔地方或位置，而每件物體都佔固定的地方。但「真空」是指空無一物的地方，或沒有可感覺的物體所在的隔間。既然如此——沒有物體的地方，故「真空」也就不存在。

亞氏認為以上的推論不無可議之處，因為地方是由物體所造成的，有物體才有地方，沒有物體就沒有地方，故與物體分離的地方是不存在。既然「真空」是沒有物體的地方，即與物體分離的地方，故也不存在。這才是正確的推論 ❿。

　　有人說運動存在，故真空也存在，若沒有真空，也就沒有運動，有真空才有運動。亞氏並不同意此主張，因為事實正好相反：真空若存在，運動就不會發生，因為真空是空無一物的地方，既然沒有物體，又那來的運動？再者，在真空裏絕無法分辨「上」、「下」和「中」等方向，由於真空即是「無限」或「虛無」，而在「虛無」裏，沒有所謂的「不同」(There is no difference in what is nothing)。然而，在運動裏有自然和固定的方向，如火自然向上燃燒，水則自然往下流，輕者上飄，重者下墜，所以，有真空就不會有運動。因此，實際的「真空」猶如實際的「無限」，就其本身而言，都不存在，除非把「真空」稱為運動的條件**⑩**。

五、位　置

　　亞里斯多德在其《物性學》的卷四從第一章到第五章詳細討論與「空間」相關的「位置」(place) 或「場所」。首先，他承認有關此問題有諸多疑慮，前人對此問題也隻字未提。在未曾給「位置」下正式的定義前，他先肯定其存在與意義；接著就指出其特性，及說明不是位置的東西；最後才下正式的定義。

㈠存在與意義

　　對亞氏而言，位置的存在是顯而易見的，由於當一個物體佔有位置時，一旦被移動之後，其原先的位置並不跟著移動，而留下做後來的物體之位置，所以位置與佔位置之物不同。譬如把杯子裏的水倒掉，水原先的位置就被後來的空氣所取代。

　　位置不但存在，且具有意義，因為它是某些物體的自然傾向，

---

⑩　*Phys.* IV, 8, 214b27.

⑩　*Phys.* IV, 8, 215a1–12; D. Ross, op. cit., p. 89.

是能滿足其需求之物，能對它們產生影響。譬如火、水、空氣等通常都朝固定的位置或方向移動與停留，除非受外力的阻擋。雖然對人而言，「上」和「下」是相對的、不固定的，當一個人改變位置時，同一個物體對人而言可以是在下，而同時又是在上，可是對其自身而言卻是固定的，譬如火向上升，水往下流即是它們的自然傾向，因為是合乎自然律的規定：輕的向上升，重的往下墜，故是客觀、固定與自然的，而並非偶然的。基於「凡是自然的皆是美好的」之原則，所以物體所佔的位置也有其特殊的理由與意義。

㈡特性

亞氏指出位置的六種特性：

1.是容納能佔有位置之物的容器。

2.不是容物的部分。

3.物體的直接位置之寬窄與容物所有的完全一樣，不是較寬，亦非較窄。

4.物體的位置可以與該物體分離，且可留下作後來的物體之位置。

5.所有位置皆有「上」和「下」之分，而各物體均很自然地被安置於最適當的位置上──適得其所，並停留在那裏，於是就使位置有上或下的分別。

6.一個位置不能同時容納二物，除非是公共位置。由於物質物體的主要特性是「分量」，由分量產生固定的體積，而其特徵之一即是「不相容性」(impenetrability)，所以一個物體的體積自然排斥其他物體的體積。

㈢非位置之物

在討論完位置的特性後，亞氏否定了非位置的東西，它們是形狀 (form or shape)、質料 (matter)、界限與界限之間的間隔 (the interval between extremities) 和物體❿。

1.形狀不是位置的理由是：雖然兩者都是事物的界限，但並不相同，前者是容物的界限，而後者則是容器的界限。

2.質料不是位置。雖然兩者有共同的特點：「不變性」(rest) 和「連接性」(continuity)，兩者在變化中均保持不變，及皆與容器相連。令我們相信兩者的存在之現象也是共同的，吾人深信質料的存在乃由於先前是空氣之物，而今卻變成水，同理，位置之所以存在乃由於先前是空氣所在的地方而今被水所取代。但兩者仍是風馬牛不相及。因為物體的質料既不能與該物分離，也不容納該物。然而，物體的位置卻可與該物分離，且容納該物。

3.界限與界限之間的「間隔」亦非位置，因容物經常改變，而容器則不變。兩界限間的「間隔」有時被認為是不同的獨立實體，然實際上卻不是，因為「間隔」本身並不存在，它只是連續充滿容器的物體之附帶性質 (accident) 或狀態,否則在同一地方就會有無數的位置，當水和空氣在容器內改變位置時，它們在容器內所佔的位置將留下不變。再者，倘若容器被移動，容物的位置也就被移動，那麼位置就會有另一個位置。但事實是，當容器被移動時，容物之確定或直接位置並不改變，而是一樣的。容器被移動到另一個新的地方，容物的位置——容器的內在面積——不變，即一直是一樣的。

4.位置不是物體，因為物體佔有位置。倘若位置是物體，那麼，位置本身又該有位置（因為是能佔位置的物體），如此，就會

❿　*Phys.* IV, 4, 211b7ss.

產生無限逆退的情況。再者，由於各物體具有長、寬、厚三度空間，故才佔位置。如果位置是物體，那麼，在同一個個別位置上就有兩個物體，這是不可能的，因為前面已說過，物體的特性之一即是其「不相容性」，一個物體自然排斥另一個，兩個物體不可能佔同一位置，除非是公共位置。

㈣位置的定義

「盛藏物（容器）之不變的內在直接界限」(innermost motionless boundary of the container)❿，此簡單的定義，其含義卻甚深奧，有必要詳加說明：

當人們說「位置」時，通常都指物質物體的位置。然而，物質物體本身是沒有位置，除非它與其他物發生關係，與其相接觸時，才出現位置。與物體發生關係而產生位置之物是指容納或圍繞該物體四周之物，稱為「容器」，被容納或被圍繞之物稱為「容物」，兩者本身均非位置。容器四周的內在平面或界限與容物的外在平面或界限之相接觸時所造成的空間才是位置。但容物的外在界限和容器的內在界限的接觸必須是「直接的」，中間不應有任何間隔，否則所產生的位置便是兩項或多項物體的共同位置，那就稱為「公共」或「非個別」位置（地方）。

容器與容物畢竟是兩個不同的東西，由於有時前者被移動，後者則不動，反之亦然。但當容器被移動時，容物的位置不跟著改變。可是，容物一經移動，它的位置便跟著改變了。所以物體的位置乃取其靜止時和周圍物體的內在平面或界限相直接接觸時，因此亞氏才在定義裏加上一個形容詞「不變的」。

至於船停泊在河中，船不動，其周圍的水則不停地在流動，

---

❿　*Phys.* IV, 4, 212a20.

船的位置是否改變了呢? 對此問題羅光教授有很好的解釋:「不變
的接觸平面,是由兩方的關係而促成的,因為相接觸是兩物的接
觸。因此接觸的界限,要在此物都變換時,才正式變換,故一物
的位置不因盛藏物的變換而變換,而且我們還能以位置只是一物
和周圍的接觸平面,不問所接觸的物為何,只要接觸的平面不變,
物的位置也就保持原狀。」❿

多瑪斯在註解亞氏的定義時也說得很清楚:「位置乃指容器的
內在界限,而此界限不是隨時變動的界限,而是指以另外一個容
器為起點的界限。」⓫

六、時間與久暫

「變動」、「分量」、「空間」、「真空」、「位置」和「時間」
(time),雖然各為不同的東西,彼此間卻有密切的關係,因為「分
量」是物質物體的第一及基本特性,凡是物質物體就必須有「分
量」,「分量」則以物質物體的本質為基礎。由「分量」形成物體
的體積,有體積的物體才佔「空間」——「位置」,否則就是「真
空」。有物體才有「變動」——連續變動,由「變動」產生「時
間」的概念,而「時間」則用以測量「變動」,所以最後要論「時
間」,先談其意義,然後再論其種類。然而,由於時間是「久暫」
(duration) 之一種,不但兩者之間有密切的關係,且對兩者的瞭解
亦可收相輔相成之效,至於「久暫」亞氏並未明確地提到它,但
仍有討論之必要。

---

❿　參閱羅光著,《理論哲學》,臺北,學生書局,民國六十八年,頁
　　278。

⓫　In IV *Phys*. I, 4, lect. 6.

㈠久暫

1.意義

「久暫」是指「繼續的存在」(continued existence)。但不變
或持久之物的存在與可變或暫時之物存在之繼續性不同。前者的
存在之繼續性乃指不斷保持自己的存在；後者則指一種存在被另
一種新的存在所繼續，由於可變或暫時之物是從過渡的部分合成
的，是逐漸而非立時完成的，因此，便有「完成」和「未完成」
兩部分，亦有「前」與「後」之分。其存在包括兩件東西：存在
和存在的繼續，即一種存在加在另一種存在上，它們彼此是不同
的存在，是一個連續體的不同部分，因此，「繼續的存在」就是
「久暫」。

從以上分析，很顯然的，「久暫」和「存在」不是一回事。
「存在」就其本身而言，不一定是「久暫」，由於要成為「久暫」，
「存在」必須繼續下去，一旦停止了，就沒有所謂的「久暫」，故
對「目下」而言，它就不是「久暫」，雖然對過去的存在來說，它
也曾經是「久暫」，由於它過去的存在亦是繼續或逐漸完成的，因
此，它過去的存在就有過去、現在和未來之分，其存在無論多麼
短暫，仍然是「久暫」，因為「現在」是時間上的一個點，是不可
分的。

2.種類

「久暫」分為「永恆的」，即無始無終的，其存在是絕對不變
的，「存在」就是其本質。既然其本質是「存在」，那它就非存在
不可，因此，對它而言，也無所謂繼續或不繼續，因為它既沒有
開始，也無終止；既沒有過去，也沒有將來，對它而言永遠只有
「現在」，故嚴格而言，「繼續的存在」對它來說是不適合的，它

所有的是「永恆的存在」，也因此它的「久暫」稱為「永恆」或「無始無終」(eternity)。

　　另一種「久暫」是有始無終的，其存在有開始過，或它不曾存在過，因此，其「存在」就不是其「本質」，它是從「本質」與「存在」兩個實際不同的要素所合成的，此兩者的關係即「潛能」與「實現」的關係。然而，一旦開始存在，它就一直存在下去，就其本質而言，它是不滅的，其本質不從「原質」與「原形」所組成的，只單純的「原形」是其本質，而「原形」是實現，「實現」則意味「存在」，若無外來因素的干預，其自身是不滅的，即會一直存在下去，其「久暫」稱為「有始無終」(Aevum－eveternity)。

　　第三種「久暫」是有始有終的，其存在不僅有開始，且有終止的一日。換言之，它不但不曾存在過，且將來亦會不存在，所以它的存在是暫時的，有時間性的，因此，它的「久暫」稱為「暫時」——「有始有終」，它不但由意味「潛能」的「本質」與意味「實現」的「存在」合成的，且其本質也從代表潛能的「原質」與代表實現的「原形」組成的，所以，即使存在後，它還會不存在，因為其「原質」與「原形」之間有不適應的一天，即兩者有分解的可能。

(二)時間

　　亞里斯多德在《物性學》的卷四之第十章到第十四章把「時間」分成兩部分來討論：其存在及其本質。很顯然的，第一個問題的解答有賴於第二個問題，若不知道時間究竟是什麼，又怎能知道它到底存在或不存在？

　　「時間」的確是很難的問題，極難把握，因為人的思想只能

把握固定與不變之物，而時間基本上是不定與流動的。

　　一般人都認為「動」與時間有密切關係，故有些人就主張它即是「時間」。

　　有關「時間」之存在與否的問題，亞氏從它與「動」的關係說起。

　　首先他肯定「動」不是「時間」，雖然兩者有密切關係。理由是：

　　第一、有物才有動，幾時物體起變化，就說它在動，因此，「動」只能在起變化的物體身上找到。然而，到處都有「時間」，及在所有物上都可以發現「時間」，即它與一切事物有關。

　　第二、「動」有快慢之分，「時間」卻沒有。倘若「動」與「時間」是一回事，那麼，「時間」必定和「動」一起變，如此一來，絕不能說任何東西動得快或動得慢。事實上，人會這樣做，此即證明人經常把「動」與「時間」做比較。當我們說，一種動比另一種快，乃因為它需要較短的時間通過同一的距離。因此，「動」是以「時間」來測量或計算，所以它們並非一回事，否則就是「動」測量「動」，或「時間」計算「時間」。

　　第三、「動」有許多種類，但「時間」只有一種。

　　雖然「動」不是「時間」，但它製造時間，由於時間由「動」而來，沒有「動」，「時間」也就無從而有，因此亞氏說：「倘若『現在』沒有變，而是一樣的，『時間』也就不存在了。同樣的，當我們未發現它的不同時，也不認為兩者之間的間隔是『時間』。我們若沒有發現『動』，也不會發覺『時間』的消逝，所以『時間』也就不存在。故結論是：沒有『動』，也就不會有『時間』。」⓬

雖然「時間」由「動」所造成的，但嚴格說來，只有連續的動或位置的移動 (successive or local motion) 才是產生時間的原因，故「動」必須有連續性才有前後之分，才能以時間來計算。

基於以上的分析，亞氏的時間定義是：「按前後去計算（測量）運動」(The number of movement in respect of the "before" and "after") ⓭。

所謂的「計算」有「測量」的意義，是用來計算或測量「動」，因此，「動」是被測量或被計算。被計算的「動」是連續或位置的移動，由於它對感官而言比其他種類的「動」更明顯，同時也更一致，故也更容易及更清楚地被計算，也因此亞氏又加上「前後」這句話。位置的移動只能在有連續體積的物體上發生，而其連續性乃由「分量」所造成的，由於「分量」的本質基於一部分在另一部分之外，當有分量之物體在移動時，必定是一部分在前，另一部分在後，這樣一前一後的繼續移動或前進方是「久暫」，才可以被計算，才是時間之形成。

其實，「時間」不只測量「動」，也間接的測量「靜」，因為「靜止」不是「動」的否定，只是其匱乏而已。一物能靜就能動，於是就可以被時間所測量，否則就無所謂動靜了。因此，多瑪斯在註解亞氏的《物性學》時說：「靜止的東西乃缺乏運動，但生性可動……靜止並非運動的否定，而是其匱缺，可見靜止乃屬於可動之物，可動之物則屬於時間，由時間來測量，靜止之物亦由時間來測量……。」⓮

⓬　*Phys.* IV, 11, 218b27–34.

⓭　*Phys.* IV, 11, 219b1; 220a25.

⓮　In *Phys.* IV, lect. 20.

　　為計算「久暫」，不僅要有先後，且還需有循環，由於循環的動是主要的位置移動或連續的動，對此，羅光有很好的說明：「我們為計算空間的距離，是用長度的度量尺或里去計算，量了一尺再量一尺，量了一里再量一里。這樣才可以說出一個距離究竟是多少長，才能說出長短。同樣為計算時間，也應該取一個有循環性質的運動為標準，才能夠在實際上說出一種久暫，不然久暫便沒法說出來。」⑯

　　既然被計算的「動」才是「時間」，那麼，很明顯的，「動」若未被計算，也就不會有「時間」了。但是，誰來計算「動」呢？一般人都承認，是人的「心智」在計算「動」，若「心智」不存在，「動」也不會被計算，在這種情形下，「時間」是否也就不存在呢？亞氏提出了這個非常重要的問題，但似乎沒有提供確定的答覆⑯。然而，事實上「時間」與「動」一樣，有客觀存在，亦有主觀存在，由於「現在」這一剎那即是客觀的存在，以它為根據才能計算出「過去」與「將來」，否則（沒有客觀的存在，即實際上是不存在的）又如何作為計算的根據呢？所以多瑪斯說：「有運動就有時間，因為運動有先後之別，有先動和後動，由於先後乃可數之物，就有時間……事物之數與人的思想無關，只有計算此數之行動與思想有關，因為計數是人的行動，就如感覺不在時，感覺物仍可存在。同樣的，沒有計數的心靈，可數之物與數字仍然可以存在。」⑰

---

⑯　*Phys.* IV, 14, 223b12ss. 羅光，同上，頁 295。

⑯　*Phys.* IV, 11, 223a21–29; D. Ross, op. cit., p. 90; Phillips, op. cit., p. 121.

⑰　In *Phys.* IV, lect. 23.

　　然而,「現在」這一剎那是不可分的, 無從知道它有多長或多短, 它根本就沒有長短, 僅是一剎那而已, 無法分成部分: 一部分在前, 另一部分在後, 因為在它之前的那一剎那已成過去, 在它之後的那一剎那尚未到來, 所以均不是眼前的這一剎那。既然是不可分的, 那麼, 嚴格說來, 就其本身而言, 既不是「現在」, 亦不是「時間」(從時間的整體看), 由於所謂的「現在」乃是與「過去」和「將來」作比較而產生的, 既沒有「過去」, 又沒有「將來」, 又哪來的「現在」呢? 可是這種比較的工作乃來自人的「心智」, 倘若它不存在, 這種工作亦無法產生, 故「時間」的存在又純粹來自「心智」, 沒有它, 「時間」也就沒有了 (Si non esset anima, non esset tempus) ⓰。所以, 從時間的整體觀點來看, 包括對「動」的前後計算, 「時間」只有主觀存在, 即只存在於人的思想中, 在思想以外是不存在的。多瑪斯說:「……時間有如動一樣, 沒有計算動的前後之心智存在, 除了其不可分的那一剎那外, 以時間的整體而言, 時間是不存在的, 故充其量只能說它有不完整的存在。」⓱

⓰　*Phys.* IV, 14, 223a, 26; St. Th., in *Phys.* IV, lect. 17ss; lect. 23, n. 5; Phillips, op. cit., p. 123.

⓱　"Motion has no fixed existence in things, and in things there is found nothing actual of motion, except a certain indivisible of motion, which is the division of motion: but the totality of motion is comprehended through the consideration of the soul which compares the former to the latter disposition of the moving thing. So, therefore, time also has no existence outside the soul, except with regard to its indivisible, but the very totality of time is comprehended through the ordering of the soul which enumerates before and after in motion. So time has an imperfect

　　「時間」就其整體而言是不存在的，所存在的只是「現在」
這一剎那，所以瞬息即逝，恰似諺語所云：「光陰似箭，日月如
梭。」儘管如此，「時間」仍是非常寶貴的，所謂「一寸光陰一寸
金，寸金難買寸光陰。」是以，人人不僅要瞭解何為「時間」，知
道「時間」的價值，並應加以珍惜與善加利用，好好把握每一個
「現在」的實在剎那。以此結束了對亞氏「宇宙論」的研究。

---

existence only, apart from the mind, just as motion itself has." (In IV
Phys. lect. 23, n. 5.)

第五章 生物學與人類學（心理學）

前曾提及，傳統所謂的「自然哲學」(Philosophy of Nature) 分為「普通的」和「特殊的」，前者以宇宙間的物質物，尤其以具有變化的物質物，為研究的對象，稱為「宇宙論」（亞里斯多德稱它為物性學）；然宇宙間尚有一種具有更高層次的內在變化或活動之實體，其活動稱為「生命動作」，其根源謂「魂」，研究之學科，叫「心理學」(psychology)。但為了使其與現代的「實驗心理學」有所別，我們分別謂之為「生物學」和「人類學」，茲詳述於下：

亞里斯多德可說是生物學的創始人，他在此方面成就之大，連近代最偉大的生物學家達爾文，都對其崇拜得五體投地：「我曾經把林尼烏斯 (Linnaeus) 和居咪埃 (Cuvier) 視為神明，雖然以不同的方式。但與古之亞里斯多德相比，他們猶如兩位小學生。」(Darwin's Life and Letters, III, 252) 在其全集 (*Corpus Aristotelicum*) 中，有關「生物」的討論，佔相當大的篇幅，譬如《論心靈》(*De anima*) ❶、《論感官與感覺物》(*De sensu et De*

---

❶ 蘇紀 (Zürcher) 主張《論心靈》(*De anima*) 這部著作中只有百分之廿是亞氏所寫的，幾乎都在卷一裏，其餘均是狄奧華都 (Theophrastus) 的手筆，但受 Aristoxenus (408a5–28) 和 Dicearco 的影響很大。他給

sensato)、《論記憶和回憶》(*De memoria et reminiscentia*)、《論夢》
(*De somniis*)、《借夢論占卜》(*De divinatione per somnum*)、《論生
命的久暫》(*De longitudine et brevitate vitae*)、《論生命與死亡》
(*De vita et morte*)、《論呼吸》(*De respiratione*)、《論動物史》(*De
historia animalium*)、《論動物的形態》(*De incessu animalium*)、《論
動物的生成》(*De generatione animalium*)、《論動物的動》(*De
motu animalium*)、《論精神》(*De spiritu*)、《論植物》(*De plantis*)、
《論植物史》(*De historia plantarum*) 等。亞氏在其著作中很清楚地
指出有三種不同的生命：植物、感性和理性生命，現分別加以討論。

第一節　植物生命

有關植物生命 (Vegetative life)，要談的有下列諸問題：一、
生命的意義；二、生命之根源──魂的意義和種類；三、生魂的
功能。

一、生命的意義

「變動」是地上物質實體所具有的特性，然而它們之間卻有
很大的差別，所以分屬於大不相同的層面。有的是無生命的，是
完全被動的，它們天生註定傾向於固定的目標，譬如水向下奔流，
火往上燃燒，重者自然往下墜，輕者則往上飄揚。有的則在自己
內有一種內在的動力根源，是自動的，或更好說，是被動的自動

魂下的定義是：「軀體的實現」。(Cf. Festugiere, O. P.: La place du "De
Anima" dans le systeme aristotelicien d' apres Saint Thomas: Archives
d'Histoire literaire et doctr. du M. A., 1932.)

者，前者稱為非生物，後者則稱為生物：「在自然物體中，有些有
生命，有些則缺乏生命。所謂生命是指能夠自行營養、成長、發
育及消損。」❷

多瑪斯在註解亞氏的這段話時，其意見甚值得一提：

> 這種解釋，與其說給生命下定義，不如說對生命所作的舉
> 例說明，因為所謂有生命者，不僅因為能自行成長及消損，
> 而也因為能感覺和理解，以及能實行其他生命動作，所以，
> 在精神實體身上，雖然沒有成長和消損，但卻有生命，因
> 為他們具有理智和意志，這是根據亞氏在《形上學》卷十
> 一上的說法。亞氏之所以釋為能自行成長和消損是有生命
> 者，因為他談及植物的魂，謂其為植物生命的根源，藉之，
> 植物能自行成長和消損，因此只是舉例說明具有生命者的
> 情形而已。其實生命的真正理由是能「自動」(Natum
> movere seipsum)。所謂「動」是指一般的動，猶如理性動
> 作也是動的一種。所謂缺乏生命者，是因為受外力的推
> 動❸。

綜合這兩位學者給「生命」所作的解釋，可以給「生命」下
一個簡單的定義：「是自動的根源」(principle of self-motion)。

生物與非生物之間的分別不來自質料，因為他們的質料是一

---

❷ "By life we mean self-nutrition and growth (with its correlative decay)."
(*De An.* II, 1, 41213–14; *Phys.* VIII, 4, 255a5–7.)

❸ St. Thomas, in *De An.* II, lect. 1, n. 219 (ed. Pirotta, Taurini); *S. th.* I, 18,
1–3; *C. G.* I, 97; IV, 11; *De ver.* 4, 8; In Jo. 17, 3, lect. 1, n. 3.

樣的，均從四個元素所組成的，所以應來自是生命活動的內在根源的「原形」(form)。由生命所產生的自動行為，不僅指高級生物所有的位置移動 (local motion)，主要還在於其擁有「自成」(auto-modification) 的能力，即能藉著營養補充所喪失之物，進而能自己成長、發育，甚至凋謝。總之，生命的基本意義在於「自動」，是一種「內在」動作——起於自身及止於自身，及為自身的利益而活動。

二、魂的意義和種類

　　生命是自動的根源，生物之所以能自動，是由於有生命，但「魂」(soul—ψυχή) 則是生命的根源❹，故接下來就論「魂」。

　　「魂」的本質及其特性是心理學所研究的對象❺，亞里斯多德給「魂」下過兩個定義，其中之一是：「能有生命的天然有機軀體之第一實現」(The first actuality of a natural organic body having life potentially in it)❻。

　　亞氏在說明自然物體的內在構成時，已明白地指出，所有自然界的物體，生物也好，非生物也好，均從原質與原形二基本元素構成的，前者是潛能，後者是實現，因為是限定原質的共通性使其成為特定的，故是原質的「實現」。原形與原質結合後只成為特定種類之物的本質，其實際的具體存在尚需要另一因素的加入，該因素即是「存在」，所以對物的完整本質而言，「存在」是實現，因為它使本質更趨於完美、落實及圓滿。且是「第二」或「最後」

❹　*De An.* I, 1, 402a6.

❺　*De An.* I, 1, 422a7.

❻　*De An.* II, 1, 412a27.

實現，因為它是後於原形的實現，而執行「實現」任務的原形因
先於存在，所以是「第一」實現。「魂」對生物的完整本質而言即
是「原形」，因為其任務是使原質成定形，使原質成為特定的，故
是「實現」。而對於第二實現的存在而言，它因為先於「存在」執
行「實現」的任務，故它是第一實現。

　　「魂」既是原形，那麼，生物的軀體就應是原質。（其實嚴格
說來，軀體已經是受限定的原質❼，所以生物的軀體與其原質不
是完全一樣的，因為「魂」不是任何原質的原形，只是生物之有
機軀體的原形，因此，與其說「魂」使原質成定形，勿寧說使有
機軀體成定形更為恰當❽。）然而，原質或軀體本身是無生命的，
它只是「能」有生命，及「能」實行生命動作，但實際上尚沒有
及尚不能有，等與「魂」結合後才有生命，才能實行生命的動作，
而此軀體必須具有生物軀體的各種嚴密的組織及具備為整體的共
同利益而努力之有組織的器官，即必須是天然的有機物體，否則
（譬如人造體或數學體）「魂」也不能與它相結合而成為一完整的
生物。以上就是對亞氏的第一定義之含意所下的註解。

　　亞氏為「魂」所下的另一定義是：「首先人因此而有生命，有
知覺及能思考。」(By or with which primarily we live, perceive, and
think)❾。

----

❼　"Corpus non est materia prima tantum, sed materia actuata secundum
　　gradum corporeitatis." (Gredt, op. cit., n. 417.)

❽　"Anima rectius dicitur informat corpus quam materiam primam; anima
　　enim ut anima est seu ut est principium vitale, non informat materiam
　　primam, nisi supponendo hanc constitutam in esse corporis, et corporis
　　organici." (Gredt, op. cit., n. 417.)

❾　*De An.* II, 2, 414a12.

亞氏的此二定義乃分別從「存有」與「活動」的角度來談論魂的性質，因為人、動物與植物皆有生命，因此能實行植物性動作乃是藉著「魂」，故稱為「生魂」(vegetative soul)；人和動物之所以尚能有感覺與知覺也是藉著「魂」，但屬於不同性質的魂，稱為「覺魂」(sensitive soul)；除了有生命、有感覺和知覺外，人之所以尚能思考、推理更需要藉著「魂」，是最高層次的「魂」，稱為「智魂」(intellectual soul) 或「靈魂」(human soul)。因此「魂」可以說是生命、知覺和思考的根源。但不是「直接」或「近」根源，而是「間接」或「遠」根源，因為魂必須藉著其不同的能力才能產生上述的行動，譬如藉著視覺——看的能力，才能看得見；藉著聽覺——聽的能力，才能聽得到；藉著理智——思考能力，才能有思考的行為，這就是亞氏採用「首先」這個字的用意，也因此較正確的說法是：人（或植物和動物）藉著（靈）魂的「能力」而有生命、有知覺和能思考，不能直說人藉著（靈）魂而有上述的活動。

有一點值得注意的是：因為不同的魂各有其不同的功能，所以亞氏把生物分成幾種高低不同的層次：

㈠植物：具有生魂，能行使吸收、同化、成長和生育等功能，但缺乏感覺、知覺和位置移動的功能❿。

㈡低等動物：具有覺魂，除了擁有植物所有的功能外，尚有感覺功能，但缺乏位置的移動，如蚵、珊瑚等⓫。

㈢高等動物：自然也具有覺魂，除了上述的功能外，尚有知覺、欲望 (appetite)、想像力 (phantasy)、記憶及位置的移動，即

---

❿　*De An*. II, 5, 411b27–28; 415a2–3.

⓫　*De An*. II, 3, 414a32–b1; *De Part. Animal*. II, 8, 653b27.

能從一個地方移動到另一個地方❷。

　　㈣人類：是所有生物中最高級的，他所擁有的是「靈魂」，藉著它，除了有植物和動物所有的功能之外，人類尚具有二者所沒有的功能，即思考與理性欲望能力——理智與意志。因此人類是得天獨厚的，因為他能思考、推理、求學問及可自由抉擇❸。

　　高層次的魂涵蓋低層次的魂，反之則不然。雖然如此，低層次的魂還可以單獨存在，猶如四方形包括三角形，因為可分成兩個相等的三角形，而三角形雖然不包括四方形，但可以單獨存在。所以雖然人有生魂和覺魂的功能，然而，並非人有三個完全獨立與不同的魂，而是只有一個魂——靈魂，它除了其獨特的思考能力（理智）與理性欲望能力（意志）外，尚有其他魂的能力，而不是尚有其他魂，這是亞里斯多德與柏拉圖不同的地方，因為後者主張人有三個完全不同的魂，一個在頭部，稱為理性魂；另一個在胸部，是為高貴魂；第三個則在下腹，稱為情慾魂。

三、生魂的功能

　　「生魂」雖然屬於最低層次的魂，然而，有一些很重要及基本的功能：㈠營養；㈡發育或成長；㈢生殖。今分別加以說明。

㈠營養

　　「營養」的主要目的是促成生物體積之增加及其生命之延長，因此，它必須牽涉到三種要素：軀體、食物和生魂。生物的整個營養活動包括滋養功能和呼吸功能，前者在高等動物裏又包括取食、消化、排洩各種活動。因著是其生命的根源之生魂、生物產

---

❷　*De Part. Animal.* I, 1, 641a17–b10.

❸　*De An.* II, 3, 414b18–20.

生滋養和呼吸作用；藉之，生物吸收外面的食物，經過所謂的「同化作用」(assimilation) 後，使該食物變為自己的體積，而這種改變則稱為「實體變化」(conversio substantialis — substantial change)，因為食物經過「同化作用」後，原先的「原形」(substantial form) 已消失了，所遺留下來的只是「原質」(prime matter)，以等待新原形的加入而被定形以便成為與原先完全不同的新物——有機體的生命機體 (living organism) 的一部分。

㈡發育（成長）

　　發育或成長是生物在吸收營養之後使自己的外形或體積引起變化，包括成長和衰老，兩者雖然恰恰相反，但都是發育的自然程序，所以成長可以說是「生物的體積從小到大，或從壯到衰的變化」。生物的生長以豐富的食物營養作為先決條件，所吸收的多於所失去的；相反的，生物的衰老乃由於所失去的多於所吸收的。其他因素，如疲勞、疾病、氣候等，也扮演極重要的角色。這種變化是附屬性的變化，對生物的性理毫無影響。一棵樹長高或枯萎，仍是一棵樹；一個小孩長大了，從人性觀點來看，仍是同一個人，且所有的身體也都是人的身體。自然身體的體積一旦起了變化，身體的器官及與身體有關係的魂之功能也受到影響，因此小孩身上的器官尚未成熟，老年人身上的器官則已逐漸衰退。

㈢生殖

　　所謂「生殖」就是「傳宗接代」，生物繁衍同族類的後代以維持代代相傳使其連綿不斷，所以生殖的主要目的並非為了維持個體，而是個體所代表的族類。既然如此，那麼，生物的繁殖不但很自然，且是合理的，故哲理有言：「生物生肖似自己之物」(Generans generat sibi simile)。至於有些生物因著其他原因的干

預，表面上看起來，不全然依照慣有的程序生下與自己相似之物，譬如透過人工的配合，移花接木，驢生騾等，但也只限於同族類以內，所以實際上還是產生與自己同性質之物。

生殖的方式通常不外乎三種：第一、由細胞的分裂而繁殖：此乃最低等的生物之繁殖方式。在這些生物裏，其細胞到相當的時期會自然而然分裂成獨立的生物。第二、一性生育：這是低等生物的另一種生殖方式，或分成兩半，或分成大小不同的部分，各部分又自成一單體繼續生存。第三、陰陽兩性相交配而生育：這是所有生物最普通的生育方式，然而在植物裏和在動物裏（包括人在內），這種生育方式的程序不盡雷同。

生殖功能是生魂的最重要及最完美功能，它是其他功能的目的：營養是為了發育，發育是為了生育。前二者的效果都在自身以內，後者則不但在自身以內，且也在自身之外，因為生育是繁衍下一代，而不在於自己，也因此以「生魂」(generative or reproductive soul) 稱之甚為恰當，同時也比較接近「覺魂」，此乃基於「上層的下端與下層的上端相接觸」(Infimum superioris attingit supremum inferioris) 的哲理❶❹。

第二節　感性生命

感性生命是第二層次的生命，是比較高級，是動物（禽獸）和人類所共同的。「覺魂」是感性生命的根源，其主要功能是「感覺」(sensation)。然而，「感覺」會因著不同的感覺器官而有所差異，所以先論「感覺」，而後再談各種不同感覺器官之性質與

---

❶❹　*De An*. II, 4, 415a–416b; St. Th., lect. 9, n. 347.

功能。

一、感 覺

　　觀察自然界的現象，不難發現各種不同層次的物體之存在。非生物與生物完全不同；生物中的植物、動物與人類又屬於截然不同的層次。誠然，植物與動物的詳細及明確界線不太容易分辨，但以「感覺」(Sensation) 作為它們之間的最大區別點，應毫無異議的。所謂「感覺」❶是「覺魂所有的感覺能力在外界物體刺激感覺器官後對該物體所作的有意識反應。」這個定義看起來很簡單，但其意義卻相當複雜，需作進一步的分析：

　　「感覺」基本上是屬於物質性的行動，但也分享一點非物質性，因為它是一種認識行動，當它對外界物體作有意識的反應時，雙方都保留原狀，毫無損失。

　　感覺能力雖然可以稱為主動能力，但主要還是被動的，因此稱為「被動的主動能力」(passive-operative potency) 則更為恰當。既然如此，它就必須受其對象的激發後才能有所反應，才能產生行動。譬如當我們實行「看」的行為時，即是外面物體藉著光波刺激到眼睛的「接受子」(receptor) 後，引起神經衝動，然後就沿著神經傳去，到脊髓或腦部的轉轍點。在那裏，多少受些傳輸作用，這神經衝動再沿別的神經，傳到眼睛器官上，於此視力就有

---

❶　「感覺」嚴格說來與「知覺」(perception) 不太一樣，前者純粹是感官的動作，不夾帶意識作用；後者則是一種認識作用，可以說是有意識的感覺，故所有知覺一定包括感覺，但不是所有感覺都是知覺。然而，實際上，兩者是同時發生的，不能分開。凡有感覺，便有知覺，因此我們這裏所說的是指有意識的感覺，即知覺。

反應，能真實的看見物體。在「聽」時，同樣也是藉著音波的刺激後，聽力才能有所反應。事實上所有外在感覺的發生都是由於感覺客體先刺激或影響到感覺主體，因此所有感覺都是一種「感受」和「改變」❻。而且，每一個官能均未曾受到限定，可以接受各種物體的刺激，譬如眼睛，在開始時，它可以看見所有能看見的物體，其實它什麼都沒有看見，除非它受到特定物體之刺激後才有特殊的感覺，所以感覺能力主要還是被動的。

感覺物體刺激到感官時不能馬上產生感覺，否則所有起變化的物體都有感覺，譬如燒熱的水雖已起變化但不會感覺到熱度。為了有感覺，故必須在感覺能力以內，具有所認識之物的肖像或替身，稱為「感覺印象」(sensible species)，它是非物質的，或用多瑪斯的說法：在感覺能力內所有的這種印象是非物質的，雖然含有物質的條件 (A form without matter, but with the condition of matter)❼。

「凡被接受者乃按照接受者之性質而被接受」(whatever is received is received according to the mode or being of the receiver)，這是哲學上的一項真理，是無法否認的。「覺魂」本身是非物質的，其能力也應是非物質的。當它認識外界物質實體時，此實體乃被它所接受，所以也應按照其性質而被接受，即以非物質的姿態出現，因此物質實體被認識時尚能保留原狀，其性質未遭到破壞或改變，猶如一塊軟蠟在接受印刻時，是印章的印跡留在軟蠟

---

❻　"Sentire consistit in quodam pati et alteri." (St. Th., in II *De An*. lect. 13, n. 393.)

❼　"In the sense the thing has a 'to be' without matter, but not without the conditions of matter." (In II *De An*. lect. 5, n. 284.)

上，印章的材料仍保留原狀，絲毫未遭到破壞或改變，這和植物在吸收營養時的過程恰恰相反，因為植物在進行這種過程時，是把食物加以吸收、消化以變成自己的體積，食物則完全遭到破壞，否則植物就不能收到營養的效果。以上就是多瑪斯所說的，感覺印象是「非物質性」的含意。

「覺魂」及其能力雖然是非物質的，但含有物質性，因為其存在和活動都必須絕對仰賴物質，離開物質就無法獨立存在，也不能有任何作為。「感覺」是外界物體在刺激感覺器官後，在感覺能力內所形成的感覺印象，藉此印象，感覺能力對外界物體實行一種認知的行動，所以感覺印象是外界物體和感覺器官及感覺能力之合作所產生的效果。但感覺器官是物質，因此經過它所產生的印象也應該含有物質性，雖然其本身是非物質的，此即多瑪斯所說的：「含有物質的條件」的意義。總之，是感性知識——感覺之媒介的感覺印象，從感覺能力方面而言，是非物質的，但從感覺器官方面來說，是物質的，所以也是個別的，因為它所代表的是個別物，因此感性知識的對象是個別的物質實體，這是與理性知識最不同之處，因為後者的對象是純粹非物質之物，即物的普遍本質❸。總括上述，我們也可以給「感覺」下另一個定義：「感覺能力認識外界物體藉著從該物體所攝取到的缺乏物質，但含有物質性的感覺印象。」

二、感覺能力、感官與感覺物

---

❸ *De An.* II, 12, 424a24ss.; III, 7; *De sensu et sens.* 1, 436b6; St. Th., in *De An.* lect. 24, n. 555; I, lect. 2, n. 17; III, lect. 7, n. 684, 688; *S. th.* I, 77, 5; *C. G.* II, 57.

感覺能力雖然是非物質的，但因為必須透過是物質的感官認識其對象，所以不能認識事物的本質，也不能認識是局部本質的原形。它所能認識的只是事物的外在依附體或現象。亞氏把感覺對象分成三種：一、各感官所固有的對象 (proper sensibles)，譬如顏色之於視覺，聲音、氣味、味道、冷熱、軟硬、輕重之於各自的器官而言，都稱為感官的固有對象，因此，這些感官只能認識各自的對象，對其他對象則無能為力。所以眼睛不能聽，耳朵不能看。各感官因為天生就是為了認識自己的對象，所以若是正常的，且其對象也適當而無缺陷，各感官對自己的對象就不會犯錯❶。

所謂「適當」是指「適中」的意思，即在「過」與「不及」之間，譬如聲音若太強或太弱，聽覺不但無法接受，甚至遭到音量過度的破壞。二、共同對象 (common sensibles)：不是一種固定感官所專有的，而是不同或所有感官的共同對象，如體積、形狀、數目、一、多、動和靜等。因為不是特定感官的固有對象，所以不能作為確定任何特殊感官的標準❷。三、偶然對象 (sensibles per accidens)：不是感官所直接認識的，是與所有感覺的對象一起而被認識的，譬如，當我們看見一隻狗，感官只認識其顏色和形狀，可是我們卻能肯定看見的是一隻動物。當我們看見一種白色物體時，而此物碰巧是某人之子，就可說看見了其子，在此情形

---

❶ *De An*. II, 6, 418a7–14.

❷ "Common sensibles are movement, rest, number, figure, magnitude; these are not at any rate certain kinds of movement which are perceptible both by touch and by sight." (*De An*. II, 6, 418a18ss.) also: *De An*. III, 1, 425a16.

下，只能說他（其兒子）是視覺的偶然對象❹。

感官為了能認識各自的對象，所以才缺乏所有對象的特性，譬如瞳孔必須是黑的，以便接受光線和各種顏色。觸覺認識其對象是由於物體接觸到軀體所產生的印象，而後才把此印象輸送到在皮膚下的觸覺。在其他感官裏，必須有一種中立的媒介體，在視力上的這種媒體是透明的水晶體，是無顏色及看不見的，所以才能接受各種顏色。空氣是聲音的媒體。在空氣背後，由物體的轉動所產生的震動能傳開來，然後再傳送到耳朵，刺激耳朵的神經，由耳朵神經再傳到腦的神經中樞而有聲音的感覺。嗅覺與味道的媒體是空氣、水和火的混合。

感官為了能受到外界物體的影響而有所反應，必須具備三個條件：第一、物體所產生的刺激——媒介體——必須足夠強烈，否則無法刺激感官，那麼，感官也不會有所反應。譬如太小的物體，或太不明顯的顏色，眼睛是看不見的；同樣的，太微弱的聲音，也不會引起注意產生耳朵的共鳴；第二、物體所含的刺激性在某種程度上，應該與感官所有的感應性不同，譬如手上的熱度若與物體的熱度一樣，那麼手對該熱度就不會有所反應；第三、物體所產生的刺激也不要過分強烈，否則不但無濟於事，且感官會遭到破壞。譬如強音會使耳聾，強光會使眼瞎，濃味會使舌頭發麻。總之，作為感覺的媒介體之刺激必須適中，即恰到好處，才能產生理想的效果。(De An. 426a26)

三、外在感官

「感覺」是感官與感覺能力的合作所產生的結果，但每一種

---

❹　*De An.* II, 6, 418a20ss.

感官有不同的結構，所以其功能也不同，因此，所具有的感覺也
就不同。因著這些不同，並因直接或間接（藉著其他感官）接觸
到自己的對象，分成外在與內在感官。外在感官要求感覺物的實
際直接臨在，否則無從認識，因為感官不能產生感覺，除非與對
象有直接的接觸❷。相反的，內在感官不要求其對象的實際臨在，
因為它們不但能保存感覺印象，且尚能把先前的印象重現、分析，
甚至綜合成新的意象。外在感官有五種：觸覺、味覺、嗅覺、聽
覺和視覺❸，茲分別加以論述：

（一）觸覺

　　「觸覺」在所有外在感官中是最基本的，缺少它，動物便無
法生存，其作用是認識物體的可感觸特性。「感觸」意含一件物體
與另一件物體的互相接觸以辨別對彼此的利害關係。大自然為了
使動物能合適地生存，刻意安排所有動物皆有觸覺，及安排觸覺
分散到全身。人的觸覺比其他動物的觸覺敏銳，由此可知，人比
其他動物優異。亞里斯多德特別強調觸覺的靈敏性與人的聰明才
智有相當的關聯❹。

（二）味覺

　　「味覺」事實上是觸覺的特殊方式，因為食物是可觸及到之
物。食物的味道是味覺的對象，但無法發現食物的味道，除非加
以品嚐，而品嚐在於舌頭與食物的接觸。味覺與觸覺對動物的生

---

❷　*De An.* II, 5–12; III, 1, 425a1ss. Barbado, M., O. P., Doctrina
aristotelico-thomistica de sensu tactus cum modernis doctrinis
comparata: Xenia Thomistica, 1925, I, 239–256.

❸　*De An.* III, 1, 424b22.

❹　*De An.* 413b; 421a; 422b; 434b; 435a.

存而言，是同樣重要，因為動物為了維持生存，必須飲食。同理，人的味覺也和觸覺一樣，較動物的來得優異，因為味覺的敏感性只是觸覺的敏感性之一種方式❷。

(三)嗅覺

　　「嗅覺」的對象是東西的氣味。人的嗅覺遠不如其他動物來得靈敏。雖然如此，唯有人才知道如何以精巧的手藝製造各種更芳香撲鼻、香味四溢的產品，並樂在其中——享受其馨香所帶來的舒適感❷。

(四)聽覺

　　「聽覺」的對象是聲音。此感官對人的知識之增進乃不可缺少的，因為語言乃有意義的聲音，人在教育生涯中所盡的傳道、授業、解惑等職責都必須藉著語言，因此天生的聾子或瞎子，在知識領域中，遠不如正常的人，而聾子又比瞎子遜色。聲音對動物和人都是一樣的，皆是他們的聽覺之對象，但人能從聲音中獲益更大❷。

(五)視覺

　　「視覺」的對象是顏色，或是可見的物體，它提供人多彩多姿的生活，是最精緻及最高貴的感官，號稱為靈魂之窗，浩瀚無垠的宇宙都在它的領域之內，因為所有物體都可使光線屈折，並帶有顏色，所以皆是視覺的對象，藉著視覺與其對象的接觸，人對宇宙萬物才不陌生❷。

---

❷　*De An.* 414b; 422a–422b; 439b; *De sensu et sensato*, 441a–442b.

❷　*De An.* 421a–422b; *De sensu et sensato*, 442a–445a.

❷　*De An.* 419b–420b; *De sensu et sensato*, 437a.

❷　*De An.* 418a–419a; *De sensu et sensato*, 437a.

四、內在感官

　　動物的感官除了直接與外在物體相接觸外，尚有一些感官不直接與物體相接觸而能認識它們，所以其行動之產生無需對象之實際臨在，這些就是所謂的「內在感官」。共有四種：綜合感、想像力、記憶和利害感。

㈠綜合感

　　外在感官產生「感覺」(sensation)，綜合感 (sensus communis — common sense) 產生「知覺」(perception)。外在感官的對象是單一的，譬如視覺只能看見顏色，聽覺只能聽到聲音，嗅覺只能聞到氣味，味覺只能嚐到味道，觸覺只能接觸到物體的固定性質。綜合感則不然，它可以同時認識在同一物體上的各種感官的對象，譬如在一朵紅色的玫瑰花上有顏色，有香味，有可觸摸到的特性，視覺只知道它是一件紅色的物體，無從知道它的香味，因為那是嗅覺的對象。把各種對象集中在同一物體上，那是綜合感的事，所以綜合感可以說是所有外在感官的結合點或中樞，外在各種感覺神經都植根於此一中樞機關，因此才能把各自的感覺印象傳達到這裏來以供它使用，所以它能發現同一物體有各種感覺特性。

　　其次，綜合感也能使感覺者知道他自己就是當事者；他不但能看見顏色，聽到聲音，而且還知道他本身就是觀看者及聽者 (Becoming object-conscious and subject-conscious)。

　　再者，外在感官提供有關物體的各種特性，但只能各依其能，提供自身所能感覺到之物，如視覺提供顏色，味覺提供味道，然而無法加以辨別，因為視覺對味道不產生作用，味覺對顏色亦無能為力，綜合感則能辨別顏色與味道。白色之物可能同時是甜的，

那是因為同一物體同時具備了這兩種特性。

　　最後，綜合感還能有外在感官所不能有的感覺，就是所謂的「共同感覺物」(common sensibles)，因為是由各種不同感官之合作所產生的，譬如存在於時間與空間內物體之體積、形狀、動和靜等。對於時間與空間的感覺也屬於綜合感的能力範圍❷。

(二)想像力

　　「想像力」(imagination)❸是塑造形象之最主要及最基本的能力，是一種比綜合感更優異的內在官能，只有較高等的動物才有。低等動物，如螞蟻、蜜蜂、蛆等卻沒有❸。它以先前產生印象刺激所留下的持久印象為先決條件，所以不在眼前之物為想像力的適當對象。代表過去經驗的「意象」(phantasm) 或「感覺形象」是想像力的產物，其主要功用有三種：第一、能保留外在感官和綜合感所取得的印象；第二、當外界物體已不在眼前時，能喚回過去所有過的印象。譬如，在參觀過某些地方，或觀賞過某些名勝古蹟，它們事後往往還會再度呈現於腦海中，這就是想像力所產生的結果。在欣賞過美妙動聽的歌曲後，不斷有甜蜜的回憶以至於產生「餘音繞樑，三日不絕」的效果，也是想像力的功效之一；第三、能把所取得及所保留的印象予以分析、組合以產生新的意象，是此能力的進一步功能，這種情形在夢中最常發生❸。

❷　*De An.* III, 2, 426ab; St. Th., lect, 3, n. 601; *De somno et vig.* 2, 455a15.

❸　亞氏用 "phantasy" 指想像力，但他對它的含義並不一致：有時指任何感性或理性的重現能力；有時指形成感覺印象的能力，在此意義上，想像力、記憶和綜合感均可以是想像力；有時則指形成已經在眼前之物的印象，這就是目前所討論的。

❸　*De An.* III, 3, 428a11.

❸　*De An.* 425b; 427b–429a; 433a–434a; *Rhet.* 1370a; *De somniis*, 460b–

　　想像力的這種重新呈現過去印象的功能對記憶，甚至對人的理性活動，是非常重要的，否則外在感官所接觸到之物只是曇花一現，不留下任何蹤跡，記憶就無所依憑，理性活動也沒有根據。所以「想像力」在希臘文裏有「光明」的意思，它是人的內在感性意識世界之光，會照亮外物的印象，使理智能發現其內容，而後理智才能從中攝取事物的共通性，以形成適合於眾多同種類之物的普遍概念，此概念即是理智對事物之初步認識，形成知識的基礎。（有關普遍概念之形成，我們在討論邏輯學時已提過。）

　　由以上的分析，不難發現，由外在感官所得之「感覺印象」與由想像力所產生的「意象」，及與由理智從個體中所抽出的「概念」皆不盡相同，「意象」是它們兩者間的橋樑，無感覺印象，也不會有意象，無意象，也不會有概念──人類知識的基礎，可見想像力對人的知識是何其重要❸❸。

　　此外，想像力對人類的文學與藝術活動也有莫大的功效，因為文學與藝術創作，一方面需要想像力提供資料，另一方面更需要它把原先的經驗予以分析、組合以產生新的創作，所以出色的文學家與傑出的藝術家應是具有豐富想像力者。

㈢記憶

　　「記憶」(memory)❸❹與「想像力」相同，皆有產生影像的能力，但所不同的是，前者是以過去的事物 (sub ratione temporis preteriti)，後者則是以不在眼前的事物為對象 (sub ratione rei

---

461b.

❸❸ *De An.* III, 3, 428–9; III, 7, 431a14: "The soul never thinks without an image."

❸❹ *De memoria et reminiscentia*, 449b–453b; *Ana. Post.* 99b–100a.

absentis)。所以記憶的作用以時間的流逝為基本條件，只有那些能意識到時間之存在的動物，才有記憶。記憶可以涉及過去的理性經驗，也可以涉及以往的感覺經驗，譬如人會回憶起以往所見所聞之事。過去的經驗保留在記憶內，猶如印章刻在軟蠟上，軟蠟的軟硬程度都會影響到印跡的優劣。太軟或太硬均無法呈顯優良的印跡。因此，原先的經驗也無法在太年輕或太年老，或情緒激動者的記憶中留下深刻的印象。

「記憶」和「想像力」一樣，具有雙重作用：「重現」與「創新」。前者屬於純粹感性性質，因此能回憶的只是具體與個別事例，並不明顯地認識過去之所以為過去；後者則分享理性性質，能記起抽象的事，能認識過去之所以為過去，所以經常藉著「相似律」(law of similarity)、「對比律」(law of contrast) 和「相近律」(law of propinquity) 實行聯想與推理作用，譬如為了找回失物，人會按照時間與空間的順序，在腦海中逐一回想所經歷過的事，直到憶起所可能遺失的地點與時間為止。因為只有具備理性的人類，才能實行這種高級的動作，因此以「回憶」(reminiscence) 稱之，似乎更為恰當，在這點上，亞氏或許承繼了柏拉圖的思想，因為後者曾提過這種能力。

記憶的影像也叫做「意象」(phantasm)，也是物質實體的代表或替身，對人的知識所產生的作用和想像力一樣，因為兩者都能給理智提供有系統的圖像 (schematic form)，以便理智能從中抽出作為知識基礎的概念。

從以上的分析，可以把記憶的作用分成四步驟：第一、在腦神經系統裏刻印以往的感覺印象，並予以保留；第二、把所保留的印象予以回想；第三、重新認識以往的經驗，並確定其確實性；

第四、把所回想的確實經驗安置在以往的一定時間以內。

㈣利害感

　　日常經驗告訴人，不但人，其他動物也會追求對自己有利之物，及逃避對自己有害之物，譬如狗一看到主人拿起過去打過牠或打過其他狗的棍子，會拔腿就跑；相反的，主人若出示以往餵過牠的食物，牠會從老遠就跑了過來。狗的這些動作是由於過去的經驗所引起的。然而，動物也會對從未經驗過未來及遙遠的利害、危險有所反應，譬如狗會找較安全的地方生產，鳥會建造適於居住的窩，蜘蛛會織有效捉捕食物的網，牠們並未事先經過訓練或學習，是天生就知道如何保護自己。此外，羊一見到狼，即使是初次，而且狼還在遠處，羊會自然而然地逃之夭夭，牠之所以如此，並非因為看到了狼的顏色，或嗅到了狼的味道，或聽到了狼的聲音，或因為狼的長相難看，而是因為憑牠的直覺，知道狼會給牠帶來危險。這種知識也不是綜合感所能提供的，因為它只綜合外在感官的感覺；也不來自想像力或記憶，因前者的任務是對不在眼前之事物形成意象，後者則對以往的事物形成意象，而羊只有看到狼的此時此刻才逃避之，且所看到的是實際的物體，不是其替身——意象或形象，所以我們必須承認，在動物身上必有稱為「利害感」(vis aestimativa) 的能力，否則就無法合理地解釋為何動物會有「利害」的體驗❸。這種能力在越高等動物身上越顯著、越高超，堪稱為「動物的智慮」(animal prudence)，牠們為達到目的，所用的方法幾近推理。多瑪斯曾舉獵犬尋找對自己有利的獵物之例子，足以說明此種能力的存在：獵犬逐鹿至三叉路口，使用鼻子去聞鹿究竟從那一條路跑走，聞了其一之後，再

---

❸　*Met.* 980a–981a; *De An.* 431a; 433b–434a; *Historia Anim.* 588a–638b.

聞其二,然後就無需再嗅第三條,已可斷定鹿必從第三條路逃脫。
獵犬的這種舉動,就好像在運用「排除律」做以下的推論:鹿既
不從前兩條路跑走,所以必從第三條路跑走,因為沒有其他的路。
對這種幾近推理的過程,多瑪斯的答覆如下:

> 在被推動的物體所產生的行動裏,顯示出推動者的才能。
> 因此,在被理性所推動的所有物內也呈現理性的秩序,譬
> 如箭被射手射向標的,像箭在運用理性引導自己奔向彼端。
> 在鐘錶及其他經過人的技藝所設計的工具裏,也能發現這
> 種現象。於是人造物與人的技藝之關係,就像天然物與上
> 帝的神奇技能的關係一樣。因此,亞氏在《物性學》的卷
> 二上說,在受自然所推動之物裏,與受人的理性所推動之
> 物裏所呈現的秩序是同樣的明顯。或許吾人可以發現缺乏
> 理性的動物,牠們亦具備了某些靈敏的特徵,那是由於牠
> 們是在受自然力量的推動下,其行動才顯得非常有秩序,
> 因為牠們的技巧乃得助於上帝巧妙的安排。因此,有些動
> 物可以說是靈敏的,或聰明的,但並不能因此結論說,牠
> 們有理性及能自行抉擇,這可從同種類之動物從不改變(改
> 善)牠們的活動方式之事實得到印證。(S. th. 1–2, 13, 2, ad
> 3)

人類不但有利害感,且已經被理智所提昇,所以已屬於較高
層次,其功能自然也愈卓越,藉此能力,人不但知道具體與個別
的利害物,且知道一般對自己有利或有害之物,譬如人會知道凡
是猛獸都會攻擊人,凡是有營養的食物都會促進人體的健康,多

瑪斯以「思考能力」(vis cognitativa) 稱呼人的這種特殊能力。其他動物則只有與具體和個別的物體遭遇時，才發現其對自己有利或有害❸❻。

五、感性欲望

凡有感性生命者，必有感性欲望，而感性欲望是一個普遍名詞，因為有所謂感性與理性兩種欲望，前者屬於人和動物所共有的，後者是人所專有的，「意志」是其代名詞。感性欲望又分為「欲情」(concupiscible appetite) 和「憤情」(irascible appetite) 兩種，前者是對有利之事物的欲望，包括愛、恨、欲、喜、憂和逃避；後者則為對於求利的困難之憤慨激勵，包括希望、失望、壯膽、畏懼、忿怒和嫉妒（也可屬於欲情），其中以「愛」最為基本，因為它是對「善」的喜好和追求：對於已獲得的「善」，產生「喜」；對於尚未獲得的，產生「欲」和「希望」；對阻礙獲「善」者，產生憂、壯膽、畏懼、忿怒；當無法得到時，產生失望、嫉妒、逃避。儒家則以「喜、怒、哀、懼、愛、惡、欲」七情來涵蓋這些情緒。「欲情」與「憤情」乃屬於同一層面的情緒，所以基本上沒有什麼不同；但前二者——感性與理性欲望——在基本上是有所差異的，因此屬於不同層面的情緒，是兩種在性質上完全不一樣的能力。因著這種基本上的差別，在人內此二能力所產生的行動有起衝突的可能，因此經常發生理性與感情背道而馳。感性欲望所尋找的是眼前、暫時、局部和身體方面的快樂，理性欲望則尋求未來、持久及整體的福樂。所有動物，即使僅由觸覺所獲得的一點微不足道的經驗，都顯示牠們有欲望，至少有尋找食

---

❸❻ *De Partibus Anim.* 648a; 650b; *Phys.* 199a; *E. N.* 1141a.

物的欲望，因為牠們有求生的強烈感，對痛苦、快樂有所反應。
牠們會追求快樂，逃避痛苦，更會想辦法免遭危險，所以感性欲
望對保存動物的性命是非常重要的 ❸ 。

六、移動能力

在動物身上的「移動能力」(locomotion) 是指從一個地方到另
一個地方，所以也叫做「位置的移動」，是欲望能力的補充，因為
若有欲望，而缺少移動能力，欲望又如何實現？狗若沒有此能力，
又如何能尋找食物？即使食物擺在眼前，也只好望食物而興嘆了。
羊看見狼來了，若不會拔腿竄逃，不是坐以待斃嗎？欲望能力可
以說是發號施令者，所以是推動因；移動能力是奉命行事者，但
不知無所欲，因此欲望能力須先假定認識能力，認識能力給欲望
提供資料，是好是壞由認識能力來辨別，欲好欲壞由欲望能力來
做取捨，實際上的擁有或逃避則由移動能力來擔當 ❸ 。

第三節　理性生命

理性生命是最高層次的生命，除了人類外，是其他動物、植
物所缺的。因為是最高級的生命，所以也是亞里斯多德的心理學
之最後研究的對象，同時也是此學科的終極目標。但因為人類所
具有的靈魂是其理性生命的根源，因此先論靈魂本身：其意義與
性質，然後再談靈魂的起源及其功能。

---

❸　*De An*. 414b; 432b–434a; *E. N.* 1102b; 1139b; 1153b.

❸　*De sensu*, I, 436b18ss; *E. N.* 1174b; *De An.* III, 9, 432a17.

一、靈魂的意義與性質

關於靈魂的性質，亞里斯多德肯定了下列諸點：靈魂㈠是自立體 (substance)；㈡是非物質的，即是精神實體；㈢是單純的；㈣是不滅的；㈤每一個人僅有一個只屬於自己的靈魂；㈥靈魂不能轉生或輪迴。

㈠靈魂是自立體

所謂「自立體」是不存在於另一物上，而存在於其自身上，與「依附體」(accidents) 是對立的。紙的顏色、形狀是依附體，因為它們必須存於紙上面，其本身是不能單獨存在的，所以是紙「的」顏色，紙「的」形狀。相反的，而「紙」卻是自立體，因為它不存在於其他物之上，不是「其他物」之物，它是其自身。

亞里斯多德把「形質論」(Hylomorphism) 和「實現與潛能」的原理應用到人的內在結構上❸：人從兩個基本要素——原質與原形——組合而成，各自是其完整本質的一部分。因為只是一完整物的一部分，所以分開來，都不是一個整體，但各屬於自立體的範疇，雖然是不完整的自立體，理由是，人的靈魂就像其他魂（植物的生魂和禽獸的覺魂）一樣，同是原質（軀體）的原形，兩者共同組成一個完整的自立體。

再者，我們可以從兩方面去觀察靈魂：從存有觀點 (entitatively) 和從行動觀點 (operationally)。若從前者，靈魂是人身體的原形；若從後者，靈魂則是其能力的根源。作為身體的原形，靈魂是人本質的一部分；作為能力的根源，靈魂是人之所以能活著，能有感覺及能思考的依據。人的能力分屬於兩種情況：

---

❸　*De An.* II, 1, 412a–412b10.

有些是靈魂與身體所共有的；有些則是靈魂所固有的，即只存在
於靈魂上，與身體毫無關聯，譬如人的理性和意志——理性能力。
前者稱為「心身能力」(psychosomatic)，後者則是純精神性的能
力 (purely psychic)，靈魂因著這種自己所固有的能力，才不能與
其他低級魂相提並論，彼此之間有很大，甚至基本上的差距，所
以分屬於兩個在性質上完全不同的層次，因此若說人是高級動物，
只是在程度上與其他動物不同，在性質上卻是相同的，似乎欠妥，
因為此主張把人類降低與禽獸為伍，是進化論與唯物論的論調，
目前已被大多數學者所唾棄。

　　靈魂既然單獨是理性能力的直接根源——寄託所，那麼，它
就不需要依賴其他物而存在，它本身就能單獨存在，所以應是一
自立體。能力與由能力所產生的行動，若沒有可以依賴而存在的
主體，就恰似懸於半空中，此乃不可思議的！因此，思考的行為
要求其能力的存在，而其能力則要求可以有所寄託的主體——自
立體的存在。同樣的，欲望行為也要求產生此行為的能力之存在，
而此能力也需要一個可以寄託的地方。靈魂就是它們的寄居所，
所以必須是一個自立體，否則靈魂就是依附體（因為根據亞里斯
多德的範疇論之二分法，宇宙間萬事萬物，不是自立體，就是依
附體，沒有其他的可能），那麼，何謂靈魂的自立體呢❹？

㈡靈魂是精神實體

　　所謂靈魂是「精神實體」，換言之，是非物質的，其含意是：
第一、它不是物質實體 (not a body)；第二、它能單獨存在，不需
要依賴物質而存在 (subsistent, not intrinscially dependent on a body

---

❹　"Hence the soul must be a substance in the sense of the form of a natural
body having life potentially within it." (*De An*. II, 1, 412a19.)

—matter)。亞氏的此種見解❹雖然為一些近代心理學家所反對❷，
但絕大部分的哲學家均表贊成，包括蘇格拉底、柏拉圖、奧古斯
丁、多瑪斯、笛卡兒、萊布尼茲、康德、黑格爾、布萊德雷
(Bradley)、克魯齊 (Croce) 和柏格森等❸。

「靈魂」之所以是精神實體的理由，是由於它是精神行動的
根源，而哲學有一則基本原理：「凡物之行動必須相似其存有本
質」，或「物之行動與產生該行動之根源應是同性質」(operari
sequitur esse)，因此，既然靈魂是精神行動的根源，那麼，靈魂本
身自然也應是精神實體，否則就與「效果不能超過原因」的哲理
相悖了。

我們在前面已說過，靈魂是人的理性能力的根源，理性能力
指的是「理智」與「意志」，而此兩者所產生的皆為精神行動，譬
如人運用理智可以從具體事物中形成普遍和抽象的概念，如人、
花、動物等；另一方面也能認識其他非物質物，如真、善、美、
正義、智慧、永恆、無限、上帝等。這些東西既是非物質的，又
不需要仰賴物質而存在，因為他們不是感覺的對象，他們是看不
見、摸不著，以及嗅不到的。他們自然也缺乏物質的特性，如長
短廣狹，或高低深淺，或彎直圓方。所以是這些精神行動之根源
的靈魂也應是精神實體。不過，這裏有一點必須加以澄清：當我
們說靈魂的行動不仰賴物質，是指它的行動能超越物質，即在實
行認知行為時，能從物質中抽出非物質部分，把物質部分拋開，

---

❹　*De An.* II, 1, 412a18ss.

❷　Watson, Tichener, Köhler, S. Freud, etc.

❸　Brennan, *Thomistic Psychology* (New York: The Macmillan Comp.,
1941)，pp. 306–307.

但當它尚與肉體結合在一起時，仍需要是物質的感官提供具體與個別的材料，否則將導致巧婦難為無米之炊了，基於此，嗣後在士林哲學裏就有一則流行的原理：「感官若不先提供資料，理智就一無所知」(Nihil est in intellectu quin prius fuerit in sensu)。感官既然是物質的，它所提供的自然也是物質物。靈魂與物質（肉體）的這種關係，可以用一句術語來表達：「靈魂不仰賴物質是從主體，而非從客體觀點而言」 (subjectively, not objectively independent on a body—matter)。

㈢靈魂是單純的

所謂「單純的」是指缺乏部分，但有兩種情況：第一、不從存有部分 (entitative parts) 組成；第二、不從分量部分 (quantitative parts) 組成。因為在靈魂裏沒有上述部分，所以是單純的，而這只是上面所述之結論而已，由於物的存有部分是指原質與原形，譬如人的完整本質就是此二者的組合體，但靈魂是人完整本質的一部分，因為是人身體的原形，所以它不再從原形與原質合成。

靈魂也缺乏分量部分，因為分量 (quantity) 部分是物質（物體）的主要特性，由分量則產生分離性和擴延性，而靈魂不是物質或物體，所以也沒有分量，此理甚明，無庸贅言。

㈣靈魂是不滅的?

靈魂到底是會滅或不滅的問題，的確是哲學上的大問題，可是不幸的是，亞里斯多德對此問題所持的態度相當模糊，且前後說法也不一致。譬如在 Eudemus 這部對話錄裏就主張靈魂先肉體而存在，且是不滅的，這顯然仍染有柏拉圖的色彩；在《論動物的生成》(De generatione animalium) 時，說靈魂不是受生的，而是外來的 (from without)，故假定與肉體分離後，靈魂仍繼續存

在，即是不滅的。但寫《形上學》時，他只主張理性魂，或魂的理性部分是不滅的，因為他曾言：「我們必須檢討一下是否有些原形（在脫離軀體後）會繼續存在，由於有某些徵況顯示，有這種可能性，譬如魂即是一例。然而，不是一切魂盡是如此，只有理智才是，因為很顯然的，不是一切魂都能繼續生存。」❹❹

亞氏在《論心靈》上所表達的意見是大同小異的，因為他主張主動理智是不滅的，而被動理智和靈魂的其他部分則與軀體同歸於盡，我們可從下面所言得到印證：

> 這種理智（主動）是可分離的，無感受的與不混雜的，因為基本上它是活動的。（因為主動之物是比被動之物更有價值，啟迪力要比它所定形的物質更高超。）實際知識與其對象合而為一；潛在知識從個人觀點看，在時間上要比實際知識優先，但從宇宙的整體而言，在時間上則無優先可言。理智不是有時認識或又不認識，當理智被分離時，它就是其自身，及僅此而已。唯它是不朽而永恆的。（我們之所以記不得其先前之所作所為，乃因為主動理智是不會有感受的，而被動理智則是可毀滅的。）沒有主動理智，無物能思考❹❺。

---

❹❹ "But we must examine whether any form also survives afterwards. For in some cases there is nothing to prevent this; e. g. the soul may be of this sort.—not all soul but the reason; for presumably it is impossible that all souls should survive." (*Met.* XII, 3, 1070a25–30.)

❹❺ "While mind in this sense is impassible, mind as passive is destructible." (*De An.* III, 5, 430a23–25.)

有關理智，或思維能力是否不滅，尚不明顯。然而它似屬
於不同性質的魂，它與其他魂不同，猶如永恆與可毀滅之
間的不同。這種能力與其他心靈能力分離時，可以單獨存
在。基於以上所言，魂的其他部分不能單獨存在是顯而易
見的，雖然有人對此說法不表苟同❹。

　　亞氏在寫《宜高邁倫理學》時，有關此問題的立場也不明確，
無法確定他到底是贊成或否認，由於他說：「有些人勸我們只要關
心有關人的事，及關心暫短的事，因為我們是人，及不是長生不
死的。我們切勿相信他們的話。相反的，我們應竭其所能使自己
成為不朽，及想盡辦法使我們的生活與我們所擁有的最美好之物
一致。」❹在這段文字裏，亞氏雖然未明確肯定靈魂是不滅的，然
而卻是在其著作中有關靈魂的高貴及其崇高價值之最美妙辭
句❹。

---

❹ "We have no evidence as yet about mind or the power to think; it seems
to be a widely different kind of soul, differing as what is eternal from
what is perishable; it alone is capable of existence in isolation from all
other psychic powers. All the other parts of soul, it is evident from what
we have said, are, in spite of certain statements to the contrary,
incapable of separate existence though, of course, distinguishable by
definition." (*De An.* II, 2, 413b24–30.)

❹ "We must not follow those who advise us, being men, to think of human
things, and, being mortal, of mortal things, but must, so far as we can,
make ourselves immortal, and strain every nerve to live in accordance
with the best thing in us." (*E. N.* X, 7, 1177b33–1178a1.)

❹ 可是聖多瑪斯不論在註《論心靈》也好，或《形上學》也好，均認
為亞氏所說的「不滅」是指理性魂，即靈魂，而不單指主動或被動

　　亞氏對靈魂之滅或不滅的問題所以猶豫不決，或至少未做清楚的交代，可能因為其對靈魂與肉體分離後之情形和去處不甚了解，而事實上他對此亦隻字未提。然而，他的猶豫顯然是多餘的，因為靈魂的不滅僅是前提（靈魂的單純性與精神性）的結論而已。

　　所謂「不滅」或「不朽」是指一物能永遠保持原狀，永遠長存。「滅亡」有兩種：「從有到無」，用哲學術語叫做「全毀」(annihilation)；另一種是「從一種存在方式到另一種不同的存在方式」，叫做「毀壞」(corruption)，這種滅亡又有兩種情況：「直接的」與「間接的」，前者是指一物分解成原先的構成元素，如水分解成原先的構成元素：氫和氧。所以只有從部分組成之物，才有這種滅亡，不從部分組成的單純體，就不會有這種滅亡。「間接滅亡」乃意指一物隨著所依賴而生存之物的滅亡而滅亡，如動物和植物之魂隨著軀體的滅亡而滅亡，因為它們的存在、活動均需依賴軀體，一旦軀體滅亡，它們也就隨之滅亡。物質實體，或含有物質性的實體才有這種滅亡，精神或非物質實體是不會的，因為其存在、活動根本就不仰賴物質，其活動是獨立的，其存在也是。

　　亞里斯多德既主張靈魂是精神實體，那它就不會間接滅亡；

　　理智，這有多氏的話可資印證："Quod quidem non potest intellgi neque de intellectu agente neque de intellectu possibili tantum, sed de utroque quia de utroque supra dixit, quod est separatus. Et patet quod hic loquitur de tota parte intellectiva quae quidem dicitur separata ex hoc quod habet operationem suam sine organo corporali." (In *De An.* lect. 10, n. 742s.) "Ex quo etiam patet, quod non potest hoc depravari, sicut quidam depravare conantur dicentes intellectum possibilem tantum vel agentem tantummodo esse incorruptibilem." (In *Met.* XII, lect. 3, n. 2453.)

同時他也承認靈魂是單純的：既不從存有部分合成，又缺少分量部分，那麼靈魂也就不會直接滅亡。既然如此，「靈魂是不滅」之命題就應該能成立了，還有什麼可猶豫的呢？

(五)每一個人僅有一個只屬於自己的魂，即靈魂

「魂是生命的根源」(the vital principle in living things)[49]，亞里斯多德在《論心靈》一書裏一開始即做了上述之肯定。然而，由經驗證明，宇宙間有三種不同的生命之存在，因為有三種不同的生物：植物、一般動物和人類，所以也應有三種不同的魂。植物所有的魂為「生魂」，其功能是營養、發育和生殖，除此之外，別無其他功能。因此，在植物內只有一個魂，即生魂，應該不會有所疑問。但一般動物，尤其人類，除了有上述的功能外，尚有感覺、欲望、思維等，是否也因此除了生魂外，尚有其他不同的魂呢？人有理智和意志，它們是生命功能，所以具有此功能之根源，稱為「靈魂」。但人還有其他活動，和植物一樣，人有營養、發育和生殖活動；和動物（禽獸）一樣，人也有感覺，那麼，很自然的，我們要問：人是否除了靈魂外，尚有生魂和覺魂？在解釋「魂」的定義時，如前所提及，亞里斯多德與其師柏拉圖截然不同，因為前者主張在動物內，在人內都只有一個魂，雖然除了自己的固有功能外，尚包括其他魂的功能，此乃基於他所說的原理：「高級的必涵蓋低級的，低級的卻不能涵蓋高級的。」為了說明自己的論點，他曾以凡四方形必涵蓋三角形，三角形則不涵蓋四方形的例子來證實。所以他的結論是：動物若不會自行營養，也不能有感覺，是以，感覺功能必須以營養功能為先決條件，營養功能則不必先假定感覺功能，既然如此，在每一隻動物內就只

---

[49]　*De An.* I, 1, 402a6.

有一個魂，即覺魂，涵蓋有生魂的功能❺⓪。同樣的原理可以應用在人的身上，即在人內只有一個魂，即是靈魂，因為是最高級的，所以涵蓋其他低級魂的功能，這可從亞氏給「靈魂」下的定義獲得證明：「魂是我們首先所藉之而活著、而感覺，及而思維之物。」(Since it is the soul by or with which primarily we live, perceive, and think)❺❶此定義的含意，我們已解釋過，這裏所要強調的是：第一、亞氏所說的「魂」絕對是人的靈魂，因為只有靈魂有思維的功能；第二、此同一的魂——靈魂，不但是思維，且是生命和感覺的根源，所以他肯定在人內只有一個魂——靈魂，否則他不會用單數 soul—ψυχη̄，而應用複數。

再者，亞氏給「魂」所下的另一定義是：「能有生命的天然有機軀體的第一實現」(the first actuality of a natural organic body having life potentially in it)❺❷。這裏所說的「第一實現」乃指「原形」(substantial form)，因為「存在」才是第二或最後實現。魂既是軀體的原形，而原形則是存有、限定（決定）和活動的根源 (principle of being, of specification and of operation) （參看宇宙論有關原形的特性），那麼，很顯明的，在每一個生物內也只能有一個專門屬於自己的魂，否則就不是一完整的自立單一體 (a complete substantial unit)，如此，在各物內就有兩個或兩個以上的存有者，他們在本質上是彼此不同的存有者,例如張三這個人同時是植物、動物和人，因為在他內有三個不同性質的魂。但是，植物不是動物，動物也不是人，反之亦然，所以張三什麼也不是，這豈不是

---

❺⓪　*De An.* II, 3, 414b28–415a5.

❺❶　*De An.* II, 2, 414a12.

❺❷　*De An.* II, 1, 412a27.

很荒謬嗎？以上的分析，也答覆了哲學上的另一個問題：靈魂與
肉體相結合形成一個完整的本質和完整的自立體，即各是此完整
物的一部分，分開來，都不完整。既然是不完整的，當然也是不
完美的，彼此相合為一時，才是最完美的，也因此兩者的相結合
既是自然的，又是必要的，對兩者都有好處，因為能相輔相成，
套一句俗語：「合則各蒙其利，分則各受其害。」以上諸點皆是亞
氏所強調的 ❸，此可從柯普斯登 (Fr. Copleston) 教授之言明之：
「因為他以靈魂為軀體的實現，使兩者結合成一自主實體。亞氏
主張靈魂與軀體的結合，要遠較柏拉圖學派的學者們的主張更為
密切 ❺。亞氏從未把軀體視為靈魂的墳墓。他主張靈魂與軀體的
結合，乃對靈魂有益，因為唯有如此，靈魂才能發揮其功效。中
世紀的亞氏學派學者們，像多瑪斯，都持這種觀點，雖然許多基
督教大思想家不但曾經如此，現在依然重複柏氏的傳統說法——
只須想想奧古斯丁就足矣。有關靈魂與軀體的結合情形，亞氏堅
決認定柏拉圖學派並未提供令人滿意的解釋。亞氏說，他們似乎
以為任何一個靈魂都可以與任何軀體相配。這是不正確的，因為
每一個軀體都有一個明確的原形和特性。」 ❺

---

❸ *De An.* II, 2, 414a12–28; 3, 414b28ss.

❺ 柏拉圖主張靈魂先肉體而存在，所謂「人」，主要指的是靈魂，肉體
只不過是靈魂所利用的工具，所以兩者的結合並非自然的，而是勉
強的。靈魂已是一完整的自立體，故與肉體的結合是偶然結合
(accidental union)，猶如人身體與其所穿的衣服的結合，或船與舵手
的結合，因此也可以說是一種毗連結合 (justaposition)。

❺ 柯氏的這一段話乃就亞氏在《論心靈》(414a19ss.) 上所說的加以發
揮。(Cf. Fr. Copleston, S. J., *A History of Philosophy*, New York: Image
Books, 1962, vol. 1, p. 71.)

(六)靈魂不能轉生或輪迴

「轉生」的希臘文是 metempsychosis，由 meta 和 empsychoum 組合而成，前者有「超越」、「後來」之意；後者有「賦予生命」，或「使有生命」之意，所以組合起來，字面上的意思即是:「死後再生、轉生或重生」，因此在西方語言中也以 trans-migration 或 re-incarnation 代替。

「轉生」或「輪迴」是很熟悉的名詞，其含意是: 在人或動物死後，其原先所擁有的魂會投入其他軀體中，以連續作為生命的根源。古時的畢達哥利亞學派就熱衷於此學說；柏拉圖極為贊成❺❻。印度教和起於印度的佛教還把此說視為其中心教義之一；受此兩種宗教的影響，此說在印度哲學裏也佔一席之地。甚至今日對主張「通神論者」(theosophists) 而言，仍是很受歡迎的。然而在亞里斯多德的思想體系裏，卻無容身之地，因為他的「形質論」(Hylomorphism) 及有關實現與潛能的原理完全反駁了此學說。對亞氏而言，靈魂與軀體的結合是原形與原質的結合，前者是「實現」，後者是「潛能」，是由兩個不完整的自立實體組成一個完整的本質，基於此，每一個人的靈魂與其軀體均保持一種既密切又自然的關係，它天生註定就只能與專門屬於自己的軀體相結合，或發生關係，即使靈魂脫離軀體後，這種關係仍一直予以保留。

其實這種特殊的關係是來自雙方面的: 從軀體方面而言，是人的軀體，不是其他物的軀體，所以只能與人的魂，即靈魂相結合；從靈魂方面而言，它是只能屬於特定及個別的軀體所有，因為一旦它與一種軀體結合過後，它就永遠保留此特殊關係，所以「張三的靈魂就仍然是張三的，而不能是李四的，自然也不能與

---

❺❻ Cf. Phraedrus, 249; *Rep*. X, 614.

李四的肉體或其他任何物體相結合。這種情形的發生，基本上也
是基於其原質受分量的空間限度的限定之故，因為先前的限度仍
隱藏於脫離肉體後的靈魂內，此就足以使靈魂成為個別的，猶如
在蠟上依照模子塑造各種形狀的藝術品，模子拿走了之後，藝術
品仍保留原來的形狀，仍舊是個別的產品。」❺❼

　　亞里斯多德在《論心靈》一書中已把自己的立場做了清楚的
交代：

> 因為正如我們所說過的，自立實體具有三種意義──原形、
> 原質，及由此二者所組成之物。原質是潛能，原形則是實
> 現。既然由它們所組成之物是生物，那麼，軀體就不可能
> 是靈魂的實現，而是靈魂才是一種確定軀體的實現。因此
> 正確的觀念是，靈魂不能沒有軀體，雖然它不是軀體。靈
> 魂不是軀體，而是與軀體有關係的，所以它必須與軀體相
> 結合，且與指定的軀體相結合。因此，若主張靈魂可以與
> 任何不受限定的軀體相配合，就像前人所認為的，是大錯
> 特錯的想法。稍作深思，就會對此明顯事實深信不疑。任
> 何物之實現只能在已可能是該物之物上實現，亦即是說，
> 只能在與自己相配之物上實現。從以上所述，即可斷定靈
> 魂只可以是能有靈魂之物的實現或所指定之物❺❽。

---

❺❼　參閱拙文〈個體性之基本因素（原理）之研究〉，《哲學與文化月
　　刊》，第十四卷，第八期。

❺❽　"...Since then the complex here is the living thing, the body cannot be
　　the actuality of the soul; it is the soul which is the actuality of a certain
　　kind of body. Hence the rightness of the view that the soul cannot be

二、靈魂的起源

　　靈魂的存在是事實，且每個人都有一個，而且僅此一個專門屬於自己及不與他人所共享的靈魂。人的靈魂與植物和動物的魂在性質上是完全不同的，因為是純粹的精神實體，及是單純的，不可分割的，是在人內所有生命的活動，尤其是理性活動的根源。既然靈魂存在，那麼，它究竟從何而來？此即吾人所追尋探討有關靈魂的起源之課題。

　　眾所皆知，柏拉圖主張靈魂先軀體而存在，故早就存在於理型世界裏。然而，亞里斯多德在其《論動物的生成》(*De generatione animalium*) 一書卷二第三章及《形上學》卷十二第三章裏曾堅決反對柏氏的論調，此並非毫無道理可言，因為作為軀體之原形的靈魂，其天生目的就是為了與軀體結合，一方面為軀體的好處，另一方面也為了成全自己。倘若靈魂已先軀體而有，既不能給軀體提供服務（因為軀體尚未形成），又不能為了自己的益處（因為尚未存在的軀體幫不上靈魂的忙），那麼，其存在的目

---

without a body, while it cannot be a body; it is not a body but something relative to a body. That is why it is in a body, and a body of a definite kind. It was a mistake, therefore, to do as former thinkers did, merely to fit it into a body without adding a definite specification of the kind or character of that body. Reflection confirms the observed fact; the actuality of any given thing can only be realized in what is already potentially that thing, i. e. in a matter of its own appropriate to it. From all this it follows that soul is an actuality or formulable essence of something that possesses a potentiality of being besouled." (*De An*. II, 2, 414a17–28.)

的安在？況且，不與軀體結合在一起的靈魂，是不完整的實體，所以也無所作為，不能產生任何行動，尤其那些與心身雙方有關的行動。既然如此，也就沒有存在的理由。即使產生那些純精神的行動，靈魂亦需要軀體的協助，因為所有理性知識均起源於經驗，而經驗之獲致乃透過感官的運作。因此，靈魂先有說，很明顯的，是意味從開始靈魂就不完美，這無疑是對大自然的不信任，且也違反「自然都盡可能造完美之物」(Natura tendit ad perfectiorem) 的原則。

茲有一點值得注意：未與軀體結合之前的靈魂，單獨的確是無所作為，但脫離軀體後的靈魂卻不同，因為當它與軀體結合時，其被動理智已透過感官獲得不少理性意象 (intelligible species)，因此它能按照適合於不與軀體結合在一起時的狀況而認識以往所認識的，即不再回到「感覺形象」或「意象」(not turning to phantasms)。

總之，亞氏反對靈魂先有說的基本理由，乃基於靈魂是軀體的原形，是原質的實現，它天生就是為了使原質——軀體——成定形 (to inform matter)，所以必須與軀體同時存在，不能先軀體而存在❺❾。此說法在《形上學》上已說得相當清楚：

> 推動因先於效果，但形式因卻與效果同時。人健康時候，才是健康的人，銅製的圓體之形狀與該銅製品同時存在。我們必須檢討一下是否有些原形（在脫離軀體後）會繼續存在，因為有某些微兆顯示，有這種可能性，譬如魂即是

❺❾ "Unde Philosophus dicit in duodecimo Metaph., quod forma numquam est ante materiam..." (St. Th., in *De An.* lect. 10, n. 742.)

一例。然而，不是一切魂盡是如此，只有理智才是，因為
很明顯的，不是一切魂都能繼續生存❻。

多瑪斯註釋這段文字時，以非常堅決的口吻說:「靈魂不先軀
體而存在，及軀體毀壞後，靈魂也不一起毀滅的確是亞氏的意見。
此意見與柏拉圖及古時主張自然論的學者們所說的相左，他們把
理智與感覺混為一談。」❻

靈魂既然不能先軀體而存在，那麼，是否能來自父母的軀體?
或父母的靈魂? 或由神的實體中分出來? 雖然以上三種主張都有
擁護者，但與亞里斯多德的思想卻是格格不入的，因為前已說過，
亞氏主張靈魂是精神實體，是非物質的，既然如此，就不能來自
父母的軀體，因為它是物質體，絕無法提供與自身不同性質之物，
否則就與「己之所缺，無法予人」(Nemo dat quod non habet) 的哲
理相左。(藉著生殖動作，父母所供給的精子和卵子也是物質體。)
故也不能來自父母的靈魂或神的實體，因為此兩者均是單純體，
既沒有存有部分，又缺少分量部分，所以不但是不可分的
(undivided)，且是不能分的 (indivisible)。

既然上述的可能性均無法成立,亞氏到底如何解決此問題呢?
有關植物魂或動物魂，問題不大，因為它們就其自身而言雖

---

❻　*Met.* XII, 3, 1070a21–27.

❻　"Considerandum autem hanc sententiam esse Aristotelis de anima
intellectiva, quod non fuerit ante corpus, ut Plato posuit, neque etiam
destruitur destructo corpore, ut antiqui naturales possuerunt non
distinguentes inter intellectum et sensum." (St. Th., in *Met.* XII, lect. 3,
n. 2452.) Cf. Copleston, op. cit., chapter 29, footnote 37.

然也是非物質的，但卻含有物質性，其存在與活動均需仰賴物質
——軀體，所以為解釋其起源，也無需訴諸非物質，因為它們產
生時，是由舊物體的原質中引出；消失時，則隱沒於變化後的原
質中❻。

有關人的靈魂之起源，亞氏說了一句令人難以理解的話:「從
外而來」，或「外鑠而來」(from without)❻，對有神論的哲學家，
尤其對受基督教教義所薰陶的哲學家而言，很容易把這句話解釋
為靈魂是上帝從無中創造的 (Creatio ex nihilo)，其受造的時間是
與軀體之形成同時，或更正確地說，幾時軀體適於接受靈魂時
(as soon as the body is disposed to receive the soul)，上帝就為每一
個軀體創造一個專門適合於該軀體的靈魂，而事實上，後來以多
瑪斯為首的士林派哲學家絕大多數都持此主張❻。然而，從無中
生有的創造說，是超乎常理的，故除非有神的啟示做後盾，否則
就不是一般人所能想像得到的，因此，古時的哲人們，即使是第
一流的思想家，包括柏拉圖在內，也對「創造說」甚為陌生❻。
不過，從亞里斯多德的思想體系中，的確也能引出創造說，因為
他說: 嚴格說來實現先於潛能，全體先於部分，不滅之物先於可
滅之物❻。他還有一個重要的原理:「從潛能不能到實現，除非被
現有之物所推動。」在創造的過程中，有所謂「起點」與「終點」。

❻ *De gen. animalium*, II, 3, 736b27.
❻ Ibidem.
❻ "Et quia non potest fieri ex materia praejacente...necesse est dicere quod
non fiat nisi per creationem." (*S. th.* I, 90, a. 2.)
❻ Brennam, op. cit., p. 44.
❻ *Met.* IX, 8, 1049b10; *Phys.* VIII, 9, 265a22.

創造者 (creator) 即是「起點」，所被創造之物是「終點」，所以如果一方面有創造者存在，另一方面又有需要被創造之物，那麼，「創造說」即可成立。

亞氏既然堅持實現先於潛能，那麼自然地最終必須有一個純實現之物 (pure act) 的存在。他是獨一無二的，因為是至完美的（實現就是完美），但實現是行動的根源，實現本身就是行動，因為「唯有現有之物才能產生行動。」既然如此，那麼，純實現之物就不但有行動，且其產生行動的能力也是無限的，即不受到限制，因為他就是能力本身，所以他的能力就無所不及，能從無造有，即是創造者。

所有物，或是純潛能，或是純實現，或是從潛能與實現所組合而成的，沒有其他的可能性。既然實現先於潛能，那麼，最初有存在之物必定是純實現，不可能是純潛能，因為潛能本身是不能存在的，純潛能更不能存在。也不可能是由潛能與實現組合而成之物，因為它們的組合需要另一現有之物的干預。所以它們——純潛能之物與混合之物——開始時都不存在，即它們必定有開始——非永恆的，因此它們是從無中而有，至少是純潛能的最初原質必定是從無中生有，所以需要被創造，否則它必定是從另一先它而有之物而生，如此，或是陷入「無限逆退」(Regressus ad infinitum) 的困境中，或是矛盾中：原質在未生之前已生了，因為原質是物質物之生成的最初根據。因此，由亞氏的思想中，有此結論：至少最初的原質是從無中而生，是與原形一起被創造的。而實際上，也的確有人主張亞氏是「創造說」的支持者，譬如白冷達諾 (Brentano) 就是其中之一❻。至於亞氏所說的靈魂，或主

❻ *Die Psychologie des Aristoteles* (1862); *Ueber den Kreatismus des*

動理智「從外而來」的正確意義，只好讓讀者自己去做決定
了。

三、靈魂的能力

亞里斯多德把生物的生命分成高低不等的三種：植物、感性
和理性生命，它們的根源分別是生魂、覺魂和靈魂或智魂。此論
調前已述過，不再詳贅。亞氏的另一項原理是：高級魂涵蓋低級
魂，反之則不然，因此高級魂，譬如靈魂，雖然實際上只是一個
魂，卻涵蓋其他低級魂的能力，及由能力所產生的活動，自然更
有專門屬於自己的能力和活動。專門屬於靈魂所有的能力有二：
理智 (intellectus—intellect or mind)，及意志 (voluntas—rational
appetite or will)，故論靈魂的能力時，先談理智，再論意志。

㈠理智

有關理智，需要討論的有下列諸問題： 1.其意義與存在； 2.
其性質； 3.其對象； 4.其種類。

1.理智的意義及其存在

中文的「理智」，或「思維能力」譯自拉丁文的 intellectus（英
文的 intellect 則來自拉丁文），希臘文是 νοῦς。拉丁文的
intellectus 更適合理智的含意，因為它是從 intus 和 legere 兩字合
成的，前者有「內」、「裏面」的意思，後者則有「唸」、「閱讀」
的含意，所以組成一個字時，意味「把隱藏在裏面之物——加以
揭發」，或「能深入去探索隱藏在裏面之物。」隱藏之物猶如在黑
暗中，是不容易被發現的。但如果有「光」將它照亮，就能被發
現，所以亞里斯多德把「理智」（主動）比喻成「光明」，有時甚

Aristoteles (1882).

至直稱理智為「想像力」，因為在希臘文裏「想像力」($\phi \alpha \nu \tau \alpha \sigma \iota \alpha$)就有「光明」的意思，猶如理智能把看不見之物加以照耀方能為人所認識。

亞里斯多德未曾特別給理智下一個較完整的定義，但從有關理智的功能，及與感官之不同等見解中，他將理智描述成：是一種認識非物質物之非物質認識能力，藉此能力，人能認識物之本質、形成普遍概念，進行判斷、推理等作用以便知道藉著感性知識所無法知道的事，諸如原因與效果及方法與目的之正確與適當關係❻❽。

以上所言，主要是根據亞里斯多德在《論心靈》、《形上學》和《後分析學》上而言的：

> 禽獸缺乏理智，但卻有想像力及來自感覺器官的意象，即使感覺物不在眼前時，這些意象相似感覺。人雖然有理智，但有時會暫時失效，譬如生病、情緒激動、或在睡眠時❻❾。
>
> 靈魂的思維部分必須是無感覺的，但能接受物的形象，即不是該物，但與該物同性質。思維與可思維之物之關係猶如感官與可感覺之物的關係❼❶。
>
> 因此，既然凡事物都可能成為思想的對象，那麼，思維就應如安納薩哥拉斯 (Anaxagoras) 所說的，為了能認識所有物，就不應該混雜有任何物，因為一旦混雜有任何不同性

---

❻❽　Gredt, op. cit., p. 403.

❻❾　"In all animals other than man there is no thinking or calculation but only imagination." (*De An.* III, 2, 429a5–8; 10, 433a13.)

❼❶　*De An.* III, 3, 429a15–18.

質之物，對思維而言均為一種阻礙……所以我們稱為理智的靈魂（所謂理智，我指的是靈魂藉著它而思維和判斷），在思維前，不是任何實際物，因此，靈魂可以很合理地被視為不與物質或物體混雜一起之物，即是非物質的，否則它就會有冷或熱等特性，甚至和感官一樣，有器官，但事實顯示，理智並未具有這些東西[71]。

既然凡「是」即是真的，「非」即是假的，這種判斷乃基於「合」或是「不合」，若述詞與主詞能相合，即是真的判斷，否則即是假的判斷……[72]。

感覺無法提供科學化知識，因為感覺知識均受時間與空間的限制，它所能認識的，不外乎受「此時」與「此地」的限制之物，所以普遍之物不是感覺的對象……[73]。

總括上述，人有兩種認識能力，其一為與禽獸所共同的，稱為感性認識能力，另一種是人所獨有的，稱為理性認識能力，稱為「理智」，它以靈魂為主體，即寄託所，其性質與靈魂相同，是精神性、是非物質的。理智的功能是認識事物，它與意志不同，因為後者是欲望能力，它追求由理智所認識的「善」。「理智」雖是認識能力，但與感性認識能力有異，因為兩者有不同的認識對象。前者的對象是「物性」或物的本質，是物之內在非物質部分，理智能從個別物體中形成能適合於所有同類物的普通概念，並能區別各物的主要與次要部分，進而進行判斷、推理活動以便知道

---

[71] *De An.* III, 4, 429a15–23.

[72] *Met.* VI, 4, 1027b18–22.

[73] *Ana. Post.* I, 31, 87b.

各種關係；感性認識能力的對象則是物之個別性，物之外在部分，即是物之形色，故其功能受時間和空間的限制。

亞里斯多德以為，理智的存在是顯而易見的，因此他以理智所固有的三種活動：單純認識、判斷和推理作為其邏輯學的基礎。有關這三種理智所獨有的活動，在論亞氏的邏輯學時，已詳細論過了。

「反省作用」也是人所專有的，不是感覺能力所能產生的。所謂「反省作用」是指「能對自己的行動加以反省」(power of reflecting perfectly in its own activity)❼。譬如，我不但能想你，且還能想到我正在想你，即把正在想你的行動作為我思想的對象。換言之，人的理智在實行行動時，不但會產生行動，且也知道正在進行中的行動❼。感性認識能力絕無法產生這種「反省作用」。我的眼睛雖能看見物體，但絕不能看見自己看見該物的行動。我的想像力能想像不在眼前的物體，但也絕不能想像自己的想像行動。的確，禽獸知道自己在看或在聽，但這些行動是來自中樞官能，牠雖然知道外在感官的行為，然而卻不認識自己的行動。

理智之所以能產生禽獸所不能產生的這種「反省作用」，是由於理智是非物質的，其存在與活動不仰賴物質。禽獸的認識能力卻含有物質性，其存在與行動都受制於物質──物質器官，而物質是佔空間的，每一部分有固定的地方或範圍，互不侵犯，不能有伸縮性，與其他部分無法並容。

---

❼　F. Donceel, *Philosophical Anthropology*, Sheed and Ward, Inc., 1961, p. 253.

❼　"The intellect not only performs an activity, but it knows that activity while it is going on." (Ibidem)

　　人具有理智的另一證明是：僅人會製造、發明及使用機械。然最高等動物充其量只能模仿已存在的東西製造一些簡單的工具及學習使用工具，但絕不能發明東西，因此動物不會進步，不會精益求精，故同種類之動物永遠保持一模一樣的活動方式，從未聽說過牠們的後代子孫會發展一種更便利於生存的工具，譬如以車代步，或以冷氣驅暑，以暖氣禦寒。

　　「發明」是一種極高度智慧的行為，它必須先看清目的與方法、原因與效果的密切關係，然後把存在於思想中之物付諸實現，譬如當人發明造鞋的機器，而後藉此機器把那表面上看來與鞋的製造無明顯關聯的各種材料，如棉花、皮、塑膠等合在一起製造成精美的鞋子。僅憑感官看見這些材料絕對無法預見一雙鞋子的產生，只靠感性知識，人更無法發明造鞋的工具及利用此工具達到造鞋的目的。另外例如汽車、飛機、太空船等的完成，比鞋的製造過程更複雜千萬倍，此更非任何其他只具有感性知識的禽獸所能勝任的，因此，這些複雜機械的發明與使用，要求一種超感性知識的存在，此知識僅人能有，稱為理性知識，而產生它的能力即是「理智」，故其實有乃不容置疑的❼⑥。

　　2.理智的性質

　　禽獸所具備的感性認識能力與人所固有的理性認識能力——理智，分屬於不同的層次，前者是物質的，後者是非物質的 (immaterial)，是純粹精神實體 (spiritual)，這從以上論理智的意義與存在時已獲得證實，不過尚可充分加以發揮❼⑦。

---

❼⑥　參閱拙著《宗教哲學》，臺北，商務印書館，民國七十五年，頁581–582。

❼⑦　*De An*. III, 4, 429a31–b5.

　　為了證明理智的非物質性，亞里斯多德在《論心靈》卷三第四章裏，把理智與感官之間的區別舉出一個甚為巧妙的例子：從觀察感覺器官及其使用的結果顯示，感覺能力與理性能力有不同的感受。感覺能力經過強烈的刺激後，其敏感性就大不如前，譬如聽過較強聲音之後的聽覺，接著就不容易聽見較小的聲音；看過太刺眼的顏色，或嗅過太濃的氣味之後，即難以看見或嗅到其他東西。可是，理智不會因認識更明顯東西之後而受到絲毫影響，這就證明感官與物體──物質──有密切關聯，理智則可與物質分離，即其活動不仰賴物質，所以是非物質的❼，而也只有那些能成為非物質之物才能被理智所認識❽。

　　其次，什麼樣的能力產生同性質的行動，什麼樣的行動也要求同性質的能力，因為物之行動決定該物之性質。理智的行動乃有關非物質之物，譬如人藉著理智認識真、善、美、智慧、關係、無限、甚至上帝，所以理智本身也應是非物質的。

　　再者，感覺器官，因為是物質的，所以不能認識「共相」──普遍性之物，因為凡是物質者，均受時間與空間的限制，它所能認識的，只是具體與個別之物。但理智能有抽象的普遍概念，譬如屬於一個「種」或「類」之物，它們都可適合於許多個別物。

　3.理智的對象

　　「理智」是人類所固有的認識能力，但談其對象時，可以從兩方面來考慮：從其本身而言，及從它與軀體結合時而言。若從其本身而言，理智的對象是所有物的物性，故只要能夠被認識之

---

❼　*De An.* III, 4, 429b30.

❽　"For mind is a potentiality of them only in so far as they are capable of being disengaged from matter." (*De An.* III, 4, 430a8.)

物，理智都能認識，或套一句哲學術語：「存有者之為存有者」
(ens inquantum ens－being qua being)，此即亞里斯多德所說的：
「在某種意義上，可以說理智能認識任何可能想到的東西」(mind
is in a sense potentially whatever is thinkable) ⑧⓪，尤其嗣後他接著
說：「靈魂（理智）有點像是萬能的」(the soul is in a way all
existing things－pos panta) ⑧①。

　　理智為什麼會認識所有可被認識之物呢？因為它是非物質的
認識能力，故不受物質的限制，既不受物質在能力本身方面的限
制，也不受物質在對象方面的限制。缺乏這雙層的限制，理智自
然就可以認識所有物的物性。換言之，理智就其本身而言，即理
智之所以為理智的認識對象是所有存在物，不論現有的或將有的；
不論是抽象的或是具體的；不論是實際的或思想的；不論是物質
的或非物質的；不論是自立實體或依附體；不論是有限的或是無
限的；凡是「存有者」，而不是「無」，均是理智的認識對象。

　　但就其本身而言的理智是抽象的，實際上理智實行其行動時，
是靈魂與軀體結合時，所以理智的實際對象即是指此時的對象。
它就是「藉著意象或感覺形象所呈顯之物質實體的抽象或普遍本
質」(The abstracted quiddity of a material thing represented in the
phantasm)。

　　前已提及靈魂天生註定與軀體相結合，而軀體也需要與靈魂
結合才能有生命及產生生命活動，所以兩者的結合是既自然且必
要的，故也是正常的。理智雖然是非物質能力，但當靈魂與軀體
結合時，其活動就必須透過代表物質的軀體，因此，此時理智的

---

⑧⓪　　*De An*. III, 4, 429b30.

⑧①　　*De An*. III, 8, 431b21.

合適對象就不是所有物的本質，而是物質物的本質，因為此時的
理智認識其對象時必須先透過感官，沒有感官提供資料，理智也
無法形成任何概念，既沒有概念作媒介，理智就是空洞的，就不
認識任何物，故在理智的認識過程中，理智為主要因，感官則為
次要因和工具因，此為亞氏所言「理智在開始時猶如一塊白板
(tabula rasa)，在上面是空無一物」(a writing-table on which as yet
nothing actually stands written) ❷，或嗣後士林哲學所說的：「感官
若不先提供資料，理智一無所知」(nihil est in intellectu quin prius
fuerit in sensu) ❸。但感官的直接對象是物質實體，故此時（與軀
體結合時）理智的直接對象也應是物質實體的本質。物質實體既
是現階段的理智之直接對象，理智自然對它的認識也較清楚及較
不易犯錯。至於對其他非物質實體之本質的認識，就不那麼清楚，
且容易犯錯，因為理智對這種物只能有間接的認識，至多只能知
道它們的籠統及模糊的情形，或以類比方式 (by analogy)，或以排
除方式 (by negation)，或以卓越方式 (by way of excellence) 認識它
們，這些認識方式當然不太可靠及不太正確 ❹。

　　感官所提供的資料，並非保持原貌的個別物體，而是代表該
物體的「意象」或「感覺形象」(Phantasmata)，從此意象中，理

---

❷　*De An.* III, 4, 430a1.

❸　此格言的含意不像唯物論者所說：理智只能認識感官所認識的，或
　　感官也能認識理智所認識的，而是說理性知識起源於感官所提供的
　　資料，以此為根據，理智會進一步去發展以認識事物的本質，甚至
　　還能以類比方式認識純精神實體，譬如神 (St. Th., De Ver. 10, 6, ad
　　2)。

❹　*De An.* III, 4, 429b10ss; 8, 432a4ss; St. Th., in *De An.* III, lect. 8, n. 705,
　　709, 711ss; lect. 13, n. 791; lect. 9, n. 722; lect. 12, n. 770.

智（主動）才能及必須抽出代表物質實體之本質的普遍概念，然後藉此概念，理智再回到意象 (conversio ad phantasmata) 才認識個別事物之本質，這就是亞里斯多德所強調的：「靈魂（理智）從不思考，除非有意象作媒介」(the soul never thinks without an image)❽。此乃亞氏對人類知識所做的莫大貢獻（至於有關理智如何形成普遍概念，在談邏輯學時已討論過了，無需重複），後來經過多瑪斯的發揚光大後，此學說普遍地為學術界所接受❾。

為了認識個別事物之本質，理智「能」，且「必須」回到意象的理由是：雖然理智所直接認識的，只是普遍概念的內容，但理智既從意象中抽出概念的內容，所以也能藉著它，間接認識個別事物。換言之，能回到意象而認識事物本身。此外，理智所形成的概念必須回到意象的理由是：抽象概念的內容並非完全確定的，理智如果要真實地認識客觀事物，就必須補充概念所缺乏的確定性，而這只能求之於被抽象的個別物：「任何物質實體的本質，除非將它置於個別物內，否則不能完全且真實地被認識。然而，我們認識個別物乃藉著感官和想像力，所以理智必須回到意象才能實際上認識合適於自己的對象。」❿多瑪斯在別處又說：

---

❽ *De An.* III, 7, 431a16.

❾ 譬如名神學家拉尼 (K. Rahner) 就甚欣賞此學說，在他的博士論文《世界裏的精神》(*Spirit in the world*) 就加以詳細的發揮與應用以作為其日後的中心思想。

❿ "Unde natura cujuscumque rei materialis, cognosci non potest complete et vere, nisi secundum quod cognoscitur ut in particulari existens, particulare autem apprehendimus per sensum et imaginationem. Et ideo necesse est ad hoc quod intellectus actu intelligat suum proprium objectum, quod convertat se ad phantasmata." (*S. th.* I, 84, 7.)

理智似乎藉著某種反省（回歸）而間接認識個別物。如以
上所說 (*S. th.* I, q. 84, a. 7)，理智於抽出理性印象 (species
intelligibiles) 之後，仍不能實際上認識除非回到意象，然
後在意象內認識理性印象就好像亞里斯多德在《論心靈》
裏所說的 **❽**。理智即如此藉著理性印象直接認識共相本身，
間接則認識意象所代表的個體 **❾**。

多瑪斯所說的：「藉著某種反省」(per quandam reflexionem)，
其意義可能不容易懂，但在其《論靈魂》中有一段文字，或許對
了解其含意有所幫助：

由於靈魂與軀體的結合，理智並非直接，而係藉著某種反
省認識個體。這是説，既然它正把握自己所認識的（普遍
概念的內容），因此，於反省考慮其活動，以及其活動的泉
源之理性印象之外，同時也反省考慮理性意象的泉源——
意象或感覺形象，而達到意象所代表的個別物。不過，這
種反省必須加上思辨力 **❿** 與想像力，否則不能完成 **❶**。

---

❽　"The faculty of thinking then thinks the forms in the images." (*De An.*
III, 7, 431b3.)

❾　*S. th.* I, 86, 1.

❿　按「思辨力」是譯自拉丁文的 vis cogitativa，它乃介於理智與感覺之
間，而兼有感覺與理性特徵的感覺能力，在談「利害感」時，已提
過此能力，是人類所固有的，雖然禽獸亦略有分享。這名詞是聖多
瑪斯所取得的。(Cf. K. Rahner, *Spirit in the world*, pp. 299–309.)

❶　Quaestiones disputatae, *De anima*, a. 20.

　　總括上述，在全部的思想過程中，理智始終與意象保持聯繫，因為理智在追求知識時，需要意象的協助，在運用已獲得的知識時，意象的贊助也是不能缺少的，這種情形在我們日常經驗中乃司空見慣的，譬如，第一、當人的腦部遭到傷害時（可因著受傷、酗酒過量、情緒太激動等），人的思考力也受到影響；第二、人時常藉著形成意象去理解想要知道的東西；為了解釋更清楚，也常借助於有形的例子、比喻等；第三、對那些無法形成意象之物，人不能直接認識，只能藉著其他透過意象所呈現的概念，人對該物有類似 (analogical) 的認識，譬如天生的瞎子對顏色就無法有正確的認識。充其量，只能藉著其他能形成意象之物而對某種顏色稍有概念，譬如藉著強音認識紅顏色；第四、人對純精神之物無法有正確與清楚的認識，因為不能藉著意象之形成，所以也必須透過物質物形成類似的意象，這是一種非常間接的認知方式，因此，充其量，對他們，人只能有類比概念。

　　4.理智的種類

　　「理智」是人類所固有的認識非物質物的能力，但在整個認識過程中，其步驟是相當複雜的，有時從靜到動，有時則從動回歸到靜，所以亞里斯多德主張有兩種理智：一是「主動理智」(intellectus agens─nous poietikos)；另一則是「被動理智」(intellectus receptivus─nous dynamikos)❷，多瑪斯稱它為「可能理智」(intellectus possibilis)。在亞里斯多德的心理學上，沒有比這個主張更受到爭議的，因為有關它們的功能、性質等，亞氏並未交代得很清楚，茲可從下列敘述中略見端倪：

---

❷　nous poietikos-nous dynamikos 的字樣並未在亞氏的著作出現過，不過其內容的確是亞氏的創見。

「既然在每一種類的事物中，猶如在整個自然界裏，牽涉
兩種因素：第一、能成為該種類中的所有個別物的質料；
第二、促使所有個別物之產生的原因（後者與前者的關
係，猶如技藝與其質料的關係），所以這兩種因素也應在
靈魂裏出現。
「而事實上就像我們以上所描述的（卷三第四章），理智一
方面能認識所有事物 (what it is by virtue of becoming all
things)；另一方面使所有事物成為認識的對象 (what it is
by virtue of making all things)，這就有一點像積極的因素
如光線，因為光線是使可能看見之有顏色物體成為實際
上被看見的有顏色物體。
「在這種意義上，理智是可分離的、無感受的、不混雜的，
因為它基本上是一種活動，而主動因素要比被動因素優
良，啟迪力要比它所產生的東西或所定形的物質優
越❸。」

　　所以按照亞氏的說法，人的理智的確有兩種：主動與被動，
前者的功能是把可能被認識之物變成實際被認識之物，藉著從感
覺形象（意象）中攝取理性印象。但感覺形象 (phantasms) 是想像
力 (imaginative power)，從感官所提供的感覺印象 (sensible forms)
中所形成的。所以主動理智猶如普照大地的陽光，使萬物能被看
見。宇宙萬物的物性就好像在黑暗中，或被東西所遮蓋，不能為

---

❸ *De An.* III, 5, 430a10–20. 聖多瑪斯在註解這段文字時，用簡單的話說
　出了兩者的不同功能："In quo possunt omnia intelligibilia fieri; quod
　potest omnia intelligibilia facere in actu."

人所認識或所揭曉，主動理智的職責就是要揭開此神秘的面紗，把廬山的真面目呈現給被動理智。當被動理智發現攔在面前適合於自己的對象時（所謂適合是指同性質之意思，即兩者同為非物質之物），立刻予以接受，且進而產生「理性表象」(species expressa)，即代表物性的普遍概念。在人的認識過程中之所以需要主動理智之參與，是因為作為正式認識能力的理智是被動的，是處在潛能狀態中，而從可能認識到實際認識是兩個對立的階段，被動理智自己無法同時扮演兩種不同且對立的角色，因為亞氏的基本理論之一即是：「從潛能不能到實現，除非被另一現有之物所推動。」❹因此，為了含有物質性的感覺印象能實際上被非物質的理智所認識，此印象必須透過感覺形象經過主動理智的改造，把物質部分加以拋棄以抽出非物質成分──抽象概念，然後再將它提供給被動理智作為其認識事物的媒介。

根據以上所言，在人的理性生命中，主動理智扮演非常重要的角色，而它的存在是亞氏對解決人的理性生命之各種難題的重要發現，及是各種錯誤的剋星，因為我們若否認此能力的存在，一方面會陷入德謨克利特斯 (Democritus) 等所主張之唯物論的錯誤中：人的理性知識也是物質性的，充其量，只是高一層的感性知識，如此一來，人就被降低為禽獸，因基本上與禽獸無異。另一方面則陷入柏拉圖的先天概念論的錯誤中，此錯誤與唯心論及懷疑論相去無幾：主觀概念為人知識的對象，人所有的概念不與客體事物相吻合，結果人就不認識存在於宇宙間的事物之真相。

最後還有一點值得一提的：「對亞氏而言，主動與被動理智實

❹ "From the potentially existing to the actually existing is always produced by an actually existing thing." (*Met.* IX, 8, 1049b24.)

為兩種在性質上完全不同的能力❾❺，因為它們的功能完全不同：
主動理智產生理性印象；被動理智則接受該印象；主動理智能神
化物質物，使物質物變成與被動理智同性質的認識媒介，即使原
先只可能被認識之物變成實際上被認識之物，但它本身不是認識
能力，被動理智才是。雖然被動理智在開始時是完全被動的，但
經過主動理智的發動後，被動理智就能產生行動——形成理性表
象或概念，此理性表象就是理智認識事物的媒介或工具。」❾❻

　　從知識的目的及其運用的方式之觀點看，亞氏把理智分成「理
論的」(theoretic) 與「實踐的」(practical)，前者的功能是辨別
「真」與「假」，後者旨在區分「善」與「惡」。前者在追求知識
時，是為了其自身的緣故，後者則把知識視為達到實用目的之方
法❾❼。前者不會發號施令，因為其目標是純粹為了探求真理；後
者則會指導人的行為，因為其目標是獲致善。第一原理與理論理
智的關係猶如行為的最終目的與實踐理智的關係，同是其活動的
最初推動因。然而，目的雖然是行動的最初發動者，即是最先存
於人的意念中，但卻是最後才達到的 (prima in intentione, ultima in
executione)❾❽。其實不能把理論理智與實踐理智視為兩個不同性

----

❾❺　Scotus, Suarez, Ariego 和 Lossada 等不同意這種說法。
❾❻　參閱拙著《宗教哲學》，同上，頁 571。有關主動理智的性質問題，
　　有不同的解釋：Alexander of Aphrodisias (c. A. D. 220) 和 Zabarella
　　（活於十六世紀末和十七世紀初期）就反對此種說法。有的則持相
　　反意見，但又提不出正確的說明；有的則說每一個人有自己的主動
　　理智，有的則說所有人共享一個主動理智。其他意見可參考：Fraile
　　(op. cit., pp. 500–503), Copleston (op. cit., pp. 72–73) 和 D. Ross (op.
　　cit., pp. 148–153).
❾❼　*De An.* III, 10, 433a15.

質的能力，而是同一能力的兩種不同活動狀態或特性，因此，與其說是兩種不同的理智，無寧說是同一理智所追求之兩種不同的知識。

(二)意志

談完靈魂的固有能力之一的理智後，接著要討論另一種能力，即意志，先論其意義與存在；次談其性質。

1.意志的意義與存在

很少人否認人和禽獸有一些欲望或傾向。現代心理學家甚強調人有「感性欲望」(sense appetite)，因為人會千方百計去追求生活享受，並竭盡所能地去逃避痛苦，或不如意的事。但亞里斯多德主張人除了與禽獸共同的感性欲望外，另有一種為人所專有的，即理性欲望 (rational appetite)，亦叫做「意志」(will)，它與人的理智互相呼應，尤其與人的實踐理智維持密切的關係。「所有欲望都為了某種目的」，而目的即是推動與決定行動的原動力。「可欲者是行動的根源；但在感性欲望與理性欲望之間有很大的差距。可欲之物會立刻推動感性欲望；理智在做判斷時，是有時間性的，所以在它的影響之下的理性欲望——意志，也會追求或放棄未來之物，但感性欲望只涉及眼前之物。……只有是好的才能推動欲望產生行動，而它同時又是不好的……。」❾❾

意志與理智（實踐）之間有密切關聯，是因果關係，意志追求目的，理智則考慮為達到目的之方法。動物和嬰兒有欲望，可是不能選擇❿，所以不能說他們有意志，此乃由於前者缺乏理智，

---

❾❽　*E. N.* VI, 4, 1140a–1140b; *De An.* III, 10, 433a14–20.

❾❾　*De An.* III, 10, 433a25–433b10.

❿　*De An.* II, 2, 1111b7.

後者的理智尚未發展成熟，因為只在理性部分上找到理性欲望；感性欲望與情緒則屬於非理性部分。❿

　　從以上分析，可知意志之完整定義是：「一種傾向於由理智所認識的善之非物質能力。」(An inorganic power which tends toward the good apprehended by the intellect)。

　　首先，意志和理智一樣，是一種非物質的能力，它不以軀體而以靈魂為主體或寄託所，而靈魂是精神體，是非物質的，故意志也應屬於同性質之物。

　　人除了感性能力外，尚有理性能力，即理智與意志，但它們是同性質的不同能力。所謂「同性質」，是指同是非物質的能力；所謂「不同能力」，是指它們各有不同的形式對象 (formal object)，而能力之不同決定於形式對象，故是不同的能力。理智的對象是「真」，意志的對象則是「善」。但「善」不僅是意志——理性欲望能力的對象，同時也是感性欲望能力的對象，僅基於此，兩者甚無區別。然而，前者以「普遍善」(universal good)，或「一般性的善」(good as such) 為其追求的目標，後者則只能追求「個別」與「具體」的善，因為它只能追求感性認識能力所提供的「善」，而此能力，我們已提過，是物質的，所以也只能提供這種「善」。因此，雖然兩者同為欲望能力，然而，是屬於不同性質的能力。

　　意志既然只能追求理智所提供的「善」，那麼，很顯明的，兩者之間的關係就非常密切：理智若不存在，意志也就不存在，或至少其存在就毫無意義了，因為它不能有所作為，沒有可追求的

---

❿　"Wish is found in the calculative part and desire and passion in the irrational." (*De An*. III, 9, 432b5.)

對象；意志如果存在，必也要求理智的存在，否則就毫無作用了。理智若存在，意志也必定存在，否則理智的行動也就沒有意義，毫無目的，甚至根本就不會產生行動，因為目的是行動的原動力。人既然有理智，故也必須承認意志的存在，而且日常的經驗也促使我們對其存在深信不疑，譬如人的「自制行為」(act of self-control)。人能因著某些高尚的理由，崇高的理想，受苦忍痛，甚至犧牲自己的性命也在所不惜，禽獸豈能產生這些行為？

人有時還會為追求一些未來或遙遠的理想做事先的準備，縱然是千辛萬苦的，人也會忍一時之痛，求長久之福。只具有感性欲望的禽獸絕不會如此，因為牠們所注意的是目前及直接的好處，對未來的好處則一無所知，不知則無所欲，故對未來的好處也不可能感到興趣。

再者，人會追求一些非物質或精神性之物，譬如，上帝、正義、公道、德行、真、善、美、永恆、人格的高尚等。這些東西，因是超感覺的，絕不是感性知識所能提供的，自然也不是感性欲望所能追求的。所以專門屬於人的理性欲望（意志）的存在乃是無庸置疑的。

2.意志的性質——自由

人是自由的，因為人的意志是自由的，故「意志自由」，除了少數一些「決定論者」(Determinists) 和「唯物論者」外，很少有人否認的。毫無疑問的，亞里斯多德是意志自由的熱烈擁護者，讓我們聽聽他的論調：

我們在上述看到道德的優越。或認定德性與情緒及行為有關。情緒及行為可能是自主自動的，或是不自主的。對於

自主的行為，我們加以稱讚或責備，反之，我們經常願意原諒，或有時予以憐憫。那麼，研究倫理學的學生，必須分辨自主與不自主的區別，這是明顯的。對立法者而言，亦有莫大裨益，俾能更合理的制定賞罰。

一般認為非自主的行為，當它們形成的時候不外二端：(1)由於強迫。(2)因著愚昧。一個行為認為是在強迫之下形成的，乃由於外在原因而開始的及做事的人受了強迫，對這個行為沒有直接貢獻。譬如一個船長在船上遭暴風強迫或船員侵奪其權力，把船駛向相反的方向。可是這類事件並不常是如此清晰的。人很可能推想一個行為可能是為了一種好的目的所形成。或由於怕更壞事故所發生的恐懼而產生。譬如一個暴君將某一個人的父母子女押為人質，命令那人去做一件不名譽的事，若是他做了，其父母子女的生命就可以保全，否則就難以苟活。在這種情形之下，很難說那樣的行為是否出諸自主自動。同理，可由暴風雨中把船上的貨物丟到海裏以保全生命為例。當情況未發生困難時，他絕不會拋棄自己的財產，但為了救自己及同船人們的性命，有理智的人一定會這樣做的。這種行為有兩種性質，與其說它們是不自由自主的，寧可說它們是自主自動的，因為在那時，這些行為的形成，乃由於兩件事情中所抉擇而定。並且一個行為之形成，其目的或對象必須認定係那行為在當時所選擇的目標。這樣，當應用所謂「自主」與「不自主」兩詞的時候，應與行為形成的時間有關係。迄今我們所討論的，都是推想情形中所說的自主自動的行為。由於每個行為者，其四肢的動作都是做事的工具。這

就是說人本身有做事或不做事的能力。這樣由他自己行動
做出的行為，稱為自主的行為。可是這一類的行為只是在
特別的情況下才有的，否則，行為就是不自主的，因為沒
有人肯做這種事，只是為了那件事本身的緣故，確實有時
這類行為的形成能使行為者有功勞。這種情形之發生，乃
當一個人為達到一個偉大光榮的結果，以致情願忍受屈辱
或痛苦，這亦即上面所說的情形。可是在相反的情形上，
人的行為卻一定要受斥責了。因為人性墮落，為了一個不
高尚的目標，寧願屈於卑下，有些事情雖不值得稱讚，但
卻值得原諒。譬如一個人由於畏懼酷刑或是害怕流血，竟
做出錯事來。固然有些事情，不該強迫人們去做，對那些
事，人應寧死都不願做的。不論死得如何悲慘，也是他不
顧慮的❿。

既然目的是我們欲望的對象，而達到目的的媒介是我們考
慮及選擇的對象，有關媒介或方法的行動，必須由選擇形
成，並且必須是自主自動的。既然德行操練的機會在選擇
媒介上，所以德行也是靠個人的努力而得到的，惡習也是
一樣的。因為我們有權做，也有權不做；我們既然能說
「不！」我們也能說「是！」如果我們有權形成正當的行為，
同樣的，我們也有權抑止自己做邪惡的事情。人自己有權
抑止做一件好事，也有權抑止做一件壞事。既然我們有權
做正直的或邪惡的事，同樣的，我們也有權抑止這樣做。
由此觀之，做好事或做壞事，同作好人或作壞人是一樣的
意思，我們必須歸結到：要成為有德行的或有惡習的人，

❿ E. N. III, 1, 1109b30–1110a25.

成為善人或成為惡人，這完全是由我們自己來選擇🄬。

　　從上述引文中，可以看出亞氏的確主張人的意志是自由的，人有自由自主的能力，在「做」與「不做」，「做此事」與「做彼事」之間，人可以隨心所欲做自由的選擇。然而，亞氏只指出「自由」的事實，卻未提到「自由」的理由，即未說人的意志為何是自由的？其實從他對理智與意志之性質的分析，即已道出意志之所以是自由的理由，因為理智與意志同是非物質的，同是精神之物，理智給意志提供對象——善，而意志因為是非物質的，所以其正式及適當的對象不只是「善」，且是「普遍善」、「絕對善」，是十全十美之物，唯有它才能完全滿足意志的需求，其他相對的善均無法使它滿足，因此意志可加以接納，也可放棄，這就是自由的含意。但事實上，所有受造物都是有限者，都是相對的善，所以也是相對的惡。換言之，所有受造物都有好壞與善惡兩面，意志欲善惡惡，因此當意志面對著含有善惡兩面之物時，從善的觀點看，它會求之，但從惡的觀點看，它則棄之，所以任何物對它均無約束力，因此它是完全自由的🄭。

　　其實，人有自由意志，不僅僅是亞里斯多德的主張，幾乎是古今中外人士的共同信念，譬如孟子在〈告子上〉就有很好的一席話，說明人的意志享有自由：「魚、我所欲也，熊掌、亦我所欲也；二者不可得兼，舍魚而取熊掌者也。生、亦我所欲也，義、亦我所欲也；二者不可得兼，舍生而取義者也。生亦我所欲，所

🄬　*E. N.* III, 5, 1113b4–10.

🄭　有關意志自由的證明，可參考拙著《宗教哲學》，同上，頁 591–600。

欲有甚於生者，故不為苟得也。死亦所惡，所惡有甚於死者，故
患有所不辟也。如使人之所欲，莫甚於生，則凡可以得生者，何
不用也；使人之所惡，莫甚於死者，則凡可以辟患者，何不為也。
由是則生而有不用也，由是則可以辟而有不為也，是故所欲有甚
於生者，所惡有甚於死者。非獨賢者有是心也，人皆有之，賢者
能勿喪耳。」

　　總括上述，亞里斯多德對生物，尤其對人的內在結構的確作
了深入的探討，其思想堪稱為永恆的真理，對人類學作了莫大的
貢獻，因為他把人類與其他東西的相同點與不同點作了非常正確
與科學化的分析，使人類能認清自己的崇高地位與人性尊嚴；是
得天獨厚的受造物。這種主張與我國傳統思想也不謀而合，譬如
古人就常說：「人為萬物之靈」；「人與天地並立為三才」；《荀子》
〈王制篇〉所說的更具哲學色彩：「水火有氣而無生；草木有生而
無知；禽獸有知而無義；人之異於禽獸乃知情義也。」

　　綜合以上有關人所具有的能力，為了清楚起見，茲列表於下：

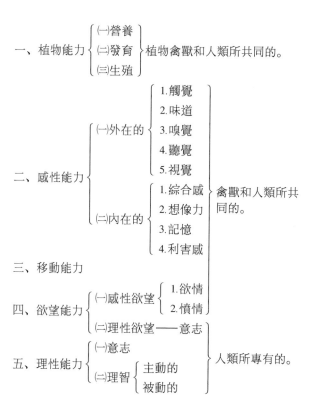

一、植物能力　{（一）營養　（二）發育　（三）生殖} 植物禽獸和人類所共同的。

二、感性能力　{（一）外在的 {1.觸覺　2.味道　3.嗅覺　4.聽覺　5.視覺}（二）內在的 {1.綜合感　2.想像力　3.記憶　4.利害感}} 禽獸和人類所共同的。

三、移動能力

四、欲望能力　{（一）感性欲望 {1.欲情　2.憤情}（二）理性欲望——意志}

五、理性能力　{（一）意志　（二）理智 {主動的　被動的}} 人類所專有的。

第六章　形上學

　　研究亞里斯多德思想的發展史專家──耶克爾 (W. Jaeger) 教授──發表他對亞氏在歷史上所佔的地位之評論時，說：「亞里斯多德這個名字乃意味客觀、永恆、長久以來的整個抽象思想界的知識巔峰，及士林哲學家心目中的偶像……。」把他的這一席話應用到亞氏的「形上學」，那將是再恰當不過了，由於這門學科不僅是他所創的（雖然在他之前的巴曼尼底斯已提出「存有者」的問題），且是了解其全部哲學的關鍵，及對後代的哲學思潮有莫大的影響。今就其意義、重要性及所研究的內容加以研討。

第一節　意義與對象

　　首先必須指出，有關亞氏的「形上學」之研究，雖然以由十四卷所組成的亞氏之《形上學》這部著作為主，但並非唯一的根據，因為在其他著作中，也隨處可見其形上觀念。

　　不少對亞氏思想研究有成就的學者❶，均認為目前所慣稱由十四卷所組成的亞氏《形上學》，不論從內容，或從年代觀點言，都不是一部有連貫性及有系統的著作，而是由完全不同內容和不

❶ 如 W. Jaeger, Nuyens, Oggioni, Owens, Zürcher, D. Ross, etc.

同年代的著作所組成的。雖然學人們對卷數的次序之意見仍有很大的差距，但這是一個不可忽視的事實，而此對正確了解亞氏的思想甚為重要。

亞氏本人極為重視形上學，由於它所研究的是人類知識的巔峰——智慧 (wisdom)，但他卻未採用「形上學」(metaphysics) 這個名詞。吾人亦無法確定該名詞的真實作者，不過依傳統的說法，其首創者似乎是羅德安道尼古斯 (Andronicus of Rhodes)，他大約是西元前一世紀的人，是亞氏所創辦的「梨塞翁」(Lyceum) 之第十位主持人，他在編亞氏的著作時，將其不同的作品——年代與內容均不同——組成一冊，排列在《物性學》之後，才以此得名，因為英語的 metaphysics 乃來自拉丁文的 metaphysica，而它又由希臘文 τὰ μετὰ 和 τὰ φυσικὰ 二字組成的，前者有「後來」、「超過」之意，後者則指「物性 (學)」，故二字相併的字意是：「物性 (學) 之後」(after or beyond the book of physics)❷。由於這部著作曾提到有關神的問題，雖然所佔的分量很少（只有在卷十二的第六、七、九章提到），及討論第一原理、最高或最基本的原則或原因 (first principles or highest causes)，故亞氏本人則稱它為「神學」(theology) 或「第一哲學」(first philosophy)。

雖然「形上學」的名稱早已出現，然而在西方於十二世紀以前未曾正式地被採用過。包伊夏斯 (Boethius, 470–524) 和嘉西諾魯斯 (Casidorus) 也未提過該名稱，甚至在厄利烏耶納 (Scotus Eriugena, b. c. 800) 和胡俄 (Hugo of St. Victor, 1096–1141) 的著作

---

❷ 此名稱的來歷也可能更早，有人說是亞歷山大學派的某一位圖書館館員，如 Calimacus 或 Hermippus，在圖書館內的書架上，把這部著作擺在《物性學》之後而命名之。

裏亦未曾提及。可能有些人，如吾尼莎密 (Dominic Gundisalvi) 和
斯哥杜 (Michael Scotus)，在把阿味齊納 (Avicenna) 的《形上學》
譯成拉丁文時，才正式引用此名稱。

　　有關該著作的內容，除了卷十二的第六、七、九章提到神學
問題外，其他篇幅均未提及，而依耶克爾 (W. Jaeger) 的意見，這
部分的手稿乃先於其他部分完成的，其內容深受柏拉圖之影響。
在該著作的其他部分（卷一、二和卷十三的第九章到第十章及卷
十四），當談到「第一哲學」所研究的「超越對象」(trans-
cendental objects) 時，也未明顯地擺脫柏氏的窠臼。然而，在嗣後
的著作裏，就有獨立與創新的見解，肯定形上學的研究對象是「存
有者自身」，或「存有者之為存有者」(ens inquantum ens—being
qua being)：

　　有一門學問是研究存有者自身及其固有屬性。它乃不同於
其他所謂的特殊學科，因為沒有一門特殊學科普遍地討論
存有者自身，它們均偏取存有者的某一部分，然後研究此
部分的屬性，數學即是其中之一例。如今，既然吾人是在
尋求各種第一原理 (the first principles) 和最高原因 (the
highest causes)，那麼，即必須要有某種事物是其性之使然
而具有這些原理及原因❸。因此，假如那些尋求存在事物
之要素的人們所探求的正是這些原理，則那些要素就必然
應該是存有者本身的根本原理，蓋存有者之具有這些根本

　❸　因為是最高原理，同時又是最後的根源，故它必然是以其自身為其
　　　根源，否則即有另一個更超越的根源，此顯然與真正最高原理（要
　　　素）的意義相左。

原理，並非出於偶然，而正是因為它是存有者的緣故❹。
因此，吾人必須加以把握的第一原因，也正是屬於存有者
本身所有的❺。

　　整個浩瀚無垠的宇宙是由無數不同的事物所組成的，而他們
又分屬於不同的「類」(genus)、「種」(species) 和「個體」(the
individual)。而在「類」的概念裏，又有「近類」、「遠類」與「更
遠的類」之區分。人與禽獸同「近類」，但不同「種」；人與植物
同「遠類」，但卻不同「近類」及不同「種」；人與其他無生命之
物同「更遠的類」，但卻不同「遠類」、「近類」及不同「種」；張
三與李四是同「種」，但卻是不同的「個體」。所以，宇宙雖然由
無數的事物所組成，他們是相同的，同時又是不同的，換言之，
在所有事物裏，有相同點，同時又有不同點，否則就或是只有一

---

❹　這些最根本原理乃是存有者的必然本質，而不是非必然的屬性，因
　　此，凡存有者就必然具有這些根本原理。

❺　"There is a science which investigates being as being and the attributes
　　which belong to this in virtue of its own nature. Now this is not the same
　　as any of the socalled special sciences; for none of these others treats
　　universally of being as being. They cut off a part of being and
　　investigate the attribute of this part; this is what the mathematical
　　sciences for instance do. Now since we are seeking the first principles
　　and the highest causes, clearly there must be some thing to which these
　　belong in virtue of its own nature. If then those who sought the elements
　　of existing things were seeking these same principles, it is necessary that
　　the elements must be elements of being not by accident but just because
　　it is being. Therefore it is of being as being that we also must grasp the
　　first causes." (*Met.* IV, 1, 1003a20–33.)

物，或空無一物，因為所有物至少有一個共同點，即他們至少都是「存有者」(being)，否則就是「無」，「無」是「存有者」之反，故根本就不存在，自然也就無所謂的「同」或「不同」了 ("There is no difference in what is nothing." *Phys.* 215a9)。

就因為宇宙萬物有共同點，所以學問才成為可能的，由於個體之為個體 (the individual as the individual) 不會引起做學問者的興趣，他們所關心的是個體與個體之間的共同點，或更正確地說，研究學問的人所重視的是管轄此共同點的「法則」，所要發現的是它的「原因」。一旦發現後，該「法則」及「原因」就可普遍有效地被應用於不同的事物上，且是經常有效的：具有必要性、固定性和確實性，亦即是哲學家們所說的：「學問乃是有關事物的共同性（普遍性），而不涉及其個別性」(scientia est de universalibus et non de singularibus)。

每一門學問均有研究的對象，而此對象可能是其他部門所共同的，譬如「人」就是心理學、倫理學、社會學、人類學、醫學等所研究的共同對象，因此，若純粹從「人」的觀點言，這些部門的學問彼此間就無分別，那將僅是一門學問，而非各種不同部門的學問了。可是實際上它們是不同部門的學問，它們是從不同觀點去看同一對象——「人」，是所謂學問的「形式對象」(formal object)，不同部門的學問所研究的共同對象則稱為「質料對象」(material object)。由於「質料對象」是所有學問所共同的（譬如事物或存有者就是所有學問的共同質料對象），因此，所有學問多多少少都有關聯，沒有一部門特殊學問能完全與其他部門隔離或完全扯不上關係，總會有某些東西是所有學問所共同的，譬如所有學問都先假定「物體」、「分量」、「品質」、「原因」、「效

果」等的存在，因此，除了特殊部門的學問外，必須有普遍性的學問，其研究的對象是事物的共同點，其目的是探討有關此共同點的原理、原則和原因以便作為其他特殊學問視為理所當然（即無需先加以證明）的基礎，此種學問即是「哲學」，尤其是「形上學」，因為照亞里斯多德的說法，它是論「存有者自身」或論「存有者之為存有者」之學。換言之，「存有者」(being) 是形上學的質料對象，存有者「自身」或存有者「之為存有者」(qua being) 是其形式對象，即所有存在物的共同點，或更正確地說，形上學所研究的是「存有者本身的原理與原因」(the science of the principles and causes of being as being)。由於存有者本身的原理與原因必須是最普遍的 (most universal)、最共通的 (most common)，因此也可以說「形上學」所研究的是所有物之最高、最根本及最普遍的原理或原因 (The highest and ultimate and most universal principles and causes of everything)，它也稱為「第一哲學」，因不但所有物均納入其研究範圍，且要研究的是所有事物的最重要、最基本的原理原則。

形上學研究所有事物的「整體」(totality)，同時也研究其「統一性」(unity)。所謂「整體」，因為「存有者」的觀念涉及所有事物，只有「無」不包括在「存有者」的觀念裏，所以除了「無」外，沒有任何其他東西不包括在形上學的研究範圍內 (nothing is outside the scope of metaphysics)。所謂「統一性」，因為「存有者」是所有事物所共同的，及使它們成為統一的 (what all things have in common, what makes them all one, is being)。事物與事物間的不同，有許多方式，但有一點是它們所完全共同的，即它們均是「存有者」，所以「存有者」的觀念可以說是所有事物的連接點，它使

它們變成一體。

由於亞氏把「存有者本身」作為「形上學」的研究對象，所以對「存有者」的觀念必須有進一步的了解。

「存有者」的希臘文是 to on, einai，從文法上分析，它可以是「動詞」的「現在分詞」(present participle)，意味「目前的存在者」(having existence)，及可以是「名詞」，其意義是：「有存在者」(id quod existit－that which exists)，或「能存在者」(id cui competit esse－that which can exist)，或按聖多瑪斯的說法：「存在為其實現者」(cujus actus est existere － that whose act is existence)❻。作為形上學的研究對象之「存有者」，通常取「名詞」的意義，故其「存在」是沒有固定時間性的，也沒有特殊的性質，它可指任何存有者：過去的、目前的、未來的；實在的、思想或觀念的；必然的、非必然的；物質的、非物質的；有限的、無限的；絕對的、相對的；獨立的、依賴的。故取「名詞」意義的「存有者」的概念涵蓋所有不同時間、地點和不同性質的萬事萬物，因為它們均共同擁有「存在的實現」(the act of being)，因此也可以用另一種方式來表達「存有者」的觀念：「凡不是『無』者，即是『存有者』(whatever is nothing is being)」，因為「無」是「存有」之反，「無」在任何情形下都不能擁有「存在的實現」。而「存有者」主要是指「實有者」(real being)，所以存有的匱缺 (privation of being) 如盲目或失明、黑暗、惡等；無法存在的矛盾之物，如方形的圓周、物質的精神物、單端的棍子，都不是真實

---

❻　這不是嚴格的實義定義，因為無法給此名詞下此定義。也不是正式的描述定義，由於無法給此名詞以其特性或其他方式加以適當的說明，任何特性都是存有者，以存有者說明存有者等於是無謂的重複。

的存有者。再者,「存有者」含有兩個不同的因素:其一是有存在之「事物」或「主體」(the subject which has existence or being—quod est),其二是此物所賴以有存在的「實現」(the act by which the subject has existence or being—quo aliquid est),前者叫做「本質」(essence),後者稱為「存在」(existence or esse),所以「存有者」也可以說是「有存在實現的本質」(an essence which has the act of being—id quod est or id quod habet esse) 或「傾向於存在的本質」(Essentia dicit relationem or ordinem ad existere — essence ordered to the "to be")。

「存有者」既然是從「本質」與「存在」合成之物,而所有存在事物都必須是此二者的組合,那麼,自然地,它就可適用於所有事物,也因此,「事物」(res—thing) 和「某事物」(aliquid—something) 在日常用語中,可以說是它的代名詞或同義詞。換句話說,其外延 (extension) 是最廣的,包括一切有存在或能存在之事物:現有之物——最狹義的存有者,及已存在過和將存在之物——狹義的,或僅可能有之事物,但實際不存在之事物——廣義的(因為作為名詞的存有者,主要指物之本質,與存在無關);不完整物或局部事物,甚至連幻想之物 (ens rationis) 或思想存有者(離開思想即無法獨立的存有者),也可以說是最廣義的存有者。雖然所有事物都是存有者,但各有不同和固定的本質及與其本質相稱的不同存在,即各有自己的不同存在方式。也因此,「存有者」是「超越的概念」(transcendental),在此概念內包括了造物主和受造物——現有的實有者;且是「最超越的」(super-transcendental),因為在它之內也包括了可能和思想存有者。

「存有者」的外延既然是最廣的,其「內涵」

(comprehension) 就應該是最窄的 (Quo major est extensio alicujus conceptus, eo minor est ejus comprehensio)，其內容是最單純、最貧乏及最空洞的，它所指的只是所有事物的最共同點：「存在」或「能存在者」，除它之外，任何其他概念的內容都比較豐富，都加上一些其他東西，如自立存有者，除了「存有」外，還加上「自立性」。「人」的概念之內容自然是更加豐富。所以此概念是最不確定 (indeterminate)、最模糊不清的 (vague)，它不指任何特定之物。但也不等於「無」，「無」不具有任何實際內容，「存有者」卻確確實實具有「實際的內容」，這是與黑格爾的意見相左之處❼。

　　由於「存有者」是所有概念中最貧乏、最空洞、最不確定，且是最模糊的，故是人所最先認識的 (psychologice primum)，此乃基於人的認識過程通常是從「不確定」到「較確定」，從「模糊」到「較清楚」之事實，譬如當我們尚不知道一事物到底是什麼特定之物時：是人、馬、牛、羊；是張三、白馬、黃牛、黑羊，我們先知道他們是「存有者」，若對一物連「存有者」的概念都沒有，那就是絕對的無知。所以「存有者」的觀念所能告訴我們的是有關於所有事物的最貧乏內容，但卻告訴我們有關所有物的某些內容 (the least about anything, but something about everything)。

　　「存有者」不但是人首先認識之物，且是最後所認識的 (ontologice primum)，是所有其他概念所賴以建立的最後基礎，此可從把所有概念加以層層分析，到最後僅剩下最單純的「存有者」的概念之事實得到印證；至於「存有者」之後，就無法再分析了，

---

❼　"Mais l'être absolument indéterminé, c'est l'être qui n'est rien, c'est l'être et autre chose que l'être, c'est l'être et ce qui n'est pas l'être, c'est un mot l'être et sa négation, le non-être." (*Logique*, n. 86, Véra.)

在它之後便是「空無」，「空無」缺乏任何實際的內容，那自然也不是正式的概念。而這種作為所有概念的最後基礎的「概念」——「存有者」，對人的知識是非常重要的，猶如在推論時，必須有些自明的原理作最後之基礎，否則將推到無窮盡，如此一來，就得不到任何結論，我們也不能獲得任何學問，對事物也不能有絲毫確實的認知❽。

　　所謂「存有者之為存有者」為形上學的研究對象之正確意義是：除了論「存有者」的普遍概念及其特性（單一性、真實性、完善性）外，同時也論「存有者」的最普遍存在方式：「範疇」——自立體 (substance) 與依附體 (accidents)；事物的「變動」及與其有密切關係的「潛能」與「實現」、「原因」與「效果」、「原質」與「原形」、「存在」與「本質」等普遍概念，以及第一原理的建立、證明與辯護等。

　　有關形上學的意義、性質及與其他學科不同之處，除了上面之引文外，亞氏亦云：

> 「哲學家以存有者自身為其知識的研究對象，亦即是說，他所研究的是存有者的一般性或普遍性，並非存有者的特殊部分❾。
> 「相反的，第一哲學並不研究具有這種或那種屬性的特殊事物，而是就存有者論存有者的觀點去研究這些特殊事物❿。

---

❽ St. Th., *De ver.* I. 1.

❾ *Met.* XI, 3, 1060b31–32.

❿ *Met.* XI, 4, 1061b25–28.

「所以，很明顯的，研究存有者自身及其本有屬性（特性）是一門與眾不同的學科之任務⓫。

「因此，有關存有者自身的普遍原理原則之真假不是特殊學科之研究對象，所以其研究者，算術學家也好，幾何學家也好，均無法說明這些原理原則究竟是真的或是假的⓬。

「然而，這些學科（物理學和數學）僅對特定對象表示關切，對存有者自身則漠不關心；它們也不討論所研究的事物之本質⓭。」

聖多瑪斯在註亞氏的《形上學》時曾說：「研究存有者自身的學科與所有其他特殊學科迥然不同。」⓮

第二節　重要性與價值

有關形上學的重要性與價值，可以從兩方面來說：

⓫ *Met.* IV, 2, 1005a12.

⓬ *Met.* IV, 8, 1005a12.

⓭ *Met.* VI, 1, 1025b12; 18–20.

⓮ In *Met.* XI, 7, n. 2248; IV, 1, n. 529–530, 532, 547; VI, 1, n. 1147, 1148, 1151, 1170. 聖多瑪斯在其他地方也表明同樣看法："Dicitur etiam philosophia prima, inquantum aliae omnes scientiae ab ea sua principia accipientes eam consequuntur." (In *Boeth. de Trin.* q. 5, a. 11); "Hoc autem modo se habet philosophia prima ad alias scientias speculativas, nam ab ipsa omnes aliae dependent, utpote ab ipsa accipientes sua principia et directionem contra negantes principia." (*C. G.* III, 25.)

一、對人而言

　　形上知識最能滿足人的求知慾，是屬於人之為人的自然及固有知識，因此它能為人類帶來最大的幸福。

　　亞里斯多德在其《形上學》上開宗明義就說：「人天生有求知慾」(All men by nature desire to know)。因此，「求知」是人的天性，「無知」乃違反人的自然欲望。但每一個人在出生之後皆處於無知的狀態中，因為最早人僅具有認知的能力，而缺少其事實，當人隨著年齡的增長及與周遭的事物接觸後，人就一方面發現自己的「無知」，另一方面便竭力想排除「無知」，於是就開始對周遭的事物表示驚訝與好奇，人在驚訝與好奇心的驅使下，就開始發問：「這是什麼？」「那是為了什麼？」「事情為什麼是這樣而不是那樣？」除非得到圓滿解答──最根本的原因❶，否則人會一直追問下去。人不但天生有求知慾，且有極強烈的求知慾，即有打破砂鍋問到底的精神。因此，在所有人類的知識中，只有哲學，尤其哲學之冠的形上學才能真正滿足人的天生強烈的求知慾，因為它所探討的是萬事萬物的最高原則，最根本原理及最後原因：「哲學是百學之母」，沈清松教授在其《形上學》序文中曾如此強調，「形上學是哲學之冠冕，是人類理性至為徹底的努力，試圖為人

---

❶　"For it is owing to their wonder that men both now begin and at first began to philosophize." (*Met.* I, 2, 982b12–13.) "There is naturally present in all men the desire to know the causes of whatever things are observed...when they found the cause, they were satisfied. But the search did not stop until it reached the first cause, for "then (do) we think that we know perfectly, when we know the first cause." (*C. G.* III, 25.)

類所關懷的終極性問題加以探索，並提出解答。」

人之所以與眾不同，在於其具有固有的理性認知能力**⑯**，藉此能力，方能企圖尋求所經歷的事物之徹底解釋。首先，關於其自身，其次，關於其周遭的事物。聖多瑪斯在註亞氏《形上學》時，指出人所追求的各種知識中以形上知識為最高貴的 (prima in dignitate)，不僅因為它對人而言是最自然的，且能給人帶來最大的幸福：人的所有知識中，最初及最低層的是與最下等動物共同分享的「感覺知識」(sense knowledge)。雖然人與其他動物在獵取及利用這種知識時不盡相同，然而這種知識永遠只限於對現象的認知，無法深入到隱藏在現象背後的原因，即只知其然而不知其所以然；比感覺知識略高的是對經驗的「記憶知識」(the knowledge of remembered experience)，這種知識是人與高等動物所共同分享的（雖然在程度上仍有差別），低等動物卻無這般幸運。藉此知識人與高等動物能從許多個別的經歷中吸取過去的教訓以作為某種程度的推理作用，稱為「動物智慮」(animal prudence)，但亦無法知道事物的原因。「技藝」(art) 是屬於更高層次的知識，因為它涉及事物的較普遍性質，並先假定擁有技藝者對「原因」的認知，且能從個別的事例中引出一般性的原則，然後又能將此原則作實際與具體的應用，故其主要目的在於功利實用；最高層次的知識是「學問」(science)，或稱為「科學化知識」(scientific knowledge)。擁有這種知識的人乃名副其實的「學者」(man of science)。聖多瑪斯說明這種知識之所以高超基於下列原因：第一、學者對事物的認知猶如建築師對房屋的建造——他能指導其他人，因為他了解事情的來龍去脈。換言之，他知道要完

---

⑯ "Since reason more than anything else is man." (*E. N.* X, 7, 1178a8.)

成的目的及為達到預定目的之適當方法；第二、學者能教導別人，透過經驗所獲得的知識只能告訴當事人自己發生了什麼事，但無法精確地指導別人應如何應對。而技藝者是相當主觀的，有技藝者只能提供一些一般性的指示。至於科學化的知識則比較客觀，因為它涉及客體真理，所以成熟的學者能教導他人；第三、學者所擁有的知識比較確定，因為他從個別事物中攝取普遍原理原則，及純粹為了求知而求知，而並非為了功利實用。

由於形上學家具備了上述的三個條件，所以不僅是道道地地的「學者」(man of science)，且比一般學者較高超，因為他用以獲得真理的方法不同於其他學者，其目的也比較高尚，且所獲得的真理也比較高貴。其他學問必須藉著「證明」才獲得真理，形上學的基本真理則無需證明，因為它所討論的是最普遍、最確實及最明顯的原理原則，同時亦是對事物的最徹底認知，因此，藉著形上知識，人所固有的理性認知能力便得以充分地發揮，人天生（自然）的求知傾向或欲望得到滿足，於是人才獲得真正的幸福，這也就符合亞氏在《哲學勸導》(*Protrepticus to Philosophy*)上所說：「智慧的獲得是一種喜悅，所有的人都能在哲學中感到親切與慰藉，同時會使人不顧一切地去鑽研它。」(40. 20–41. 2) 嗣後在《宜高邁倫理學》裏亦未改初衷：

> 既然幸福是一種合乎德行的活動，那麼，如果說幸福是與最高德行符合的一種活動，便是合理的；而這個德行乃是人類心靈最佳部分的表現。無論它是屬於人的理性或是別的東西。無論它是什麼，它有天然的權力來統治人，指導人，對高貴神聖之物有深刻的體會，況且無論其本身是神

聖的，或只是吾人心靈中最神聖之物。總之，此物符合於
其本身德行之活動，將是圓滿的、幸福的。而我們已說過，
這種活動乃是有沉思冥想的性質 (contemplative)。現在，
這種說法既符合前面所說的，又與事實相符。因為，第一、
這種活動是最好的——由於不僅理性是我們最高貴的部
分，而且它的對象也是可認識的對象中最高貴的。……每
一種事物所擁有的特質，它對於此事物而言，就自然是最
好的和最愉悅的；因此，對於人，與理性符合的生活即是
最好且最愉悅的，因為理性比任何其他事物更足以使人稱
之為人，因此，這種理性的生活，也就是最幸福的**❼**。

亞氏的這種思想與法國科學哲學家密耶梭 (Emil Meyerson)
所言：形上思考對人而言猶如呼吸，既自然又重要 (Thinking
metaphysically is as natural as breathing)**❽**乃不謀而合。

二、對學術而言

「形上學」是其他學術的基礎，若無「形上學」，其他學術亦
無法建立。故一切學術的鞏固性、普遍有效性、合理性及確實性
全基於「形上學」。

有些人或許會認為以上所言太誇大其詞，尤其對那些主張唯
有實驗學術或自然科學才有價值，才值得追求的人，甚至感到荒
謬之至。其實，有這種想法的人，真是大錯特錯，因為，事實上
不論實驗學術或自然科學，均必須先假定形上學所討論的一些基

---

❼　*E. N.* X, 7, 1177a12–1178a8.

❽　*De l'explication dans les sciences* (Paris, 1927), p. 20.

本概念之有效性。譬如，存有者、本質、存在、本性、特性、屬性、個性、位格、實體、附體、分量、品質、一、多、同、異、類似、類比、區別、必然、非必然、有限、無限、相等、不相等、簡單、複雜、實現、潛能、真、假、善、惡、美、醜、原因、效果、變、不變等概念，試問那一門學術不先假定及借重這些概念？然而，這些概念也正是「形上學」所討論的，其他學術只加以引用而已。

有一位年輕學者魏撒克 (C. F. von Weizsacker)，在他的自述裏有一席話印證了以上所言：「當我還是一位年輕的物理學家，做海森堡學生時，與物理學碰面時，我不懂這門科學。這並非說，我不會做微分方程的積分，或者不能與一位實驗員談論他的實驗大概可得到什麼結果。我只是不懂得人們用以解釋微分方程意義的概念。我當時先是天真而易信──當學生應該是這樣的，並猜想我的老師一定懂得，只不過我還沒有到那種了解它的程度。其後我進一步認識了這些老師們，並有能力去向他們問難時，居然發現他們其實也並不懂，而且他們還是很重要的科學家。但是他們很有能力去應用科學和增加它的豐富。若如要求他們解說他們的基本概念，例如物理學中之『物質』、『能』、『因果』、『預測』等概念之實在意義，或經驗之概念真正所指的意義時，則正因為他們是頭腦清楚的人，必定說：是的，我們利用這些概念，是因其便於工作。至於說出真正理由，那是太困難了。但當科學之真正進步需要一種新的基礎批判時，則所要求者正是此種理由之交代。所以問題就是，究竟人們能否獲得關於此類概念之解答。無論如何，我個人並不以我自己的老師們善於利用這些概念為滿足：因為一定有人創造了它們，而那人必曾知道，為什麼他恰巧利用

這些概念，而不曾利用別的，那麼，問題就變成：這些概念來自何處？這時就發現它們並非來自科學，大多數來自哲學。」 ⑲

　　除了上述諸概念外，尚有一些所謂的「第一原理」：不矛盾律、同一律、排中律、因果律，它們不僅是所有學術的基礎，且人類的言語是否有意義，人類的思考是否有可能全依賴這些原理做根據，誠如徐道鄰先生所言：「這三個邏輯定律（矛盾律、同一律及排中律），雖然只是在亞里斯多德系統中才得到它們的語言範型，事實上它們卻是世界上所有人類的一切思考的原始基礎。人類思考之依靠『同一律』，好像宇宙現象之依靠『萬有引力』一樣。宇宙如果沒有萬有引力，地球上還有什麼東西存在？人類如果沒有『同一律』，一切就無所謂『是』，無所謂『不是』；『是』同時可以『不是』；『不是』同時又可以『是』，這樣子，我們還有什麼思考？」 ⑳

　　其實，若無「形上學」，不僅無法談論其他學術，且人與人之間也無法交談與來往，因為在我們日常的習慣用語上，也不斷及不知不覺地引用這些形上概念，所以，在廣義上，每一個人都可以說是天生的形上學家。布隆德 (Maurice Blondel) 教授曾言：「倘若你要反對『形上學』，你就必須利用『形上學』來對付它。因為當一個人說『是』或『不是』時，已經在講『形上學』了。」 ㉑

---

⑲　請參看《現代學苑》第八卷，第三期，頁 14–15。

⑳　徐道鄰，《語意學概要》，香港，友聯社，民國四十九年，頁 126。

㉑　"If it were necessary to do away with metaphysics, one would have to use metaphysics to do it. For to say 'is' or 'is not' already implies a metaphysics." (*A Modern Intr. to Metaphysics*, ed. by D. A. Drennen, N. Y., 1962, James M. Somerville's foreword.)

第三節　研究內容

前已提及，亞氏的「形上學」是一門以「存有者自身」(being as being) 為研究對象的學科，不僅包含對「存有者」這個觀念的研究，且也涉及其他與「存有者」有密切關係的觀念之探討，譬如：由其所直接引出的第一原理、其特性、其組成部分——「原質」與「原形」和「本質」與「存在」、其形式——「自立體」與「依附體」、其變化因素——「實現」與「潛能」及「原因」等，茲逐一加以討論。

一、存有者的特性

亞里斯多德給「特性」(property) 下的定義是：「它不涉及事物的本質，但與本質是密不可分的，且兩者可以彼此說明。」㉒嗣後研究亞氏思想的大學者，鮑詩利 (Porphyry) 在其《導論》中闡述了亞氏的定義：「只有對一種類之事物能適合、常適合及皆適合之物稱為特性。」㉓

從以上兩則定義中可以看出，一物之「特性」必定是與該物不同之物，所以它也必定是「存有者」，且是與擁有特性的存有者不同。如此，「存有者」即不會有真正的「特性」了，因為凡「特性」也必定是實際之物（否則就是「無」，而「無」不能是任何物

㉒ "A predicate which does not indicate the essence of a thing, but yet belongs to that thing alone, and is predicated convertibly of it." (*Top.* I, 5, 102a18.)

㉓ "Proprium convenit omni, soli et semper." (*Isag.* 4, 4a14.)

的特性），故也皆是「存有者」。因此，形上學上所談的存有者之「特性」乃是廣義的特性，即有點類似特性而已，並非真正的特性，只是一些觀點或方式使人對「存有者」有較清楚、較明確的認識 (they make explicit what being leaves implicit)❷。嗣後士林哲學家稱之為「超越特性」(transcendentia)，因為它們涉及所有存有者，即所有存有者均具備這些特性，且可互換 (convertible with being)。

亞里斯多德雖然沒有明確地提到「存有者」的特性，但卻暗示過❷，後代的士林哲學家，尤其聖多瑪斯和聖文都拉 (St. Bonaventure)，把它發展為五個:「一」(unum)、「真」(verum)、「善」(bonum)、「某物」(aliquid) 及「事物」(res)。有些哲學家視最後兩種與「存有者」為同義詞，故沒有把它們正式列入特性裏，聖多瑪斯就持此主張，其論證是: 存有者的特性必須在存有者上面加上某些東西，但所加之物不能不同於存有者，所以只能在存有者上面加上「否定」(negation) 的概念，或存有者與其他事物所產生的「關係」(relation): 若與「理智」有關，即產生存有者的「真實性」或「可知性」(the intelligibility of being)；若與「意志」有關，便產生存有者的「善性」或「可欲性」(desirability)；若在存有者上加上「否定」因素，就有「不可分性」(indivisibility of being)❷。士林哲學家發揮了亞氏的思想，給這三種特性所提供

❷　Celestine Bittle, *The Domain of Being-Ontology* (Milwaukee: The Bruce Publishing Comp., 1938), p. 131.

❷　D. Ross, op. cit., p. 158.

❷　有些士林哲學家另加存有者的「美感」(pulchrum) 為第四種特性。但有些人只把它當做「可欲性」的另一種觀點 (an aspect of goodness)

的結論是：

1.「凡是存有者皆是不可分的」；「凡是不可分者亦皆是存有者」，即：「兩者可以互換」(Ens et unum convertuntur)。理由是：凡存有者，或是「複合的」——從部分合成的，如物質物的本質由「原質」與「原形」合成的；或是「單純的」——不從部分合成的，如非物質物的本質即是單純的，因為「原形」是其全部本質。前者是不可分的 (undivided)，因為一旦分開，即非原先之物了；後者不但是不可分的，且是不能分的 (indivisible)，因為不從部分組成的。

「凡是不可分者皆是存有者」的命題更是顯而易見的，因為它不可能是「無」，蓋「無」就無所謂「可分」或「不可分」了❷。

2.「凡是存有者皆是真實的」；「凡是真實者亦皆是存有者」，即：「兩者可以互換」(Ens et verum convertuntur)。所謂「真實者」有兩種意義：其一是指事物之本質與在創造者的腦海中之模型觀念相符合❸；其二是事物的本質不但可以被認識 (knowable)，且

而已。

❷ 其他有關存有者的不可分性，有下列的亞氏的著作和聖多瑪斯的註解可參考：M. V, 6, 1016b4; X, 1, 1052a34; V, 6, 1015b36; IV, 2, 1003b32. "Unumquodque dicitur unum inquantum est ens unde per dissolutionem res ad non esse rediguntur." (*Met.* X, 2, 1054a18.)

❸ 通常哲學家均引用 Isaac Israeli 給真理所下的定義：「事物與概念之間的一致」(adaequatio rei et intellectus)。其實亞氏已下過類似的定義：「說其為不是，或其不是為是，便是假的；說其為是，其不是為不是，即是真的」(to say of what is that it is not, or what is not that it is, is false; while to say of what is that it is, and of what is not that

其真相能正確地被認識 (known as they are)，其理由是：事物（天然物）為上帝所創造的，他是萬能及最明智的創造者，故事物之完成不可能會出任何差錯。再者，他並非盲目地創造萬物，而是依照固定的預定計劃有條不紊地付諸實現。至於物之本質能被認識，且能正確地被認識乃在於：上帝是造物主，他按原先的計劃創造萬物，他不可能不正確地認識自己所設計的東西。至於人的理智天生就是為認識事物的本質，它如果在正常情形下不認識或認錯的話，那就失去其存在的目的與意義，此亦違反亞氏經常所說的：「自然造物均不徒勞」(nature makes nothing in vain)。

「凡真實者皆為存有者」此理亦極為明確的，因為在「真實者」(what is true) 的概念裏，包含「存有者」及其「真實性」或「可知性」兩種因素，所以它自然更是 (a fortiori) 存有者，否則即是「無」，那麼，也就無所謂「真實」或「不真實」，「可知」或「不可知」了 ❷。

以上所談即是所謂「本體真理」(ontological truth)：「事物與理智相符合」(adaequatio rei ad intellectum－the conformity of the thing to the intellect)。亞氏談得不多，但對所謂「邏輯真理」：「理智與事物相符合」(adaequatio intellectus ad rem－the conformity of intellect to the thing which is its object) 卻常提及。當人接觸到各種同種類的事物時，人的思想就利用其抽象能力，進行「取此捨彼」的工作——只考慮它們的相同點而不去考慮其不同之處，於是在

---

it is not, is true." (*Met*. IV, 7, 1011b2b; VI, 4, 1027b20.)

❷　有關存有者的真實性，有下列亞氏的著作和聖多瑪斯的註解可資參考：*Met*. II, 1, 993b30; VI, 4, 1027b 25; V, 29; VI, 4; IX, 10, 1051a34; St. Th., in *De Interp*. I, lect. 3, n. 6ss.

理智裏就形成一個所謂「普遍概念」(universal concept or idea)，
如果此概念與客體事物相符合，就是真的，就有邏輯真理，否則
即是假的，就產生誤謬。但實際上，「真」與「假」不在「單純概
念」裏出現，只在「判斷」(judgement) 中形成，即當肯定或否定
一物是否有某種特性時 ❸，所以「真理在於肯定其所是，否定其
所不是。」❸「並非因為我們認為你是蒼白的，所以你就是蒼白
的，而是因為你的確是蒼白的，如此，我們就道出了真理。」❸關
於單純實體，只有「被認識」或「不被認識」的情形發生，若被
認識，就能按照其真相被認識，否則就對它無知，沒有所謂的
「真」或「假」。

3.「凡是存有者皆是善或可欲的」；「凡是善或可欲者亦皆是
存有者」，即：「兩者可以互換」(ens et bonum convertuntur)。

亞里斯多德給「善」做最好的詮釋：「所有物之所欲者」
(what all desire) ❸。「可欲性」是一個相關的名詞，它牽涉到二物：
一物有所缺並有所需，另一物則能填滿此缺陷，且能滿足其需要，
所以凡能滿足一物之需求者，對有所缺及有所需者即是「善」，譬
如人需要知識，他若缺乏知識，擁有知識對人而言即是一種
「善」。士林哲學家稱它為「相聚者」(con-veniens)，或「適合者」

---

❸　*Met.* VI, 4, 1027b25-27.

❸　"This (true or false) depends, on the side of the objects, on their being combined or separated, so that he who thinks the separated to be separated and the combined to be combined has the truth, while he whose thought is in a state contrary to that of the objects is in error." (*Met.* IX, 10, 1051b1-5.)

❸　*Met.* IX, 10, 1051b7-8.

❸　*E. N.* I, 1, 1094a2. (其實他只是認同前人之言。)

(the suitable)。然而，能填滿他物之缺陷，能滿足他物之需要者，其本身必先擁有其他物所需要之物，故其本身必先是完美的、圓滿無缺的。故「可欲性」也就意含「完美性」(perfectivity)。（有關此定義的詳細說明，留待論亞氏的倫理學時再作討論。）

「善」既然是「一切物之所欲者」，那麼，與其相對的「惡」，自然就是「一切物之所不欲者」，故它意含「不適合性」，或令人厭惡，引起反感之物。（其實它不是任何實際之物，而是一物所能有及所應有而沒有之物，故其本身是一種匱缺──善的匱缺(privation of good, not mere negation)）。

「凡存有者皆是善」：存有者乃指有存在的本質，而凡本質均是圓滿無缺，蓋本質沒有大小及多少之分，只有「無」和「有」之別，一物若有自己的本質，則所有的是其全部的本質。每物所需要的東西很多，但它所最需要的即是自己的「本質」，因為缺乏「本質」，該物根本就不存在，由於它什麼也不是。所以，若單從「本質」觀點看，存有者即是可欲也，故也就是「善」：是他物所需要及所欲求的，而其自身又能滿足他物的需要，因是圓滿無缺的。有「存在」的「本質」更是再完美不過了，因為「存在」是最後及最完美的實現，是完美中之最，是任何物所最希望獲得的，故任何物均會盡全力千方百計去追求、擁有、保存自己的生命或存在，此乃物性之使然。

「凡善或可欲者皆是存有者」：「善」乃能填滿其他物之缺陷，能滿足其他物的需要之物。若非存有者，那便是「無」，既是「無」又怎能產生這種功能？再者，在「善」的觀念裏，除了含有「存有者」的觀念外，尚加上「可欲性」的因素，所以它必須先是存有者，然後才是「善」❸。

二、第一原理

亞里斯多德以「存有者之為存有者」為形上學之研究對象，其目的是基於此最普遍的概念建立一些最普遍、最確定、最明顯的原理（公理）以作為所有推論與證明的基礎，所以稱之為「第一原理」(first principles)。後代學者們有關此種原理的數目有不同的意見，按照最普遍的說法，共有四個，即不矛盾律 (The principle of non-contradiction)（或矛盾律）、同一律、排中律 (The principle of excluded middle) 和因果律。但亞氏似乎只明顯地提到「不矛盾律」和「排中律」。至於「同一律」──有是有，非有是非有，亞氏並未特別強調其重要性足可成為第一原理❸❺。對於「不矛盾律」，亞氏在其《形上學》卷四的第三章到第六章曾詳細討論過。同著作的卷三第七章則特別論「排中律」。

㈠不矛盾律

有關此原理，亞氏所討論的有下列諸問題：

1.公式：亞氏在不同地方以不同的公式發表此原理：「同一物不能同時及從同一觀點看擁有又不擁有同一種屬性。」❸❻譬如：同時及從同一觀點看，張三是好人又不是好人。「同一物不能同時是存有又不是存有。」❸❼聖多瑪斯在註解亞氏的《形上學》時則採用

---

❸❹　*Met.* IX, 9, 1051a17; XII, 10, 1074a15; *E. N.* I, 4, 1096a23, 28; b28.

❸❺　G. M. Manser, op. cit., p. 291.

❸❻　"The same attribute cannot at the same time belong and not belong to the same subject and in the same respect." (*Met.* IV, 3, 1005b18–19.)

❸❼　"It is impossible for anything at the same time to be and not to be." (*Ib.* 1006a2; b18; 1005b24.)

大同小異的公式：「不能同時肯定又否定同一物。」❸❽

　　為了清楚地瞭解此原理的正確意義，特別要注意「同時」(of the same time) 和「從同一觀點」(in the same respect) 的字句，因為它也包括下列的意義：「在同一地點」(in the same place)、「在同一條件下」(under the same condition) 及「在同一情況下」(under the same circumstance)，否則此原理即非普遍與絕對的有效，譬如：「陽光普照與不普照」可以成立，即不矛盾，若指在不同時間與地點；「張三聰明又不聰明」也不矛盾，若指在不同的事情上；「螞蟻是小的同時又是大的」也不悖理，若從不同觀點而言。

　　2.性質：是最確定 (the most certain)、最無爭議 (the most indisputable) 的原理，因為人對此原理絕不會犯錯，理由是：第一、是眾所皆知的（人只有對不知道的事情才能犯錯）。第二、不是一種假設 (not a hypothesis)，由於任何假設均非最明顯的，均需依賴其他更明顯、更確定的原理來加以證明，故其本身即是不確定的，故人對它就有犯錯的可能。既然如此，那麼，不矛盾律也應是最自明的原理 (the most self-evident)——無需證明❸❾。

　　3.存在：雖然有人反對不矛盾律的有效性，譬如，主張「萬物流動說」的希拉克萊圖 (Heraclitus) 和麥加拉學派 (Megaric School)❹❶即是最好的例子。然而，亞氏認為這些人均或是不可理

---

❸❽　"Non est simul affirmare et negare." (In *Met*. IV, lect. 5s; XI, lect. 5; *S. th*. 1–2, q. 4, a. 2; *Met*. IV, 4, 1007b21.)

❸❾　*Met*. IV, 3, 1005b10–1006a13.

❹❶　是西元前第五世紀到第三世紀以希臘的麥加拉 (Megara) 城為中心的哲學學派，其創始人為歐吉利 (Euclid of Megara)。

喻，或是只為了反對而反對，所以對於他們的意見可一笑置之。由於它是最明顯和最確定的原理，所以亞氏根本就不嘗試去證明它，否則便是缺乏邏輯常識。因為，第一、所謂證明乃是「基於較明顯的原理，把不明顯的變為明顯的」(from the non-evident to the evident in the light of the evident)，且不是每件事情都需要證明，否則將陷入無限逆退的困境中 (a regress ad infinitum)，那就不會有任何結論。第二、否認即是承認。當你否認不矛盾律的存在，你便承認其存在，因為你必須承認你所否認的與你所承認的不是一回事，否則「否認」就等於「承認」，那你就什麼都沒有否認了，所以你已承認其存在。再者，否認者必須提出證明，必須借重不矛盾律，因為它是最明確且最有效的原理，否則「否認」就是無效的。第三、反對者必須開口說話，他不一定得說明什麼，即使說出一個單字就夠，譬如：「人」。當他這樣說時，他便知道「是人」不能同時又「不是人」("being man" is not also "not being man")，否則他所說的就毫無意義，因為他什麼也沒有說。若與這樣的人辯論，或想說服他，就好像對牛彈琴一般（亞氏以植物為喻）。第四、否認不矛盾律的有效，將導致所有語言均失去意義，人也無法開口說話（有固定意義的話），因為他將同時肯定自己所否定的，及否定自己所肯定的。第五、矛盾律若被否定，世界將會混亂不堪，因為將無法分辨事物，而萬物必將歸諸於「一」(all things are one)，甚至空無一物，由於當你說某某是人，他同時又不是人，那他自然更不是船（因為「是人」與「不是人」的對立性比「是人」與「不是船」的對立性更強），但同時又是船（如果不矛盾律無效），又是豬、馬、牛、羊，及花草樹木等，結果他什麼也不是，故實際上他是不存在的❹。

㈡排中律

亞氏在其《形上學》的卷三第七章提到此原理:「在兩個矛盾的事物中,只能是其中之一,沒有第三種可能性。」「肯定與否定之間必居其一,不能同時發生。」「在實有與虛無之間必居其一,沒有第三種可能性。」

此原理猶如不矛盾律,直接建立於「存有者」與「非存有者」的觀念上,而其有效性全基於不矛盾律的有效性,因為「存有者」不能同時是「非存有者」,所以此物必定是「存有者」或「非存有者」,二者中必居其一,沒有其他可能性,因此,排中律也像不矛盾律一樣,是自明的原理,其存在乃顯而易見的,無法加以否認,因為其否認即是承認它的存在。其有效性是絕對和普遍的,可適合於所有物,不能有例外,由於它建立在不矛盾律上,故它不是絕對的優先,其重要性也不如不矛盾律,但仍是人類一切思考的最原始基礎,所以可直稱為「第一原理」,由徐道鄰所言可資印證:「這三個邏輯定律(同一律、不矛盾律及排中律——作者)❷,雖然只是在亞里斯多德系統中才得到它們的語言範典,事實上它們卻是世界上所有人類的一切思考的原始基礎。人類思考之依靠『同一律』,好像宇宙現象之依靠『萬有引力』一樣。宇宙如果沒有萬有引力,地球上還有什麼東西存在?人類如果沒有同一律,一切無所謂『是』,無所謂『不是』;『是』的同時可以『不是』;『不是』的同時又可以『是』,這樣子,我們還有什麼思考?(只有瘋人院裏的思考,是不受『同一律』支配的)也好像拿

---

❶　*Met.* IV, 3, 1005b20; 4, 1006a1. 馬克思學說以黑格爾的辯證論為基礎,也否認不矛盾律的有效性。

❷　*Met.* IV, 4, 1006a1–1007b30.

一個算盤推算，一會兒去掉幾顆算珠，一會兒又加上幾顆算珠，這樣子我們怎麼還能正確的加減乘除？」**❹**

三、存有者的類比

由於「存有者」是最普遍及最超越的概念，故它對所有存有者均可適合**❹**。可是，在亞氏的哲學體系裏，實際存有者並非獨一無二，而是眾多的**❹**（與巴曼尼底斯的主張相反）、且彼此都不同。或更正確的說，所有實際存有者有共同點，但也有不同之處——雖然同是「存有者」，然卻是「不同」的存有者，這即所謂的「存有者的類比」(The analogy of being) 問題**❹**。

亞里斯多德在尚未證明「存有者」為類比概念之前，先澄清代表不同概念的不同名詞：同義詞、異義或多義詞和類比詞。

㈠名詞的意義

1.同義詞：乃指一個名詞所表達的主要內容在「同一意義下」

---

❹ 《語意學概要》，香港，友聯社，民國四十九年，頁 126。這三個定律不僅是邏輯或思維的法則，且是事物的法則。或者說，因為它們是客體事物的法則，即客體事物的存在方式的確如這些法則所指的，所以才是思維的法則。換言之，它們的有效性並不因吾人非得如此想不可，而是因為事物的確如此發生，故其基礎不建立於思想裏，而是建立在實際事物（存有者）上。這與有些哲學家（如斯賓撒 (Spencer) 和康德等）的主張大異其趣，由於他們認為思維先於實有 (thought before being or reality)。

❹ *Met.* IV, I, 1003a24.

❹ *Phys.* I, 2, 185a25–28.

❹ *Cat.* I, 1, 1a–15; *Phys.* I, 2, 185a21; *Met.* IV, 2, 1003a34; V, 7, 1017a24; VI, 2, 1026a23; VII, 1, 1028a10; IX, 10, 1051a34; V, 7, 1017a24; VI, 2, 1026a23; VII, 1, 1028a10; IX, 10, 1051a34.

對不同的個體均可適合。譬如，當我們說：「張三是人」及「李四是人」，「人」這個名詞代表的意義——理性動物，說明他們二者時即取完全相同的意義，故是同義詞 (univocal term)。

2.異義詞：與前者的意義恰巧相反，由於它所說明的不同事物，有完全不同的意義，譬如「杜鵑」即是典型的異義詞 (equivocal term)，它可以指完全不同意義的事物：可指花的一種及鳥類的一種。

3.類比詞：一般而言，乃是介於同義詞與異義詞兩極端之間的名詞，當它說明各物時，其意義不是完全相同的（否則就是同義詞），但亦非完全不同的（否則是異義詞），而是部分相同，但又部分不同 (Partly the same and partly different)，即「異中有同，同中有異」，但「異」大於「同」，此乃後來士林哲學家們所說的：「基本上不同」(simpliciter diversa)，但「有點相同」(secundum quid eadem)，譬如「母老虎」即是類比詞 (analogical term)，因為它可指動物的一種，也可用以比喻蠻橫不講理的女性❹。

(二)「存有者」為類比詞

按照亞氏的說法，「存有者」這個名詞所代表的最共通概念乃從所有實際的個別存有者所抽出來的，故可說明所有事物，但不能做完全相同，或完全不同意義的應用，因為所有物都是不同的；但也有一點相同，即都是「存有者」，由於是「不同」的存有者，所以是「類比詞」，且是典型的類比詞，它比任何其他類比詞具有更大的適應性：對所有事物及每一種事物均可適用。

「類比」概念在哲學上佔相當重要的地位。雖然亞氏未曾發

---

❹ 請參看拙文〈存有者的類比概念之探微〉，《哲學與文化月刊》，第七期。

展一套完整的「類比」學說，但卻經常引用此名詞，譬如他曾將
它應用於生物學上：動物的不同器官出現相似的功能即稱為類比
功能，如鳥的翅膀與昆蟲的翅膀相似，都用作飛翔，但牠們卻不
同源，也不來自共同的祖先。在倫理學上，亞氏也採用相同的意
義，譬如他說，「善」的觀念就不是同義詞，而是類比詞，因為雖
然在不同事物上均找到「善」的成分，但其程度（性質）卻不同。
在心理學上，他說實際知識乃類似認識客體。在形上學上，當他
論到事物的原理、元素、原因、存在方式——自立體和依附體，
尤其論到「存有者」時，也將之釋為「類比」概念，由於他主張
「存有者」有不同意義，但都與主要「存有者」有關，其他「存
有者」之所以如此稱呼，乃因為與主要「存有者」有關，或乃因
為分享主要「存有者」而得名，譬如他說：

> 一事物被稱為「存有者」，含意甚多，但所有「存有者」就
> 關係或指向一個中心點，一個確定的事物，按此說法之「存
> 有者」其意義是非常清楚的。一切屬於健康的事物，關係
> 到健康，其一說法是保持健康，另一說法是產生健康，又
> 可說是健康的象徵，或是具有健康的潛能。一切屬於醫療
> 的事物；關係到醫學，一種事物因具有醫療知識而被稱為
> 醫學事物，另一個因自然適應於醫療，又一事物則因受到
> 了醫學方面的運用。我們當可挑出其他相似的應用名稱。
> 如此，事物在許多含意上總是關係著一個起點；有些事物
> 被稱為「存有者」，因為它是自立體（本體），有的因為是
> 影響到自立體之物（依附體）——自立體的屬性，有的因
> 為是完成自立體的過程，或是自立體的毀壞或闕失或是性

質，或是自立體的製造或創生，或是與自立體相關係的事物，又或是對這些事物的否定，以及對自立體自身的否定❹。

他在同一著作上的第十一卷第三章也有類似的說法：

因為哲學討論一般的存有者之為存有者，而不討論存有者之某些特殊部門，而「存有者」一詞被沿用時，就不僅一種而是具有多種意義。因此，「存有者」若不在共同意義下，而在多種意義下被沿用，它就不屬於一門學術（因為多義詞缺乏共同性）。但若依照一個共同意義被沿用，它就屬於一門學術。所以「存有者」猶如「醫療的」(medical) 和「健康的」(healthy) 有各種意義，但都指涉某一種共同物……❹。

四、實現與潛能

「實現」(actuality) 與「潛能」(potentiality) 的觀念在亞氏的整個哲學體系裏佔非常重要的地位，誠可說是其哲學的中心學理❺。開始時，亞氏利用它們來解釋物質世界的變動，且立即將之廣泛的加以運用於哲學的各部門。它們是人所有的最普遍、最原始的概念，涵蓋存有者的所有層面：可應用於所有範疇——自

---

❹　*Met.* IV, 2, 1003a32–b10.

❹　*Met.* XI, 3, 1060b31–1061a1–18.

❺　Catholic Encyc.: "The central doctrine of Aristotle's philosophy."

立體和依附體；從最低等的「原質」到至高無上的「神」，無一不
能以此概念來作說明，雖然只是「類比式」的應用。

有關此二概念所要討論的問題有：其存在、其意義、其種類、
其應用及彼此間的關係。

㈠存在

亞氏是一位實在論者，其哲學思考均以實際經驗與觀察到的
事物為基礎。對於「實現」與「潛能」二因素的存在與實際區別
也是從所觀察到的事物「變動」中得來的。亞氏從未否認宇宙間
充滿「變動」。星辰、海浪、雨水、狂風、河川、山脈、花草、樹
木、豬狗、牛羊，甚至人類，無不瞬息在變，所以他把宇宙稱之
為由變動之物所組成的整體❺。亞氏所謂的「變動」，不僅指位置
的移動，且指所有的變化 (mutation)：實體的 (substantial)、附體
的 (accidental)、品質的 (qualitative)、分量的 (quantitative)、生和
滅等。但任何變動均無法發生，除非先有變動的潛能，所以，此
「潛能」必須是某種實有 (something real)，而不同於實現，故在
所有變動之物上均具有雙重的實在因素：「實現」與「潛能」
(φανερὸν ὅτι δύναμις καὶ ἐνεργεία ἕτερον ἐστιν)❺。一位藝
術家不可能在一塊大理石上雕刻一尊希密斯 (Hermes) 的像，除非
該大理石先有被雕刻成像的潛能。學生若沒有學習的潛能，老師
也無能為力。同理，在種子裏若無長成樹的潛能，種子就永遠是
種子，絕不能長成樹❺。當我們閉上眼睛時，我們實際上不在看
東西，但卻仍保有看的能力。當睜開眼睛時，我們就確實地在看

---

❺ *Phys.* III. 1, 200b12.

❺ *Met.* IX, 3, 1047a18–19.

❺ *Met.* IX, 6, 1048a30–1048b10.

東西。當人的理智不在思考時，即實際上無思考的實現，可是卻有思考的潛能。

　　在《形上學》的卷九第三章，亞氏反駁麥加拉學派 (Megaric School) 的主張：一物或是「實有」或是「虛無」，沒有其他的可能，譬如，只有當一個人正在建屋時，他才能建屋，否則他就不能。亞氏不贊成這種毫無保留的說法，他堅持在「實有」與「虛無」之間有第三者的存在，它既不是「實有」(actual being)，也不是「虛無」(nothing)，而是介於兩者之間，即潛能之物 (potentiality—τὸ δυνάμει ὄν)，所以一個人在實際建屋之前，他必須先有建屋的潛能，即必須先學習如何建屋及獲得建屋的技能，否則他也不會實際建屋。相反的，一個人雖未實際建屋，但能保有其潛能。倘若一個人沒有坐或站的潛能，當他坐著時，他便永遠坐下去，將無法站立，反之亦然。這種荒謬的結論，使人不得不承認「實現」與「潛能」的存在，且它們為實際上不同的二物❺❹。亞氏以許多其他類似的例子證明此二因素的存在，但究竟何指，就是以下所要說明的。

㈡意義

　　由於除了「存有者」的概念外，沒有比「實現」與「潛能」的概念更原始的，故無法下嚴格的定義，只能用實例加以描述：正在建屋者與只知道如何建屋者；正在散步者與睡眠者；觀看者

---

❺❹　"For what which stands will always stand, and that which sits will always sit, since if it is sitting it will not get up; for that which, as we are told, cannot get up will be incapable of getting up. But we cannot say this, so that evidently potency and actuality are different." (*Met.* IX, 3, 1047a15–20.)

與閉上眼睛者；成品與原料；成形者與尚未成形者之間的關係都是「實現」(ἐνέργεια, ἐντελέχεια) 與「潛能」(δύναμις) 的關係**⑤⑤**。

「實現」乃譯自拉丁文的 actus，相等於希臘文的 energeia，就字面上的意義是「行動」(action)，動作 (operation)，動力 (energy)，產生變化的程序、過程和方法 (The process by which a change is wrought)，或行動的完成，甚至也可指行動完成的效果 (Which is achieved by the action)，故與「被動能力」或「潛能」(passive potency) 發生密切關係及充實被動能力，是被動能力已完成的實在，或被動能力的實現 (The correlative and complement of the passive potentiality, the actuality of this latter)，因此也可指現有實體，或實際存有者本身 (the actual being itself)。所以「主動能力」(active potency) 可稱為「動力」(power) 或「行動的能力」(potestas agendi－power of acting)，與其相關的「實現」則稱為「行為」(action) 或「動作」(operation)；「被動能力」(接受能力) 則可稱為「潛能」或「可能性」(potentiality)，即我們所謂的開始、根源。換句話說，一旦有了它，物才能起變化，才能被肯定或成定形 (principium determinationis)；所以主動能力則是行為的開始 (principium actionis)。與被動能力相關的「實現」則稱為「完成」、「結束」、「完結」、「終局」(end) 或「實際性」(actuality)**⑤⑥**。

從以上的分析，很明顯地，所謂「實現者」(the actual)，即指已經完成、已經獲得、已是確定、已實現、是特定及落實之物

---

⑤⑤ *Met.* IX, 6, 1048b1–6.

⑤⑥ P. Coffey, *Ontology or The Theory of Being* (New York: Peter Limited, 1938), p. 56.

(something completed, achieved, perfected, determined, realized, specific, developed)；「潛能者」(the potential) 則僅指擁有完成以上目標的實際能力，故是處在完成以上目標的潛在狀態中 (completible, achievable, perfectible, determinable, realizable, specifiable, developtable)；就其本身而言，則是尚未完成、不完美、未實現、不明確（籠統）、不肯定、不落實之物 (something incomplete, not achieved, imperfect, not-realized, generic, undetermined, undeveloped) ❺。所以，「實現」本身乃意指或代表「完美」 (perfection)、圓滿 (plenitude)、充實 (fullness)、豐盛 (roundness)；或用多瑪斯的精確名句：「是潛能的充實、完美、完成或結果。」(complementum, perfectio et finis potentiae)。相反的，與它相關的「潛能」本身則代表「實現」相對的一面，因它只是一種可完成實現所指之物的「性能」或「能力」(capacitas perfectionis recipiendae)，所以有肯定的意義，是一物所有之物，而非所缺之物，因此當我們說「潛能」是不完美，即是指它缺乏「實現」的完美，可是它本身卻代表完美，因為是一種接受完美的實際能力，無此能力，「實現」的完美也無從而有，所以是實現的完美之根源，與實現一起組成一完整物，各為一完整物之一部分，那自然有其不可忽視的價值。

任何東西尚未擁有一種完美——實現，但能夠擁有該完美——實現，都可以說是在潛能狀態中 (in potency for that perfection—act)，譬如氫和氧是實際現有的氫和氧，即有氫和氧的實現，但實際上不是水，可是能變為水，所以是潛能的水，因為有變成水的潛能。相反的，水是實際現有的水 (actually water)，即有水的

---

❺　P. Coffey, ib.

實現，但它是潛能的氫和氧，因為它有被分解為氫和氧的潛能。
再如鹽是實際或現有的鹽，但它卻是潛能的氯和鈉。因為「實現」
與「潛能」是相關的觀念，它們的關係是完備與不完備 (the
completing to the incomplete)、限定與可受限定 (the determining to
the determinable)、完美或完成，與可成為完美或可完成的 (the
perfecting to the perfectible)，所以同一物可從不同的角度看，是
「潛能」，同時又是「實現」，譬如智能 (intellect)，因為它是指思
想上的完美 (a positive perfection of the mind)，是人所具有的獨特
能力之一，所以對人而言，它是「實現」；但它能藉著實際思考行
為變成更完美 (is perfected by actual thinking process)，所以此思考
行為即是智能的「實現」，而智能對思考行為而言即是「潛能」。
同樣的，運動的技能（能力）對休息的運動員而言是一種完美，
是「實現」，但對實際運動而言則同時又是「潛能」，而實際運動
則是「實現」，因為是該技能付諸實現的時刻。再譬如習慣的能力
對擁有該能力的實體而言是「實現」，實體則是「潛能」；「能力」
對習慣本身而言又是「潛能」與「實現」的關係；習慣作為一種易
於產生行為的根源，則它又是「潛能」，而行為則是此潛能的「實
現」。雖然同一物從不同的觀點來看可以是「實現」，同時又是「潛
能」，但絕不能從同一個觀點來看，是「實現」同時又是「潛能」，
否則即是違反不矛盾律的原則：「是」同時是「不是」；「有」又是
「非有」。

　　自然物之實際變化——從一事物變成另一事物，除了該物所
先具備的這種「內在被動能力」(potentia passiva intrinseca) 外，尚
需要一種「外在的主動能力」(potentia activa extrinseca)，是產生
行動的能力 (capacitas perfectionis producendae)，否則變化也無從

產生。這種能力實際上是「實現」，而非「潛能」，是實際現有物上所擁有以產生行動的能力，是同一事物一體的兩面，因為是實際現有之物才能產生行動，事物產生行動時，就因為它是實際現有之物，故這種能力是建立於現有之事物上，以它為根源，也因此，嚴格地說，它不與「實現」對立；「被動能力」，簡稱為「潛能」，才與「實現」對立❺。

　　總之，「潛能」乃是一種介於「存有者」與「非存有者」、「無」與「有」之間的實際物。它不是「無」，因從「無」不能生「有」，但事物能從「潛能」而來。它也不是現有之物，因為若無推動因的干預，潛能之物永遠無法成為事實。

　　「潛能」自身是不完美，但同時又是完美，由於它天生即傾向於實現，當它成為事實時，才是完美的。但它是一種實際物，是現有物之根源，一旦缺少了它，不會有新東西出現，在此意義上，它就意味「完美」，然而是為了成為其他物，所以亞氏說：「潛能者，是在其他物或同一物裏，藉著其他物而變成另一物的變化根源。」❺❾「變成其他物」不必一定意指找到新的完美，也可能因之而失去已有的完美，譬如人因之而生病、死亡，其他物因之而消失。這些不幸事情的發生亦導因於在物裏所擁有的同一「潛能」，所以，嚴格說來，「潛能」仍意味不完美❻⓿。

---

❺　*Met.* V, 12, 1019a15–35; *S. th.* I, 25, *a, ad* 1; *C. G.* I, 28.

❺❾　"The source of change in another thing or in the same thing qua other." (*Met.* V, 12, 1020a1–2.)

❻⓿　"In one sense that which has a potency of changing into something, whether for the worse or for the better." (*Met.* V, 12, 1019b1–5) "The actuality is also better and more valuable than good potency...The capacity for contraries is present at the same time." (*Met.* IX, 9,

「潛能」必定意含「實現」，但「實現」不一定意含「潛能」，因為所有「潛能」都是「實現」（實際現有物）的「潛能」，但不是所有「實現」（實際現有物）均是「潛能」的「實現」。然而，「潛能」不是純粹實現的缺乏，因為即使未付諸實現，它仍是在現有物上的實際物。「潛能」不能單獨存在，它必須存在於實際現有物上，因為前已提過，它永遠是實際現有物的「潛能」。

(三)種類

亞氏把「實現」分為存有 (entitative) 或靜態 (static) 的實現和產生動作及起變化的實現：「在所舉的例子裏，有些是像變動與潛能的關係，有些則像原形實體與某種質料（原質）的關係。」**❻** 此外，有所謂「純實現」(pure act) 和「混合實現」(mixed act)。前者不含任何潛能的成分，是單純及不變的；後者則其本身含有某種潛能的成分，是會起變化的組合體。

潛能或能力分為主動的和被動的，它們是對立的，彼此的關係正如產生變化與接受變化、產生熱能與接受熱能的關係**❻**。由於是對立的，故同一物從同一觀點看，不能既是主動能力，同時又是被動能力。

(四)應用

前已提過，「實現」與「潛能」是亞氏哲學的中心學理，其應用無窮，其中比較重要的有以下數種：

1.應用於物性學

1051a5–20.)

❻ "By analogy, some are as movement to potency, and the others as substance to some sort of matter." (*Met*. IX, 6, 1048b8.)

❻ *Met*. IX, 8, 1049b5–11.

首先亞氏利用此原理解答了希拉克萊圖 (Heraclitus) 和巴曼尼底斯 (Parmenides) 的難題。前者主張「萬物流動說」(universal movilism)：主張「變動」的實在，否認有所謂「不變」。萬物不但在變，經常在變，且非變不可。他形容變動之快速與徹底如「投足入水，已非前水。」與其對立的學說是巴曼尼底斯的「主恆說」(static monism)：變動是不存在的，它只是人感官的錯覺，因為凡「變」，或是從「存有者」而來，或從「非存有者」而來。若是前者，則是不變，蓋從「存有者」所變成的仍是「存有者」，所以不變；若是後者，更是不可能的，蓋從無中不能生有。

亞氏承認他們的局部真理，即主張有變有不變，或「變中有不變，不變中有變」。他所引用協調以上兩極端學說的原理即是「實現」與「潛能」的觀念：的確在現有之物上不會有變動；在非存有者裏，變動也不可能發生。然而，在現有與非有之間，有潛能之有 (being in potency)，它不是「現有者」，但亦非「無」，是存有者，而同時又是非存有者 (is being and not being at the same time)。它是存有者，因為它存在於作為主體的實際存有者的身上，擁有接受各種內在與外在變動的能力。它是非存有者，因為若沒有推動因 (efficient cause) 的干預，它不可能成為實際的存有者。因此，「變動」是一種在「實際存有者」與「無」之間的狀態 (an intermediate state between being and non-being)。在「起點」(terminus a quo) 與「終點」(terminus ad quem) 上均無變動，真正的變動發生於兩者之間，所以「變動」也可說是「潛能的局部實現」(potentiality partly realized)，或「從潛能者到實現者的過程」(the transit from potency to act) ❻。亞氏給「變動」下了非常科學

---

❻ "Everything changes is from that which is potentially to that which is

化的定義：「繼續不斷尋找實現的潛能」(the act of being in potency in so far as in potency)。有關此定義，在論亞氏的「宇宙論」時，曾詳述過。

　　亞氏在答覆巴曼尼底斯的難題後，同時也解決了「一」與「多」的問題，因為一塊大理石所以能做成許多東西，如人像、臺階、煙灰缸等，就是因為大理石擁有一種能變成這許多東西的潛能（至於水或空氣就沒有此種潛能），否則大理石就永遠是大理石，一粒種子也永遠是種子，無法開花結果使其長出更多的果實。

　　再者，物質物的「本質」乃從「原質」與「原形」組成的，它們的關係也是潛能與實現的關係，前者不但是潛能，且是純潛能，因為它全部在於接受「原形」的定形，經過它的定形後，原質才能成為某特定事物的組成部分之一。本質 (essence) 與存在 (existence)、自主體 (substance) 與依附體 (accident)，以及原因與原因之間的關係也是「潛能」與「實現」的關係。

　2.應用於生物學

　　亞氏在《論心靈》一書卷二第一章論生物的構成因素時，肯定生物是從「軀體」與「魂」組成的，在生物裏，此兩者就是原質與原形，潛能與實現的關係，共同組成唯一的整體，生命不來自「原質」，而是來自「原形」。聖多瑪斯嗣後更清楚、更深奧地重複亞氏的思想：「多種物結合在一起，不能形成一物，除非是實現與潛能的結合」(plura non possunt fieri unum, nisi aliquid ibi sit actus et aliquid potentia—C. G. I, 18)。基於此原理，他於 1270 年提出維護人的位格統一性的著名學說：「在人內只能有一個原形」(unitas formae substantialis in homine)。

---

actually." (*Met.* XII, 2, 1069b15.)

3.應用於形上學（本體論）

亞氏用此二原理很合理地解釋組成宇宙的所有事物之適當地位。然而，不可把此原理的「邏輯意義」(logical sense) 與「實體意義」(ontological sense) 搞混。「實現」與「潛能」的抽象與普遍概念不同於具體的潛能之物與現有之物。對亞氏而言，抽象的單一存有者只存在於思想內，在思想以外是不存在的。在思想以外的存有者是眾多的。物質物的本質不是從抽象的實現與抽象的潛能組成，而是從具體的實現——原形，與具體的潛能——原質——所組成。亞氏以此二原理不但劃分了所有具體的存有者（即所有存有者不是純潛能，就是純實現，或從兩者組合而成的），且評估了他們的地位與價值——從最低等的純潛能的「原質」到最高超的純實現的「神」。

4.應用於神學

為了確定上帝與其他組成宇宙的萬物之間的區別，「實現」與「潛能」之間的不同是十分基本的，上帝是不含任何潛能成分的「純實現」(pure act)，是最單純的，其他萬物均從實現與潛能組合而成的，由於萬物均從是潛能的「原質」與是實現的「原形」所合成❻。因為「變動」是「從潛能到實現的過程」，「潛能」就是變動的基本因素（雖然其本身不是變動），「實現」即是變動的完成 (the movement completed)，那麼，很明顯的，只有從此二者組成之物才有變動，才會獲得所缺乏的及能失去所擁有的，也因此，除了是絕對不變的上帝外，其他萬物均會變，絕對不變的上

❻ 有些哲學所信仰的天使 (Angels) 雖從潛能與實現合成的（譬如從存在與本質、能力與行為合成），但不從原質與原形合成的。然而，天使的存在並非嚴格理性所能證明的，所以亞氏亦未提到他們。

帝是不受動的首動者 (prime unmoved mover)，同時也是所有變動
之原因推動因。

　　雖然亞氏未明顯地提到哲學上的重要問題：「在受造物裏，本
質與存在之間的實質區別」(the real distinction between essence and
existence in creatures)❻，但已暗含在其有關單純與組合、變動與
不變動、潛能與實現的原理裏，因為本質與存在的關係即是「潛
能」與「實現」的關係。既然上帝是「純實現」，那麼，在他之內
其本質與存在即不應有實質之分，否則其本質就不是其存在，其
存在也非其本質，兩者不是一回事 (not identified)，如此，他就亦
非「純實現」了。在其他均由此兩者組成之事物裏，其本質與存
在則為實際不同的，因為本質是「潛能」，存在則是「實現」，兩
者並非一致❻。（亞氏的主張所根據的其他理由，容後再指出。）

㈤彼此間的關係

　　「實現」與「潛能」的原理既是亞氏的中心學說，許多哲學
上的重要與基本原理原則自然均與此學說發生密切的關係，因是
由它所引申而來的，其中比較重要的有：

　　1.「潛能者不能成為現有者，除非由另一現有者所促成。」❻
理由是：從潛能到實現是一種過程，其完成需仰賴一個推動者，

---

❻　Mandonnet, Geny 等也說亞氏未做此主張 (*Tomistas*, by Rosanas,
　　Buenos Aires, 1943, p. 37)。

❻　Fraile, *op. cit.*, p. 464. 吾人不必太過重視亞氏一些似乎否認本質與存
　　在有實質區分的話，由於他至少曾暗示過其肯定的立場，如：What
　　human nature is and the fact that man exists are not the same thing."
　　(*Ana. Post.* II, 92b10); *Met.* VII, 6, 1031b; VII, 5, 1028b2.

❻　"From the potentially existing to the actually existing is always
　　produced by an actually existing thing." (*Met.* IX, 8, 1049b24).

而他應是一個現有之物，否則不會產生行動。潛能之物，只是能存在而實際上尚未存在，故必須仰賴另一實際現有之物的推動才能成為實際現有者，譬如木料必須藉著木匠的功夫才能成為桌、椅。再者，實現者意味完美，潛能者，只是一種能獲得完美的能力，其本身則缺乏完美，故也不能為自身提供所缺乏的完美——實現。亞氏的其他重要原理均建立於此原理上，譬如：「凡是受推動者，必須被他物所推動。」❻❽「凡生成者均由某物，且藉著某物而來。」❻❾在此命題裏，亞氏很清楚地指出物之形成的三種因素：一、所形成之實際現有物；二、由它所形成者——潛能之物，及使潛能之物成為實際現有者——推動因，而它本身必先是另一個實際現有者。

2.「潛能者與實際現有者不同。」❼⓪理由是：它們代表不同，甚至對立的觀念：完美與不完美、限定與不限定及受限定、完成與尚未完成、落實與不落實、存有者與非存有者、被接受者與接受者。

3.「一物不能在同一觀點下，是潛能同時又是實現。」❼❶這是前項的結論，因為矛盾之物不能同時存在，除非從不同觀點看，譬如種子是「潛能」，但同時又是「實現」，前者乃對盛開的花而言，後者則對其自身而言，故是從不同觀點來看。此即前所提過

---

❻❽ "Everything that is in motion must be moved by something." (*Phys.* VII, 1, 241b24.)

❻❾ "Everything that comes to be comes to be by the agency of something and from something and comes to be something." (*Met.* VII, 7, 1032a12–14; *Met.* IX, 8, 1049b27; *Phys.* I, 8, 191b13.)

❼⓪ "Evidently potency and actuality are different." (*Met.* IX, 3, 1047a19.)

❼❶ *Phys.* III, 1, 201a20.

的原理：「凡受推動者，必須被其他物所推動」的基礎，因為受推動者即非推動者，反之亦然，所以一事物從同一觀點看，不能是被推動者，同時又是推動者，故必須被其他物所推動。

4.「潛能者不能產生行動，只有實際現有者才能。」理由是：存在先於行動，任何行動之產生必先假定一物之存在。潛能者只是能存在，然實際上尚未存在，故不能有行動❼❷。

5.「實現無論在好壞事情上均比潛能突出。」❼❸此原理建立於「實現」意味實際存有者，「潛能」則指尚未存在者的觀念上。由於潛能者只是能存在，但尚未存在之物，故它可以被利用為做好事，同時也可以被利用為做壞事。換言之，就其本身而言，是不好不壞，亦好亦壞。「實現」則已成事實，所以若是一件好事，自然就大功告成。相反的，若是一件壞事，則其後果亦較嚴重，所以聖多瑪斯云：「實際上行善比只是能行善較好；同樣的，實際上做惡比只是能做惡更壞。」❼❹

6.「推動者產生行動與受推動者接受行動乃同時發生。」❼❺理

---

❼❷ *Met.* VIII, 8, 1050b13. 基於此，嗣後多瑪斯說："agens agit inquantum est in actu, patiens patitur inquantum est in potentia." (*S. th.* I, 1, 3; *C. G.* II, 7.)

❼❸ "Actuality is also better and more valuable than the good potency...And in the case of bad thing the end or actuality must be worse than the potency; for that which 'can' is both contraries alike." (*Met.* IX, 9, 1051a5–15.)

❼❹ "Actus in bono et in malo praeminet potentiae, ut dicitur in IX Metaphys.: melius est enim bene agere quam posse bene agere; et similiter vituperabilius est male agere quam posse male agere." (*S. th.* 1–2, 71, 3; *De pot.* 7, 2 ad 9; *Met.* IX, lect. 10, n. 1886s.)

由是：推動者當採取行動時必須產生效果，否則其行動便是無效的，而其效果即在於接受推動者做即刻的迴響，否則即不會起變化，那便成為：有因無果，或有果無因，豈不荒謬？

7.「實現絕對比潛能優先。」❼實現的優先性可從三方面而言：

⑴從認識觀點：因為潛能因著實現才被認識。人們無法得知你會彈鋼琴，除非你先彈一首曲子❼。

⑵從事物存在的時間觀點：就一個體物的存在而言，其潛能先於其實現，因為是潛能的實現——完成。每件事物均是先能存在，然後才能實際上存在。先有看的能力才能看；先在種子裏有開花結果的潛能，然後才能實際上開花結果。但從事物的整個演變過程而言，實現仍先於潛能，因為任何變動均需求一推動因，否則潛能也無法成為事實，而推動因則是實際現有之物，譬如種子必須先經過園丁的培植、陽光的照耀、雨水的灌溉才能開花結果❼。何況種子本身還是從花草而來，猶如人來自其他的人，成年人先於小孩，所以亞氏說：「實際現有之物來自潛能之物必須藉著另一實際現有之物。」❼

---

❼ "Actio agentis est simul in patiente." (*Phys*. III, 3.) St. Th., in *Phys*. III, lect. 4.

❼ "Actuality is prior both in formula and in substantiality; and in time it is prior in one sense, and in another not." (*Met*. IX, 8, 1049b12–13.) "Actus simpliciter prior potentiae." (*S. th*. I, 3, 1; *Met*. IX, 8, 1050b6–10.)

❼ *Met*. VIII, 8, 1049b12–17.

❼ *Met*. VIII, 8, 1049b17–27.

❼ "For from the potentially existing the actually existing is always

(3)從事物存在的性質觀點言：在同一物裏所擁有為起變化的潛能，必定後於實現，因為是該實際現有物之潛能，實際現有物則是潛能的根源及寄託所，自然應先存在。其次，所有潛能均為了實現猶如是自己的目的，譬如「動物有視力是為了看」❽，而「目的因」則是首先存在於「意念中」(prima in intentione)，且是眾因之因。再者，永恆及不滅者常先於可滅者，完美常先於不完美，因為可滅者乃來自不滅者，不完美乃來自完美，局部完美來自擁有完美之全部者，而實現即代表完美、永恆、不滅；潛能則意味不完美、暫時、可滅，它能使一事物存在，同樣也能使一事物不存在，以此推論，就必須有一個至完美的純實現之物的存在，他即是先於萬物而存在的永恆推動者❽。

從以上的分析，不難看出此二原理對亞氏的整個哲學體系是如何重要，藉著它們，亞氏圓滿地說明了事物的各種變化：實體與附體變化 (substantial and accidental becomings)；事物的變中有不變，不變中有變；異中有同，同中有異；同時也指出事物的生與滅、動與不動、完美與不完美或能更完美的原因，及上帝與受造物之間的區別。

五、存在與本質

---

produced by an actually existing thing, e. g. man from man, musician by musician." (*Met.* IX, 8, 1049b25.)

❽ *Met.* IX, 8, 1050a10.

❽ "Actuality is prior in substance to potency...one actuality always precedes another in time right back to the actuality of the eternal prime mover." (*Met.* IX, 8, 1050b3–6.)

　　宇宙乃由無數物體組成的，其中又有極大的差別，分別屬於不同性質或種類之物。譬如：人、狗、樹木花草、金銀銅鐵、河水山脈雖然都是有實際存在的事物，但在性質上卻大不相同，所以，當我們認識事物時，在腦海中就有兩個概念：他們存在著，及他們是不同性質的存在物。這兩個概念所代表的不同內容，即是哲學所謂的「存在」(existence) 與「本質」(essence)。換言之，凡事物均有自己固定的本質，但不一定有實際存在，譬如目前的李四，明年的張三，由於他們都是人，故同具有人的本質——理性動物，在這點上，張三與李四沒有什麼不同之處。可是從「存在」觀點看卻大不相同，一個是實際存在者，另一個卻是未來或可能存在者。前者是各種行為的負責或負荷者，後者則與任何行為無關。

　　柏拉圖對本質的看法非常特殊。他主張存在於觀念世界裏的本質 (universal essence) 才是真實存在者，在感覺世界裏的個別物，如張三的狗、李四的豬，由於只分享局部的普遍本質，故不是真正真實存在者 (not fully real)，只是真正真實事物的影子（雖然是真實影子）。因著這種分享的事實，所以事物才能增多及是不完美的。存在於觀念世界裏的普遍本質才是最完美的，是唯一的，這就是柏拉圖有名的「分享學說」(the doctrine of participation) 之所指。總之，對柏氏而言，普遍本質即是事物的全部存在 (to be is to-be-an-essence)，所以其學說被稱為「本質論」(essentialism)。

　　亞里斯多德反對這種說法，他不承認普遍本質能獨立存在，即在思想以外有存在。的確，在人的思想裏能有普遍本質的概念，然而是從具體的個別事物中所抽出來的，故只存在於思想裏，在思想以外則不存在。因此，對亞氏而言，本質只說明事物是什麼

(what things are?) 即事物的性質，而不指事物的存在 (what exists)。實際的具體存在物乃指具體的個別本質，即指受外來因素——存在——所限定的本質，藉此因素，本質才成為具體個別事物之本質及才能存在於思想之外。狗本身是不存在，只有實際擁有狗之本質的個別狗才存在，而這種本質已經是受「存在」所限定的本質。因此，「本質」($\tau\grave{o}$ $\tau\acute{\iota}$ $\acute{\epsilon}\sigma\tau\iota\nu$, $\tau\grave{o}$ $\tau\acute{\iota}$ $\tilde{\eta}\nu$ $\epsilon\tilde{\iota}\nu\alpha\iota$)，對亞氏而言，是事物之所以是該事物及與其他原本 (per se—$\kappa\alpha\theta^{,}$ $\alpha\tilde{\upsilon}\tau\grave{o}$) 不同的基本理由，它與「存有者」一樣，都是極普遍的概念：「我們稱呼事物的本質（或本性）乃指使事物成定形的因素。一旦成定形後，就被稱之為人、馬或家庭。」❽❷ 本質亦即是在定義 ($\acute{o}\rho\iota\sigma$ $\mu\acute{o}s$) 中所指出的內容，是「這是什麼？」($\tau\acute{\iota}$ $\acute{\epsilon}\sigma\tau\iota\nu$) 的答覆。這裏有一點值得一提的是：事物的「本質」與表達本質的「定義」不同。「本質」（具體本質）是實有物，「定義」則是思想的產物。譬如人的具體本質是使人之所以是人的基本因素，實際上它是單純的，是一個整體，缺少部分。當我們把人定義為「理性動物」時，是把人的本質分成部分，但實際上，它是沒有部分的，此乃基於人的思想受到限制，無法對事物的全部意義——本質——一目瞭然 (at one glance) 之故。人的思想必須把它加以區分——分析，或綜合，在推論時必須按部就班。所以，雖然定義所表達的概念的根據是具體本質，但兩者不可混為一談。人可以用許多概念說明一個單純的事物，同樣可以用一個概念來說明許多事物，譬如：用「理性」與「動物」兩個概念說明一個實有物——「人」；同樣的，我們也可以把許多事物歸納成一個概念——把許多個別的人都歸納於「人」這一個概念裏，它所代表的是所有人的共同及普

---

❷ *Pol.* I, 2, 1252b30–34; St. Th., in *Ana. Post.* I, lect, 18, n. 4.

遍本質，所以，雖然只是一個概念，卻對所有人都可適合。總之，人是依據事物的具體本質形成普遍概念後以定義加以表達。定義所表達的概念是思想的產物，故是思想存有者 (mental or logical being)，而本質則是實際存有者 (real or ontological being)。雖然所有事物均有自己的本質，但不是相同的本質，所以是類比概念，當它應用於各物時，在意義上並非完全一致的。

　　事物的本質應是：

　　㈠不變的 (immutable)：即沒有增減的可能。

　　㈡必要的 (necessary)：為先天所規定好的，非如此不可，不能以另一種形式出現。譬如，人的本質是「理性動物」，非如此不可，否則就不是人了，而是其他不同性質之物了。

　　㈢永久的 (eternal)：指超越時間與空間的意思。一旦事物的本質被規定之後，應永遠保持現狀，絕不更改。然而，這是從抽象觀點而言，因為各事物的個別本質仍是暫時的，它跟著個別物一起毀滅。

　　㈣沒有等級之分：任何事物一旦擁有自己的本質之後，就是全部的本質，不會有或多或少、或大或小的情況發生，所以只有「無」或「有」之別。

　　雖然「本質」也可以稱之為「自立體」(substance)，因為是依附體 (accidents) 的主體、寄託所或支撐物 (substractum)，但自立體與依附體同樣應該有自己的本質。不過「本質」首先及原本 (primo et per se—πρώτως μὲν καὶ ἁπλῶς) 是針對自立體而言，次要才說明依附體：「存有者可以說明所有範疇，但其方式不同：有時取狹義，有時則取廣義或引申的說明式。同樣的，嚴格地說，本質原本僅針對自立體而言，只在某種意義上，也可以說明其他

範疇，因為，甚至論及『品質』(quality) 範疇時，吾人亦可發問：『那是什麼?』因此，當回答它是『這』，或是『那』時，在某種意義上，也可以說吾人是在指出其本質了。」㊸「你是一位音樂家不是你之所以是你的理由，因為是一位音樂家不是你的本質。」㊹「存有者可以有許多種意義，但首先指的是物的本質，而本質主要指的是獨立實體。」㊺

　　「本質與存在的區別」為哲學上備受爭議的問題，亞氏對此問題的立場也不夠明確，所以正反兩派都把他視為自己的同道。

　　雖然亞氏未直接討論過此問題，且也未明確表明態度，然而，從他著作中的字裏行間，及從他所建立的一些原理原則，不難發現他的肯定立場，即他主張在受造物裏本質與存在實際上是不同的；在永恆的自有者內則是一致的，這是大多數對亞氏思想有深入研究的學者們之共同意見㊻，作者亦認為此言甚是，其理由是：

　　第一、亞氏主張「存有者」本身不屬於任何種類，因為在「存有者」的觀念裏不含「類別」及「種差」，沒有任何東西可以與存有者本身不同，因任何東西也都是存有者。屬於特殊種類的存有者已是分享存有者的存有者，是一個受到限制的存有者㊼，即其本質限制了存在，其存在受本質的限制。「限制」與「受限制」為對立的觀念，所以兩者不能是一回事，即實際上是不同的。

㊸ *Met.* VII, 4, 1030a20–24.

㊹ *Met.* VII, 4, 1029b14.

㊺ *Met.* VII, 1, 1028a10–30.

㊻ Cf. Boethius (De hebdomadibus, P. L. 64, (1311); St. Thomas (in *Ana. Post.* II, lect. 6, n. 4); Cajetanus (in *Ana. Post.* c. 6); Manser, op. cit., p. 510.)

㊼ *Met.* VI, 1–3; *Met.* III, 1ss.

第二、亞氏把存有者分成「必然者」(necessary being) 與「非必然者」(contingent being)、「單純者」(simple being) 與「組成者」(composed being) ❽。他們的基本區別點全在於本質與存在是否一致。「必然者」即是非存在不可，他不能不存在，其「存在」是無始無終的，是永恆的。只有「存在」是其本質，而其本質即是「存在」者——在他內兩者是一回事，是非存在不可，是永恆的存有者。「非必然者」則恰恰相反，他可以存在，也可以不存在；可以這樣存在，也可以那樣存在；有時存在，有時則不存在，所以其「存在」就不是其本質，其本質不是「存在」，即在他內兩者是不同的，而這樣的存有者必須是由「實現」與「潛能」組合而成，因此才能產生相反的效果：可以存在，可以不存在 ❽。

第三、既然「非必然者」是從「實現」與「潛能」組合而成的，其本質是「潛能」，其存在則是「實現」，其存在與本質的關係就必須像被接受者與接受者的關係，所以兩者不能是一回事，由於在亞氏的思想裏，「實現」與「潛能」是不同的，前已提過不再贅述。

第四、亞氏在其著作中已暗示過兩者的實質區別，譬如他說：「人的本質與其存在是兩回事。」❾「每一個首要及自有者與本質是一回事。」❾「存有者不是類 (genus)，因為它不是任何事物的

---

❽　*Met.* III, 5, 1010b25–30; IV, 5, 1015b11s.

❽　*Met.* IX, 8, 1050b7–15.

❾　"What human nature is and the fact that man exists are not the same thing." (*Ana. Post.* II, 7, 92b10s.)

❾　"Each primary and self-subsistent thing is one and the same as its essence." (*Met.* VII, 6, 1032a5.)

本質。」❷

六、範 疇

當論亞氏的邏輯學時已指出,「範疇」(categories) 對亞氏而言有雙重意義:「邏輯」與「存有」意義, 由於它可以是由人思想的抽象作用, 以實際事物為基礎, 在思想內所形成的概念, 以及是在思想以外的實際事物, 也因此, 亞氏在《邏輯學》上和《形上學》上, 都曾加以討論。

雖然亞氏有關範疇的確定數目之見解前後不一致, 但學者們都贊成他在《論範疇》和《題論》裏❸所指的「十個」應是比較合理的數目, 分屬於兩大類:「自立體」(substance—ὑποκείμενον)與「依附體」。於今先談前者, 再論後者。

㈠自立體

有關自立體所要談的是其意義、特性及種類。

1.意義

形上學以整個自然世界為其研究的起點, 而自然世界充滿了眾多變動不居的事物。然而, 在各種變化中, 吾人發現有些東西是不變的, 譬如一棵樹由小到大; 一根草由綠變黃, 但仍然是樹和草; 一個人由瘦變胖、由矮變高、由美變醜、由愚蠢變聰明, 由無知變成有知, 但也仍然是同樣的人, 真所謂「萬變不離其宗」。

宇宙間若無不變者, 人也無法認識, 因為所謂「認識」正是

---

❷　"Being is not a genus, it is not the essence of anything." (*Ana. Post.* II, 7, 92b14.)

❸　*Top.* I, 9, 103b20–23; *Categ.* IV, 1b25–27.

把握那不變者，在這點上，柏拉圖的觀念是正確的，當他主張人對感覺世界不能有科學化知識 (episteme)，充其量，只能有「意見」(opinions)，因為感覺世界的事物是變動不居的。為了解決科學化知識的問題，柏拉圖杜撰了觀念世界的存在，於其間之事物是永恆的、不變的、唯一的，如此，人對它們才能有真正的知識。

　　亞里斯多德對柏拉圖的這種全屬虛構的主張不表贊同，雖然他贊成知識的對象是那不變者 (what is permanent)。但亞氏以為，人對感覺世界之事物仍然可以有知識，因為，雖然它們不斷在變，但變中有不變，不固定中有固定，此不變與固定的因素稱之為「自立體」(substance—$o\dot{v}\sigma\iota\alpha$)，譬如：水會變熱、變冷、蒸發化成氣後再結成冰，但常是同樣的水，它就是變中之不變者❾❹，它的存在才使人能對千變萬化的自然世界之事物有知識，也因此，人才能發展自然科學，如物理、化學、生物學等，這些皆應歸功於亞里斯多德。

　　「自立體」的拉丁文是 substantia，由 sub 和 stare 兩字合成，等於希臘文的 $\dot{v}\pi o\kappa\varepsilon\dot{\iota}\mu\varepsilon\nu o\nu$。拉丁文的 sub 意指「在下」，stare 則意指「站立」，故其意義是：於現象之下屹立不變者，且能支撐於其上者，故有人也認為與拉丁文的 subsistere 相近，意指它不存在於另一物上，而存在於其自身 (to stand by itself)，依亞氏之見，它主要意指：「不敘述而是被敘述的主體」(that which is not asserted of a subject but of which everything else is asserted)❾❺，或「既不敘述一主體，也不在一主體上。」❾❻很明顯的，亞氏在此所

---

❾❹　"For which underlies a thing primarily is thought to be in the true sense its substance." (*Met.* VII, 3, 1028b35.)

❾❺　D. Ross, op. cit., p. 166.

指的是個別事物 (the individual substance)，且是天然而非人造的
(born and not made)，如蘇格拉底、孔子，他稱之為「第一自立
體」(primary substance)，因為若是「第二自立體」(secondary
substance)，則是從個別事物抽象而得的普遍本質，可以作為第一
自立體的述語，譬如「人」就可以敘述蘇格拉底。若下一個為兩
種自立體均適合的定義則是：「能自立及不必仰賴他物而存在
者。」⑨有一點值得一提的：所謂「自立」或「獨立」並不意指沒
有依附體的自立體可以確實存在，由於天下絕找不到不和依附體
在一起的自立體，凡有存在的自立體都是附帶有某種特性的自立
體，花有香味、顏色、形狀，何處可找到無形、無色、無味的花
呢？所以具體的自立體是指事物的全部，包括其他特性，此物才
能真正獨立存在，而它主要又是指個別事物，即第一自立體，因
為第二自立體，上面已說過，是代表「類」(genus) 和「種」
(species) 的「共相」，不能獨立存在於思想之外。

　　自立體比依附體優先可從三方面討論：

　　第一、從存在方面：因為它不但能自立，且能支撐依附體；
依附體則必須仰賴它才能存在，所以它是依附體的寄託所、根源
或基礎，自然應先存在，然後依附體才有落腳之所。

　　第二、從定義方面：定義表達事物的本質，而本質主要指事

---

⑨⑥ "Which is neither predicable of a subject nor present in a subject."
(*Categ.* 5, 2a11.)

⑨⑦ *Ana. Post.* I, 4, 73b5–8; 22, 83a24–28; *Phys.* I, 2, 185a31; 7, 190a36;
III, 5, 204a23; *Met.* V, 8, 1117b7–14; VII, 3, 1028b36–1029a9; 13,
1038b–1040b23; XI, 10, 1066b14. "Res cui convenit esse in se et non in
alio.—that whose quiddity is not to be in another but in itself." (St. Th.,
De potentia, q. 7, a. 3 ad 4.)

物的自立體，次要才指依附體❽，所以給事物下定義時，必須先指出其自立體。

第三、從認識方面：當人認為對一種事物有充分認識時，乃是知道它是什麼？即知道它是屬於何種自立體，譬如：人是什麼？火是什麼？而不是認識它的品質、分量、位置、關係等，所以人對事物有較清楚的認識是當認識其自立體時，而不是其依附體。再者，人對依附體的認識也因為先知道它們究竟是什麼❾。

2.種類

亞氏從兩個不同觀點去看自立體：從實體或存有觀點，及從邏輯觀點，因此，他把自立體分成「第一」或「首要」($\pi\rho\acute{\omega}\tau\eta$ $o\ddot{\upsilon}\sigma\acute{\iota}\alpha$)❿及「第二」或「次要」($\delta\epsilon\acute{\upsilon}\tau\epsilon\rho\alpha$ $o\ddot{\upsilon}\sigma\acute{\iota}\alpha$) 兩種。後者是指普遍概念所指的事物之普遍本質，它不在一主體上，但能敘述其他事物，即可作為第一自立體的述語，例如人、花：張三是人；杜鵑是花。前者指的是具體的個別事物，如張三、李四。這種自立體既不存在於其他主體上，也不能敘述其他主體，我們總不能說：李四是張三或張三是李四。此外它又分為單純的和組合的。前者主要指超於諸天、不變、不被推動、不滅及純實現的上帝；後者又分為天上和地下兩種。前者是可感覺得到的，偶而也會有不含相反性質的循環變動，且是永恆的、不變的及不生不滅的。

❽ *Met.* VII, 1, 1028a10–30.

❾ "Now there are several senses...a 'one' and a 'this', aswe maintain." (*Met.* VII, 1, 1028a32–1028b1.)

❿ 「第一」或「首要」乃指時間與重要上的優先，因為它是第二自立體的基礎或根源。普遍概念——第二自立體——乃從具體個別事物——第一自立體——抽象而來。再者，自立體的意義主要與本來 (primarily and properly) 指的是第一自立體。

後者又分為有生命和無生命兩種。有生命的組合自立體包括人、
動物和植物;無生命的自立體則指混合物體(數目不確定)、要素
(水、空氣、土和火)和元素(原質與原形)。為求清楚起見,茲
列表如下:

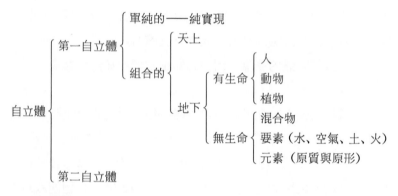

3.特性

自立體的主要特性有:

⑴不存在於任何主體上──自立體的否定定義,因為是其
他依附體的主體,所以它是在依附體下面以支撐在它上面之物
──依附體⓵。

⑵能接受不同,甚至相反性質之依附體,而其自身則常保
持原狀,即是不變的,譬如紙可以先是白的,後又可能變成黑的,
但顏色本身不能是白的,同時又是黑的。換言之,白色永遠是白
色,黑色也永遠是黑色,但白色之物可變成黑色之物⓶。

⑶沒有大小與多少之分:自立體就其本身而言,在程度上
不會有任何差別,譬如所有人都分享同樣及同等的人性,絕不能

⓵　Cf. note (94).

⓶　*Categ.* 5, 2a11s.

說張三所有的人性比李四多或少，故只有「無」和「有」之分，若「有」，就有全部自立體，否則就什麼也沒有。但有貴賤之別，譬如人的本性－自立體就比動物的本性－自立體高貴。

(4)排除異己：即不能有兩個（完整）自立體在一起的情形發生。換言之，在一種事物內只能有一個自立體（完整自立體），它就是該物自身，此亦等於說，兩個完整自立體結合在一起絕不能形成不同性質的第三者，因為每一個完整自立體均是某特定之事物 (hoc aliquid－τόδε τι)。然而，若從邏輯觀點看，即把自立體當做抽象概念，則可以在同一意義上說明所有自立體❿。

㈡依附體

有關依附體，先談其意義，再論其種類，最後討論它與自立體的關係。

1.意義

與自立體對立的觀念是「依附體」(accidents－συμβηβηκός, συμβηβήναι)，它是附加在自立體上的偶有事物，故是為了修飾自立體 (modifications)，且與自立體不同：兩者的關係是不變與可變、一與多、限定與能受限定的關係。依附體有自己的存在與本質，但只當它與自立體發生關係時。它本身不能自立或獨立存在，仰賴他物而存在是其性之使然 (cujus esse est in-esse － whose quiddity is to be in another)，它必須受自立體的支撐，所以自立體是它的寄託所或支柱。因此，依附體雖然也是「存有者」(beings)，但不是首要，而是次要存有者，由於一旦被發現時，我

---

❿ *Met.* VIII, 1, 1042a24ss; XII, 2, 1069a30. 當我們說：「木材是白的」(the log is white) 和「白色物體是一塊木材」(the white (thing) is a log)，前者才是正式的敘述，後者則不是。

們立即知道它是被其他物所支撐，它是限定某種固定事物者，而它自己又經常在改變，它的來臨或離去對該固定事物之本質毫無影響，故與其說依附體是「存有者」，毋寧說「存有者之存有者」(ens entis) ❿。

2.種類

所有受造的自立體均是有限及不完美的，因為其存在實現受到本質的限制，而其本質亦受限制，所以沒有存在的全部 (the totality of the existential act)，也沒有本質的全部 (the totality of the essential act)，雖然所擁有的是全部存在與全部本質。因此必須受依附體的限定才趨於完美。

為了確定依附體的種類，最好是從「敘述」自立體的各種情形著手。「敘述」是一種判斷，對一個概念的肯定或否定，譬如：「孔子是聖之時者也」。所肯定或否定之物稱為「述詞」(predicate)，被述詞所肯定或否定之物稱為「主詞」(subject)。大致而言，通常「主詞」都是自立體，而「述詞」則都是依附體。（雖不盡然）

依附體既然是附加在自立體（主體）上，為了敘述該自立體，其數目自然應以所敘述的情形而定。就亞里斯多德所探討的結果，有九種情形發生：從物質方面看，有分量 (quantity)；從物理方面看，有品質 (quality)；從物質物而言，有彼此間的「關係」(relation)；物質物的關係，又可從「分量」和「品質」兩方面去看。從物與物的分量所產生的關係，有「地區」(place) 及「姿態」(posture)；從物與物的品質所生的關係，直接有「動」(actions) 和「被動」(passions)；間接有「時間」(time) 和「裝備」

---

❿　*Met.* VII, 1, 1028a18; St. Th., in *Met.* lect. 1, n. 1248; *S. th.* I, 45, 4.

或「習性」(habit)。茲列表於下，以示清楚。

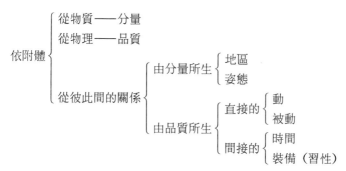

茲舉例說明自立體和各種依附體的意義：

(1)趙六是人（自立體——趙六為第一自立體，人為第二自立體）。

(2)趙六體重七十公斤（分量）。

(3)趙六是聰明的（品質）。

(4)趙六是趙七的哥哥（關係）。

(5)趙六打人（行動）。

(6)趙六挨打（被動）。

(7)趙六躲在桌子底下（地區）。

(8)趙六昨天來過（時間）。

(9)趙六坐著（姿態）。

(10)趙六穿上雨衣（裝備）。

(三)自立體與依附體的關係

自立體與依附體的關係至少是三重的：

第一、被依賴與依賴者的關係：由於自立體是依附體之主體的緣故。所謂「主體」乃意指支撐物或負荷者，是在其他物的下面，但能支撐於其上之物，否則在其上面之物即無法存在，所以

有被依賴的意義 **⑩** 。

第二、潛能與實現的關係：自立體雖然是主要的存有者，依附體則是次要的存有者，但若無依附體的限定、裝飾，自立體是不夠完美的，所以依附體是使自立體變成更完美的要素，此乃哲學上所謂：「保持原狀之物並非最完美的，最完美之物乃經過一番裝飾。」(ens simpliciter est bonum secundum quid; bonum simpliciter est ens secundum quid)

第三、原因與效果的關係：依附體之所以有存在及能存在乃因著自立體，所以自立體是「原因」，依附體則是「效果」。因此，雖然依附體存在於自立體之上，它不但未把自立體隱藏，反而把它顯示出來 (not conceals, but reveals it)，因為人認識事物的自立體之性質乃透過其依附體。譬如，透過張三所有的善良性格、聰明才智，吾人才知道他是好人，是聰明或充滿智慧者。

七、原　因

到目前為止，所討論的是靜態的存有者。但它也是動態的，即能有所作為，會起變化及產生影響力，這些乃由原因所引起的效果，所以最後要討論「原因」。

雖然亞氏非常重視此問題，而他又是著名的「四因說」之作者，但他未曾有系統地討論過，只在其著作中論其他問題時，順便提到原因，譬如在《後分析學》上，當論科學化知識──學問──時，提到「原因」，因為他給科學化知識下的定義是：「知道事物原因的知識。」嗣後在《物性學》的卷二及《形上學》的卷三又重複了此定義。如此看來，「原因」似乎是科學化知識的根由。

---

⑩　*Met.* VII, 1, 1028a26; ib. 1029a.

然而，並非在一切學科上都必須具備所有原因，譬如在物性學上必須有四種因：質料因 (material cause)、形式因 (formal cause)、推動因 (efficient cause) 和目的因 (final cause)；但在數學上只需要形式因；在神學（形上學）上則是形式因、推動因和目的因**⓰**。因此，在討論亞氏的物性學時，對「原因」已有詳述，如今只著重於「推動因」與「目的因」的分析，先談「原因」的意義，再論此兩種意義特別重大的「原因」。

㈠意義

為了對「原因」（和效果）有更明確的概念，先討論數個與其有關的概念：根由、理由、條件和機會。由於「原因」比「效果」優先，所以最後也要談一談「優先性」。

1.根由

亞里斯多德給「根由」(principle) 下的定義是：「其他物首先從它而有、而形成、而認識之物。」**⓱**依此說法，「根由」即有首領、為首者、開始、首先、最初等意義。通常不論在任何情形下比其他物優先之物均稱為「根由」。譬如：次序上的優先，如「點」是「線」的根由或開始；地位上的優先，身為一國之主的國王或總統也是「根由」；影響上的優先，如原因對效果而言，就屬這種優先；連續性上的優先：如黎明為一天的開始；推論上的

⓰　"Non omnis scientia per omnes causas demonstrat. Nam Mathematica non demonstrat nisi per causam formalem; Metaphysica demonstrat per causam formalem et finalem praecipue, et etiam agentem; Naturalis autem per omnes causas." (St. Th., in *Phys*. I, 1, n. 12.)

⓱　"The first from which something either is, or becomes, or is known." (*Met*. IV, 1, 1013a17.)

優先：如前提對結論而言，亦可稱為「根由」。

由以上分析，顯見「根由」的意義比「原因」廣，故凡是「原因」都是「根由」，但並非「根由」都是「原因」。水源是水的根源，而不是水的「因」。

2.理由

對於一事一物的發生，欲了解它何以發生？想求一個解釋或說明即是「理由」(reason) 的用意。冒煙是火燒的信號，煙說明火的存在，但不是火的原因。無可諱言，「理由」與「原因」的意義相當接近，故容易搞混。然而事實上仍然不同，因為凡「原因」都是「理由」，但不凡「理由」都是「原因」。

3.條件

為了產生效果，尤其理想的效果，有時原因需要某些事物之協助以便如願以償，此即是「條件」(condition) 的功能，但對效果的產生不具實際的影響，譬如寫作必須藉著光線，但光線不是寫作的原因。有時「條件」對效果的產生扮演非常重要的角色以致無法缺少或被取代，稱之為「非此不可」或「必要」條件 (conditio sine qua non)。因此，效果固然依賴原因與條件，但情形不同：對原因的依賴是內在的 (intrinsically)，對條件的依賴則是外在的 (extrinsically)。若原因改變了，效果也跟著改變，條件與效果的關係即無這般密切。因此，我們可從效果推出原因，但不一定能推出條件。「字體」會因著書寫人的情形及其所用的筆、墨有所不同，至於他在何種光線（陽光、燭光或燈光）之下書寫，則無法測知。

4.機會

「機會」(occasion) 是產生效果的「機遇」(opportunity) 或「境

遇」(circumstances)，對效果的發生沒有實際的影響，所以，倘若它不存在，效果也同樣會發生，只是因著它的來臨，效果因而發生而已，所以只能說對效果有間接的影響。譬如，在友人生日時送他禮物，「生日」不是送禮物的「因」，送禮物的人才是。

以上所言，可加以舉例說明：日子以黎明為開始，但黎明不製造日子。木匠製造桌子，但木匠在製造桌子時所利用的材料必須是精緻的，否則就無法加工。故黎明是一天的「開始」(principle)，木匠是桌子形成的「因」。至於木料的性質（精緻）則是木匠加工的「條件」。若一個人本不想外出，可是眼看陽光普照，天氣晴朗，於是他就決定帶家人去遊山玩水，「陽光」與「天晴」只是他外出的「機會」，而非必要條件，更不算是「原因」。

5.優先性

一種事物先於其他事物，或在它之後另有其他事物，它之對於在它之後者，通稱為「優先」(priority) 或「前者」(prior)，與其對立的名詞是「後者」(posterior)，而與「第一」(first) 不同，「後者」與「最末」(last) 也不一樣。換言之，「前者」或「優先者」不必一定是「第一」，譬如四月份在五月份之前，但不是一年中的第一個月份。同理，六月份在五月份之後，但不是最末的月份。

士林哲學把「優先」分成：時間、性質和理由優先 (priory of time, of nature, of reason)。所謂「時間上的優先」乃指一件事物在「時間」上先於其他事物，譬如「早起的鳥兒有蟲吃」(early bird catches the worm)，鳥兒的「起身」在時間上就先於「捕蟲」的行動。「性質上的優先」則意味一物的存在依賴其他事物，譬如，自立體在性質上就先於依附體，因為依附體必須依賴自立體才能存

在，而在時間上兩者是同時存在。由前提推出結論以說明結論之
所以能成立的理由，前提在理由上即先於結論。但理由上的居先，
在時間上或性質上可能居後，譬如前提所指的事物可能後於在結
論中所指的，由於有兩種論證：先然（驗）(a priori) 和後然（驗）
(a posteriori)。前者是從原因到效果，後者則是從效果到原因。所
以，當我們推論：「張三會死（結論），因為他患了絕症（前提）。」
於此，前提所指的自然先於結論所指的；可是若用後驗推論式：
「張三一定得了絕症（結論），因為他死了（前提）。」在此論證
中，前提所指的就後於結論所指的。

有了上述清晰概念之後，現今正式討論亞氏的「四因說」。

首先，亞氏承認在他之前已有人討論過「因」的問題，但都
不夠完整，因為前人只指出其中的某些，而未曾提到全部[108]。有
關「因」的數目，亞氏的思想頗一致：在《物性學》及在《形上
學》這兩部著作中，均指出四個因，而且強調僅此四個就足夠解
釋宇宙萬物的構成與變化，它們是：「質料因」(material cause—$\tau\grave{\eta}\nu$
$\H{v}\lambda\eta\nu$)、「形式因」(formal cause—$\tau\grave{o}\ \varepsilon\hat{i}\delta o\varsigma$)、「推動因」(efficient
cause—$\tau\grave{o}\ \kappa\iota\nu\hat{\eta}\sigma\alpha\nu$) 和「目的因」(final cause—$\tau\grave{o}\ o\hat{v}\ \varepsilon\nu\varepsilon\kappa\alpha$) [109]。
前二者為內在因，後二者為外在因。「質料因」是潛能及不確定的
根由，它自身不是任何特定的東西（對由它所構成之事物而言），
但能成為所有物依照形式因所提供的確定型相，所以「形式因」
乃是限定與確定質料因的根源。（有關此兩種因，及「因」的一般
意義，在論其「物性學」時，已有說明。）「推動因」是事物藉此
而存在或起變化；「目的因」是推動因之所以產生行動的緣故或目

---

[108]　*Met.* I, 3, 983a24; 983b4; VIII, 4, 1044a32; *Phys.* II, 3, 194–195.

[109]　*Phys.* II, 3, 194b23–195a3; II, 7, 198a14–25; *Met.* V, 2, 1013a24–35.

的。茲以米開蘭基羅所雕刻的摩西像為喻，以說明四因的意義：

米開蘭基羅用他的雕刻技巧完成了雕像，他就是「推動因」；其動機，譬如為了聲望，為了金錢，或為提醒後人摩西發怒時的表情，即是「目的因」；雕像是由大理石所塑造而成的，大理石即是「質料因」；在大理石上所刻的摩西像即是「形式因」。由於大理石與摩西的像仍與該雕像連在一起，所以稱為「內在因」；米開蘭基羅及其雕像的動機與該雕像畢竟是兩回事，即與其內在結構無關，所以稱之為「外在因」。

其實亞氏在《物性學》卷二的第三章對四因的意義、性質所作的說明已相當清楚了：

> 稱為原因者，其方式有許多種：(1)某物由它所構成，且仍與該物在一起者，例如：銅像的銅，銀碗的銀，以及銅和銀所屬的種類之物。(2)是某物之形式或模型，亦即表達本質的定義，以及諸如此類（如 2:1 與八度音階的關係，以及一般的數目之於八度音階），及定義中的各部分也稱為原因。(3)產生變化或使停止的最初根源也可稱為因，如進忠告者，孩子的父親，及日常生活中東西的製造者，引起變化者皆是。(4)做事的目的，或事情完成之緣故，例如：當發問：他為何散步？若說：為了身體健康，這個回答就指出了原因。同樣的，所有作為達到目的之已經實現的居間步驟，也都是原因。譬如，減輕體重而變為苗條，或清理腸胃，保健之藥物或動手術的器材等，都是為達到健康的手段。雖然彼此不相同，因為有的是動作，有的則是工具，但其目標卻是一致的❿。

㈡推動因

亞里斯多德所提出的推動因之原始意義是為了解釋「變動」：「若無推動因的存在，變動乃不可能發生。」「凡被推動者，均被他物所推動。」⓫「凡生成者，均由某物，且藉著某物而來。」⓬此處亞氏只不過重複了柏拉圖之意見：「所有變動均必須由一個原因所促成的。」(*Tim.* 28a) 亞氏似乎未主張有從無中創造世界的無限與萬能推動因的存在，因為對他而言，自然世界和上帝同樣是永恆的。一個處於靜態中的永恆不變之物是沒有原因的，因為它是無始無終。只有物質世界可變動的事物才需要原因，由於它們是從潛能和實現所組成，而從潛能不能到實現，除非被另一現有之物所推動，此推動者即是亞氏所說的「推動因」，其正式定義即是前所提過的：「首先產生動的根由。」⓭

凡是「因」都是「根由」，不凡是「根由」都是因，所以「根由」的意義比「因」廣，因此亞氏所說的「根由」乃是定義的「近類」，對四種因均可適合。但推動因有自己的特徵——「種差」，那便是定義裏所說的「首先」二字之所指。事物的先後次序有兩種：屬於「意念界」(ordo intentionis) 和「實現界」(ordo executionis)。從「實現界」言，推動因先於目的因，從「意念界」言，則目的因先於推動因，所以「首先」二字乃指「實現界」而言。「質料因」與「形式因」雖也可說是變動的根由，但非「首

⓾　*Phys.* II, 3, 194b23–195a3; *Met.* V, 2, 1013a24–35.

⓫　*Met.* XII, 6, 1071b14.

⓬　Cf. note (69).

⓭　"The principle from which motion first flows forth." (*Phys.* II, 3, 194b29; *Met.* V, 2, 1013a28.)

先」的根由，因為它們彼此間的結合仍需要推動因的干預。除非先透過推動因的動作，從原質的潛能中無法引出原形。

凡「變動」都是從潛能到實現，從非有到有的過程，可分為「形下」或「物性」(physical) 和「形上」(metaphysical) 兩種。前者又分為實體 (substantial) 和附體 (accidental) 的變動。事物的本質改變稱為「實體變動」，如紙燒成灰。事物的外形改變則稱為「附體變動」，如白紙變成黑紙。從無到有，或從有到無是「形上變動」。由於亞氏未明確地贊成從無到有的「創造說」，所以他所謂的「變動」，主要是指「形下」或「物性變動」，且推動因的行動只涉及完整的組合體 (the composite)，不直接涉及原質，或與原質分離的原形。當其行動影響完整組合體時，乃直接對依附體進行干預，使一主體不適合擁有原先的原形而必須立刻找到由原質所引出的新原形，此即亞氏所云：「一物之滅即是另一物之生」(corruptio unius est generatio alterius) 的道理。

定義裏的「產生動」的正確意義是：「變動從它——根由——而來」(from which motion flows)，乃指推動因是外在根由，實際上與資料因和形式因不同，由於它們是事物的內在構成要素，故是「內在因」。但推動因不必一定經常在起變化的事物「之外」，因為亞氏也主張，四種基本要素在宇宙中，各有其自然動向（如火向上燃燒），並且除非遭到阻力，否則必須依其自然動向而行。這種自然趨向屬於事物的內在結構因素，即形式**⓮**，因此，形式因與推動因是一致的。就有機體的魂作為形式要素而言，它同時也是變動的發起者；但是，建橋者是橋樑的推動因，而不是形式因。作為推動因的父母，只有在種性上，而不在數目比例上 (only

---

⓮ *De Caelo* IV, 3, 311a1–10.

specifically, not numerically)，同時也是子女的形式因❶。

在日常用語中，「原因」通常是指「推動因」，因為它最具備「原因」的條件，其中主要有：

第一、與由它所產生的效果完全不同。

第二、原因至少從存在觀點言，必須先於效果；從時間觀點看，兩者可以是同時。

第三、效果對原因有絕對、實際與內在的依賴性，即原因若不存在，效果絕不能發生。

第四、原因與效果應成比例——應相稱，效果不能比原因更完美，也不能超過原因，否則一部分效果（超原因的部分）將無原因，即不來自原因，那便成為無因之果了。再者，實際所需要產生效果的原因不能超過效果，否則原因便不是原因，由於其行動的一部分（超效果的部分）不產生效果，無果又那來因呢？

第五、在原因內必須先擁有效果的完美，因為哲理有言：「己之所缺，無法予人」(Nemo dat quod non habet)。

亞氏有關推動因的許多觀念，後來成為重要及有名的「因果原理」(principle of causality) 的基礎，其中有些公式完全是亞氏所說過的字句，譬如：「凡被動者，皆被其他物所推動」(whatever is moved, is moved by another)。「凡生成者必藉著他物而生」(whatever becomes comes from something else)。「從潛能不能到實現，除非被一實際現有之物所推動。」「有果必有因。」連被公認為最完美的公式：「凡非必然者必由其他物所促成的」(every contingent being needs an efficient cause for its existence)，也肇始於亞氏的提示。

---

❶　Copleston, op. cit., pp. 54–55.

㈢目的因

「宇宙中隨處可發現目的」是亞氏的堅定信念，故「目的因」對亞氏而言是極為重要的，且他也認為自己是最先真正想到目的因之人❶，也因此，他不但在《物性學》上，且也在《形上學》及《倫理學》上討論過「目的因」。如今先研究目的因的意義，然後再討論其與其他原因的關係。

1.意義

希臘文的 telos 有「頂端」、「極限」的意義，相等於拉丁文的 finis，英文的 end，故其字義是「事物的終點」。由於「終點」通常指的是「目標」、「目的」，所以可稱為「目的因」。

亞氏給「目的因」所下的定義極具科學化：「動者因之而動」(for the sake of which an agent acts)❶。嗣後聖多瑪斯在註解《宜高邁倫理學》時加以認同：「所謂『目的』只不過是事情因之而完成者。」❶

行動者均為了尋找某些對自己有用或有利之事物才產生行動，「無的放矢」既不合理，且也不可能。對自己有用或有利者即是「善」，故「善」與「目的」為同義詞，由於亞氏給「善」所下的定義是：「一切物之所欲者。」❶然而，這種人所追求的「目的」或「善」，可以是現有之物，也可以是尚未存在之物，譬如人可以去百貨公司買一套現成的衣服，但人服藥卻為了恢復所缺少的健康。

---

❶　Copleston, op. cit., p. 55.

❶　*E. N.* I, 5, 1097a21.

❶　*E. N.* c. 5, lect. 9, n. 105.

❶　"That at which all things aim." (*E. N.* I, 1, 1094a3.)

若詳細分析亞氏的定義，不難發現其含有三種因素：一、行動者所欲追求之物——善；二、此物對行動者自身或對其他人有好處，即為了行動者自身或其他人的好處而被追求；三、被追求時，必須有些適當的方法以便順利獲得所欲尋求之物。這三種因素可說是同一目的因的三個不同觀點，後代的倫理學家分別稱之為「物因」(finis qui)、「益因」(finis cui) 和「佔有因」或「方法因」(finis quo)。茲舉例說明：子女工作為了賺錢奉養父母。「賺錢」即是「物因」，「父母」是「益因」，金錢的實際擁有則是「佔有因」。有些人把工作也稱為 finis quo。由於「工作」是達到目的之方法，所以更正確地應稱它為「方法因」。

雖然「推動因」在一般人看來最具有原因的資格，但「目的因」也是真正的原因，因為它也具備了原因的所有必要條件，蓋「原因」不外乎：「對一事一物的發生或變化具有實際影響的根由」(a principle which exerts a positive influence in the production of a thing)，而「目的」的確對行動的產生具有實際影響，譬如離鄉背井多年的李四，為了要回國探親，先必須暫時放下工作，趕辦各種手續，備妥行李，這些相當費時費力的事先準備工夫，都是為了達到探親的目的。

2.與其他因的關係

亞氏所提到的四種原因彼此間的關係是相當複雜的，其先後次序亦非三言兩語就可交代清楚。

「先後」可以從「完美」與「依賴」觀點去考慮。若一種事物比其他完美，即可說是「優先」。若事情之發生由其他事物所引起，引發者從「依賴」觀點言，就先於被引發者。再者，有所謂的「意念優先」(ordo intentionis) 和「實現優先」(ordo executionis)。前者是指在人的腦海裏先有做事的念頭，然後才以實際行動將它完成；後者乃指先有實際的行動，然後才實現原先的計劃。

從「依賴」、「意念」及「完美」觀點言，「目的因」先於其他因。理由是：質料因與形式因的結合——決定與被決定、被接受與接受——必須先透過推動因，但若無目的因的推動或激發，推動因不可能有所行動，且所有的行動與實踐都是為了達到目的，並由目的來做決定，所以它是名副其實的「眾因之因」(the cause of all causes)，或「首因」($\pi\rho\tilde{\omega}\tau o\nu$ $a\ddot{\iota}\tau\iota o\nu$)。在此意義上，亞氏誠可說主張「目的定命論」(teleological determinism)[120]。然而，若從「實現」觀點言，「目的因」是位居最後，因為它是最後才獲得的，故也稱為「最後因」(final cause)。

亞氏之所以提出「四因說」，不但為了圓滿地解釋宇宙事物的內在結構、生成與演變，且因為它們彼此間的確有明顯的區別。但也不盡然，因為有時同一物可以同時是許多因，譬如「魂」就是最好的例子：它同時是形式因、目的因和推動因。再者，「目的因」也不必一定是「外在因」，由於不斷求自身的發展以達到完美的境界也是各物的目的，有關此問題，柯普斯登 (Fr. Copleston) 教授有所說明：

「亞氏雖然強調目的，但若以此目的就相等於『外在』目的，那便誤解了原意，譬如像我們一般所謂草之生長是用來餵羊。然事實正好相反，亞氏特別強調的是內在目的（像蘋果樹生成的目的，不在於給人類提供營養的水果或可口的飲料，而在於達成其

---

[120] Sandoz, A., *Le rôle de la cause finale dans l'explication chez Aristote: Rev. de Philos.* (1937) n. 2, 104ss.

本身的完美形式），因為依亞氏的看法，在正常情況下，事物的形式因也就是其目的因 **❷**。馬的形式因就是馬的種性形式 (the specific form)，但這也是其目的因，因為屬於一種類的個體總是自然地盡其所能去具體表現該種性形式的完美。這種對形式之自然傾向，說明了目的因、形式因與推動因三者往往是相同的。以有機體為例，『魂』是組合物的形式因或決定因素，同時又是產生動的推動因及目的因，由於有機體的內在目的即在於對種性形式的個別具體表現。橡子在長成大樹的整個過程中，都是在求充分實現其目的因。亞氏認為，真正的推動力，是目的因本身的吸收力，以橡樹為例，同時是其形式因的目的因促成橡子的發芽以期長大成熟。」**❷**

總括上述，推動因與目的因的存在，對亞氏而言，乃顯而易見的。有一般推動因，就應該有最初的推動因，否則無物能推動其他物；有一般的目的因，也應該有最後目的因，否則人的欲望即無法獲得充分的滿足。此最初的推動因就是不被其他物所推動的首動者 (the prime unmoved mover)，而最後目的因即是純實現的至善者 (pure act)，它就是亞氏在其神學裏所要研究的對象，同時也是形上學的最終目的，故亞氏稱之為「神學」，它即是吾人將要討論的課題。

---

❷　*Met.* VII, 4, 1044a36–b11; *Phys.* II, 7, 198a24ss.

❷　Copleston, op. cit., p. 55.

第七章　神　學

「神學」這個名詞乃譯自拉丁文的 Theologia，由希臘文 theos 和 logos 組成，字面意義是「論神之學」。在西方，尤其在中世紀時，神學不但是一門名副其實的學術，且是所有學問之冠，因為它所研究的是至高無上的「神」——萬物之始末 (Alfa and Omega)。

中世紀的西方由於被濃厚的宗教氣氛所籠罩，以「神」為研究中心，乃不足為奇，但對亞里斯多德又何嘗不然？ 亞氏的確把「神學」當做最高的學術，是其整個思想體系的頂點。然而令人詫異的是，他並沒有專門著作討論「神」的問題，所有的僅是在不同的著作中偶而提到而已，這些著作包括《論哲學》、《論祈禱》、《論蒼天》、《物性學》的卷八。但《形上學》的卷十二才真正是亞氏「神學」之主要根據。

有關這些著作的寫作年代，眾說紛紜。大致而言，《論哲學》和《論祈禱》應是早期的作品，因為其內容幾乎是柏拉圖思想的翻版。耶克爾 (W. Jaeger) 教授把《物性學》卷八的寫作時間放在第二期 (347–335)——過渡時期；奴炎 (Nuyens) 把它放在第一期 (367–348/7) 或第二期的開始；羅斯 (D. Ross) 卻把它放在第三期 (335–323)，大約是西元前 330 年。至論《形上學》的卷十二，耶

克爾認為亞氏寫於第二期，故應算是早期著作之一；其他學人如羅斯、奴炎、奧基奧尼 (Oggioni) 和曼詩恩 (Mansion)，則主張該部分是亞氏成熟的作品之一。

有關這些著作的真實性也是各家分歧。蘇紀 (Zürcher) 把《論哲學》和《論祈禱》視為亞氏的真實作品；《物性學》基本上是出自亞氏的手筆，但經過狄奧華都 (Theophrastus) 的改編。該書的卷七則完全是出自他的傑作。同樣的，《形上學》的卷十二，按照蘇紀的意見，也是狄奧華都所寫的，大約完成於西元 315 年之前，乃是下午授課時的講稿，雖然後來又加以改編，可是，其內容與亞氏的思想相去無幾。

欲了解一位哲學家有關「神」的問題時，通常都會發問：他是有神論者抑或無神論者？對亞氏而言，答案是肯定的，雖然其有關「神」的觀念與一般宗教家的觀念仍有很大的差距。「神」的存在是亞氏哲學上的一些基礎原理——自立體與依附體、必然者與非必然者、尤其實現與潛能——的必然結論。如今就來討論他如何證明其存在及其他與此至高的存有者相關的問題。

第一節　神的存在與性質

亞氏討論有關「神」問題之出發點不是自然界事物的「存在」，而是其「變動」，因此他所尋找的不是事物存在，而是事物變動的最初根源，其證據基於：

一、宇宙的秩序

在《論哲學》這部著作裏，亞氏模仿柏拉圖從宇宙的秩序證

明神的存在，其推理如下：

> 如果有人坐在靠近特爾雅城的意納 (Ida) 山上，眼看希臘軍
> 隊以良好的秩序與整齊的步伐向平原前進，必定會聯想到
> 士兵們是在服從一位英明軍官的指揮……。同樣的，當人
> 們觀察天空，欣賞太陽從日出到日落順著不變的軌跡運轉，
> 及星星井然有序的移動，就必須尋找一位產生這種良好秩
> 序的設計師，由於這種秩序絕非出於偶然，而是更高層次
> 及永恆者的傑作，他就是神❶。

二、事物完美的等級

> 我們可以肯定不論何處存有完美的等級，即應有更完美或
> 不那麼完美之事物的存在。而事實證明，宇宙間事物所擁
> 有的完美有等級之分，故必須有最完美者的存在，他就是
> 神❷。

　　這個論證即是後來聖多瑪斯為證明神存在的第四論證
(quarta via) 之根據，其邏輯推論式是：

　　命題一：宇宙間存在著一些擁有不同完美的事物，即在它們
間的完美有等級之分，譬如：有些物比較美好、真實、尊貴；有

---

❶ Walzer, fr. 12; D. Ross, fr. 11; Berker, 1475ss; Plato, laws 966d.
❷ On Philosophy, Walzer, fr. 16; D. Ross, fr. 14–16. 聖多瑪斯在第四路
　裏所發揮的原理。

些物則適得其反。

命題二：事物完美的等級以該事物接近最完美者之程度（遠近）而定，譬如越接近最熱之物，就會感到較熱。

命題三：因此，必須有一個最完美者的存在，他是最美好、最真實及最高貴的，是其他事物所擁有的美好、真實和高貴的根源，此即是「神」❸。

三、心理經驗

對宗教現象稍有研究者，均不會否認宗教信仰——信仰上帝——是既古老又自然的事，其來有自：一方面人本身就不是完美的受造物，他有諸多缺陷與限制，故並非無所不能，他是有所能，有所不能，尤其面對大自然的無比威力，人往往含有複雜的心情：既驚訝又畏懼、既羨慕又惶恐、既崇拜又害怕；另一方面人天生有強烈的求生與求幸福欲望，均「力圖自保」(conatus sese conservandi)（斯賓諾莎語）。人不但求生存、求更好的生存方式，且求永存。在這種種心理支配下，人就會自然而然地相信一位萬能的創造主的存在以達到求福辭禍的目的。因此，信奉、依賴神明，求神問卦之事也就層出不窮。也許基於這種種普遍的現象，亞氏也主張人天生有信仰神的傾向、有依賴神的欲望，尤其在求神問卦時最為明顯與強烈。其次，人臨死時也會投靠神明，求他們保佑以擺脫死亡的桎梏❹。不知是否基於自己親身的體驗，或基於別人的經歷，亞氏還主張人對神的觀念可由夢中獲得❺。

---

❸　有關此論證的詳細分析，請參看拙著《宗教哲學》，同上，頁 456。

❹　*De Caelo* II, 1, 284b3.

❺　Walzer, fr. 12; Sextus Emp., *Adv. math.* IX, 20.

四、宇宙事物的變動

這是最有名及最有效的論證，後代許多名思想家都大表贊同並加以發揚光大，譬如阿尼拉 (Adelard of Bath)、彼德郎巴 (Peter of Lombard)、聖大雅博 (St. Albert the Great)，尤其聖多瑪斯。而亞氏本人也非常重視此論證，故在其《物性學》曾用很大的篇幅（卷八全部）詳加討論，其重點如下：

凡被動者，均被他物所動。從觀察萬物得知，宇宙間充滿了變動，如天上的太陽、地下的爬蟲、水中的魚兒、空中的浮雲、山中的百獸、林中的飛鳥等，無一不經常在變、在動。太陽之所以能動，就因為有東西在推動它。推動太陽之物或是被其他物或不被其他物所動，若是後者，那就便有一個不被其他物所動的推動者的存在，稱之為「神」。若是前者，那就是因為有其他推動者推動它，這樣推論的結果便是：或陷於無限逆退中 (regress to infinity)，或就必須肯定有一個不被動的首動者 (first unmoved mover) 的存在。但前者乃不可能發生，故後者即是正確之答案❻。

在此論證裏，有兩個命題必須加以證明。

一、凡被動者，均被他物所動。

二、在一連串的推動者和被推動者裏，不能陷入無限逆退中——至於無窮。

亞氏利用其「實現」與「潛能」的原理證明它們的可靠性，其推論如下：實現與潛能為兩個對立的觀念，故同一物絕不可能從同一觀點看是實現同時又是潛能。所謂「潛能者」乃指只是

---

❻ *Phys.* VII, 1, 241b24–243.

「能」動，但實際上尚未動 (the movable)，故也不會產生動作，或推動其他物，全處於被動的狀態中；「實現者」則已是實際現有之物，只有它才能產生動作 (the mover)，因為存在先於行動。倘若潛能者能產生動作——推動自己，那便是在尚未存在之前已存在，這豈不荒謬？所以它必須藉著另一現有者的行動才能成為事實，即被其他物所動，蓋所有變動均是從潛能到實現的過程，除非藉著另一實際現有者的力量，此過程即無法完成。所以，沒有任何潛能之物能推動自己，它必須被其他現有之物所推動。而這個推動他物的現有者，或是它只推動他物而自己不被其他物所推動，或是它又得先被其他物所推動然後才能推動其他物。若是前者，則它就是不被他物所推動的首動者；若是後者，是否推動它之物又得被其他物所推動？果真如此，就不能推至無窮，必須有一個盡頭，即必須有一個不再被其他物所推動的首動者，否則所有的皆是居間的推動者 (intermediate movers)，因為「無窮」乃指「無始無終」的意思。既然無最先的推動者，那麼，第二推動者（及所有其他居間的推動者）自然也不會產生動作，即不能推動其他物，由於它必須先被第一推動者所推動，然後才能推動第三者，譬如：乙不能推動丙、丙不能推動丁，除非丁被丙、丙被乙、乙最後又被甲所推動，而甲不再被任何其他物所推動，否則，所有推動者都將陷入停頓的狀態中，那麼，宇宙間就不會有變動存在了。但這顯然與事實不符。所以亞氏的結論是正確的：宇宙間既然有變動，就必須肯定所有變動均被與自身不同的外力所推動，而在一連串的被推動與推動的情況下，又不能無限逆退——推至於無窮，故應有一個不再被任何其他物所推動的首動者之存在，吾人無以命名之故，姑且稱之為「神」 ❼。

　　在《物性學》上亞氏的神是「不被動的首動者」(the first unmoved mover)，在《形上學》上則是不含有任何潛能成分的「純實現」(pure act)，其實這只是「一體兩面」的看法，因為前者必須暗含後者，反之亦然。換言之，凡不被動的首動者必須是純實現者，凡純實現者也應是不被動的首動者，然亞氏以為凡變動者，均是可滅的、暫時的；皆是從實現與潛能所組成的混合物，因為它必須有存在與不存在的可能性，否則即是不變的、永恆的及是純實現，而此物必須存在，由於完美先於不完美、不滅者先於可滅者、必然者先於非必然者、永恆者先於暫時者、實現先於潛能之故。倘若沒有最完美、永恆、必然及純實現者的存在，其他物（可滅者、非必然者……）也不可能存在，因為它們彼此之間的關係恰似原因與效果，無「因」又那來的「果」❽？所以必須有純實現者的存在，它同時是變動的根源及宇宙萬物的「異」與「同」的原因：「所以，必須有永恆的循環運動的存在，這非理論，而是事實。因此首重天 (first heaven) 必須是永恆的。既然如此，那也就必須有推動它之物的存在。而被推動者與推動者均為居間者，那就必須有不被推動的推動者的存在，他便是永恆的實體與純實現者。」❾「由於潛能者也可能不存在，若所有事物都是

---

❼　*Phys.* VIII, 5, 256a4–256b3; E. Gilson, *The Christian Philosophy of St. Thomas Aquinas* (New York: Random House, 1956), ch. III, art. 1.

❽　亞氏在《形上學》卷二第二章 (994a1–19) 主張四種原因（包括推動因）均無法無限逆退，故必須有第一原因的存在，至少這是聖多瑪斯的註解，雖然有人，如吉爾森 (E. Gilson)，不以為然 (*The Philosophy of St. Thomas Aquinas*, p. 68)。

❾　*Met.* XIII, 7, 1072a22–25. "Actuality is prior in substantial being to potency; and as we have said (1049b17–29), one actuality always

潛能者，那便不會有永恆的運動。既然有永恆運動，那就必須有其本質即是實現之物的存在。」**⑩**「此物是蒼天和自然世界所依賴而存在的根源。」**⑪**

亞氏主張此萬物的根源應該是：「自有者」(self-subsisting being—ens a se)，此乃神的形上本質，是神之所以為神的基本理由，是神與其他萬物基本之區別，且是神的其他特性的基礎，此乃基於亞氏所說：「神是純實現」(pure act)，因此其「本質」即是「存在」，「存在」即是其「本質」，即在神內兩者是一致的(identified)**⑫**。其次，是「永恆的」，因為他產生永恆的運動；是「不被動的」、「超感覺世界」、「非物質之物」、「不可分割的」(indivisible)，即是單純的，因為他缺乏部分——不從部分（實現

---

precedes another in time right back to the actuality of the eternal prime mover." (*M*. 1050b1–6.)

⑩ "For there will not be eternal movement, since that which is potentially may possible not be. There must, then, be such a principle, whose very essence is actuality." (*Met*. XII, 6, 1071b19–22.)

⑪ "On such a principle, depend the heavens and the world of nature." (*Met*. XII, 7, 1072b13.)

⑫ "Most theologians consider self-subsisting Being (aseity, ens a se) as formally constituting the divine nature, that is, ultimately distinguishing it from everything created...First of all, according to this view, God is 'He Who Is' as revealed to Moses (Exod. ch. 3). This is what Aristotle means when he says that God is Actus purus." (Garrigou-Lagrange, *God: His Existence and His Nature*, vol. II, B. Herder Book co., St. Louis, Mo., 1949, transl. by Dom Bede Rose.)

"Each primary and self-subsistent thing is one and the same as its essence." (*Met*. VII, 6, 1032a5.)

與潛能）組成的；是「獨一無二的」、「無感受的」(impassive)、「不變的」、「不更改的」、「不滅的」、「有無限能力的」、「最完美的」——是真、善、美、生命、智慧和幸福自身❸。「毫無疑問的，神是最幸福者，並非因為他擁有外在事物的緣故，而是基於其自身及他自己所擁有的本性——其本性即是幸福的根源。」❹

　　總括上述，亞氏在《物性學》上從事物的變動推出不被動的首動者的存在，他便是「神」；在《形上學》上，於分析及應用「實現」與「潛能」的概念後，終於結論出「純實現」之物的存在，他是同樣的「神」。正因為他是不被動的首動者，所以是純實現；也正因為他是純實現，所以他是不被動的首動者，這種對「神」的一體兩面的看法，的確是古希臘思想家對「神」所能有的知識之巔峰，難怪中世紀的西方思想界人士把亞氏當做偶像般地崇拜。

第二節　神與世界的關係

　　神既然是純實現，他就是與世界不同及超越世界的存有者，不但有生命，且是最高層次的生命——純思想。但不是無限的，而是有限的 ($\tau\varepsilon\lambda\varepsilon\iota o\nu$)，因為在新柏拉圖學派以前的希臘人，均把「無限」視為「不完美」($\check{\alpha}\pi\varepsilon\iota\rho o\nu$)，而神是最完美的，故也不含有任何潛能的成分，也因此，在他之外不能有任何認識的對象。其生命與思想限於自身之內，除了自己的實體外，不思想任何其

---

❸　*Met.* XII, 7, 1072b14–30; *E. N.* VI, 3, 1139b23–24.

❹　"God is happy and blessed, not by reason of any external good, but in himself and by reason of his own nature." (*Pol.* VII, 1, 1323b22–24.)

他事物，即所謂的「自我沉思」(autocontemplation)❶❺。人類、有
生命與理性的星辰，尤其首動者能夠認識和敬愛神，但神不認識
世界，因為其思想方式不能像從認識一物到認識另一物那樣，如
此，在他內就含有潛能成分。

神不是宇宙的創造者（雖然有人，如 Brentano，持相反意
見）。的確亞氏主張第一存有者是其他存有者的根源，就好像第一
真理是其他真理的根源❶❻。然而他並未結論說宇宙為神從無中所
創造的，因為「物質」、「動」和「時間」是永恆的，所以他明確
主張宇宙也和神一樣同為永恆的❶❼。

神與其說是以「推動因」(efficient cause) 的姿態，勿寧說是
以「目的因」(final cause) 的姿態對世界產生影響力，所以亞氏的
神就好像柏拉圖的「善」，是萬物追求的對象，萬物均被他的美善

❶❺ "The divine thought thinks (since it is the most excellent of things) and
its thinking is a thinking on thinking...the divine thought and its object
will be the same, i. e. the thinking will be one with the object of its
thought." (*Met.* XII, 9, 1074b23–1075a5.)

❶❻ "The principles of eternal things must be always most true...they
themselves are the cause of the being of other things, so that as each
thing is in respect of being, so is it in respect of truth." (*Met.* II, 1,
993b27–30.)

❶❼ *De Caelo* 279b12ss. 但亞氏在《物性學》(VIII, 1, 251) 上也曾說世界
是受造的。聖奧古斯丁和聖多瑪斯毫無疑問的，主張永恆的世界與
世界是受造的並不矛盾。(St. Augustine, *De Civ. Dei* II, 4; *S. th.* I, 46,
1). 雖然亞氏未明確主張世界是從無中受造的，然卻堅持實現先於潛
能 (*Met.* 1049b10; *Phys.* 265a22)，而最初的潛能一定是受造的，且是
從無中生有，故從他的前提推出的邏輯結論應是：他主張「創造說」
(the doctrine of creation ex nihilo)，Brentano 就如此認為。

所吸收 ⓲。神雖然不認識世界，但蒼天的首動者卻認識他，一旦
認識了他，就愛上了他，就被他所吸收住，於是就產生行動，推
動其他較低層次的天體，再藉著這些天體推動天下萬物使之生生
息息、息息生生，連綿不絕，在此意義上，神至少是萬物的間接
推動因。由於神不認識世界，所以他也不照顧和掌管世界。關於
這點，雖然是學者們相當普遍的見解 ⓳，但持相反意見也不乏其
人，譬如聖多瑪斯就主張，依亞氏的意思，神並非對世界完全不
認識，而是直接認識自己，間接則認識其他萬物：「並非神除了自
己之外，對其他事物一概不知，而是因為認識自己之後自然也就
認識其他物。」⓴ 至於神是否照顧世界 (the divine providence) 的問
題，亞氏的思想也不夠明確與一致，因為有時候他似乎又主張神
關心世界，譬如他在《論蒼天》上就說：「神與自然做事從不徒勞
無功。」(God and nature do nothing in vain) ㉑ 在《宜高邁倫理學》
上也表達了類似的想法：「那些真幸運者乃得助於神。」㉒ 在《動
物部分論》談自然巧妙地安排萬物時也說：

> 安納薩哥拉斯 (Anaxagoras) 說人是最聰明的動物，因為他
> 們有兩隻手。但是我卻認為：因為人是最聰明的，所以才
> 有兩隻手，這才是合理的說法。因為手是一種工具，而自

⓲　"God being in a good state compels our wonder." (*Met.* II, 1, 993b23.)

⓳　Fraile, op. cit., p. 515.

⓴　"Nec tamen sequitur quod omnia alia a se ei sunt ignota; nam
intelligendo se intelligit omnia alia." (In *Met.* lib. XII, lect. 11.)

㉑　*De Caelo* 271a34.

㉒　"But as a result of some divine causes present in those who are
fortunate." (*E. N.* X, 9, 1179b22.)

然就像一位智者，總是分配一些東西給那些能夠使用它的
人（最好將笛子分配給一位吹笛好手，而不是將它交給一
個已擁有笛子卻不會吹奏的人）；而且，自然總是將較差的
東西提供給較偉大、較優越者，而不是將較偉大、較優越
的東西提供給較差者。因此，如果此說較好，而且如果自
然一直都是在其環境中表現最佳的一面，那麼，人便不是
因為有兩隻手而成為最聰明的，反之，是因為人是最聰明
的，故才有兩隻手。(*PA*. IV, 10, 687a8–18)

而事實上，許多對亞氏思想有深入研究者，都贊成亞氏至少曾暗
示過神對世界表示關切並能保佑與照顧萬物，譬如：亞歷山大
(Alexander)、阿味羅厄斯 (Averroes)、聖多瑪斯、思高圖 (Duns
Scotus)、白冷達諾 (Brentano) 等就是持此主張的代表人物❷。他
們的意見並非毫無根據，因為亞氏的確甚重視宗教事物及對神的
崇拜,甚至他還認為宗教崇拜對國家的存亡具有決定性的影響❷,
雖然亞氏對宗教上所強調神能「賞善罰惡」的信念不很強烈❷。

---

❷ D. Ross, op. cit., pp. 183–184.

❷ "We must see also how may things are indispensable to the existence of
a state...fifthly, or rather first, there must be a care of religion, which is
commonly called worship." (*Pol.* VII, 8, 1328b3–14.)

❷ D. Ross, op. cit., p. 186.

第八章　倫理學

　　在蘇格拉底以前的希臘哲學家均將注意力集中於研究宇宙萬物之起源、形成、結構等，以期尋找一普遍與共同的最原始及最基本的根源，所以對人生哲學無暇顧及。蘇格拉底為了反駁當時的辯士派學者們對人生一些錯誤的看法，開始注意到有關「人」的問題，譬如他個人絕對堅信靈魂是不滅的❶，雖然柏拉圖好像主張蘇氏對此問題存疑，因他說蘇氏對死亡的看法是:「一切或以死亡或不以死亡為結束。」(either death ends all things, or it does not)❷此外，由於幸福是人的至善，蘇氏不但教人如何思考，且更重要的是，教人如何生活，及如何過幸福的生活。但蘇氏的幸福生活絕對不是基於物質享受，而是基於知識，以智慧的培養來進修德行，故他提出了有名的主張:「藉知識修德行」(knowledge leads to virtue) 或「知識即是德行」(knowledge is virtue)。因此，若說蘇氏為西方第一位重視人生問題的哲人，實不為過。

　　受了蘇氏的影響，其弟子柏拉圖也繼承衣缽，把他的「理型論」應用於社會人生，所以柏氏的哲學以整體而言 (as a whole)，

---

❶　William Turner, *History of Philosophy* (New York: Ginn & Comp., 1945), p. 82.

❷　Apol. 40.

主要是人生或倫理哲學❸，他對人生的目的、幸福、德行及如何修德等問題，都有獨到的見解。

希臘三哲（蘇格拉底、柏拉圖和亞里斯多德）的思想，在許多問題上是一脈相傳的，尤其對人生或倫理問題見解更是一致。亞氏不但重視倫理學，簡直把它奉為極為高貴的一門學問，而他本人對倫理問題的深入研究、詳細探討亦遠凌駕前人。經由他的努力，才使人生倫理道德的原理原則得以建立一種專門學問，就憑這一點，若冠以「倫理學之創始者」的雅號，乃實至名歸。

亞氏的倫理思想主要根據三部著作，即《歐德美亞倫理學》(*Eudemian ethics*)❹，《宜高邁倫理學》(*Nicomachean ethics*)❺和《倫理學大綱》(*Magna moralia*)。在《修辭學》(*Rhetoric*) 和《論德行與毛病》(*De virtutibus et vitiis*) 也提到不少有關倫理的問題。然而，有關這些著作的可靠性與真實性卻仁智互見，茲略述於後：

於十九世紀時，有一位名叫 Schleiemarcher 的學者，主張《倫理學大綱》為亞氏的原著，其他兩部著作──《歐德美亞倫理學》和《宜高邁倫理學》──乃根據它而來。L. Spengel 則認為唯有《宜高邁倫理學》是亞氏親筆著作，《歐德美亞倫理學》則由歐德美亞所編輯的，基於這兩部著作，後代一位逍遙派學者完成了《倫理學大綱》。這種說法久為學術界所接受，直到耶克爾 (W.

---

❸ Turner, op. cit., p. 114.

❹ 只因歐德美亞 (Eudemus) 曾擁有這部著作的手稿而得名。但也有人說此書由他所整理付梓而得名。

❺ 此書取亞氏的兒子宜高邁 (Nicomachus) 的名字，他是亞氏與同居女子所生的，很年輕就死於戰場。此書之所以得名，其理由與上述相同。

Jaeger) 提出反駁為止。這位學者對亞氏著作之研究頗有心得，他排除眾議，主張《歐德美亞倫理學》不但為亞氏的真實著作，且是最早完成的，為亞氏居留於 Assos 這段時間 (348–345 B. C.) 所寫的。《宜高邁倫理學》也是真實的，不過完成於前書之後，最早不會在西元前三百年之前。《倫理學大綱》是一本缺少系統的普通著作，是其他兩部著作的摘要，其中夾雜一些亞氏的學生 Theophrastus 之意見。H. von Arnim 的意見恰好與 W. Jaeger 相反，他認為三部著作均為真實的，尤其《倫理學大綱》，不但它是最早的，且是其他兩部的根據。

　　另一位對亞氏著作之研究有相當貢獻的學者，蘇紀 (J. Zürcher) 其意見頗為合理：三部著作中的主要內容都是亞氏的思想（不是亞氏親自寫的），以《歐德美亞倫理學》為基礎，Theophrastus 發揮及改編了其他兩部著作均作為教學之用。《歐德美亞倫理學》的內容比較深奧，因此只在上午的課程中為少數學生上課時講授；《倫理學大綱》則在下午為多數普通的學生講授，其部分內容寫於上述著作之前。Theophrastus 在晚年時，只在下午講課，把《歐德美亞倫理學》加以發揮而完成《宜高邁倫理學》，因此此書為三部著作中最後完成的——於西元前三百年之後。至於其他倫理著作中的《論德行與毛病》乃亞氏在 Pella 時為教育亞歷山大所編寫的，其內容含有濃厚的柏拉圖色彩。《修辭學》則完全出自 Theophrastus 的手筆（以亞氏的思想為根據），大約完成於西元前三百年❻。

　　亞里斯多德的倫理學基本上是「目的論」、「幸福論」及「至

---

❻　J. Zürcher, *Aristoteles Werk und Geist*, Paderborn, 1952. Cf. Fraile, op. cit., pp. 515–516.

善論」，他主張所有物及人，其所作所為均有目的，其最終目的乃求幸福，而幸福在於追求善，尤其至善。藉著適當與正確的方法擁有幸福、至善，此乃德行也。至於目的、幸福、善良及德行彼此間有密切的關聯，亦即為亞氏倫理學所討論的全部課題，茲逐一加以闡述。

第一節　論目的

亞氏在宇宙論與形上學上給「目的」所下的定義極具科學化：「動者因之而動」(For the sake of which an agent acts)。任何物欲產生行動前，必須先有目的，否則任何行動均無法產生。亞氏以為整個宇宙充滿目的，尤其對人而言，其所作所為更有目的，由於真正屬於人的行為乃受理智的指導及意志的推動下所產生的，而意志的對象是「善」，它即是一切物之所欲者（有關此定義將有詳述），同時也就是人行為的目的，所以「善」與「目的」是同一回事，蓋「善」是一切物所需要及所欲獲得的「完美」，而此「完美」亦即是一切物所欲追求的「目的」，因此在其哲學體系裏洋溢著濃厚的目的論色彩。

> 吾人發現不止一種原因與自然的生成有關——換言之，原因者，不限於「所為的緣故」與「變化之原理的根源」。因此，吾人必須決定這些原因之中何者居先，何者在後。通常居先的即是吾人所稱之「所為之緣故」，此乃事物之理由，是人造物與自然物的原理。醫師藉著思考或知覺，才決定有關醫療方面的事務，建築師方可安排有關建築物的

設計,然後他們方為自己所做的每一件事提出理由與說明,並解釋何以要如此做。因此,行為的動機,或善,見諸自然物中者,比見諸人造物中更為普遍❼。

第二節　論　善

「目的」既然即是「善」,故有關「善」的諸問題,值得我們深入研究探討。

一、善的定義

一般而言人對「善」的觀念是指能使人滿足其需要,而此觀念仍極為抽象,吾人無法給「善」下一個嚴格的定義,不過大哲人亞里斯多德,同意古人❽的說法,給「善」下的定義比較具有科學化,雖文字簡潔,但寓意深遠:「善乃一切物之所欲也」(Good is that which is desirable or is what all desire)。此言包涵二層意義,其一乃謂一切物都欲「善」,無物欲「惡」,最低限度是無物在明白是「惡」而欲「惡」。其二乃謂:某物能成為他物欲求的對象,則該物對他而言,即是一種「善」❾,此說不但被公認,

---

❼　*PA.* I, 1, 639b12–21.

❽　亞氏所說的古人們可能指的是 Eudoxus, 因為他在後面明確地說他曾給「善」下過定義: "Eudoxus thought pleasure was the good because he saw all things, both rational and irrational aimed at it...at which all aim was the good." (X, 2, 1172b9ss.) 亞氏在政治學上又重複此說: "Men in general desire the good, and not merely what their fathers had." (*Pol.* 1269a4.)

❾　*E. N.* I, 1, 1094a3.

且是當今說明「善」的觀念中被認為最好及適當的，茲詳加闡述。此種解釋「善」的方式是從「善」在其他物身上所產生的效果來著手，即任何能引起他物對他有欲望及產生喜愛皆為「善」，但亞氏在定義裏未作具體的說明。不過首先我們可以斷言，任何引起一物對另一物產生一種欲望或喜愛之物，此物一定是物所具有的特性中之一種。由於它是特性，故應是一種實際物，否則便是「無」，而「無」就不能引起任何物的興趣，不能使任何物對它有欲望，產生喜愛；另一方面它自己有所缺乏及有所需，因為它能在此物身上找到自己所缺乏及所需要之物。換言之，任何物能滿足他物之需要，尤其是自然或天生之需要，能填滿他物之缺陷，此物對該有所缺乏及有所需之物，就是「善」。也因此它才對那能滿足自己之需要及能填滿自己之缺陷之物感興趣，產生欲望及喜愛。一物能填滿他物之缺陷，能成全或滿足他物之需要，其本身應是圓滿或成全的，必先擁有他物所需及所缺之物，因「己之所缺，無法予人」（Nemo dat quod non habet）。例如：我先有十元新臺幣，而後我才能將此分給別人。故稱為「善」之物乃該物本身先擁有完美，即該物本身應先是圓滿或完美的，而後才能促使他物完美。換言之，在「善」的觀念裏包括一物本身之完美、及使他物完美的能力，此二者所指，是「善」的兩面，前者是指「善」的裏面（內在部分），是「善」物的內在要素——本身之圓滿無缺；後者是「善」的外面（外在部分），即使他物也圓滿無缺，是「善」向外表現的工具。也因此成全他物、滿足他物之需要是「善」的主要特性之一，而此特性自然是以「善」的內在要素（一物本身之完美）為基礎及根源。但因各物的需要及缺陷有所不同，故各物所欲之物、所喜愛的對象也有所不同，正所謂人心不同，

各如其面，每個人所努力追求及所要滿足的欲望自然不同。例如一物對甲有需要、有益，因此自然甲對它有欲望，發生興趣。但此物卻對乙可能不但無益，反而為害匪淺，這就是西諺所說：「對某人來說是美食，可能是他人的毒藥。」(One man's meat is another man's poison) 磁石吸鐵，蜜蜂釀蜜，餓犬覓食，魚兒求水，人類找基本生理需求，食求溫飽，衣取蔽寒，人求知識，各自找尋自己所需及所缺之物。如此，鐵、蜂蜜、水、食物、知識都稱為「善」，因為這些物都是他物所缺及所需的，它們也都能滿足他物的需要，引起對方發生興趣及產生強烈的欲望。但此並非說是所有物都需要這些物（鐵、蜂蜜、食物、水、知識），故這些物對所有物都是「善」。一個讀書人需要知識的時候並不一定也需要鐵。因此亞氏所說：「一切物之所欲者為善」，不是指一切物所欲之「物」，才是「善」，就好像是說一物若不為一切物所欲，此物就非「善」。人需要追求知識，充實人生閱歷，對知識有強烈的欲望，但其他物就未必需要知識，對知識沒有任何欲望，那麼知識對該物就非「善」，因為知識僅是人之所欲，而非一切物之所欲也。

亞氏的定義也不謂「一切物欲所有的善」，而是指「一切物欲各自的善」，即各物欲適合自己之需要之物，此各物之所需要之物，對各自需要者就是「善」。

「一切物之所欲者為善」的另一個意義是：一切物都欲「善」（非所有的善，乃各自的善），無物欲「惡」。此說即指至少無物在「惡」的觀點下欲「惡」，即明知一物對自己不利（惡）而欲之，明知其不可而欲之，此乃不可能也，因是相反物的本性。有時物，尤其人會因著理智的過失，在理智的運用上作了錯誤的判

斷，以假「善」為真「善」，意志因而欲之；但即使在這種情形下，意志仍是在「善」（假善）的觀點上欲該對自己不利之物。比如一個青年學生，因功課繁重，承受不了壓力而自殺身死，「死亡」是一種「惡」，因「存在」是「善」，人天生求生存，螻蟻尚且貪生，所以人是絕不會為自殺而自殺，而是為了減輕目前所受的痛苦，死亡與所受的痛苦都是「惡」，但在「兩害相權取其輕，兩利相衡取其重」的比較之下，理智作了錯誤的判斷，以為死亡所含惡性較小，一切能藉死亡暫時得到解脫；而目前所受的痛苦惡性較大，因問題癥結不能解決，倍受煎熬，故捨痛苦而就死亡。是以，自殺者仍是在「善」的觀點下選擇了死亡──「惡」。此種表面上欲「善」而實際上欲「惡」的例外事例，對亞氏的定義毫無影響，其定義所含的真理，仍是千真萬確，放諸四海而皆準，俟諸百世而不惑。

總括上述，在「善」的觀念裏包括「可欲性」，而「可欲性」是一種相對的名詞，牽涉到兩物間的關係：一物有所缺而又有所需，另一物能滿足此物之所需，能填滿此物之所缺。或「善」也可說是物之一種能滿足他物的自然需要或天生欲望的適應性，或能滿足一種需要之物。

所有存在於宇宙間之物，有意識的及無意識的，都有其目的，都應具備自身所應有的完美，若缺乏此先天或自然所應有的完美，每物都會有一種欲望傾向其所缺及所需的完美，盡其所能的去尋找。任何能促進此完美之物，對尋找者而言即是「善」。也因此「善」是非常廣泛及籠統的名詞，我們僅以亞氏所作的說明，加以深思❿。

---

❿　以上有關「善」的闡述，可參考拙文〈東西二哲──孟子與亞里斯

二、善與事物（存有者）的關係

　　亞氏把倫理學列入實踐學科 (practical science) 的範疇內，是理論學科 (speculative science) 的應用，因此，其倫理學亦不過是於其理論學科上所建立的原理之實際應用而已。

　　一般而言，倫理學乃論人行為之善惡，善行能導引人獲得幸福，惡行則是求幸福的絆腳石，故「善」是倫理學所主要討論的對象，它扮演著積極的角色。亞氏以為「善」與存在的事物——存有者——有密切關係。前已提及，「存有者」並非唯一的，而是眾多的。同理，「善」亦非唯一的，而是眾多的——眾多特殊與類比的「善」❶。每一種實體都是特殊的存有者，都有自己固有的本質與存在。同時每種實體亦有與自己相稱的「善」以便獲得自身的完美。每物的善與其本質有密切關係。除了「純實現」(pure act) 的上帝外，其他萬物的本質均從實現與潛能合成的：物質實體的本質從代表潛能的「原質」和代表實現的「原形」組成的，前者是所有物質實體所共同的，後者則是它們的基本區別點，因此各物的完美基於各自所有的「原形」。故各物自然應有只屬於自己的「善」：上帝有只屬於自己的「善」；天體、人、動物、植物和無生命的實體亦有只屬各自的「善」。每一個實體的本質皆為不

多德論「善」〉，《銘傳學報》，第二十四期，頁 223-224，及拙著《形上學》，臺北，商務印書館，民國七十四年，頁 109-112。

❶ "Since 'good' has as many senses as 'being'...clearly it cannot be something universally present in all cases and single; for then it could not have been predicated in all the categories but in one only." (*E. N.* I, 6, 1096a24ss.)

可分享的，不共通的。同樣的，其「善」在某種情況下亦為不共通的。所以亞氏在這方面的觀點與其師柏拉圖大異其趣，由於他不談被所有物所分享的「至善」——自立的理型 (the subsistent ideas)，而只主張具體的「善」之存在，因此，柏拉圖式的「至善」乃不存在的 **⑫**。

倫理學旨在探討何為僅屬於人的「善」、「完美」與「幸福」，以作為其行為所努力的目標。亞氏主張，每物的「善」、「完美」，尤其人的「善」、「完美」均受制於其本性的能力。換言之，人亦和其他受造物一樣，是有限的存有者，故其追求「善」的能力亦受到限制，不能擁有所有的「善」，即無法突破此天生的限制，充其量只能擁有在其能力範圍內所能有及應有的「善」，此目的若能達到，即應心滿意足了 **⑬**。由此看來，亞氏的主張的確不如柏拉圖的意見那麼高超與理想，感覺上似乎比較悲觀及含有強烈的「相對論」（因人只能獲得相對，而非絕對的「善」）色彩，但比較具體、實在與落實。

---

⑫ *M. M.* I, 1, 1182b34ss; *Met.* VII, 4, 1029b30; "Considerandum est quod Aristoteles non intendit improbare opinionem Platonis quantum ad hoc quod ponebat unum bonum separatum a quo dependerent omnia bona. Nam ipse Aristoteles in 12 Metaph. ponit quoddam bonum separatum a toto universo ad quod totum universum ordinatur sicut exercitus ad bonum ducis. Improbat autem opinionem Platonis quantum ad hoc, quod ponebat bonum separatum esse quamdam ideam communem omnium bonorum." (St. Th., in *I Ethic.* lect. 6.)

⑬ *E. N.* I, 6, 1096a18–27; 1097a15; *E. E.* I, 6, 1217b25; *M. M.* I, 1, 1183a9; "...but there may be a wish even for impossibles, e. g. for immortality." (*E. N.* III, 2, 1111b23.)

三、至　善

前已提及，組成宇宙的事物──存有者──是眾多的，而非唯一的。同樣的，「善」亦非唯一的，而是眾多的，由於每種事物均應有與自己相稱的「善」，否則即是不完美。故「善」就和事物一樣，不是一個獨立、普遍的東西，而是特殊與個別之物，雖然在意義上有所不同，卻可以在所有事物中獲得，即各事物所擁有的「善」在程度上不是一致的，若用哲學術語則稱之為「類比概念」，以下所言可資印證：

> 「善」如同存有者一樣，有多種意義或說法 (Since "good" has as many senses as "being") [14]。
> 由於其出現於不同事物中而有差異；醫學中的「善」是一回事，戰術中的「善」又是一回事，其他人類各種技藝之中的「善」亦不相同 [15]。

既然有許多個別及局部「善」之存在，人的行為也以獲得它們為目的。然而，在眾多的「善」中，有些則無比優異，有些則稍遜一籌 [16]，是否有一個可被認為是至善者，它是屬於人之所以為人所固有的 (proper to man as such)，同時又可作為人的所有活動的終極目標 [17]？此乃亞氏所要探討的，以作為人生活的準則，

---

[14] *E. N.* I, 6, 1096a24.

[15] *E. N.* I, 7, 1097a16–18.

[16] *E. N.* I, 5, 1097a14–1097b8; *M. M.* I, 2, 1183b20.

[17] *E. N.* I, 2, 1095a15.

如同射手所欲射中的鵠的 **⑱**。

　　首先，所謂的「至善」乃指人所需要及能完全滿足人欲望之物，故它必須是十全十美及圓滿無缺的。有任何缺點之物，都不能稱為「至善」，勉強可說是「相對的善」，所以，從另一個角度看，即是「惡」，蓋哲理有言：「真正的善乃十全十美的，任何缺點都可以說是一種惡。」(Bonum ex integra causa, malum ex quocumque defectu — a thing is good when good in every respect, evil results from any defect) 亞氏當然主張必須有至善者的存在，否則，人的欲望就無法完全獲得滿足，如此，人天生就是有缺陷的，而這又違反他所一再強調的：「自然造物均非徒勞的。」(nature does nothing in vain) 另一方面，人所追求的是「惡」，而非「善」，此又違反人意志的自然傾向，因為意志的對象是「善」，而非「惡」。

　　至於如何具體的指出至善者是有所困難的，亞氏曾言，肯定上帝，或屬於上帝的「善」即是人的「至善」，是不正確的說法，因為上帝的「善」屬於較高層次的，是上帝所獨有的，無法與他物共享、共通，即任何其他物均無法共享或分享他的「善」，此乃基於其自身的絕對超越性。另一方面，亞氏不太關心來生，他所關注的是人在今生今世所能追求的較高層面的「善」，而此即是人的「幸福」，亦就是人生的「目的」。由於「善」、「幸福」、「目的」基本上指的是同一物，故是同義詞，現在接著就要討論「幸福」。

---

⑱　*E. N.* I, 2, 1094a20–25.

第三節　論幸福

「幸福」的希臘文是 eudaimonia—εὐδαιμονία，並非很適當的翻譯，因它也有「福利」(well-being) 或「快樂」(happiness or pleasure) 的意義。亞氏的倫理學是「攸關品格之事」(matter to do with character)，故可譯為「論品格之學」(on matters of character)，人一旦有了好品德，他就是快樂的、幸福的、成功的，而這些亦就是人生的目的，故亞氏的倫理學亦可稱為「目的論」、「幸福論」、「成功之道」或「快樂的秘訣」。因為一般倫理學家均主張人生的目的在於追求「幸福」，故還是把 eudaimonia 譯為「幸福」比較合適。

亞氏也和其他倫理學家一樣，主張人生的目的旨在追求幸福，而追求幸福在於「善」，尤其「至善」之獲致。亞氏於尚未指出「至善」為何物之前，先訂定其所應具備的條件；然後指出那些不符合規定之物，故也不能稱為「善」，不是人的幸福所在；最後才確定人類幸福所繫之「善」的身份。

一、構成幸福的條件

構成人幸福之物所應具備的條件，亞氏列舉如下：

第一、是圓滿的、明確的，其本身就足夠使人幸福，無需其他額外之物，即是自給自足的 (self-sufficient)。換言之，其本身即是最後目的，而不是為獲得其他目的之居間目的──達到其他目的之方法。

第二、必須是眼前真實與實際之物。不應該只是一種可能獲

得，但實際上尚未及不能獲得之物。

第三、必須是一種屬於人所固有及最高超的活動 (activity)
——合乎德行的活動，故不應該是純粹被動的東西。

第四、能使人成為好人之物。

第五、它所接觸的對象是最高尚之物 (the noblest objects)。

第六、是比較長久、固定及不易失落的 (most continuous)，故
不能是頃刻即逝或暫時的，由於「一燕不成夏，一日不成春。同
樣的，短暫之物亦不能使人完全幸福與快樂。」 **⑲**

第七、必須能帶給人最大的快樂或享受 (the pleasantest)，尤
其是精神上的享受。

第八、必須不會給人帶來不幸、災禍。

第九、必須其本身是最值得珍惜的 (loved for its own sake)。

第十、在獲得它之後，人所過的乃近乎神靈的生活，其生活
被公認為最幸福的。

亞氏認為唯有「靜思冥想的生活」(contemplative life) 才能滿
足以上的條件，故它方為人的真幸福所在，此可從亞氏在《宜高
邁倫理學》卷一第七章及卷十第七、八兩章中所言獲得證實：

> 吾人的各種行為所指向的目的，毫無疑問的，乃非唯一而
> 是眾多的。有時選擇某些目的，只不過是用作獲得另一目
> 的之手段（例如財富、笛子、器具等）。是以，這些並非真
> 正的目的，唯有至善才是。因此，假若有一種目的，在它
> 以外，別無其他目的，那麼就可說它即是吾人所尋求的善，

---

⑲ *E. N.* I, 2, 1094a17; I, 4, 1095b; 7, 1097b25; 1098a19; 9, 1099b25; X, 6,
1176b5–30; *Rhet.* I, 6, 1362–1365.

及至善——最後的目的。一個因其本身而為吾人追求的目的，比一個用作獲得其他事物之目的更顯高超。故凡吾人選擇一個目的，絕不是為了藉它而達到某種更遠目的之目的❷。

既然幸福是一種合乎德行的活動，那麼，如果說幸福是與最高德行符合的一種行為，便是合理的話了；而這個德行應當是人們心靈最好的一部分的表現。不論它是屬於人的理性或是別的東西，不論它是什麼，它有天然的權力來統治人與指導人，並對於高尚神聖的東西有深刻的體會，或者它本身是神聖的，或者只是我們心靈中最神聖的東西。這一部分合乎它本身應有德行的活動，才是人的完全幸福。我們已經說過這一類的活動有靜思冥想的性質，這個結論可以被認為與我們的論據及真理相符而被接受。靜思冥想是活動最高的一種形式，因為理性在人的身上是最高尚的部分，而它所能接觸的對象是能被認為最高尚的東西。並且這種靜思冥想的活動是最恆久的，因為人以思維理智來維持，比維持著任何一種身體的活動更長久。其次，我們也覺得快樂也是幸福的成分之一。而現在公認的在智慧方面的活動比其他各種美善的活動更愉快。不論如何，人人以為哲學（智慧的追求），使人獲得純潔長久而奇妙的快樂，並且推論出那些已有知識的人過得比正在追求知識的人更愉快。再者，靜思冥想的理智活動有相當自給自足的成分，智者或是正義的人或是任何人，該當有生活的必需品。可是這些人獲得適當的供給之後，正義人也許要別人

❷ *E. N.* I, 7.

相似他才能實踐正義，對於有節制的人，或勇敢的人也有
相同的情形，如此可以類推。可是智者能做更進一步，他
能單獨的靜思冥想一切，並且他靜思的更好，他的智慧是
超越而無庸置疑的，同道的人能互相幫助，但是智者是人
類之中最自給自足的人。最後可把靜思冥想的行為認為是
本身值得珍惜的一種活動。因為在此行為之外，並不產生
其他東西。但是從其他實際的行動上，人總是希望在單純
的活動之外，還能獲得其他東西❷。

所謂完全的幸福是一種靜思冥想的活動，在以下的討論中
更能明顯的說出。在我們想像中，神靈享受最完美的幸福，
可是我們究竟拿什麼行為認為是他們本來的行為呢？若說
合乎「正義的行為」，那便是多麼荒謬的說法，猶如說神靈
同人一樣，訂了合同，償還損失一類的事情！再說合乎「勇
敢的行為」，那麼，你就能想像神靈冒著危險去尋求光榮？
合乎「慷慨的行為」嗎？他們應對誰慷慨？這是多麼古怪
的想法，認為神靈也有金錢或其他相似的東西！合乎「節
制的行為」嗎？但是此行為對他們有何意義呢？設想神靈
有犯罪作惡的欲望，這是何等庸俗的想法？如果細察整個
道德的名單所有道德活動的形式，對神靈而言均不相稱，
且是卑賤的事。然而，人們常設想神靈至少是有生命者。
倘若他們有生活，那麼，他們都做些什麼呢？由於吾人無
法假設他們如同 Endymion ❷一樣長眠不醒。那麼我們必須

❷ E. N. X, 7, 1197a12ss.
❷ 是希臘神話中的一位年輕牧童，一次曾要求 Zeus 神賜他長生不死及
青春永駐，Zeus 同意，但要他長眠不醒。英國詩人 Lyly, Drayton 和

結論說：超越萬物的神的活動必須採取靜思冥想的形式，從這一點可以說在人類的活動中最似神的活動，確會給人帶來最大的幸福。還有一件事可以用來證明真理，就是下等的動物不能享受幸福，因為牠們絕不會靜思冥想。神靈的生活是完全幸福的，而有一種東西與神的活動相似，這東西使人幸福，但是沒有別的動物可以認作幸福的，因為牠們絕對不能作思辨或冥想的活動。那麼幸福與靜思冥想所有的基礎是一樣的。對於靜思冥想能力最大的人，便是最幸福的人，幸福不是靜思冥想的偶然成素，而是基本的，因為靜思冥想的本身是超出任何價值的。所以結論是：幸福是一種靜思冥想的形式❷。

二、不具備真幸福條件之事物

訂定了真幸福所應具備的條件後，亞氏先採用否定的說法，排除了不合乎上述條件之物，然後才指出他所認定的相對至善（前已說過，亞氏主張人僅能獲得在其有限能力的範圍內所能獲得的善）。

稱為「善」之物有許多種類：

第一、極尊貴的、最值得重視與珍惜的，如理性德行 (intellectual virtues)、心靈 (soul) 及理性，因為這些東西含有某種神聖的成分。

第二、值得讚美的，如倫理德行 (moral virtues)，它們能使人

Keats 皆根據此神話寫過名詩句。

❷ *E. N.* X, 8, 1178b8ss.

為善——使人成為好人。

第三、常值得追求的 (desirable)，如正義，及某些其他的倫理德行。

第四、有時（不是常常）值得追求的，如財富、權力、能力、名聲、榮譽、地位。

第五、有目的之意味者，如健康。

第六、為達到目的之方法，如藥物。

第七、屬於心靈的（內在的），如德行。

第八、屬於肉體的，如健康、美貌。

第九、屬於外在的，如財富。

第十、屬於精神的，如德行、學問。

第十一、屬於物質的，如金錢。

第十二、屬於精神與物質的混合物，如娛樂。

把所有實際及可能是至善之物列舉之後，亞氏排除了一些一般人最可能認為是至善之物：

第一、不是財富：財富並非不好，在某種意義上，甚至可說是好的，因其能提供人們快樂與合乎道德的生活。但其本身並非目的，只是為達到目的之方法而已，因為人不是為了財富自身而追求❷。人都是利用所獲得的財富以換取他物，譬如金錢，人絕不是為了金錢本身而去追求金錢，乃是利用它去購買其他自己所需要之物，諸如羅地置產、或購買豪華的轎車或房屋。人若不運用金錢去換取所需，其本身即是毫無價值，無異於一堆廢紙，即使人們擁有它尚嫌累贅呢。

再者，財富也經常會給人帶來不幸和痛苦。多少富人比窮人

---

❷ *E. N.* I, 5, 1095b14–21.

更不幸，雖然在物質生活上毫無匱乏之虞，但在精神上卻顯得空虛與苦悶。社會上到處可見許多人為了財富，犧牲了寶貴的名聲、地位、親情、友誼，甚至性命，所謂「人為財死，鳥為食亡。」一生汲汲營營，終至弄得身敗名裂，家破人亡，因此，不少人有了慘痛經驗之後，乃提出鄭重的警告：「金錢是萬惡之源」；「錢財是忠僕，但是災主。」(is good servant but bad master)

此外，財富散失的可能性最大，任憑你家財萬貫，若是好吃懶做，終有坐吃山空的一日，當你最需要它時，很可能錢財卻不翼而飛。多少人昨日是腰纏萬貫的大富豪，今朝卻成為傾家蕩產的窮光蛋。歷史上過奢侈生活終於導致身敗名裂的例子真是不勝枚舉。

第二、不是肉情的享受 (sensible pleasure)：它不是人所固有及獨有的，禽獸對它亦有強烈的欲望，所以此種享受與其說是人性的生活方式，毋寧說是屬於低層次的奴隸與獸性的生活方式❷❺。在肉情的享受中最主要的是食慾與色慾，兩者只是達到目的之方法──飲食為了促進健康、延長生命；色慾為了延續種族繁衍。假若不知節制，會帶來諸多不幸，古人所謂：「萬惡淫為首」及「病從口入」已道出了它們的為害之甚。

第三、不是名聲、榮譽、地位、權力：此四者，人心所嚮，尤其後者，魅力十足，可從下面引言略知一二：「醉臥美人膝，醒握天下權」；「大丈夫不可一日無權」。但英儒 Lord Acton 卻也證實了其為害之處：「權力使人腐化，絕對的權力，使人絕對腐化。」(power tends to corrupt and absolute power corrupts absolutely) 至於名聲、榮譽、地位等是人的真幸福所在嗎？果真如此，何以前人

❷❺　*Rhet.* I, 5, 1360b20ss.

曾言:「樹大招風」,「人怕出名,豬怕肥」及「無名一身輕」呢?
這些話在在警惕吾人切莫矯俗干名,即使擁有了,到頭來徒留虛
名,也不過是如天上浮雲,瞬間消散無蹤,所以大哲學家聖奧古
斯丁,歷練了人生種種之後,也不得不嘆息:「世上的榮華富貴猶
如過眼雲煙!」(sic transit gloria mundi) 所以亞氏曾譴責以此為目
的之主張:

> 文雅人與實利派認為善與榮譽相符合,而以榮譽作為吾人
> 在政治上或群體生活中所追求的目的。但是榮譽過於浮動
> 而膚淺,不足以成為我們追求之善。榮譽與其說依賴於其
> 接受者,毋寧說依賴於其授予者。善屬於個人之事,與其
> 所有者幾不可分。其次,人之所以尋求榮譽,主要想自外
> 界找一足以證明自滿自誇之依據。通常尋求榮譽者,大都
> 從熟知自己者之處以求之。榮譽之頒授,以某人具有良好
> 德行之故。是故有地位之人對道德之重視,甚於榮譽。以
> 此推知,那些有地位之人所視為其生活之目的者,是道德
> 而非榮譽❷。

第四、不是道德:道德雖比其他物尊貴,然而,就其本身而
言,也只不過是一種方法而已。況且「人在睡眠時,甚至無所作
為——缺少活動,而仍不失去道德。此外,有德之人,可能遭遇
最悲慘的命運。因此,像這種有德而遭不幸的人,誰也不承認他
是幸福者。」❷

---

❷　*E. N.* I, 5, 1095b23–30.

❷　*E. N.* I, 5, 1095b30–1096a3.

　　至於其他的智慧、健康、容貌、長壽、多子多孫等也都不是
構成人幸福的至善，由於它們均未具備上述的條件，或因為它們
只是方法而非目的，或因不持久，瞬息即逝，或因只是局部的善，
或它們並非自給自足的，故不能完全滿足人的欲望等。

三、具備真幸福條件之事物

　　為了具體地確定何為人所固有的善與活動，同時亦即是人的
真幸福所繫，亞氏先分析人的各種功能。人是生物：有與植物相
同之處，能自行營養、發育、生成與繁殖、死亡的功能；人有知
覺，此乃與禽獸所共同的[28]，故亦非人所固有及獨有與最完美的。
那麼，究竟何為人所獨有與固有及最完美的功能呢？亞氏肯定認
為：非「理性」莫屬。因此亞氏也對「理性」的尊貴讚不絕口：
「人具有某些神聖的內涵──吾人所謂的理性乃是神聖的」[29]；
「是吾人體內的神明」(the divine within us)[30]；「每一個人都有理
性，它是吾人生命中之至高無上者，同時也是在己內最佳的成
分。」[31]因此，也唯有「合乎理性的生活（或活動）」(to live in
accordance with reason)[32]才是人的真幸福所在，同時亦是人的至
善，擁有它方為人生的最終目的。

　　僅此尚不夠，理性必須指導與節制人的所有活動（行為）使
之循規蹈矩，如此才是善用理性，理性也方能善盡職責，方能發

---

[28]　*E. N.* I, 7, 1097b34–1098a3.

[29]　*GA.* II, 3, 737a10–11.

[30]　*E. E.* VIII, 2, 1248a27.

[31]　*E. N.* X, 7, 1178a2–3.

[32]　*E. N.* I, 7, 1098a7; X, 7, 1178a1–9.

揮其最大功能，所以真正合乎理性的生活亦即是合乎道德的心靈活動，此對人而言才是善，才是幸福。若能合乎其中之最卓越者，自然就是人的至善及真幸福❸。

在《宜高邁倫理學》卷一中，有關人的完美——至善——亞氏只提供抽象理論，而無具體指示，但在同一著作的卷十中則以各種理由證明人的完美、至善、真幸福在於過「靜思冥想的生活」(contemplative life)，即在於實現最高尚能力——智能 (intelligence)——的活動，因為這種生活滿全了真幸福所有必要的條件：

第一、它合乎最高尚的德行，即理性德行 (intellectual virtues)。因為亞氏把德行分成兩種，理性的和倫理的，前者比後者優越。

第二、最持續的。因為它比任何其他實踐活動更能持久。

第三、更能令人愉快的，及人的愉快感受會隨著此活動的實踐增多而增強。

第四、靜思冥想者，除了要求為生存最需要之物外，別無他求，因他對物質的需求少，故所缺亦少，其欲望自然也就減少，其煩惱也就幾乎沒有，此同時證實了諺語所說：「你所擁有的越多，你所需要的也越多」(The more you have, the more you want)。

第五、這種生活不為任何其他物，只為自身之緣故而被追求、珍惜，亦是自給自足的，其本身即是目的，而非為達到其他目的之方法。

---

❸ "Human good turns out to be activity of soul in accordance with virtue, and if there are more than one virtue, in accordance with the best and most complete." (*E. N.* 1098a17–18.)

第六、此種生活方式一方面使人異於禽獸，另一方面使人相似神明，而神明被公認為是最幸福者❸。

究竟這種理想的靜思冥想之幸福生活之具體對象為何呢？絕非一種只為了認識而認識之枯燥無味及純粹的理性生活，而是以最完美的上帝為認識對象的理性生活，此可從亞氏在《歐德美亞倫理學》中的一段話得知：「天然事物、身體的健康、財富、朋友及其他物之選擇或擁有是正確的，如果能幫助吾人認識與沉思上帝，此方為吾人最高尚的目的及是吾人行為之最妥當規範。任何物因著其『過』與『不及』而阻止吾人沉思與服侍上帝均為邪惡。」❸

亞氏在《宜高邁倫理學》裏卻無上述明確之指示。這並不表示亞氏已放棄原先之主張，只因此種生活太高超了，只有少數閒情逸致者才能躬親實踐，對大多數為日常生活而忙碌者而言，乃心有餘而力不足，故亞氏退而求其次，又提供了另一種相對的幸福生活，即合乎倫理道德（包括智德、義德、節德、勇德等——將有詳論）的生活。儘管如此，亞氏仍勸人盡其所能地選擇最好的生活——理性生活，茲有亞氏之言可資印證：

> 「吾人必須知道，每一個人的幸福以他所進修的德行與所擁有的智慧做比例。上帝是此真理的證人，人之所以幸福與快樂，並非因他所擁有的物質財富，而是在於自己本身的善良本性❸。

❸　*E. N.* X, 8, 1178b8–24.

❸　*E. E.* VII, 15, 1249b16–22.

❸　*Pol.* VII, 1, 1323b22–25.

「合乎道德的生活雖然不如順從理性的生活那麼高超，是
次等的，然也是幸福的，由於道德的行為是人類卓越的
行為，吾人在與他人交往時，表現出勇敢、正義或其他
德行，謹慎的遵守合同所訂的各項條款以及交換的利益，
吾人確實在各種行為上、情緒上都表現出自己是典型的
人……❸。

「誠然，理性生活對人而言有點過於高超，僅靠人本性的
力量乃無法達到。故能過此種生活的人已近似神明，因
為理性就是在吾人體內的神明……然而吾人不應該聽從
某些人所提供的勸告：『由於吾人是人，故只應關注有關
人的事；吾人是會死的，故只應注意暫時之物。』反過來
說，吾人更應盡量使自己成為不朽的，盡其所能地使吾
人的生活符合自己所擁有最完美之物，那便是合乎理性
的最幸福生活❸。」

四、伴隨幸福之事物

亞里斯多德強調個人的幸福生活首先在於過合乎理性的「靜
思冥想生活」，其次，在於過合乎倫理道德的生活，同時他亦未忽
視其他伴隨幸福之物，如財富、身體健康、美貌、長壽、出身高
貴、政治權力、優秀子女、多子多孫、友誼和快樂等❸。對其中
「快樂」和「友誼」，亞氏有其獨特的見解，故特別加以詳論。

---

❸　*E. N.* X, 8, 1178a9–15.

❸　*E. N.* X, 7, 1177b25–1178a10.

❸　*E. N.* I, 9, 1099a31.

㈠善與快樂

「善」與「快樂」(pleasure) 乃老生常談的問題，在亞氏之前
經常被討論，譬如以 Aristippus (435−356 B. C.) 為首的享樂學派
(Cyrenaic school) 和 Eudoxus（約西元前第四世紀）就主張享樂為
至善，是人生最重要的目的；犬儒學派 (Cynicism) 和 Speussipus
（柏拉圖的姪子和學生）則大唱反調，認為快樂乃邪惡❹。亞里
斯多德的主張則介於此兩極端之間，在此問題上，亞氏再度將其
有名的實現與潛能的學說加以應用：快樂雖非絕對的善，然亦非
邪惡，它是一種順乎本性的活動 (activity conforming nature)❹，
伴隨著人的自然或正常活動:「因為每一種活動均產生其自身的快
樂。」❹然而，人的活動是多元化的，因為人是靈魂與肉體組成，
有些活動單獨屬於前者，有些則屬於後者，另有一些則共同屬於
兩者。既然每一種活動均產生屬於自己的快樂，那麼，快樂也應
是多元化的，其價值也就不一致：有些比較高尚，有些適得其反。
靈魂則比肉體重要，故屬於前者的快樂亦遠勝過於後者。

由靈魂的活動所產生的快樂不會有過分之慮，由肉體的活動
所產生的快樂則不然，故必須有合理的支配。

「快樂」不是惡，而是善（與犬儒學派和 Speussipus 的主張
相左），但亦非至善（與享樂學派和 Eudoxus 的意見相反）。或更
清楚地說:「快樂」無所謂善或惡，既非善，也不是惡；可以是
善，亦可以是惡，它只是人的活動所產生的效果，由好的活動──

---

❹　*E. N.* II, 8, 1108a15.

❹　*E. N.* VII, 12, 1153a15; *Rhet.* I, 11, 1369b35.

❹　"For to each activity there is a proper pleasure." (*E. N.* X, 5, 1175b26);
　　Rhet. I, 11, 1370a28−1372a37.

與理性和道德符合的活動——所帶來的快樂自然是好的，反之亦然；其善惡性質全以原因之善惡而定。「由善行所帶來的特殊快樂是善，由惡習所帶來的則是惡。」❸在眾多的快樂中，人應更珍惜精神快樂甚於由物質享受（屬於肉體方面的快樂）所得來的快樂，因為前者是由更高尚的活動而來。快樂的真正價值不在於其本身，而在於產生它的活動。有些快樂因為由邪惡的事情所產生的，故它也是邪惡的，甚至連想要得到它的念頭都不應有；有些東西則應加以追求，雖然不但不會帶來快樂，甚至帶來痛苦，但仍應樂意為之，譬如殺身成仁、捨生取義等。總之，雖然快樂與善有所關聯，但從某角度來看，兩者仍是各自獨立。「人的真正快樂應在於為善避惡」(virtuous actions must be in themselves pleasant)❹，此乃亞氏給世人的忠告。

㈡友誼

亞里斯多德甚重視「友誼」乃眾所周知之事，故論友誼的文字在其著作中佔相當大的篇幅，尤其在《宜高邁倫理學》的卷八和九有詳細的討論。

首先，他主張「友誼」（友愛）是一種德行，或者涵蓋德行的成分，或須建立於德行之上。對人而言，友誼是不可缺少的，應被視為一種寶物。

人是群居動物，不能離群索居，因此人雖擁有一切美好的事物，但若缺少友誼的滋潤亦難快樂的生存，人是怕孤獨寂寞的，生活中的喜怒哀樂必須有朋友來共享或分憂解勞，所以即使有錢

---

❸ "The pleasure proper to a worthy activity is good and that proper to an unworthy activity bad." (*E. N.* X, 5, 1175b27.)

❹ *E. N.* I, 8, 1099a20.

有勢的人也需要朋友，畢竟金錢不是萬能，無法買到真摯的友誼，而友誼的灌溉、滋養，才能使心田更充實、更豐富。

亞氏對友誼的性質做深入的說明：美好的、愉快的和有用的才是可愛的。一般而論，人都愛那美好的事物，而美好事物無庸置疑，必定是可愛的，因此，人人認為對自己美好的東西即是自己所喜愛的事物。一般人的愛好有三種根據，亞氏依「利益」、「娛樂」、「道德」區分三種不同的友誼，有些彼此相愛的人，願意對方得到好處，尤其是道德方面的好處；有些則為了利益的緣故，不為別人只為了自己能從對方得到一些好處；另有一些人則為了快樂，他愛別人完全是對方有用或者令人快樂，友誼的對象不是人本身，而是人能供給對方某種美善或快樂，這種友誼最易拆散。亞氏認為，建立於「道德」的友誼才是最真實、最高貴及真正的友誼，它含有五個特徵：第一、會希望及做對其友人有好處的事；第二、要他的友人活著，且活得愉快；第三、有多一點時間與友人相聚；第四、朋友之間有共同的愛好；第五、朋友之間應同甘共苦。

一般而言，年齡差別、身分地位不同者之間的友誼也不同，比如父子間的友愛，長者與晚輩之間的友愛，丈夫與妻子間，統治者與被統治者，主人與奴僕，這些均建立於不平等地位上的友愛，因為這些人每一方面有其特殊的優越點與作用，因此在感覺愛情上各有不同的理由，結果他們的愛情和喜愛便表示種種的區別。至於其他建立於不平等地位上的各種友誼，這類的朋友感覺到他們之間按照一種比例，該當是有平等的情形，也即是說道德越高超的朋友，應當受到更大的敬愛，更有益處的朋友，也應當受到更多的敬愛，因為友愛之重點乃在敬愛他人，多半的人喜歡

接受敬愛，比自己對別人表示敬愛更多，因為人都喜歡受到別人
的尊敬，所以在任何情形之下凡是道德、才能、地位高超的，應
當受到更大更多的敬愛。朋友的優越性，因著對方同等優越的敬
愛，得到了平衡之後，此方為友誼的本性。

　　友誼在人生中既是如此的重要，那麼，我們自當善加珍惜，
審慎抉擇，因為友誼（友愛）為社會團體之維繫，俗諺云：「朋友
共有無」，友誼是團體生活的表現，真正的朋友是生死與共，同甘
苦，共患難。亞氏以為友愛須以互相酬報維持之，即是說明地位
相等的朋友，在友誼上彼此交往該當顯出同等的友愛；至於地位
不相等的朋友，地位低的應當對地位高的更表示他的敬愛。但是
在維繫友愛的同時，亞氏也認為在地位不同者友好之間的友誼上
也能發生爭端的，每個人覺得自己應比對方得的多，如此，友誼
難免破裂，所以維繫友誼成了一門重要的學問。至於如何使之持
之以恆呢？唯有依賴建立在品格上的友誼才是恆久的，若是酒肉
朋友，利益為先，當然最後也終至貌合神離而斷絕了友誼的關係，
因為畢竟他們的友誼是由於利益或娛樂的緣故建立起來的，當日
為建立友誼的那些吸引人的因素已經不存在了，友誼的斷絕自然
不足為奇，所以在交友上不可不慎，君子之交淡如水，千萬不要
呼朋引伴的與小人為伍。

　　人在順境或逆境中更需要朋友，往往一個人常自以為擁有許
多朋友，對任何人都用手拍拍肩，好像人人都是他的朋友，其實
這種人只是善於奉承而已，他不是任何人的朋友，所以我們要知
道如何在順境和逆境中去尋求朋友，不幸的人需要朋友幫助，幸
福的人需要別人作伴，當我們遇到憂苦、挫折時，有人與我們分
擔，當我們順利富有時，我們也迫切的渴望與朋友分享。

總之，友誼的定義是共同的生活或者是共通有無，人對於自己的朋友如同對自身一樣，因為真正的朋友本來就是「另一自我」(another self)。人人都願意自己的朋友分享自己的職務，所以每個人在朋友的伴同之下善用時間來追求生活上最快樂的事情，完成朋友所喜愛之事，享受與朋友同居共處之樂。

第四節　論德行

前已提及，亞里斯多德把人的幸福定義為：「一種與完善美德相符合的心靈活動。」(an activity of soul in accordance with perfect virtue)❹❺如此幸福自然是人人夢寐以求的至寶，然而，它並非從天憑空而降的寶物，也非偶然獲致，而是經過一番長久的努力，辛勞的耕耘，苦心積慮地進德修行所得來的，對此亞氏提出證言佐證：

> 幸福究竟因何而來呢？是藉著學習、習慣，或其他訓練而來？抑由神所賜予或出於僥倖？對此問題，可從三方面來討論：第一、如果一切事物都是神給人的恩賜，則幸福更可說是這種恩物，因為它是人的至寶。不然，它也是藉著修德、學習或培植而獲致的最大恩典，因其是人在修德時所付出的代價而換得之成果與目的，故應把它視為人間之至寶，是神聖且令人欣喜若狂之物。其次，一般而言，人人都可以獲得幸福，凡不是無藥可救者都可以經由某種學習與操心而擁有它。第三、吾人寧可藉著自己之努力，擁

---

❹❺　*E. N.* I, 13, 1102a5.

有幸福，勿存僥倖的心理。事實上，追求幸福需付出極大
的心力。……凡是被認定是人生最偉大且是最尊貴之物非
由努力，而由僥倖獲致的論調乃荒謬之至**❹**。

既然幸福經由勤修德行而來，那麼，德行自然即是得到幸福
之有效及必要方法，故最後仍需加以討論，先概論德行，然後再
分別研究其細節。

一、德行概論

㈠德行的意義

「德行」或「美德」乃譯自希臘文 $\alpha\rho\epsilon\tau\eta$ (aretē)，但非很正
確的意譯，非但在中文裏，甚至在其他文字裏也很難找到恰當的
代替語。aretē 這個字乃指「美善」(goodness) 或「優異」
(excellence) 的意思。人類的 aretē 即是其優點——那使人成為好
人者 (what it is to be a good human being)，它與吾人所謂的「德
行」只有間接的關係。aretē 也可以說明事物或動物，譬如一項論
證、一把刀子或一匹馬的 aretē，在此情況下，它即有功用
(function) 或能力 (force) 的意義。由於它相當接近「德行」的意
義，故只好勉強作此翻譯了。

亞氏有關「德行」之討論，在三部倫理著作中佔相當大的篇
幅，但比較偏重於對純粹人為的德行之探討，因為其最關心的是
尋找屬於人類美善及幸福：「吾人所要考慮的，是人的美善，因為
它（或說人的幸福）就是吾人所要尋求的目標。」**❹**所謂人為德

---

❹ *E. N.* I, 9, 1099b8–25.

❹ *E. N.* I, 12, 1102a14–15.

行，不指屬於身體的，而是指屬於心靈的德行，因亞氏稱幸福為心靈的活動❽。

從亞氏的人類學得知，他把人視為由靈魂與肉體所合成的組合實體，前者代表精神，後者代表物質。人的身體是情緒 ($\pi\dot{\alpha}-\theta\eta$)、功能 ($\delta\upsilon\nu\dot{\alpha}\mu\varepsilon\iota s$) 和習性 ($\ddot{\varepsilon}\zeta\varepsilon\iota s$) 的主體或支撐物。「情緒」乃由感性欲望所產生的變動，由此變動引起快樂與痛苦。情緒有：欲望 ($\dot{\varepsilon}\pi\iota\theta\upsilon\mu\dot{\iota}\alpha$)、憤慨 ($\dot{o}\rho\gamma\dot{\eta}$)、畏懼 ($\phi\dot{o}\beta os$)、膽識 ($\theta\rho\dot{\alpha}\sigma os$)、妒嫉 ($\phi\theta\dot{o}\nu os$)、喜悅 ($\chi\alpha\rho\dot{\alpha}$)、愛情 ($\phi\iota\lambda\dot{\iota}\alpha$)、憤恨 ($\mu\dot{\iota}\sigma os$)、憂愁 ($\pi\dot{o}\theta os$)、熱忱 ($\zeta\dot{\eta}\lambda o\nu$)、憐憫 ($\ddot{\varepsilon}\lambda\varepsilon os$)，以及由快樂或痛苦所造成的其他各種心理的狀態。「能力」乃使人能體驗到上述的各種情緒。「習性」乃指後天的努力所養成的特質以使人對各種情緒做好壞的反應❾。

在《修辭學》上（卷二）亞氏曾高談闊論情緒。情緒就其本身而言，從倫理觀點看，既不是善，也不是惡。德行或毛病不是情緒，也不是能力，而是習慣。習慣在產生行動時使主動能力 ($\dot{\varepsilon}\nu\dot{\varepsilon}\rho\gamma\varepsilon\iota\alpha$ $\dot{\eta}$ $\pi\rho\dot{\omega}\tau\eta$) 趨向完美，它有好壞之分。德行是好的習慣，因為它能使人成為好人及使其行為變成優良的❿。毛病恰好相反，是壞的習慣，它使人變壞及使其行為變成不好的。

雖然人是由靈魂與肉體組合而成的，但兩者不論在性質上、在功能上都是不同的。嚴格說來，除非從純粹支撐物的觀點來看，

❽ *E. N.* ib. 16.

❾ *E. N.* II, 5, 1105b20ss; *Rhet.* I, 9, 1366b1.

❿ "Every virtue or excellence both bring into good condition the thing of which it is the excellence and makes the work of that thing be done well." (*E. N.* II, 6, 1106a14–25.)

否則肉體並非德行的主體——負荷者。德行常以靈魂為主體，即只能在靈魂上根植，它需求人對行為的認知、慎思及自由選擇，且不斷的努力以克服各種大小的困難。

㈡德行的特性

主要有下列數種：

1.德行是經由人的後天努力所養成的習慣

「德行」不是人先天或與生俱來的，而是後天所修成的。由於它是經過人不斷的努力反覆實踐善行所養成的習慣，是以，倘若人偶而一、兩次為善，只能稱之為「善舉」，而非「德行」，此乃緣於其為善的習慣尚未養成。人天生有修「理性」與「倫理德行」的某些傾向，譬如有些人天生就較聰明、較善良、不易受情緒的激動，反之亦然。但欲使這種傾向成為堅定與持久的習慣，需要長久的苦心培植以克服種種困難，使原先所擁有的善良傾向能表現得更透徹無遺；另一方面，使不良的傾向更能服從理性的指導，所以亞氏說：「倫理道德中之任何一種均非由自然而來，因為經由自然而來者，不可能形成違反自然的習慣……在人內所擁有的道德也不是由自然而來，只是自然在人心中預備了培養道德的基礎，根據此基礎，使人成為完美的習慣才得以養成。」❺基於上述理由，亞氏強調有德行的年輕人為數不多，因他們不具備培養好習慣——德行——之條件。理性德行之培養藉著教導與學習；倫理德行之養成經由不斷的努力，反覆實踐同樣的善行以養成習慣，這些因素需要時間與經歷；毅力與恆心，而這些正是年輕人所缺少的：

---

❺　*E. N.* II, 1, 1103a19–25.

我們獲得倫理道德是由實踐的緣故，這種道理應用在一般的藝術、技藝上亦然。一個精於手藝之人必須學會如何製作東西，但是當他實行時是藉著製作的過程而學到的，如此，人藉著建築工程，而成為一個建築家，一個彈奏七絃琴的人，也是由於勤練而學會了演奏。吾人由於實行正義之行為才成為正義者。同理，吾人藉著實行節制之行為而成為有節制者，實行勇敢之行為即是勇者❺❷。

2.德行是自願的習慣 (voluntary habit)

「知識即德行，無知即罪行」(knowledge is or leads to virtue, ignorance to vice) 此乃蘇格拉底的樂觀主張，對此，亞里斯多德不表苟同，他則強調德行與罪行不單單基於理智；意志亦扮演重要的角色。人雖知善不一定為善，但知惡也不見得會做惡。

德行是一種自由、自主與自願的習慣，它意含慎思、選擇 ($\pi\rho o\alpha\iota\rho\varepsilon\sigma\iota\varsigma$) 的行動，所以是理智與意志的合作所產生的行為。不是理智與自由意志之能力所達到的行為不能構成德行。毫無疑問的，天然行為也不是德行，因為德行的特徵即是經由苦心耕耘與耐心培植所養成之善行的固定性❺❸。

亞氏曾精確地分析了自願行為的步驟或因素。扼要的分為五點：第一、對行為的對象與目的之認識；第二、有獲得該對象的意願；第三、對獲得該對象之適當方法的慎思；第四、謹慎的選擇；第五、必須有堅定不移的行事意向❺❹。

---

❺❷　*E. N.* II, 1, 1103a33–1103b2.

❺❸　*E. N.* III, 1, 1109b30ss.

❺❹　*E. N.* II, 4, 1105a30; 1111b4–1113a14.

3.德行在於中庸之道 (in the means of two extremes)

德行乃介於「過」(ὑπερβολή) 與「不及」(ἐλλειψις) 的兩極端之間，「過」與「不及」均是不道德或毛病，譬如「勇敢」是介於怯懦與魯莽之間；「恢宏」介於放蕩與卑鄙之間。「急智」介於滑稽與粗俚之間；「慷慨」即介於浪費與吝嗇之間。而這種「中庸」之道也只有明智的人才能嚴格和有效的遵守。亞氏這種主張普遍為後代倫理學家所贊同，茲引述其言：

> 現在我們開始作以下的觀察。由此觀察中指出倫理道德會因著「過」與「不及」而遭到破壞。這點，在人的健康方面也是一樣的，人的體力若是使用過度，便會耗損，但是不用也會衰竭。同樣的，人在健康方面，由於飲食過度或不足，皆是不當。然而由於飲食的質量正常，人的健康便能增進和保持。如此，勇敢、節制之德行及其他的德行亦是。一個人迴避一切、害怕一切，對任何事都無法應付，便是膽小懦弱之人。反之，有人什麼都不怕，對任何危險毫無顧忌的莽撞行事，這即是有勇無謀。假若一個人縱情肆慾，毫無節制，即是一個無節制之人。或是另一種人在唱戲之時，扮演丑角，對任何快樂都難有感受，如此，他的感覺也就慢慢的變遲鈍了。因此，節德與勇德，因著「過」與「不及」都可以消失與破壞，所以，如果遵守中庸之道，這些德行便得以保存❺❺。

然而，由於人的行為所涉及的對象與對象的情況乃因時、因

---

❺❺ *E. N.* II, 2, 1104a10–25.

地、因人而異，故除了正義之德外，其他絕大部分的德行均無法
遵守嚴格數學式的中庸之道。亞氏對此有深切的了解：

> 有關中庸之道，可用數學上的話來作比喻：任何相連而可
> 分的東西，能分成兩半，或一段多、一段少。對於被分解
> 的東西而言，這個被分割的各分子能大能小，也能是均等
> 的，所謂均等，即是太多與太少的中間數。所謂一個東西
> 的中間，意指兩極端的均等的那一點；這一點在任何人看，
> 都是一樣的。譬如「十」，對某件東西來說太多，「二」就
> 少了，若是取「六」便是所謂超出其中間點，但是它被超
> 出的數字與它有均等的價值。這個規定是由數學的中數來
> 的，可是這種算法不會給我們與生活息息相關的平均數。
> 譬如以十斤的飯量，對一個運動員來說是很大的數量，但
> 是若是兩斤就太少了。可是訓練者並不因此就採取六斤作
> 為中數，因為六斤對某個運動員可能太多，但對另一個有
> 如大力士者就嫌太少，對於一個初受訓練者就太多了。這
> 種情形，在生活中到處可見。一個善於經營事務之人，他
> 會避免太多或太少，所採用的是平均數，乃是中庸之道，
> 這個平均數是一種相對的平均或中庸❺❻。

有些倫理之德行，甚至連類比的中庸標準 (proportional
means) 都無法建立，因其本身就是惡行。

例如：惡意、無恥、嫉妒等行為，此外姦淫、盜竊、兇殺

❺❻ *E. N.* II, 6, 1106a25–1106b8.

等亦屬這一類。這些情緒與行為，還有其他類似的，只聞其名，便知其惡性，因為它們本身就是邪惡，我們指謫這些情緒與行為，並不是因為它們的過與不及；在這些行為上，人無法有善良的舉動，不論你怎麼做，都是邪惡。沒有任何情形可以使它們善惡的性質有所改變，就是說沒有什麼情況可把行為的惡性變成善性。當一個人犯了姦淫，就不必再問其他了，譬如同適當的女人或在適當的時間，用適當的方式，因為事實上他的這種行為根本就是惡行。在這些行為裏，無法指出過與不及。另外在其他不公道或懦弱的，或是無節制的行為上，亦無法尋找「過」與「不及」或中庸之道。倘若這種事情可能的話，我們必然能在過與不及上找到中庸，並在過上找到太過，在不及上找到更不及了，這自然是不合理的。可是就如在節制之德和正義之德上是沒有所謂中庸之道的，也沒有所謂過與不及，因為中庸之道在這些道德之內來說，是一種頂端，因此在那些壞行為上，也無法找出中庸之道或是過與不及，只要人一旦做出，即是壞行為，用一般語言來表達這個道理，我們可說在頂端上沒有中庸，在中庸上沒有極端，此乃人人易見之理❺❼。

　　儘管如此，原則上德行基於中庸之道的主張是正確的。而此標準應由明智與明理的人按照正理所做的正確判斷❺❽。亞氏承認此中庸之道不易找到，譬如以給人錢財為例，應給誰，給多少，

---

❺❼　*E. N.* II, 6, 1107a10–25.

❺❽　*E. N.* II, 6, 1107a1–10.

為何要給，怎麼給，何時給等，欲定一正確的標準，不論對誰均非易事，所以為惡如崩，為善如登。故修德為善是高貴的行為，非常值得嘉許的❺⑨。

4.德行在於知行合一

倫理學乃屬於實踐性質的學科，旨在指導人的行為俾使能循規蹈矩，所以德行僅知其為何物是不夠的，貴在如何付諸實行。前述「德行」乃譯自希臘文 aretē，拉丁文則是 virtus，英語的 virtue 乃源自拉丁文，其意義較接近 aretē，有長處、優點、效能、效力的意義，譬如 He praised the virtues of his horse（他稱讚其馬之優點）；The climate here has the virtues of never being too hot or too cold（此地氣候有不太熱亦不太冷的好處）；There is little virtue in that medicine（那種藥的功效不大）。因此，所有功能均應以完成與其相稱的良好自然傾向為職責，且使該實行的事做到盡善盡美，否則「德行」即僅是一個毫無意義的純名詞罷了。亞氏對德行的知行合一之重要極表重視，所以才說：「我們獲得倫理道德是由實踐的緣故才得到的……人藉著建築工程，而成為一個建築家。一個彈奏七絃琴的人，也是由於勤練而學會了演奏。吾人由於實行正義之行為才成為正義者。同理，吾人藉著實行節制的行為而成為有節制的人，實行勇敢的行為即是勇者。」（前已引述）

---

❺⑨ "Hence also it is no easy task to be good. For in everything it is no easy task to find the middle...that is not for every one, nor is it easy; wherefore goodness is both rare and laudable and noble." (*E. N.* II, 6, 1106a18–25.)

拿眼睛來說，它之所以稱為好眼睛，乃在於它發揮了功效，使人能看清楚。或者拿一匹馬來說，其好處或優點，除了牠是一匹好馬外，尚應該跑得快，能讓人騎，並能臨陣不懼。關於其他事亦可以類推，至於德行對人而言亦是如此，它應使人成為一位善良者，且使他成功地完成使命⑩。

㈢德行（道德）的規範（標準）

前已提過，德行的一般性規範是「中庸之道」，雖然對所有德行而言，其標準並不一致，譬如對交易正義 (commutative justice) 來說，比較容易指出其準確性，乃在於數學比例之平衡。有些德行則無法嚴格遵守此標準，因此所需求的中庸之道也就不那麼嚴格⑪。

亞氏在早期的著作《歐德美亞倫理學》和《論蒼天》(De Caelo) 中，主張以認識、沉思與侍奉上帝作為人行為的標準。然而，在較晚期的著作裏，如《宜高邁倫理學》，卻未明確的持此見解，乃由於他認為上帝之美善對人而言乃可望而不可及，故必須尋找一種與上帝或永恆法律無關的主觀與相對的規範，即由明智與通情達理之士，符合正理 (right reason or rule—ὀρθὸς λόγος) 與經驗所做的正確判斷，於此判斷的指導下方能找到行為的中庸之道及為達到目的之適當方法和指出人真正的善:「德行是人品格的一種狀況，以選擇經由有道德感者及明智之士在正理的指導下所指出與本人相關的中庸之道。所謂中庸之道乃介於情緒和行為的『過』與『不及』之間。」⑫

---

⑩　*E. N.* II, 6, 1106a18–25.

⑪　*E. N.* II, 2, 1104a1–9.

⑫　*E. N.* II, 6, 1106b35–1107a10.

此外，亞氏當然並未忘記法律也是德行的重要規範之一，尤其具有普遍約束效力的自然律。至於人為法雖然因時、地、人而異，然而一旦成立之後，只要不是惡法，而是合情合理的良法，它就有約束力，人的行為就應與之相符合，否則即是罪行。(亞氏在《政治學》的卷二第八章 (1268b38–1269a4) 曾提到基於荒謬的風俗習慣所實行的惡法，如以武力搶買妻子；原告若能從親友中找到足夠的證人，被告就會敗訴。) 有關此兩種可作為德行之規範的自然法與人為法，當談「正義」時，再詳加討論。

　　總括上述，可以給「德行」下一個較完整的定義：「在明智與通情達理之士，以符合正理、法律和經驗所做的正確判斷的指導下，以遵守中庸之道的自願、慎思、明辨及經過後天的苦心耕耘所養成的習慣。」❻❸ 或簡言之：「是一種使人成完人及易於行善（或善盡職責）的習慣。」(Bonum facit habentem et opus ejus reddit bonum)❻❹

㈣德行的種類

　　亞里斯多德有關德行的種類乃基於他對人的結構之看法。人從肉體與靈魂結合而成的，嚴格地說只有靈魂是德行的主體或根源，而靈魂則有兩部分：非理性 (ἄλογος) 和理性部分 (λόγον ἔχον)，前者為倫理德行 (ἠθικαί, ἦθος) 的主體，後者則是理性德行 (διανοητικαί, λογικαί) 的主體。此為德行的兩大種類，其他

---

❻❸　Fraile, op. cit., p. 527.

❻❹　這是後來聖奧古斯丁與聖多瑪斯根據亞里斯多德的思想所下的定義 (*S. th.* 1–2, 55, 2, 3: "habitus operativus et bonus.")，而亞氏自己所下的定義是: "The state of character which makes a man good and which makes him do his work well." (*E. N.* II, 6, 1106a24.)

諸德皆為它們的細分。

靈魂的理性部分又分為理論的 (speculative) 和實踐的 (practical)，前者涉及具普遍性與必要性的事物，即該事情只能是其所是，其性質不會改變，其對象是真理，譬如把「善」與「真」，將「惡」與「錯」視為一回事，即是理論理智的功效，「由於真與假是理性的唯一對象。」❻與之相配合的德行有：「理解」(understanding─νοῦς)，也叫做「第一原理善習」，旨在輔助理智快速地、正確地認識理論界的第一原理——不矛盾律、同一律、排中律和因果律等。這些原理由直覺所認識的。「學問」(science─ἐπιστήμη)：幫助理智容易及迅速地從已知的原理引出正確的結論——普遍與必要的原理原則，故所運用的是演繹法，也稱做「結論習慣」。「智慧」(wisdom─σοφία)：協助理智追求最高與最根本的原理與原因，或對萬物的最徹底解釋，是直覺與學問之合作所產生的效果❻。

亞氏尚把靈魂的另一部分稱為推論部分，其對象是特殊與非必然的事物，其功能之目的乃對特殊活動的思考，與其相配的德行有：「技藝」(art─τέχνη)：在正確的指導下，人的行為適當的發生作用，但與倫理無關，只涉及事物之精美製造。「明智」(prudence─φρόνησις)：是非常重要的理性德行，不同於「學問」，其目的在於行為之實踐，故也叫做「實踐智慧」(practical wisdom)，對善行了解後再付諸實現，它先假定學問、經驗與慎思。由於明智者所作的判斷必須與普遍原理相符合，故必須先有學問；再把原理正確地應用於個別的事情，因而需要經驗，由失

---

❻　*E. N.* VI, 2, 1139b25.

❻　*E. N.* VI, 3, 1139b15ss.

敗中記取教訓，由成功中學習到更多的技巧，這些均需要長久的時間，否則所獲得的經驗一定不夠豐富與充實，也因此，「明智之德」是專門屬於年長者、成熟者，年輕人則缺少此德行。當把所學習到的原理原則應用於具體的個別事例上時，需要慎思熟慮，衡量利弊得失，比較輕重，分辨是非善惡，要預知所可能發生的好壞結果。「冷靜與妥當的思考甚為重要。然而，一旦做了結論之後，就應盡速付諸實現。」❻❼「技藝」有等級之分，「明智」則無。在技藝上，明知故犯者比犯錯而不知情者優，在「明智」與其他德行上，則恰好相反。由於「明智」之德是一種行事的正理──指導具體與個別行為的正確方向，故是「眾德之母」，或「德行的掌舵」，它指導所有德行，無它，人也不可能進修其他德行；有了它，人也同時擁有其他德行，在此意義上，它可說是所有德行的聯貫❻❽。它是理性德行之一，同時也是倫理德行之一；就其本質而言，它是前者，因為其主體是實踐理性；但就其所涉及的內容而言，它卻是後者，因為它關係到行為的正確方向。

　　就其所涉及行為當事人而言，亞氏把「明智」分成三種：第一、「修身」或「個人的」(individual)：正確指導個人的行為；第二、「齊家」或「經濟的」(economic)：涉及家庭的管理；第三、「治國」或「政治的」(political)：關係到邦國之治理。由於治理邦國乃錯綜複雜之事務，故也需要不同的實踐智慧，因此亞氏將它分成「司法的」(legislative)、「審議的」(deliberative) 和「行政的」(executive)❻❾。

---

❻❼　*E. N.* 1142b1–5.

❻❽　"For with the presence of practical wisdom, will be given all the virtues." (*E. N.* VI, 12, 1144b30–1145a.)

　　為了使「明智」之德更為完備，亞氏又把其他三種事關特殊行為的美德列入其範圍內。第一、「聰明」或「明辨」（謹慎）(discretion—γνώμη, εὐγνώμη)：知道妥當地把正確與公正的判斷付諸實現；第二、「灼見」(perspicacity—σύνεσις, εὐσυνεία)：對事情及行事的理由有清楚與快速的深入瞭解；第三、「忠告」(sound advice—εὐβουλία)：對事情有正確的見解與思考❼。

　　除「明智」之外，所有理性德行，均非最完美、最高尚的，故嚴格說來，不能稱為「美德」，由於它們與人的倫理行為無關，對人的善良風尚不產生影響，因此只能是廣義的「美德」，由於它們仍能幫助人的某些能力發生良好的功能，譬如優秀的技術人員、成功的學者、著名的教授、傑出的藝術家，是以，理性德性，與其說是「美德」，毋寧說是「德能」，它們只能幫助人在某一行業上成功或成為專家，但不能保證人成為品德高尚之士。一位精巧的鎖匠有可能淪為高明的小偷；一位博古通今的知識分子，也有可能是惡貫滿盈、十惡不赦之徒。

　　亞氏依照人的行為涉及靈魂的非理性部分或人與人之間的社交關係，把倫理德行分成兩大類。屬於前者有：第一、「勇敢」(fortitude—ἀνδρεία)：在修德立功、為善避惡、追求高尚的事物上，能克服困難、忍受痛苦、不怕危險，甚至犧牲性命也在所不惜。是一種介於「膽小」或「懦弱」(cowardice—φόβος, δειλία)與「鹵莽」或「輕率」(temerity—θάρρη, θρασύτης)之間的美德；第二、「節制」(temperance—σωφροσύνη)：對物質享受或欲望（尤其性慾與飲食慾）之合理管制，是介於「反應遲鈍」或「無感覺」

---

❻　*E. N.* VI, 8, 1141b27ss.

❼　*E. N.* VI, 9, 1142a32ss.

(insensibility—$\dot{\alpha}\nu\alpha\iota\sigma\theta\eta\sigma\iota\alpha$)與「無節制」或「縱情」(intemperance—$\dot{\alpha}\kappa o\lambda\alpha\sigma\iota\alpha$) 之間；第三、「端莊」(modesty—$\alpha\iota\delta\dot{\omega}$ς, $\alpha\iota\delta\dot{\eta}\mu\omega\nu$)：涉及人的表情，是介於「畏縮」或「羞怯」(timidness—$\alpha\iota\delta o\dot{\upsilon}\mu\varepsilon\nu$-os) 與「厚顏」或「無恥」(impudence—$\dot{\alpha}\nu\alpha\iota\sigma\chi\upsilon\nu\tau\iota\alpha$) 之間。

有關人與人之間的關係之德行有：第一、「慷慨」(generosity—$\dot{\varepsilon}\lambda\varepsilon\upsilon\theta\varepsilon\rho\iota\dot{o}\tau\eta$ς)：涉及錢財的正當運用，其兩極端是「吝嗇」(avarice—$\dot{\alpha}\nu\varepsilon\lambda\varepsilon\upsilon\theta\varepsilon\rho\iota\alpha$) 與「浪費」或「奢侈」(prodigality—$\dot{\alpha}\sigma\omega$-$\tau\iota\alpha$) 兩毛病；第二、「大方」(magnificence—$\mu\varepsilon\gamma\alpha\lambda o\pi\rho\dot{\varepsilon}\pi\varepsilon\iota\alpha$)：涉及於正確運用錢財時出手大方，其極端是「小氣」(meanness—$\mu\iota\kappa\rho o\pi\rho\dot{\varepsilon}\pi\varepsilon\iota\alpha$) 與「揮霍」(extravagance—$\dot{\alpha}\nu\varepsilon\iota\rho o\kappa\alpha\lambda\iota\alpha$)；第三、「寬大」(magnanimity—$\mu\varepsilon\gamma\alpha\lambda o\psi\upsilon\chi\iota\alpha$)：其所涉及的事情是對大光榮與大榮譽之施捨，其極端是「不大方」(pusillanimity—$\mu\iota\kappa\rho o\psi\upsilon\chi\iota\alpha$) 與「炫耀」(megalomania—$\chi\alpha\upsilon\nu\dot{o}\tau\eta$ς)；第四、亞氏未給對小光榮或小榮譽之施捨的美德指定特別名稱，姑且稱之為「大量」，其極端的毛病是：「無動於衷」(indifference—$\dot{\alpha}\phi\iota\lambda o\tau\iota\mu\iota\alpha$) 與「野心」(ambition—$\phi\iota\lambda o\tau\iota\mu\iota\alpha$)；第五、「溫順」(meekness—$\pi\rho\alpha\dot{o}\tau\eta$ς)：是對脾氣的適當控制之美德，其極端是「麻木」(impassibility—$\alpha\dot{o}\rho\gamma\varepsilon\sigma\iota\alpha$, $\dot{\alpha}\nu\alpha\lambda\gamma\eta\sigma\iota\alpha$) 與「暴躁」(irascibility—$\dot{o}\rho\gamma\iota\lambda\dot{o}\tau\eta$ς) 兩毛病；第六、「誠實」(veracity—$\dot{\alpha}\lambda\dot{\eta}\theta\varepsilon\iota\alpha$)：是心口合一的表達方式，其極端是「掩飾」或「隱瞞」(dissimulation—$\varepsilon\dot{\iota}\rho\omega\nu\varepsilon\iota\alpha$) 與「吹噓」(fanfaronade—$\dot{\alpha}\lambda\alpha\zeta o\nu\varepsilon\iota\alpha$)；第七、「幽默」(good humour—$\varepsilon\dot{\upsilon}\tau\rho\alpha\pi\varepsilon\lambda\iota\alpha$) 或「文雅」(civility)：風趣與高雅的談吐，其極端的毛病是「粗俗」或「下流」(rusticity—$\dot{\alpha}\gamma\rho o\iota\kappa\iota\alpha$) 與「嘲嬉」(buffoonery or ridicule—$\beta\omega\mu o\lambda o\gamma\iota\alpha$)；第八、「殷勤」或「親切」(amability—$\phi\iota\lambda\iota\alpha$)：基於勤快與有服務精神的美德，

其極端毛病是「抱怨」(complaint—δύσκολος, δύσερις)與「奉承」(adulation—ἄρεσκος, κολακεία)；第九、「公正之懲罰」(nemesis—Νέμεσις)：類似疾惡如仇的美德，其極端毛病是「嫉妒」(envy—φθόνος)與「幸災樂禍」(ἐπιχαιρεκακία)；第十、「正義」(justice—δικαιοσύνη)：是最重要的倫理德行，分為自然的與社交的。後者又分無或有明文規定的，此又分為分配正義與交易或糾正正義，包括合約與辯護正義。亞氏利用《宜高邁倫理學》的卷五全部討論此種美德，故有必要加以詳論。

二、德行細論

在所有德行中，所要特別討論的是「正義」及與它相關的「衡平」。

㈠正義

「正義」(justice—δίκη, δίκαιος)是最重要的德行，在某種意義上，涵蓋所有的德行，它不但指定與組成整體的各分子相稱的功能使之各盡其職而有條不紊，且使各分子能和平相處，各給所應給的，取所該取的，盡所應盡的義務，享所該享的權利，故是團體的秩序、社會的安定、國家的和諧、世界的和平之基礎。總之，個人與個人、團體與團體、社會與社會、國家與國家之間的良好與適當關係之維持必須仰賴正義之實行。所有德行均代表某種活動的優良運作，在此意義上，皆隸屬於正義，而正義也就包含了所有的德行：「在牽涉到自己，尤其牽涉到他人時，正義即是所有德行的綜合。因此有人把它視為最卓越的德行，比夜裏的北斗星或清晨的曉星更為奇特。故有句格言說：正義涵蓋了每一種德行。」❼

　　然而，此種對正義重要性之強調乃籠統，甚至模糊的說法，亞氏對此說法並不滿意，他所關心的是人在團體或社會裏所應遵守的具體正義，分別稱之為政治與市民正義或總稱為社交正義 (social justice—πολιτικὸν δίκαιον)。

　　依亞氏之見，作為倫理道德的正義，基本上產生兩種關係。其一是人與法律的關係：法律是人行為的規範，正義則促使人的行為符合法律的要求，依照法律的規定，得所應得，給所該給；其二是使享有自由平等的市民之間的適當關係得以建立，在此意義上，「公平」或「均等」(equality—ἴσον) 是正義所應遵守的規範，其反面的意義「不義」(injustice) 即是不遵守法律及違反「公平」的原則 ⓦ。

　　以上所提，乃指正義作為德行的兩種特性；前者稱為「法定正義」(legal justice—νομιμὸν δίκαιον)，故凡是合法的即是正義，否則即是「不義」(ὁ παράνομος ἄδικος, ὁ δὲ νομιμός δίκαιος)。法律指導人的行為成為公正與善良的，即一方面使人的行為合乎所有德行的要求——如何成為勇者、智者、勤儉者；另一方面則禁止違反德行的所有惡習。因此，守法者即是正義者；正義者即是所有德行的實踐者。故「法定正義」具有完整德行的性質，因為凡守法的好市民，同時也是正義者及有品德之士 ⓦ。

ⓦ　"In justice every virtue is comprehended." (*E. N.* V, 3, 1130a10.) 此格言是 Teognis 所說的，見 Homer, *Odissa* 3, 52.

ⓦ　"Justice is the virtue through which everybody enjoys his own possession in accordance with the law; its opposite is injustice, through which men enjoy the possessions of others in defiance of the law." (*Rhet.* I, 9, 1366b9–11.)

ⓦ　"Evidently all lawful acts are in a sense just acts...And the law bids us

亞氏反對實證論者 (positivists) 有關法定正義的意見，而主張在政治正義 (political right—$\pi o\lambda\iota\tau\iota\kappa\grave{o}\nu\ \delta\acute{\iota}\kappa\alpha\iota o\nu$) 裏，除了純粹人為的色彩外 ($\nu o\mu\iota\mu\grave{o}\nu,\ \grave{\alpha}\nu\theta\rho\acute{\omega}\pi\iota\nu o\nu$)，尚含有屬於自然法的因素 (natural law—$\phi\upsilon\sigma\iota\kappa\grave{o}\nu$)，後者所規定的具有普遍及絕對的效力，即其約束力是超越時間與空間，絕無法更改 (immutable—$\grave{\alpha}\kappa\acute{\iota}\nu\eta\tau-o\nu$)，並不基於人的意見及其所做的決定 ($\pi\alpha\nu\tau\alpha\chi o\widehat{\upsilon}\ \tau\grave{\eta}\nu\ \alpha\grave{\upsilon}\tau\grave{\eta}\nu\ \check{\epsilon}\chi o\nu\delta\acute{\upsilon}\nu\alpha\mu\iota\nu$)，因為自然法與自然物體一樣，具有同樣的鞏固性、普遍性與必要性，譬如火的燃燒情形在希臘及在波斯是一樣的；水往下流，氣向上升，在世界上的任何地方也都是一樣的。然而，約定正義裏則含有人為因素，就其本身而言是無所謂合法或不合法，由於它能因時、因地及因人而異。一旦經過立法之後，它即有約束力，譬如俘虜的贖金可以多，也可以少；祭神的祭品可以是一隻山羊，或兩隻綿羊，但經過法律規定其中之一後，則人人均應信守無疑。

因有關自然法與人為法的存在、性質及其效力的問題在倫理學上是極為重要的，且倫理學家對此亦爭論不休，故亞氏關於此問題之主張也特別值得重視，自有必要加以引用：

現在吾人論政治正義，其形式有兩種，即自然的與約定的。自然正義在任何地方都發生效力，不受人對正義的看法之影響。約定正義沒有基本的理由來說明為什麼採取這個或那個方式。而且它的效力，由於大家同意之後才有。譬如

---

do both the acts of a brave...commanding some acts and forbidding others. Justice in this sense, then, is not part of virtue but entire virtue."
(*E. N.* V, 1, 1129b13–1130a10.)

可以約定要贖回一個戰俘，需五百元，或者是為完成一種
祭獻的禮節，需要一隻公羊，而不需要兩隻綿羊。這類的
規矩，由法律為特殊的事件規定的，譬如在恭敬
(Brasidas) 所用的禮節，其細則都需特別的法規予以制定。
有些哲學家主張正義在各方面都是約定的。他們的論據認
為自然律沒有變更，在任何地方有完全一樣的行動（譬如
火在這裏或是在波斯一樣的燃燒）。可是正義的規則，在我
們眼前常有變動。這一種辯論的後一段，需要限定需要說
明（在神與神之間很難有真正的正義），在這個世界上，固
然自然正義確實存在著，可是來執行正義的規矩，到處都
有變化。這樣，人的右手自然的比左手更靈巧，雖然他常
常可以使自己的左右手一樣的靈活。這一類的區別，常能
見得到的。至於正義的規矩是自然的或是約定的，並在有
些情形之中，一起都可以變動，這確不是明顯的事情。可
是，正義有自然的，也有約定的，此乃無庸置疑的❼❹。

在《修辭學》上，亞氏不但表明了同樣的觀點，且更加明確：

如今可以好好地對義與不義的行為做一個完整的分析：其
意義曾根據兩種法律和兩種人而來。所謂兩種法律指的是
特殊法與普遍法，前者是每一個團體為自己的分子所訂定
的，有的有明文規定，有的則無。後者即是自然法，其存
在乃無庸置疑的，且是神聖的，對所有人均有約束力，這
即是 Sophocles❼❺ 在 Antigone 這部劇裏清楚所指的，當她

---

❼❹ *E. N.* V, 10, 1134b18–1135a5; *Rhet.* I, 15, 1373b5–1375b10.

說 Polyneices 的葬禮雖然被禁止，然仍是合法的，因為它
是自然法所規定的，而自然法不是今天存在或昨天存在，
而是永遠存在，其開始不為人所知❼。

　　從以上的引文中可以扼要地說，在政治或法定正義裏含有由
人自己（通常經由立法機構）所規定及由自然所制定的兩種因素
或內容，前者稱為「約定正義」(conventional justice)，後者稱為
「自然正義」(natural justice)，亞氏把它們都歸入法定 (legal) 或政
治正義 (political justice) 裏。

　　然而，正義的真正意義在於不但規定對自己，甚至對別人有
利害關係的事情。正義不像其他德行，它不涉及當事人自己，也
不涉及屬於自己之物，譬如自己的妻子、未成年的子女及奴僕，
而只涉及其他人 (πρòς ἕτερον)，不過在廣義與次要意義上也可以
涉及上述者。主人對奴僕的正義稱為「統治正義」(dominative
justice)，對未成年的子女為「父權正義」(paternal justice)，對妻
子與家庭則是「經濟」或「齊家正義」(economic or domestic

<hr/>

❼　西元前 (496 (7)–406) 的希臘悲劇作家之一，與 Aeschylus 和
　　Euripides 齊名，為古希臘三大戲劇作家之一。亞氏所引 Sophocles 的
　　戲劇是 Antigone 456, 7。

❼　*Rhet.* I, 12, 1373b1–14。亞氏在《宜高邁倫理學》也肯定自然法的存
　　在，因為他說有些罪行聽聞其名，便知其義，如盜竊、姦淫、兇殺
　　等（看❺），故對人而言，這些罪行，並非因為有人為法予以禁止，
　　而是其性之使然。是以，不拘任何人，不拘任何時間或地點，不拘
　　有無人為法律加以禁止，它們均為不義的，由於不義意味違反法律，
　　故在人為法律以外尚有一種更普遍的法律作為義與不義的標準，此
　　即自然法也。難怪有人稱亞氏為自然法之父。

justice)：

> 正義有另一種方式，雖與前所提述的相似，到底是不一樣
> 的，它即是主人與奴僕，父親與子女之間的正義。其區分
> 之理由，乃因不義對於自己的人不能是絕對的，而只能是
> 相對的。既然一個奴僕或者一個孩子，在達到一定的年限
> 並獲得獨立之前，一般的說法都認為他們是主人的一部分。
> 既然沒有人故意傷害自己，自也不會對自己的孩子行不義
> (since no one chooses to hurt himself, there can be no
> injustice toward oneself)。這即指在主人與奴僕及自己與孩
> 子間沒有所謂的政治正義或不義。因而照以上所述，它是
> 用法律來界定的，並且在那些接受法律統治的社團中流行
> 著，亦即在那些團體之間，有統治者，有被統治者，大家
> 都享受法律的平等待遇。因此，在丈夫與妻子之間的正義
> 最接近真正的正義，而主人與奴僕之間，父親與兒女之間
> 的正義則不同了。依此看來，夫婦之間的正義是家庭正義
> 的典範，它當然與政治正義有所區別**❼**。

所以，「正義」是公共福利的最大保障，而它應在私人利益之
上，故有時人應犧牲私利以保存公益，明乎此理，「正義」的主要
性就不言而喻了。「完人不是只為自己的利益，而是為他人的利益
著想，即使這是困難的事。因此，正義不是德行之一，而是德行
的總和。同理，其反面的『不義』亦非邪惡之一，而是其全
部。」**❽**

---

❼ *E. N.* V, 6, 1134b8–18.

人與人之間的良好關係，主要靠正義來維持，所以應建立於
「公平」(equality) 的基礎上，它是正義的規範，故凡是公平的，
即是正義的，凡是不公平的，即是不義的，不管對人，或對事物
而言，此觀點都是正確的❼。基於此，亞氏把正義分為兩種：「分
配正義」(distributive justice—$\tau\grave{o}\delta\iota\alpha\mu\eta\tau\iota\kappa\grave{o}\nu \ \delta\acute{\iota}\kappa\alpha\iota o\nu$)：涉及全體
與部分的關係，或團體的主管與其成員的關係；「糾正正義」
(corrective justice—$\delta\iota o\rho\theta\omega\tau\iota\kappa\acute{o}\nu$) 嗣後改稱為「交易正義」
(commutative justice)，涉及個別成員彼此間的關係。茲分別予以
討論：

1.分配正義

以公平、公正的原則分配屬於團體的各成員之物，諸如財產、
聲譽、地位、職務、義務、權利和賞罰等。但在執行時，也要考
慮成員的才能、學識、職務、地位、品德等之高低。雖然主管應
遵守公平、公正的規範，但不能嚴格遵守，因為無法指出「一對
一的數學比例」(mathematical proportion)，他所能根據的僅是「幾
何比例」(geometric proportion)，其理由是：主管於分配時尚應注
意各種特殊與易變的情況。為能完成合理、合情與合法的分配，
主管必須是非常明智的，故「明智之德」(virtue of prudence) 對一
個主管是極其重要的。

雖然此種正義的遵守者，主要是團體的主管，但其成員也有

---

❼ "The best man is not he who exercises his virtue towards himself but he who exercises it towards another; for this is a difficult task. Justice in this sense, then, is not part of virtue but virtue entire, nor is the contrary injustice a part of vice but vice entire." (*E. N.* V, 1, 1130a8–11.)

❼ *E. N.* V, 3, 1131a10–15.

責任遵守。換言之，各成員也可能犯違反分配正義的罪行，譬如對已經很合理、很公平的分配並不感到滿足，不能虛心接受及不忠實地執行等。

　　2.糾正 (ἐν τοῖς συναλλάγμασι διορθωτικὸν) 或交易正義

涉及個別市民間的適當關係。亞氏把市民的行為作此劃分：
第一、自願的 (ἑκούσιος)：乃有關合約所規定的行為，如買賣、借貸、抵押、租賃及薪資等。第二、非自願的 (ἀκούσιος)：其中之一是在違反受害者的意願及在其不知情之下所作所為，如盜竊、強姦、下毒、叛逆、販賣人口、暗殺、作偽證；另一種是在受害者知情下，但受到強迫，如綁架、勒索、侮辱、搶劫、毀傷、辱罵、殺人、囚禁等❽。

　　在合同的約束下所建立的關係必須遵守嚴格的一對一的數學式比例。但完全的均等不易建立。當論到不同性質的東西時，如房屋、衣服、鞋子、食物等，為了建立一公平的均等，必須借重為大家所公認並被法律所認可的東西作為計算的基礎，此即吾人日常所用的「金錢」。如此，就把「金錢」(νόμισμα) 充當一般的尺度以比較或計算東西，並評估其價值。金錢是人造物，其本身雖有價值 (亞氏所指的是硬幣，紙幣當時尚未出現)，但在大家的同意，並獲得法律的認可下，主要是用來衡量東西之價值的公共標準，在此意義上，它是非常重要的，因為缺少它，公平的交易就無法建立，譬如：甲是鞋匠，乙是木匠，甲要買乙的桌子，究竟應用多少雙鞋來交易呢？除非把鞋與桌子的價值正確地定出。但是，以什麼來訂定呢？最好的方法就是「金錢」，譬如一張桌子價值一千元，一雙鞋值二百元，那麼就是五雙鞋等於一張桌子。

❽　*E. N.* V, 2, 1131a1–10.

　　金錢對於人在交易上的作用，好像是一種保障，雖然目前沒有需要，但將來需要的東西可用金錢來交換。現在的人願意接受金錢，就是因為它可以滿足人們購買其他需要的物品。無疑的，金錢也受市場波動的影響，如同其他日常用品一樣，他的購買力有時高，有時低。幸虧目前，錢的購買力還是穩定的，因此，一般東西的價值都按照金錢價值來定的，由於它隨時使交易可行，或者使人為了交易而交往，是以，金錢的作用，如同一個權衡，使其他東西之價值可以衡量出來使之均平。沒有交易，便沒有交往；沒有均平，便沒有交易；沒有可衡量的性質，便不能有均平。嚴格說來，物品種類繁多，彼此區別很大，從來不能成為相等的，只是在需要上，我們有一個公共的衡量之尺度。這個尺度的效用很好，必須有一個大家同意接受的標準，它能使所有的物品相等，此即是金錢❸。

　　當「公平」被破壞時，即為不義，由於正義在於維持雙方的公平，恢復「公平」即是建立正義，這是法官 (δικαστής) 的職責，他是正義的化身，在重建公平的標準時乃將一方所多出的部分（不應得的部分）拿來彌補另一方所缺少的部分（所應得的部分）以符合下列的公式：a–b:a:a+c:d❷。

　　畢達哥拉斯學派所主張的糾正正義在於「一報還一報」(reciprocity—ἀντιπεπονθός)，他們把「以牙還牙，以眼還眼」認為是正義，對此亞氏不敢苟同，其理由是：要實行正義，不但要

❸　E. N. V, 5, 1133b12–23; 1133a1–33.

❷　E. N. V, 4, 1132a20–27.

注意事情的「量」，且勿忽略「質」，譬如犯罪者的意願之強弱，及發生罪行時的各種環境與情況。例如：上司毆打職員，若加以還擊，這是以牙還牙的作法，但不是正義的行為，若此，上司回打他還不夠，他尚應該接受另外的懲罰❸。相反的，若有人施恩予你，你以同樣的方法報答他本人乃是不夠的，還應該主動地施惠於其他的人，這種互助互惠的行為是使社會上各分子團結一起，同心協力的要素。「這就是恩寵 (χαριτῶν) 的廟宇都是建立在較顯著的場所之原因，其目的是使人易見，使人記得相愛、互助的重要性。因此，我們不但應該報答別人的恩惠，且還要主動地找機會施惠於其他的人。」❹

㈡衡平

為了補充正義，亞氏指出「衡平」(equity－ἐπιείκεια) 之美德：圓滿地解釋及合情合理地將法律應用於每一個特殊的情況上之經久習慣。法律所能規定的只是一般的事，它既無法預料，也不能具體地知道與確定所有特殊與個別事例及其發生的各種情況，「衡平」比較有彈性，它能糾正、平衡、緩和及減輕法律的呆板、無情與嚴厲，基於此，衡平者要勝過正義者。有時即使法律對某人有利，他也不應該嚴格執行法律所規定，以便成為正義者，否則反而成為不義之人，此即諺語所謂「最嚴厲執行法律即是最

---

❸　E. N. V, 5, 1132b22–30.

❹　"This is why they give a prominent place to the temple of the Graces－to promote the requital of services; for this is characteristic of grace－we should serve in return one who has shown grace to us, and should another time take the initiative in showing it." (E. N. V, 5, 1132b20–1133a5.)

殘酷或最不公道的」(summum jus, summa injuria)。亞氏對這點頗
為清楚，因此，他雖重視法律之遵守、正義之伸張，但從未忽略
「衡平」的重要性，試觀其妙論：

> 「以下我們對『衡平』與『衡平的』加以說明。衡平對於
> 　正義與『衡平的』對於『正義的』有何關係呢？
> 「假若吾人詳作研究，便可看出正義與衡平並不完全相同，
> 　但亦不能認為它們有所區別。我們確實有時稱讚衡平的
> 　與衡平的人，甚至將這些字用來形容其他類似的東西，
> 　即『美好的』，或是『更好的』。可是有時候，吾人似乎
> 　以公道或正義有所區別，並且認為公道的值得稱讚。如
> 　果有別的話，有兩件事需要注意：也許是公道的（衡平
> 　的），而不是美好的。反之，如果二者皆是好的，區別便
> 　不存在了。正義與衡平便是一樣的了。以此觀點看衡平
> 　的時候，有其難處，但卻無真正矛盾之處。衡平雖然是
> 　正義的一種比較高超的東西，如果他本身是『衡平的』，
> 　便同正義沒有基本上的區別。如果兩者都好，而又相符
> 　合之時，衡平較受重視。然而使老百姓困惑的事實是：
> 　衡平雖是正義的，但並非法庭所規定之正義，而是一種
> 　恢復法律疏忽的正義之平均的辦法，這種強調有其必要，
> 　因為在某些事情上，法律不過是總括的規定而已。固然
> 　在許多事情上，必須有一個公共的規定，然有些特殊的
> 　案件不能依此解決，因為此種規定不能免除錯誤的可能
> 　性，法律的原則性不管個別的案件，即使立法者也知道
> 　這不是絕對公正的程序。但此種情形不能說是惡，因為

錯誤並不是在法律上或是在立法的人方面，而在於個別
事件的性質上；因為人的品行含有各種複雜的情況，很
難使其單純或統一化。因此，發生一件事，法律對它只
有一個準則，可是這個準則必然具有例外，故立法者的
行為雖然是合理的，但由於他用一種概括的措辭，卻留
下一個漏洞，只有用一種修訂的說法來彌補這種漏洞，
立法者明乎於此，對特殊情況了解愈深，則必然會加以
修訂。所以衡平是衡平的，在某些情況下衡平比正義好，
但它並不超過絕對的正義，我們只能說，衡平比由於表
達絕對正義中不清楚的條文所產生的錯誤更好，而衡平
在根本上即是法律的更正，因為法律概括的條文必須擴
大，必須配合事實。的確，此乃為何法律不能規定一切
事物之理由；因為某些事，法律不能完全概括，只好用
特別的規定來處理。也即是說用一定之尺度來測量一種
不定形的東西，此乃無益之事，無須贅言。我們應當效
法賴比安 (Lesbian) 建築師，有一種鉛製的量尺是可以彎
曲的，可以屈就石塊的形狀而使用，如此，用一種特別
的命令或規定，可以用來解決特殊的情形。

「我們現已看出衡平究竟為何？而且已明白衡平即是合乎
　正義的，超過正義的某一種形式。使我們也能清楚的看
　出衡平人的性格是怎樣的。他是一個自主自動自我訓練
　獲得了一種做事衡平的習慣，他在自身之權利有損他人
　之時，也不堅持爭取，但是對自身所應得之利益也不強
　求，寧願吃虧而禮讓他人。這種性格，用衡平來表達是
　最適當的，我們前所述的衡平便是正義之一種，而非完

全不同的另一種性格。」❽

　　為了更清楚地瞭解亞氏對如何以「衡平」使法律的執行能情理並重之看法，不妨再引用他在《修辭學》上一段甚為精闢之言：

　　「……這就是我們所稱呼的衡平，人們把它視為正義的。事實上，它是明文法之外的正義，立法者對其存在只想到一半，另一半則否。若為後者乃由於他們在法律中沒有發現任何缺點；若為前者，則因他們發現自己無法準確地界說事理，且他們必須立法規定那些實際上只是通常有效的，然而卻把它們視為時常有效的，或是由於情況的千變萬化而無法加以確定，譬如以武器傷人為例子，該用何種武器，多厲害的武器？人窮其一生的歲月亦無法知曉這些情況……。衡平告訴我們對人性的弱點要懷同情心；少想法律，多想立法者；少注意他所規定的，多關心他所意圖的（即重法律的精神，不必咬文嚼字或按字面的意義）；少想罪犯的作為，多想其作為的意向；不要只顧事情的片面，而必須瞭解其全部真相；不問某人目前是怎樣的人，而問他經常或通常是什麼樣的人？衡平使吾人記起利益而忘記傷害；使吾人做到受恩勿忘報，施恩勿圖報；當吾人受到傷害之時，要忍耐；以談判代替武力或暴力去解決紛爭；調停勝於訴訟，調停者以衡平，法官則以嚴法去解決紛爭。調停之存在旨在使衡平能發揮最大的功效。以上足以證明衡平的性質與優

---

❽　*E. N.* V, 10.

點 ❽❻。」

亞氏在以上二則引文中所說的，真可謂句句金言，字字珠璣，擲地有聲，任何增減均徒勞無功。吾人若能付諸實行，此社會必定充滿了繁榮、和諧與溫馨，人生亦將是美滿與幸福。

為了清楚起見，茲把所有德行與其相反的毛病表列於下：

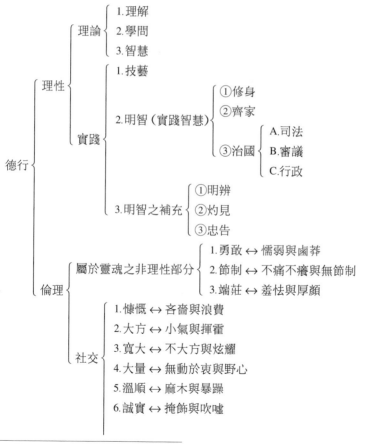

---

❽❻　*Rhet.* I, 13, 1374a25–1374b25.

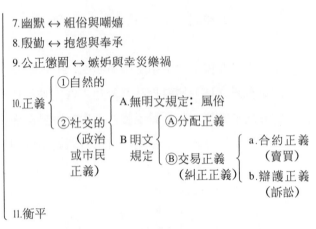

7. 幽默 ↔ 粗俗與嘲嬉
8. 殷勤 ↔ 抱怨與奉承
9. 公正懲罰 ↔ 嫉妒與幸災樂禍
10. 正義
　①自然的
　②社交的（政治或市民正義）
　　A. 無明文規定：風俗
　　B. 明文規定
　　　Ⓐ分配正義
　　　Ⓑ交易正義（糾正正義）
　　　　a. 合約正義（賣買）
　　　　b. 辯護正義（訴訟）
11. 衡平

　　我們相信對亞氏的倫理思想之介紹已足以證明，他基於對人性的正確觀念，對倫理問題確已作了美妙的發揮，且建立了無懈可擊的系統，再加上其思想的高超與高尚，對各問題的深入看法與極為詳細且正確的分析，足可把他視為古代最卓越的倫理學家，雖然其思想仍有些瑕疵，譬如：他未說明上帝與世界的密切關係，及對靈魂不滅的態度亦欠明確與堅定，此固屬遺珠之憾，然無傷大雅也！

第九章　政治學

　　政治學之所以能成為一門專門學科,漸次發達至今日的盛況,其最大功臣非亞里斯多德莫屬,故研究政治者,必先研究亞里斯多德的政治學說。

　　亞氏有關政治學的知識甚為豐富,對政治問題的看法亦甚深入與獨特,且有極濃厚之興趣,此或許與他的家庭、教育與事業等背景有關。由於其父曾是馬其頓國王阿敏達二世 (Amyntas II) 的御醫;亞氏年少時投身西方政治學之父柏拉圖門下達二十年之久,並曾為世界上最偉大的國王之一亞歷山大的老師。此外,他也直接或間接活躍於當時的政界,或任顧問,或當資政,且嗣後主持梨塞翁學院時,把政治學列入主修課程之一。又據說他曾搜集一百五十八個城邦的憲法供參考與研究。

第一節　政治學在學問中的地位及所研究的課題

　　亞氏把學問分成三大類: 理論的 (theoretic or speculative),實踐的 (practical) 和創造的 (productive)。屬於「實踐學」有「政治學」,其研究課題是公共福利與城邦 (πόλις) 的良好統治;「經濟

學」涉及家庭的幸福及其良好的管理;「倫理學」乃有關個人的福利及其行為的正確指導以獲致至善與幸福。換言之,「倫理學」求個別市民的福利,「政治學」則求團體之福利,但兩者有密切關係,因為在某種意義上,個人福利亦即是團體福利,反之亦然。不過嚴格說來,仍是不同的,因為有時兩者之間會起衝突,而團體福利應遠在個人福利之上:

> 一般都認為,以善為追求目標之學問,應具有支配及指導一切其他學問之權力。此種學問即政治學,政治學規定人民應該學習之事項,及其學習應達到之程度。最引人重視的某些才能皆歸諸於政治學,例如戰術之運用、財產之經營、司法審判等能力。故政治學利用其他實踐諸科學,指導吾人何者當行,何者不當行。其目的必須包括其他附屬諸學之目的。且政治與倫理之目的,唯在求人之善,團體之善與個人之善,雖相符合,但前者顯得更有價值,更為完善,值得追求與保持。此意非指個人之善無追求之價值,乃是二者在相形之下,前者具有更崇高、更神聖之性質罷了❶。

從以上引文,很清楚地可以看出亞氏主張倫理學應從屬於政治學,因為他不但認為人不能離群索居,且堅持人只能在家庭中與社會裏方能求得至善與幸福。他以從大到小,從全體到部分的推理方式,主張個人與個別的善必須從屬於家庭與公共的善,所以政治學與倫理學和經濟學的關係是高層次與低層次,全體與部

---

❶ *E. N*. I, 1, 1094a27–1094b11.

分的關係，因為政治學的對象是公共福利，它涵蓋了家庭與個人
福利：

> 每一個政府都是團體中之一種，而每一個團體之成立都以
> 追求某些善（或福利）為目標，因為人之所作所為皆是為
> 獲取自認對本身有益之物。然而，倘若所有團體皆以某些
> 善為追求的目標，那麼，政府或政治團體更應以追求較高
> 及最高的善為目標，因為它是團體中之最高者，它涵蓋了
> 所有其他團體❷。

　　以上是亞氏在其《政治學》裏開宗明義之一席話，同時也道
出了這門學科的性質與重要性。
　　既然政治學以討論公共福利為主要課題，而國家或政治團體
是提供此福利的有效機構，亞氏就從各方面討論國家及與其分子
諸有關問題：國家的起源與性質；國家的結構與條件；組成國家
的分子；國家的目的與達到目的之方法；政體的優劣；影響政體
改變的原因與動機；公民的條件、權利與義務等。

第二節　國家（政治團體）的起源與性質

　　首先必須聲明，這裏所謂的「國家」，是亞氏所指的「城邦」
(polis)，因為在亞氏的時代，大部分城邦都各自為政，形成一個
獨立自主的邦國，斯巴達即是當時有名的城邦或邦國 (city-state)
之一，以現代人的眼光來看，有點類似州、郡或地方政府。但麻

---

❷　*Pol.* I, 1, 1252a1–6.

雀雖小，五臟俱全，所以可直稱為「國家」，雖然亞氏也提到「國家」(nation)，然其規模比城邦大，不易管理，故在其心目中，不能稱之為完善與理想的政治團體❸。

「人」是倫理學所討論的具體與特定對象。但「人」不僅是一個人而已，也不是與眾隔離孤立的個人，而是屬於同一種類的眾多人中之一分子，因為同是人類，各分子之間彼此相同；但又不同，因為是屬於不同的個體，互相以不同的方式結合在一起形成一個團體，其中以稱為國家的政治團體為最高、最有組織及最完善，也是一個實有體 (entity)，故也應有自己的性質與符合自己的利益。

國家究竟屬於何種性質的實有體？是先天的抑是後天的？是自然的或是人為的？在政治學上乃是備受爭議的問題。古時希臘辯士派的學者們 (The Sophists)，及後來的斯賓諾莎 (Spinoza)、盧梭 (Rousseau) 和霍布斯 (Hobbes) 均主張它是人為的，是人自己所約定而成立的 (by convention)，故是後天與非自然的，其目的一方面為了促進公共福利和幫助人易於獲得各種需要的滿足；另一方面乃為了避免更大之不幸所採取的不得已的辦法。這些人把國家成立的過程描述如下：

一、人開始時是孤立的，是處在「自然狀態」中，完全受本能與慾情的支配，享有絕對及無限的自由，為所欲為，且是不講理的，是處在一種無組織、無秩序、無法律及無政府的狀態中；到處講強權、講暴力；無所謂公道與不公道。自我主義是善惡的唯一標準；個人的生存和利益是唯一的「善」。每一個人都能隨心所欲地利用其權利保護自己的利益，包括殺害他人的性命。「個人

❸　*Pol.* VII, 4, 1326b4–7.

與個人之間互動干戈」，「眾人與眾人之間不斷起衝突」即是此情況中所發生的普遍情形，也就是霍布斯所說的：「人與人之間互相殘殺」(Homo homini lupus)。

　　二、在原始的分離狀態中的人，自然缺乏仁愛心，無所謂「利他主義」。自私自利、排除異己，竭盡所能去消滅對方是原始人共同的特性。故原始人乃處在永無休止的戰爭中，缺乏安全感，彼此不信任，永遠生活於恐怖和焦慮的陰影之中，隨時有被消滅的可能。於是，人們在尋找自己的生存、平安與享受的共同欲望下，開始尋求一些能為大家帶來和平、安全與保障的方法，此欲望即促使人傾向於社會，從原始的自然狀態進入社會或群居的生活，以理性代替暴力，以和解代替衝突。人人放棄對所有東西的權利，彼此讓步，結合於一個大家所公認的權力之下以求和平共處，於是政治團體就隨之成立，管轄該團體的和約與法律也隨之產生，但卻是依照立法者的自由意志而制定的，故政治團體之成立、法律之制定和權利的產生均違反自然，乃不得已，只為了避免更大的不幸，故人的群居生活和國家的起源與其說乃來自人的互助互惠心理，勿寧說是基於普遍的恐懼心態，與其說是自然的、天生的，不如說是非自然、反自然及人為的。

　　但亞氏反對這種說法，他堅決主張國家絕非純粹人為的，而是自然的。所謂「自然的」，並非一開始國家就已成立，而是其成立乃符合人的自然傾向，或人對其成立有自然的需求，因它能滿足人的各種自然欲望，只有在國家中，人的至善生活才能充分實現：「很顯明的，國家之成立乃自然的傑作，而人是政治動物乃天性使然。凡不是僅出於偶然，而是天生不需要國家的人，不是低於人，就是超於人。」❹

　　亞氏的整個哲學體系包含濃厚的「目的論」色彩；因為對其而言，所有存有物均有目的，而「目的」即是決定其存在的意義與性質，此從下文可見一斑：

　　要說明牙齒何以生長的原因，亦即追問其生長的緣由，我們可從其功能中發現。因為如果牙齒不繼續生長的話，那麼它們可能很快就會磨損了——就像在某些衰老的動物中，牠們的食量很大而牙齒卻很小，此乃因為牙齒磨損的速度較成長的速度快的緣故，所以這些動物的牙齒已經完全磨損了。於是，為了使牙齒的損失與年邁與死亡這種現象符合，自然才做了這麼精巧的安排。因為，如果生命繼續了一萬年或一千年，牙齒雖然可以保持原來的數目繼續生長，但是這種生長一定會減緩，所以仍然不免失了它的功能。以上就是牙齒何以生成的緣由。(GA II, 6, 745a27–b3)

　　安納薩哥拉斯 (Anaxagoras) 說人是最聰明的動物，因為他們有兩隻手。但是我卻認為：因為人是最聰明的，所以才有兩隻手，這才是合理的說法。因為手是一種工具，而自然就像一位智者，總是分配一些東西給那些能夠使用它的人（最好將笛子分配給一位吹笛好手，而不是將它交給一個已擁有笛子卻不會吹奏的人）；而且，自然總是將較差的

"Hence it is evident that the state is a creation of nature, and that man is by nature a political animal. And he who by nature or not by mere accident is without a state, is either a bad man or above humanity." (*Pol.* I, 2, 1253a2–4; III, 6, 1278b20.)

東西提供給較偉大、較優越者，而不是將較偉大、較優越的東西提供給較差者。因此，如果此說較好，而且如果自然一直都是在其環境中表現最佳的一面，那麼，人便不是因為有兩隻手而成為最聰明的，反之，是因為人是最聰明的，故才有兩隻手。(*PA* IV, 10, 687a8–18)（前已引用過）在一些既非因著技巧，也非基於思考或深思熟慮方才產生行動的動物身上，我們看得尤其明顯。（因此，有些人會懷疑蜘蛛、螞蟻這類動物是否藉著理性，還是其他因素完成牠們的工作。）如果我們逐步深入地研究，則很明顯地，在植物中也有此種趨向目的的行為——例如：葉子即是為了遮蔽果實而存在。因此，如果燕子築巢、蜘蛛結網是天性使然，而且是為了某種原因，又如植物長葉子是為了果實，根朝下而不朝上生長是為了營養的理由，那麼，那些自然而有的事物也一定有其原因。(*Phys.* II, 8, 199a20–30)

　　為了瞭解亞氏有關國家的起源與性質之主張，我們也必須注意其所包含的「目的」色彩。追求自身的完美是每個人的天性，也是其目的，而此完美或目的亦即是人的善與幸福所在。倘若人是孤立的及與社會隔離，此種完美即無法獲致，所以必須與其他人群居生活以達到互助互惠之目的，其方式有：

　　一、家庭：是最基本的群居組合方式，其成員包括夫妻、子女、奴僕和耕田的牛等。這種結合乃由人的「傳宗接代」和「自保」之兩種自然傾向所促成的。男人或父親是一家之主，他對子女有治理權；對妻子有管理權；對奴隸有統治權。在家庭裏職權實施的體制是政治制度的縮影，因為政體乃仿效家庭管理而產生。

父親對子女所實施的治理權猶如「君主政體」(Monarchy)，父與子的關係近似君臣，為人父者關心子女的幸福宛似君王關心臣民般。丈夫對妻子的管理權之實施猶如「貴族」或「賢人政體」(Aristocracy)，因為丈夫是領導者，他以家長的身分主持家務，既合法又合理。但不必凡事都管，一手包辦，否則就形成寡頭制的管理 (Oligarchy)。倘若妻子因為繼承其父親的產業，有錢有勢，於是她就變更身份與地位，以家長的姿態主持家務，丈夫要服從她的指使，這種不來自才能，而來自金錢與勢力的管理權之實施也是寡頭制的管理，同樣是不合理的。所以在家庭中，亞氏主張「分工合作」式的分配權責，凡是妻子能勝任之事，由她負責管理，丈夫不必獨攬大權，即所謂「男主外，女主內」的理想體制。主人對奴僕所實施的統治權類似「暴君政體」(Tyranny)，因為奴僕是主人所利用為其自身利益的活工具。兄弟們在一起生活，若基於平等的地位，但遵守長幼之別的關係，則形成「財閥式的體制」(Timocracy)。倘若家庭中缺乏首腦，人人平等，大家做任何事可以隨心所欲，即是「民主」或「暴民式的體制」(Democracy)。(《宜高邁倫理學》卷八第十章。)

二、村落 (κώμη)：由各家庭所結合而成的社會團體。

三、城邦 (πόλις) 或國家：由不同的村落或更多的家庭所組成的政治團體，有更有系統與更嚴密的組織。

為了證明人的群居生活，及人的社交活動乃出於自然，亞氏列舉各種理由以為印證：

第一、人除了具有理性及能推論外，尚具有語言能力，即能說話，至於其他動物只能發出聲音，語言是有意義的聲音，它不僅是「話」(logos)，且是「對話」(dialog)，是一種與同族類者溝

通的工具，孤立獨居者則無此需要。

第二、與其他動物相比較，人具有能分辨苦樂，區別善惡，及認知公正與不公正之能力。基於這些行為中的一種共識就形成家庭與國家❺。

其實我們還可列舉無數理由說明人絕對必須與他人群居一起才能獲得各種需要的滿足，才能過幸福美滿的生活，譬如在物質、精神、知識與道德各方面都要求人與人之間的互助互惠。因此，基於「天生萬物必有用」❻的道理，上天在造人時，他就要人生活於社會或國家中而不致孤立，因為一個孤立的人「猶如無喙的老鷹」，是不正常的。因此「人之不能生活於社會，或可自足而不需要社會者，不是禽獸，便是神仙。」❼

人天生不能離開社會國家而獨居，否則其本性無法有充分的發展，人的各種需要亦不能獲得滿足，因而，首先建立國家的人自然應是人類的最大恩人。俗云：「經過琢磨或薰陶的人是最優秀的動物；不守法及不遵守正義原則的人是最惡劣的，因為人生來便帶有可以用來達成種種不正當目的之智力以及其他技能，這些都是人類的武器，而武裝完備的壞人是最危險的；如此，一個缺德的人便成為最下流最野蠻，充滿了食慾與色慾的動物了。」❽而國家或管理國家的人則是法律與正義的守護者，是使正義得以伸

---

❺　*Pol.* I, 2, 1253a10ss.

❻　"Nature makes nothing in vain." (*CP.* 1256b20; *Pol.* I, 2, 1253a9.)

❼　"He who is unable to live in society, or who has no need because he is sufficient for himself, must be either a beast or a god." (*Pol.* I, 2, 1253a28–29.)

❽　*Pol.* I, 2, 1253a29–36.

張，使平等得以實現的主力 ❾ 。

亞氏將團體劃分為家庭、村落、族長制的社會組織、部落和國家或邦國，但以國家為最高，其他團體均以它為最後目的。至於論成立與歷史而言，國家則是最後才產生的，因為從許多家庭結合而產生村落，再由村落形成國家，因而形成一個完整、獨立與自足的社會團體。

國家之成立是所有團體之最終目的，故論性質、價值、地位，國家比其他團體優先，是人在世界上所能完成的最傑出工程，是最能促使人過一種合乎人性尊嚴的生活之處。

總之，亞氏主張家庭孕育個人，國家則孕育個人與家庭。換言之，有了家庭才有個人，有了國家才有家庭，因為沒有家庭的照顧與保護，個人無法順利的成長。同樣的，一旦缺乏國家的保障，家庭也不能存在，所以二者關係密切，猶如皮之不存毛將焉附，故論性質，國家先於家庭與個人 ❿ 。

第三節　國家的結構

國家是從不同性質的分子所組成的一個統一整體，其分子是家庭與個人。但國家與其分子的關係是全體與部分的關係，那麼，國家自然先於家庭與個人，因為全體先於部分，部分則為了全體而存在，雖然各分子有自己的生命與目的，但其生命與目的是包涵於國家的更高的生命與目的之中：

---

❾　"The magistrate on the other hand is the guardian of justice, and if of justice, then of equality also." (*E. N.* V, 6, 134b1–2.)

❿　*Pol.* I, 2, 1253a–1253b.

譬如當整個身體被毀時，手和腳也就不存在了。當手從身體上被砍下時，就不再是人身之手，而可以是任何東西的手。我們給東西下定義時，是藉著其作為與功能。當東西事實上已不是其自身，及已失去原來之特性時，該物已有名無實。由此可證明國家是自然的產物，且是先於個人，當個人被孤立時（即不是國家或團體的一分子），是不能自足的（故也不能存在），所以他與國家的關係就像部分與全體的關係❶。

有人曲解亞氏這段話，以為他主張「極權主義」(Totalitarism) 的政治體系，在此體系裏，所有分子均被國家所吞併，失去自己的個別身份，沒有自己的權利，也沒有任何個人的自由或獨立行動。這是大錯特錯的，因為在亞氏心目中的國家不是一個同性質，而是不同性質的組合體 (Not a homogeneous, but a hererogenous composite)，在此組合體內，各分子仍然是不同且獨立與實在的完整個體，有自己的個別身份、地位、生命、功能、利益、權限和目的，因此他反對柏拉圖所說的：「國家的政權越集中統一越好。」(The greater the unity of the state the better) ❷ 視國家是唯一目的，而否認個人自身也是一個目的，在國家裏所有部分皆不實在，均統一於國家內，即被國家所吞併，取消個人與家庭的實在以圖有利於國家。但亞氏所說的「統一」是組織、秩序上

---

❶ *Pol.* I, 2, 1253a20–27.

❷ *Pol.* II, 2, 1261a15. 柏拉圖所說的「統一」(unity) 乃指個人被吸收於國家內，放棄自己的權利、自由和功能。換言之，個人純粹為國家而存在，沒有自己的權利、獨立行動和自由。

的統一，為了共同目標而努力促使各分子在形式上結合在一起❸，此目標與各分子的個別利益互不衝突，甚至是一致的，猶如安全的航程是所有船員共同的目標，但每一位船員仍有屬於自己的職務，譬如有的擔任划船，有的負責航道，有的則指揮全局。但是行駛安全的航程也就是全體船員的共同利益❹。因此，亞氏有關作為整體的國家與其分子的關係之主張是採取中庸看法：國家是一個有機體，而非個人的機械的總和，猶如一盤散沙，只有個人是實在，國家則不實在；然亦不否認個人的實在而贊成國家便是一切，個人應為了國家而被絕對犧牲掉，故是主張「異中求同，同中涵異」。

第四節　國家的分子

國家不但是一個整體，且是一個由各分子所組成的完善與自給自足的團體，必須彼此分工合作，職有所司，分層負責以維持整體的生命與活力，這些分子包括：

㈠負責供應糧食的農民。

㈡負責做手工藝的技工。

㈢負責保衛國家及制裁違法者的軍警。

㈣負責供應國民豐富的日用品及為戰時所需要的各種資源之臨時工人和商人。

㈤擔任神職的僧侶。

㈥負責伸張正義的法官。

---

❸　*Pol.* I, 1, 1252a1–6; III, 4, 1276b.

❹　*Pol.* III, 4, 1276b26–29.

㈦管理政務，促進公共福利的行政官員**⓯**。

雖然國家由這些分子所組成，但非全都享有公民權，因為那是屬於上層階級的自由人之特權，即軍人、神職人員和行政官員。所以，奴隸、Perioeci**⓰**、外僑、女人、未成年的小孩、技工、商人和農民們都不能享有公民權**⓱**。「他們（軍人、神職人員和行政官員）是公民。技工及其他階層的人士，因為對德行之進修無能為力，所以不能享有公民權。」**⓲**雖然如此，但他們可以擁有私產。私產之擁有不但為自己，且也必須供應上層階級以便他們一方面不必為物質生活而忙碌；另一方面能有空閒專務德行之進修及善盡治理國家的職責：「不論為個人也好，為國家也好，最好的生活是人能有閒情逸致過合乎道德的生活。」**⓳**下層階級有責任供應上層階級物質上的需要，上層階級則有照顧他們的義務，尤其

⓯ *Pol.* VII, 8, 1328b6–24; VI, 4, 1290b39.

⓰ 屬於古希臘斯巴達 (Sparta) 城邦的被統治階級，他們沒有公民權，通常是經營商業，並服務於軍中。

⓱ *Pol.* III, 5, 1278a1; VII, 10, 1330a25ss. 這種說法以現代人的眼光來看未免荒唐，但在亞氏時代卻甚普遍。不過亞氏也承認每一個城邦有自己的作法和規定，譬如有的也給技工和一般工人公民權，有的甚至也給外國人這種權利。(*Pol.* III, 5, 1278a15ss).

⓲ *Pol.* VII, 9, 1329a20–21. 亞氏主張技工等不能進修德行之理由乃基於：一、他們沒有空閒；二、手工會影響心靈不適於培養高貴的美德。這兩個理由，以現代人的眼光看，都不夠充分，因為這些勞力者雖然沒有時間問政，但沒有理由沒有權利選舉自己心目中的理想主政者，及手工對心靈在培養德行上的影響亦非絕對的。尤其目前從事這行業者不乏專業人才和一流的知識分子。因此亞氏的觀念也受時、空間的限制。(Ross, op. cit., p. 249).

⓳ *Pol.* VII, 1, 1323b40–1324a2; VII, 9, 1328b40–45; 15, 1334a15ss.

主政者應全心全力運用他們的智慧去促進公共福利，不應有任何機會從職務中營謀私利，中飽私囊，也因此，對憲法的忠誠，主持職務的才能，以及本身人格的健全是主政者所必須具備的條件。

第五節　成立國家（理想）的條件

國家既然是由各分子所組織的完善團體，故必須具備一些必要的條件：

一、擁有足夠的國民人數，既不可過多，也不可過少。過多則不易治理，且易生混亂❷。過少則難以自給自足。換言之，對國民的人數，亞氏認為重質而不重量，端看能否對國家有貢獻，最好的國民是具有北方民族的旺盛精力與東方民族的聰明才智。至於國民確定與理想的數目，自然無法「先然」(a priori) 加以算術式的規定❹。

二、有固定的土地，不能太小，否則國民沒有足夠的空間享受閒情逸致的生活，以致文化活動無法順利推廣。但也不能太大，否則易於助長奢靡之風，使國民生活腐化，道德失序，人心渙散。土地的理想面積以適當容納所有居民為準則，包括本國的國民、奴隸、外國僑民和來往的旅客。每一個公民必須有兩塊土地，一塊在城市附近，一塊在邊疆附近（這樣他們才能矢志保衛國家）。這些土地則由非公民的勞工負責耕種❷。

---

❷　亞氏在此處所說的國家（其實他用 polis，有城邦之意，斯巴達即是典型的城邦）似乎指的是小型的國家，有點類似現在的大都會、邦、州、郡或地方政府（參考 *Pol.* 1326a4）。

❹　*Pol.* 1325b33–1326b24.

三、位置應適當：應朝東及靠海，因為良好與新鮮的空氣對住民的健康非常重要。

四、交通必須方便以便利住民的出入。

五、位居要塞以防敵人的侵犯。

六、應有城牆以保護國民生命與財產的安全。

七、有足夠的國防設施，尤其海軍，用以維護及保障貿易與通商。

八、有足夠的物資以解決國民的民生問題，故應及時輸入缺乏的貨物，輸出過剩的產品，但國家不應以財富為目標，那只是為達到目的之方法而已❷❸。

九、必須有充足的水源。倘若供水不足，必須建造較大型的水庫以便蓄水，如此一旦發生戰爭才不怕敵人切斷水源。至於人所飲用的水質應是優良的，因為它關係人的健康至大，故應與其他用途的水分開處理❷❹。

十、在國家內宗教信仰與崇拜也是重要的一環；維持宗教事務的經費應由國家負擔。供奉神明的廟宇所佔用的土地也應由政府（公家）供應。統治國家者，必須援助並親自參加種種宗教活動，尤其獨裁統治者「更不能不顯示自己的信仰，因為人民如果知道自己的統治者是虔誠的信徒，便不致懷疑他的公正無私，同時由於他們相信神在保佑他，也就不敢輕言謀反了。」❷❺

---

❷❷　*Pol.* VII, 10, 1330a16.

❷❸　*Pol.* VII, 5, 1326b27–1327b18.

❷❹　*Pol.* VII, 11, 1330b4–18.

❷❺　*Pol.* VII, 10, 1330a9–13. 參閱威爾・杜蘭著，《西洋哲學史話》，許大成等譯，協志工業出版社股份有限公司，民國五十五年二月十五日

第六節　國家的目的

國家雖然是由各成員所組成的政治團體 (political community)❷⑥，但不是所有團體都是國家。國家是團體中之一種，有自己的特殊目的，而此特殊目的乃決定國家的性質。

首先，亞氏不贊成國家的主要目的是：生產致富、通商貿易、防止不法行為的發生、遵守合約、互助互惠、通婚、軍事聯盟以抵抗敵人的侵略。這些都不是成立國家的主要目的，「否則第梨尼亞人 (Tyrrhenians)、嘉大支尼亞人 (Carthagians) 及其他彼此間有通商協定的人們都成為同一國家的國民。」❷⑦以上所提的，雖然是一個完善的國家所必備的，但只是為達到主要目的之方法而已，不是目的本身❷⑧。

國家的目的不是僅提供國民生活而已 (ζῆν)，而是美好或完善的生活 (εὐ ζῆν)❷⑨，「否則奴隸與禽獸也可以建立國家。然而他們不能，因為他們不能分享幸福，也不能自由選擇生活的方式。」❸⓪所謂「美好的生活」不指豐衣足食的物質生活，而主要是指合乎道德（包括理性與倫理德行）的高尚生活，尤其是合乎「正義」之德，因為此乃政治團體的最基本原則，缺乏「正義」，任何政治

　　八版，頁 82。

❷⑥　*Pol.* I, 1, 1252a1–10.

❷⑦　*Pol.* III, 9, 1280a35–40.

❷⑧　*Pol.* III, 9, 1280b15–35.

❷⑨　"A state exists for the sake of a good life and not for the sake of life only." (*Pol.* III, 9, 1280a33.)

❸⓪　*Pol.* III, 9, 1280a33–34.

團體均無法維持。亞氏在其《政治學》卷三第九章及卷七第一章
對此目的已有清楚的交代：

> 吾人須知，每一個人的幸福以他們所進修的德行及所擁有
> 的智慧做比例。上帝是此真理的見證者，因為人之所以是
> 幸福及快樂的，並非因為他們所擁有的物質財富，而是在
> 於自己及因著自己所有的善良本性**❸**。……因此，提供美
> 好的生活是國家的目的，其他都是為達到目的之方法。明
> 顯地，一個國家不是為了增進貿易，以及為了防止違法行
> 為之發生而成立享有共同處所的社會組織。雖然這些是國
> 家存在的條件，但不是其成立的目的。國家是由家庭和村
> 落所組成以度完善而自足生活的團體，這就是我們所指的
> 幸福且美好的生活。故結論是：國家之成立，不僅是為了
> 共居或結伴，而是為了過幸福且高尚的道德生活 (happy
> and honourable life)**❸**。

因此，在這方面出力最多者，對國家的貢獻也越大。雖然有
些人出身高貴，生活富裕，享有同樣或更多的自由，但對國民的
道德生活並無幫助，對國家的貢獻亦少。而對國家貢獻越大的人，
在國家內所享有的權利也更多**❸**。

其次，國家應責無旁貸的提供與保障國民的自由、平等，唯
有享有自由、平等者，才是正式的公民：「民主憲政的一項基本原

---

❸　*Pol.* VII, 1, 1323b22–25.

❸　*Pol.* III, 9, 1280b34–1281a4.

❸　*Pol.* III, 9, 1281a4–8.

理乃是自由與平等……，基於此形式上，是人人均有治理與被治理的機會……；另一形式是能根據個人願望而生活，即所謂自由人的特權；而不能依其願望生活的方式乃是奴隸的特徵。」❸

　　從上述所言，可以給國家下一個較完整的定義：由自由人所組成的政治團體——定義的近類，以促進國民度合乎道德的美好與幸福生活——定義的種差。

第七節　達到國家目的之方法

　　國家既然是由各分子所組成的政治團體以促進公共福利，方便國民度美好與幸福的生活為目的，那麼，就應有一些較有效的方法以便利此目的之達成，其中較有效的有：

一、正　義

　　「正義」是治理國家的最基本原則，因為人類既是群居的動物，自難免有所衝突，因而造成了社會不安，人民的生命與財產得不到保障，人民應有的權利受到了侵犯，正義不能伸張，一方取所不該取的，另一方未給所應給的，所以不遵守正義原則的社會，必定是混亂不堪，甚至崩潰瓦解❸，因此，亞氏直稱「正義」為「社會之美德」(a social virtue)❸，「是在國家裏國民與國民之間的連繫，因為它是決定公道或不公道的規範，是於政治社會中產生秩序的原則。」❸ 故亞氏絕不贊成馬基維利 (Machiavelli) 所謂

---

❸　*Pol.* VI, 2, 1317a40–1317b1–16.

❸　*Pol.* VII, 3, 1324b25.

❸　*Pol.* III, 1283a39.

的「強權即公理」(might is right) 的論調，而謂「公理即強權」
(right is might) ❸。

二、法 律

雖然在亞氏心目中的國家，以現代人的眼光看，其規模較小，
猶如地方政府，但事實上也是相當複雜的組織，各分子之間因自
身利害之不同、觀點的差異，再加上自私自利心理的作祟，各持
己見、各為私利，自然免不了時常會起衝突，互動干戈，於是團
體失序、社會動盪不安。但良好的社會秩序、安定的環境、正義
的伸張對全體國民的幸福與美好生活是絕對必要的，所以亞氏甚
欣賞斯巴達城邦，因為它是法治的社會，其他城邦的大部分國民
則是為所欲為❸。明乎此，亞氏堅決主張國民的行為必須加以明
智的引導及合理的約束，必須遵守某些規範。慣例——良好的風
俗習慣——即是這些規範的例子之一，若以明文規定即成法律
——成文法，但比慣例——風俗習慣——更為明確，及有更大的
約束力（除非是有關更重要事情的慣例）以維持社會秩序，伸張
正義，確保國民安居樂業：「法律即是秩序，良好的法律產生良好
的秩序」(Law is order, and good law is good order) ❹；「法律是正
義的保證」(a surety to one another of justice) ❹。

---

❸ *Pol.* I, 2, 1253a37.

❸ *Pol.* VII, 2, 1324b28.

❸ *E. N.* X, 9, 1180a25ss.

❹ *Pol.* VII, 4, 1326a29; "An order of succession implies law." (*Pol.* III, 16, 1287a19.)

❹ *Pol.* III, 9, 1280b9. 此處亞氏引辯士派人士 Lycophron 的話。

慣例雖為法律的基礎，即使在當時被視為是良好的，但並非
一成不變，所以法律（人為法）也可以因時因地因人而有所改變，
不可墨守成規，然而必須有實在必要才可加以更改或修正，因為
作為法律的基礎之慣例畢竟是經過長久的時間才養成的，顯然有
充分的理由及穩定的基礎，於是國民才予以接受，並樂意遵守。
同樣的，由慣例（習慣）所演變而成的法律，原則上也應是固定
的，不可輕易更改或廢除，所謂「利不十，不變法」（康有為語），
否則會削減其效力：

> 就一般而言，輕易改變法律的習慣乃是一種罪惡，所以倘
> 若由改革所產生的益處不大時，無論就立法者或統治者而
> 言，我們還是忍受這些缺點為妙，因為由於改變，一個公
> 民所能得到的益處常較其他由於染上不服從的惡習所蒙受
> 的損失為少。法律上的改變與技術上的改變不可相提並論。
> 因為法律基於慣例（習慣）才產生約束力，而慣例則由經
> 年累月的經驗所養成的。輕易改變固有的法律，另制新法
> 的作用，實為一種削弱法律效力的不智之舉。……我們不
> 應該輕視時代的經驗；因為如果那些新法規確為良好，則
> 絕不會在過去九百年一直為人所忽視的了 ❷。

法律有積極和消極兩種作用，而後者大於前者。首先它能助
人進修德行，尤其對年輕人而言，因為進修德行所需付出的代價
是犧牲享受，而年輕人通常缺乏這方面的能耐與毅力。一旦有了
法律的規定，他們才不得不遵守，他們的行為也才易於循規蹈矩。

❷　*Pol.* II, 8, 1269a15–23. 威爾・杜蘭，同上，頁77。

再者，大多數的人之所作所為「基於強制勝於論理，懲罰勝於勸導」(For most people obey necessity rather than argument, and punishment rather than the sense of what is noble)，而法律由於出自智慧與理性，且一般而言，是相當客觀的，故其本身就有制裁力量，違法者就應得公道的懲罰，為自己的不法行為付出相當的代價，甚至還可以把那些怙惡不悛的人驅逐出境。也許法律作某些違反壞習慣的規定，開始時，人會反抗，會感到痛苦，一旦習慣了之後，人也就樂於接受了 **❹**。

　　但法律就其自身而言，沒有使人成為善良與正義者的力量 **❹**，其最大作用是消極的：阻止罪行的發生，尤其懲罰不義的行為，因為正義是維持社會秩序，促進國家良好管理之最基本原則：「法律的公正在於維護平等，凡是遵守平等的正義者，對城邦對團體的分子均有裨益。」**❹**「治理國家所需要的並非一般正義，而是政治或社會正義。此種正義表現於以自足為標的而有共同生活方式及在社會中享有自由與相稱或算術式的平等者之間。在那些不能享受此種自由平等的人之間，沒有真正的政治正義可言，所有的只不過是一種粉飾與虛偽的正義而已。正義只能存在於那些受法律管制下的人際關係中。凡有不義行為之所在即必須有法律，因為判定義與不義乃法律的職責。」(《宜高邁倫理學》卷五第六章)

　　因此，以法律治理國家遠勝過受賢能之士所治理的，因為人即使是非常賢能的，也免不了受個人的情緒——喜怒愛惡等——所支配。而法律至少是相當客觀的、中立的、理性的、不受主觀

---

❹　*E. N.* X, 9, 1179b32–1180a24.

❹　*Pol.* III, 9, 1280b11.

❹　*Pol.* III, 12, 1283a3ss.

因素或私慾偏情的影響❻。自然亞氏所欣賞的是客觀與公正的良法，而非主觀與偏心的惡法❼。

三、教　育

「正義」是維持社會秩序的基本原則，法律則能促進此原則之實現。但法律重在「懲惡」，對於「勸善」則功效不彰。把不法之徒繩之以法，用刑罰來鞭策人民，把人民當牛馬一般的加以懲罰，畢竟是不得已的辦法，終非上策，而最理想的辦法是使人民能自動自發及自由自主地為所當為，避所應避，好所當好，惡所應惡，及擁有發自內心的守法精神。教育，尤其倫理教育是達到此目的之最好方法，因教育能啟迪人的心智，使人能明辨是非，分別善惡；使人知道遵守「正義」原則的重要性，及視奉公守法為光榮之事；更能使人了解任何違法的行為均是害人害己，得不償失，終究會為社會所唾棄，為神人所不齒。（有關亞氏的教育哲學容後再詳論）雖然亞氏也承認大部分人的性格更容易屈服於恐懼甚於榮譽，人們如果避免犯罪，並非因為罪惡是可恥，而是出於會受到懲罰，或怕遭牢獄之災的緣故。因此大都隨著情慾的驅使去追求各種快樂與享受，千方百計的來滿足自己的情慾，竭力躲避痛苦。但只要有一線希望，仍應藉著教育開導他們俾能培養出守法守紀的精神以成為良民，有了良民，國家才是健全的，才是人民安居樂業之所，如此，人民也才能度合乎道德的美好生活❽。

---

❻　*Pol.* III, 15, 1286a15ss; "The law is the reason unaffected by desire." (*Pol.* III, 16, 1287a32.) "The law is the mean or neutral." (Ib., 1287b5.)

❼　*Pol.* III, 11, 1282b13.

四、戰　爭

　　個人與個人之間不守「正義」的原則會製造出社會的混亂、倫常之失序，其補救的方法是「法律」與「教育」。但國與國之間也會因著違反正義而起糾紛、衝突，其解決之道可藉著談判及訂定各種和約，然多半這些理想的方法會行不通，最後只好訴諸於武力，於是戰爭爆發，人民生活頓然陷於痛苦之中。亞氏雖然不贊同後代有些哲人，如霍布斯 (Hobbes)，主張「相互殘殺乃人性之使然」(Homo homini lupus est)，卻也不否認人有不合理的貪慾及過分的自私自利心態，一旦這種貪慾與偏差的心態未被合理地控制，人就自然而然寬於取──把不屬於自己之物佔為己有，及嗇於施──不給屬於他人之物，於是正義的原則遭到破壞，規範正義的「平衡」也就無法維持。在各持己見並據理力爭無效之餘，權利受到侵犯的一方唯有訴諸武力，以戰爭來挽回受損的權益。有時，他國也會在貪得無厭的心理作祟下，攻城入侵。為了抵抗外患，保衛國土之完整和維護人民生命與財產的安全，對外宣戰乃不可避免及經常發生之事，甚至往往牽一髮而動全局，所以戰爭──正義之戰或防衛戰──也算是達到目的的方法之一，然卻是不得已的方法 (malum necessarium)，因為戰爭本身是「惡」而非「善」，所以除了要盡量避免之外，最重要的是看其動機與目的是否合乎正義的原則──爭取與保護合理、合法、合情的權益。亞氏曾斬釘截鐵的說：「戰爭之目的乃為了得和平。」**❹**亞氏本人原則上是痛恨戰爭，因其後果經常是造成兩敗俱傷，所以絕對不

---

❹　*E. N.* X, 9.
❹　*Pol.* VII, 15, 1334a15.

可把它當做目的，充其量只應被視為一種手段，且是不得已的手段。「城邦不該以戰爭及以戰勝敵人為目標，類似這種的事必須被排斥。雖然一般而言戰爭可以是高尚的，但切勿把它視為最高尚的目的，它只是達到和平的手段而已。」(*Pol.* 1325a4–7) 亞氏認為不可以用武力去壓迫別人或侵佔其財產，甚至把主張以武力、暴力統治人的想法斥為荒謬之至:「時常有統治別人或以霸道加諸於他人的想法，不管將否付諸行動，均為荒誕不經的，政治家或立法者怎可從事這種違法的勾當呢? 不守正義原則的統治者乃絕對違法的，因為強權不等於公理。」❺⓿

五、財產及其私有與公有──共產主義

亞里斯多德有關財產的功用及其與人的關係之觀點，乃基於他對人性所作的分析。「人」是由靈魂與肉體結合而成的組合體，前者代表精神，後者代表物質，各有自己的需要，財產則提供物質方面的需要。但因為靈魂比肉體高貴，故肉體乃為了靈魂而存在，反之則不然。同樣的，物質是為了精神，故只是一種達到目的之方法，其自身則不是目的。明乎其理，人就不應把物質的享受視為最真實的幸福，把財產的擁有當做無價之寶❺❶。然而，無可諱言地，財產之擁有也頗值得重視，因其能滿足人的物質需要，

---

❺⓿ *Pol.* VII, 2, 1324b25–30.

❺❶ "If the soul is more noble than our possessions or our bodies; both absolutely and in relation to us, it must be admitted that the best state of either has a similar ratio to the other. Again, it is for the sake of the soul that goods external and goods of the body are eligible at all, and all wise men ought to choose them for the sake of the soul, and not the soul for the sake of them." (*Pol.* VII, 1, 1323b15–21.)

故擁有足夠的物質以解決國民的民生問題亦為建國的必要條件與達到國家的目的之方法之一。

　　亞氏在《政治學》卷一第八章到第十一章的討論財產之正確用途及獲致方式，提供「自然」與「非自然」兩種，前者乃利用天然資源為了生計，其獲致方式通常不外下列數種：畜牧、獵奪（包括掠奪、搶劫、捕魚與狩獵）、耕種和以物易物。後者則以物交換金錢，或以金錢購買其他價值相等之物品。亞氏所謂的金錢是指硬幣 (coins) 而言，包括銀幣和金幣等，因為他對現行的紙幣沒有概念，故有多種功能：第一、其本身有價值；第二、方便攜帶；第三、用作交換相等價值的物品。亞氏把進出口貿易列入非自然或反自然的方式，此大概受當時一般希臘人的偏見之影響，當時的希臘人把貿易視為非自由人所操的職業。以高利獲取財物的方式是最壞的。

　　錢財雖然重要，但應有所節制，足以維生為準則，不可盲目地追求，否則人對物質享受的欲望會越來越大，進而會不擇手段去獲得，這種本末倒置的作法被亞氏斥為愚蠢之至……❷。

　　眾所周知，亞氏受教於柏拉圖長達二十年之久，其思想深受其師的影響，然而，基於「吾愛吾師，吾更愛真理」的擇善固執精神，亞氏在許多論點上與柏拉圖相左，其中之一即主張「財產與家庭私有」以反對柏拉圖的「財產與家庭共有」的理論。

　　基於「國家越集中統一越好」(The greater the unity of the state the better) 的原則，柏拉圖主張在國家內的領導階級，尤其最高當局不應有自己的私有物，包括財產與家庭，其目的是為了個人的利害和國家利害合為一體，如此，領導人物才能心無二用，努力

❷　*Pol.* I, 9, 1258a5–15.

促使國家統一，上下一心，領導與被領導者能團結一致，同心協力。因為領導階層若擁有自己的私產，免不了與被領導階層在利益上相互競爭，因而發生衝突。一旦衝突，前者就會運用其權力壓迫人民以鞏固自己的利益，如此一來，人民就會群起反抗，針鋒相對，兵戈相見，內亂因而產生，社會造成不安，終至兩敗俱傷，人民的幸福安在？

柏拉圖的這種理想主義在亞氏看來是不切實際的，所以才大唱反調，主張不但被領導階層應擁有私產，且領導階層也不應例外❺❸，因為國民擁有私產有下列諸多好處：

一、能增加社會中各種事業的發展、生產：因為人生而好逸惡勞，且自私自利，但對於生產、照顧、看管屬於自己的東西則比較具有熱忱，處理起來效率較高，設想周到；對於屬於他人之物往往輕忽漠不關心，或至少不會那麼盡心盡力，所謂「大家的事無人管」(Everybody's business is nobody's business) 或「為最大多數人所共用的東西必獲得最少的照管」即是前人的經驗之談，非憑空捏造。

二、能幫助人與人之間相安共處，和平共存：因為人人若有屬於自己的財產，較容易感到滿足或認命。倘若財產公共，即是屬於每一個人的，人人都有權分享，如此，一方面每個人都覺得自己所佔有或所享用的比所應有的少，人人常會自以為自己所得的報酬遠比所出的力量少；另一方面則常會以為別人所得的多於自己，而別人的工作量則又遠不如自己，於是「不平則鳴」，怨聲

---

❺❸　"The ruling class should be the owners of property, for they are citizens, and the citizens of a state should be in good circumstances." (*Pol.* VII, 9, 1329a17–20.)

載道，爭吵不休，最後甚至很可能演變成各執干戈，互相殘殺的局面❺。

三、人的自由、尊嚴獲得更大的保障：因為人為了擁有一些完全屬於自己的東西，會自然而然地努力耕耘、生產、致富；一旦有了屬於自己的財富後，人可以隨心所欲地加以處理、運用，不必處處仰人鼻息，受人擺佈，搖尾乞憐，如此，人自然會活得更有尊嚴，更稱心如意。

四、人生會充滿更大的樂趣及更有意義：因為一般而言，人是自私自利的，所謂「有生之初，人各自私也，人各自利也。」（黃宗羲，〈原君〉）其實自私自利的心態應算是正常的，是極其自然的，俗話說「人不為己，天誅地滅。」雖言過其實，但卻也表示了一般人的心態，所以只要不過分，不做損人利己或損人不利己的事，如此也無可厚非的。故人也自然地更愛護、珍惜屬於自己的東西，從其中得到更大的樂趣與享受。再者，人也可自由地把屬於自己的東西與他人，尤其與自己的親朋好友分享，或救濟那些飢寒交迫或嗷嗷待哺者，以印證與實現「助人為快樂之本」或「為善長樂」(virtue is its own reward) 的美德，及發揚人性的光輝，使國家更趨向於和諧與溫馨，使社會充滿更多的愛心與關懷，使人生更充實與美滿。

五、人能有閒情逸致去專務追求真理，進修道德與研究哲學提高生活的品質，以促使真幸福生活的實現❺。

亞氏並不否認在「財產私有」的制度下，爭吵、混亂、衝突不會產生，因為世界上的資源畢竟是有限的，極易為少數人所壟

❺ *Pol.* II, 5, 1263b23–26.

❺ *Pol.* II, 5, 1263a23–1263b25.

斷，大多數的大眾於是就變成家無恆產的無依無靠者，或充當資本階級的生產工具，所獲得的僅足以餬口實在微不足道，貧富懸殊，貧民不平之怨氣日積月累，憤恨反抗的情緒高漲，終至一發不可收拾，兩種階級長期衝突、鬥爭，甚至大規模戰爭也因而爆發，社會呈現一片混亂、不安。然而，此種狀況不應肇因於「財產私有」制度本身，而是來自人性的弱點——貪得無厭之心態和缺乏惻隱之心 ❺❻。為了彌補缺失，亞氏不主張「公產公用」(common property, common use)，或「公產私用」(common property, private use)，或「私產私用」(private property, private use)，而主張「私產公用」(private property, common use)，即財產權應屬於個人，但其使用則應屬於大眾。換言之，擁有大量多餘的財富者，應出於仁義與愛心，慷慨的將之分施給有需要者，俾使人人不致有所匱乏 ❺❼，如此，國民財產才會平均，貧富之差距才會縮短。

嗣後（《政治學》卷二第七章）亞氏再度說明「私有財產」的制度所產生的弊端主要由「貪」所緣起，而不來自「匱乏」，因為人的本性原本就喜歡多多益善，永遠不知滿足，所以才會一方面想盡辦法大量地蓄財致富，故所擁有的財富越多，其貪慾亦越來越大；有錢財的人，還更愛錢財；另一方面人過分自私自利，不願把所擁有的與他人共享，形成富者越來越富，貧者愈來愈貧的

❺❻ *Pol.* II, 5, 1263b23.

❺❼ "For I do not think that property ought to be common, as some maintain (Plato's *Rep.* III, 416D), but only that by friendly consent there should be a common use of it; and that no citizen should be in want of subsistence." (*Pol.* VII, 10, 1329b40–1330a3; II, 5, 1263a25.)

不正常現象。亞氏這種萬惡與其說肇因於「貧」，勿寧說緣起於「貪」的見解，的確一針見血，因為事實指出，人成為暴君並不是為了不至於忍飢挨餓或號寒啼飢，而是由於貪財愛權與好名好利的心理作祟，因此他主張除暴君要比殺盜賊更值得引以為榮，培養上層階級的人減少貪慾及阻止下層階級的人獲更多財富實為良策❺❽。為了醫治社會上的這種弊病，亞氏更提出下列的具體建議：第一、富人的財富與職業應加以限制；第二、培養國民的節制美德；第三、引導國民從事高尚精神生活之滿足──專務哲學真理之研究❺❾。

　　柏拉圖除了主張「共產」外，尚贊成國家的領導階級應共妻子和共子女，人不能說：「這是我的妻子」，「那是我的孩子」，而應說：「他們是我們的妻子及我們的子女。」孩子一生下來就應被送到公共育兒院去接受教養，使其不認識自己的親生父母，父母也不認識自己的孩子，因他曾說：「我們的兵士們的妻子是大家所共有的。她們中沒有一人可以與特定的一人同居。孩子也是公共的，孩子不認識其父母，父母也不認識其子女。」❻⓪ 他在別處又言：「他們所生的孩子也不屬於他們中的任何一個，而是屬於國家。國家從開始就要負起教育及撫養這些孩子的責任。」❻❶

---

❺❽　*Pol.* II, 7, 1267a13–16. "It is better to train the nobler sort of natures not to desire more and to prevent the lower from getting more." (D. Ross, op. cit., p. 246.)

❺❾　*Pol.* II, 7, 167a1–12.

❻⓪　"That these women shall be common to all these men, and that none shall cohabit with any privately, and that the children shall be common, and no parent shall know its own offspring nor the child its parents." (*Rep.* 457b.)

柏氏主張共妻共子女制度的目的與主張廢除私產制度的目的相同，即促進國家的團結與統一。不過共財產所促成的團結是領導階層與被領導階層間的統一與團結；共妻共子女所促成的是領導階層各分子彼此間的團結與統一（尤其感情方面），彼此間不會有意見不合的現象產生，能使人無後顧之憂，俾能盡瘁國事。而國家可以大公無私地撫養他們，在此環境的薰陶下，不至於造成「上樑不正下樑歪」的結果，如此國家才能有健全及優秀的人才。因為經過國家所撫養的孩子從小在公共場所生活，自然不會有家庭觀念，不會有私心，心目中只知道有國家。由於他們只認識團體生活，故也只對團體生活感興趣——不會有個人觀念，長大後自然也會專心替國家服務，為團體謀福利❷。

亞里斯多德則激烈抨擊柏氏的論調，因為即使幼兒從小由國家養育，但在血緣上，在感情上仍屬於每一個人的，父母與自己的子女之間有一種深厚的自然感情存在，這種血濃於水的感情是任何其他人所無法替代的，也唯有對自己的親生子女，人才能付出無盡的愛心與關懷，而不求任何回報。「屬於眾人的東西所獲得的照顧也最少」的原則不但適用於財物，對子女的養育和關懷也同樣適用。每一位市民擁有千千萬萬的子女，及每一位孩子有千千萬萬的父母親，子女所獲得的只不過是淡如水的感情與關懷，絕對談不上深厚的愛情與溫馨，難怪亞氏以諷刺的口吻說：「與其成為柏拉圖式的兒子，還不如做一個真實的堂親。」❸

---

❻❶　*Rep.* V, 465.

❷　參閱拙著，《柏拉圖的哲學》，臺北，商務印書館，民國七十年九月第三版，頁 178–179。

❸　"How much better is it to be the real cousin of somebody than to be a

六、奴隸制度

　　在亞氏的《政治學》裏關於家庭事務部分，主奴的關係及財產的獲取為其兩大主題，其對奴隸制度的主張，對現代人而言，不但特別，甚至有點怪異，然而，因他一直把所謂的「奴隸」這一種人充當自由市民的勞動工具，供給其所需俾使市民有更多的時間與心力從事管理國家與從事各種符合人性的高尚行為，進修德行及專務哲學真理之研究❻，所以可以把它列入達到國家目的的方法之一。

　　國家對亞氏而言，是「由無需為生活而忙碌的自由人所組成的團體。」❻而只有「自由人才是正式的公民，他們有參政權，及有負起審議和伸張正義的責任。」❻基於此狹隘之觀念，亞氏只把少數人視為正式公民，即是由戰士所代表的階層：他們年輕之時是戰士，壯年之時則為行政官員或立法者，到了老年則成為祭司或僧侶❻；其他大部分的人，如農民、技工、商人、女人、奴隸就被排除在外❻，因為他們所從事的是較低等的工作。

　　有關奴隸制度的合法性，當時所流行的主張有：一、是既自然又合法的，因為高層階級統治低層階級乃是天經地義的事，奴隸天生註定屬於低層階級，被統治、受人指使乃理所當然的；二、

son after Plato's fashion." (*Pol.* II, 3, 1262a13–14.)
❻　*Pol.* III, 5, 1278a11; VII, 1, 1322b35–40.
❻　*Pol.* III, 5, 1278a10.
❻　*Pol.* III, 1, 1275a24.
❻　*Pol.* VII, 1327a39.
❻　*Pol.* VII, 9, 1328b25ss.

是違反自然及不合法的，因為自然並未把人分為高低、統治與被
統治兩種階級，所以奴隸制度之產生純粹是人為的，是後天的，
因此也就是不合理的；三、強者當權，弱者則服從，所以人可用
武力、戰爭去征服他人，戰勝者可以把戰敗者充當奴隸。

　　亞氏雖然反對由作戰征服所產生的奴隸制度，畢竟強權並不
代表公理 (might does not constitute right)，武力的優越亦不等於真
正的卓越，何況戰爭也可能是違反正義的❻❾。但他似乎主張奴隸
制度本身是自然合法的，即基於人的本性，因為在自然界中，高
低與上下對立的關係所造成的統治與被統治之情形乃到處可見，
譬如靈魂與肉體，理智與欲望，人與禽獸，男人與女人。既然如
此，為了雙方的利益，位高者治人，低者受治於人，此可謂極其
自然之事。有些人天生即高人一等，有些適得其反，上天賦予人
的體力、智力有所不同，在國家內所應負的職責也就不同；智力
強者適合於主政、管理、統治；頭腦簡單而四肢發達者則適合做
粗工、勞動、服務，亦即俗話說：「勞心者治人，勞力者治於人」
的印證，同時亦是亞氏給奴隸制度之合理性所提出的哲學說明與
證實：「有些人天生為奴，另有一些人則天生是自由人，因此奴隸
制度是既正當又合理的。」❼❿「從出生以來，有些人註定是統治
者，有些人則註定是服從者。」❼❶「有些人處處為奴，有些人則適

---

❻❾　"Superior power does not always mean superior excellence." (*Pol*. I, 5,
　　1254b32–34; 6, 1255a3–28.)

❼❿　"Some men are by nature free, and others slaves, and that for these
　　slavery is both expedient and right." (*Pol*. I, 6, 1255a1–3.)

❼❶　"From the hour of their birth, someone marked out for subjection, others
　　for rule." (*Pol*. I, 5, 1254a23–24.)

得其反。」❼❷「顯明地，自然企圖有兩種階級的人士存在，其一適合為奴隸，另一則適合為主人；前者的職責是服從，後者則發號施令。」❼❸

亞氏認為奴隸的本質即是活的勞動工具，以服侍主人的生活為目的，故是主人的「活財產」(a living possession)❼❹及「活工具」(a living tool)❼❺，無個人的自由意志，是名副其實的被統治階級。他們是人，也分享理性❼❻，但只用來知道主人的意願以便忠實地執行其指示。

亞氏此種令人頗感遺憾的論調，是事出有因的：一方面顯示即使是聰明絕頂的大哲人，其見解也有其限度，不可能是完全正確的；另一方面他也無法擺脫環境的影響，因為在當時奴隸制度是相當流行的，被視為是理所當然的；且近代人所提倡的民主、平等與自由在當時尚未能深入人心及未被重視，充其量只處於萌芽階段。不過吾人若深入瞭解亞氏的主張，不難發現其並非那麼不近情理，因為：第一、他承認基於人性的主奴二分法並不如一般人所想像的那麼明確與硬性；第二、奴隸的兒子不必一定是奴隸❼❼；第三、純粹由戰爭征服所建立的奴隸制度乃不合理的；第四、主人與奴隸的利益是相同的，所以主人應視奴隸為得力的助

---

❼❷　"Some are slaves everywhere, others nowhere." (*Pol*. I, 6, 1253a32.)

❼❸　"The master need only know how to order and that which the slaves must know how to execute." (*Pol*. I, 7, 1255b35; 1255b6–9.)

❼❹　*Pol*. I, 4, 1253b31–32; 8, 1256a3.

❼❺　*E. N*. VIII, 11, 1161b4.

❼❻　"They are men and share in rational principle." (*Pol*. I, 13, 1259b27–28.)

❼❼　*Pol*. I, 6, 1225a24.

手，不應濫施權力 **❼❽**；第五、主人在指使奴隸時，不應一意孤行，必須講理，而奴隸因為至少有一種所謂的「隸屬理性」(subordinate kind of reason)，所服從的是「論據」而非「命令」(not merely to obey a command but follow an argument)；所執行的是法令的精神，而非其硬性文字，故不是純粹唯命是從而毫無思考或反省的工具；第六、奴隸具有雙重身份：是人及是奴隸。以純粹奴隸而言 (a slave qua slave)，奴隸只是一個活工具，而工具之為工具是一個沒有生命的奴隸，固不能成為主人的朋友。然而作為一個「人」而言，他可以成為主人的朋友，而此雙重身份是密不可分的。既然奴隸也是人，因此自不能被視為純粹的活工具 (a mere living instrument) **❼❾**；第七、所有奴隸由於他們所提供的服務，均有恢復自由的希望 **❽⓿**，而且亞氏也曾以身作則，在遺囑中明言解放曾供其差遣的奴隸們 **❽❶**，至於恢復自由後的奴隸是否享有公民權，亞氏並未作清楚的交代；第八、亞氏所提供的是當時流行於希臘的奴隸制度，它並不像羅馬時代的奴隸制度那麼殘酷及為人所詬病；一般而言，希臘人比較善待奴隸，主人通常不濫施權力，加以百般虐待 **❽❷**；第九、試觀古今中外，人的天分、才幹、能力、智力、體力、精力等皆不盡雷同，此乃不爭之事實，故孫中山先生把人分成「先知先覺、後知後覺和不知不覺」三種，

---

❼❽ *Pol.* I, 6, 1255b14–15.

❼❾ *E. N.* VIII, 11, 1161b4–10.

❽⓿ "It is expedient that liberty should be always held out to them as the reward of their services." (*Pol.* VII, 10, 1330a34.)

❽❶ *Diog. Laer.* V, I, 15.

❽❷ D. Ross, op. cit., pp. 241–242.

及「聖、賢、才、智、平、庸、愚、劣」八個等級。「勞心者治人，勞力者治於人」；智者運籌、策劃、發號施令 (sapientis est ordinare)，愚者奉命、執行、實踐；賢者指揮、領導；平庸者服從、聽命，此乃合情合理。是以，只要主人善待奴隸，視之為得力助手，基於雙方的利益相同，彼此依賴，互助互惠，把主奴的關係加以放鬆與擴大成為現行的勞資或僱傭的關係，亞氏的主張實無可厚非，亦未必如想像中的那麼荒謬怪誕了。

順便一提，亞氏視男人比女人優越，大人比小孩優越，男人與大人居於領導地位，女人與小孩居於被領導地位也是極自然合理之事，但這種關係是為了雙方的利益，因為不能獨立自主者必須聽從他人的指示、開導與管教，否則他們的安全會受到威脅，因此女人應把「女人以沉默為榮」(silence is a woman's glory) 的詩句牢記在心 ❸。

---

❸　"Male is by nature superior, and the female inferior; and the one rules and the other is ruled; this principle of necessity, extends to all mankind. It is better for them (animals, slaves, female) or for all inferiors that they should be under the rule of a master, for then, they are preserved." (*Pol.* I, 5, 1254b5–28.)

"...and therefore almost all things rule and are ruled according to nature. But the kind of rule differs;—the freeman rules over the slaves after another manner from that in which the male rules over the female, or the man over the child; although the parts of the soul are present in all of them, they are present in different degrees; for the slave has no deliberative faculty at all; the woman has, but it is without authority, and the child has, but it is immature...All classes must be deemed to have their special attributes; as the poet says of woman: 'Silence is a woman's glory.'" (*Pol.* I, 13, 1260a8–30.)

七、國家的體制——政體

亞氏政治學的目的旨在建立一個完善的政治團體以促進人民過合乎道德之美好幸福的生活，故必須有一個完善與理想的政體治理國家，否則上述的目的之獲致無異於緣木求魚，難以實現。

對於用何種政體最適合治理國家，及才能把國家治理得更好，亞氏認為主政者是主要的決定因素，在資歷上必須具有一些基本原則：

第一、他應是才能與品德兼優者——對軍事將領而言，才能的重要性勝過品德；對財經首長則適得其反。

第二、是經驗豐富者。

第三、是充滿智慧者，尤其是充滿實踐智慧者 (man of practical wisdom)。故主張年長者比較適合主政，因為人的經驗、學識、品德和睿智與年齡有相當密切的關聯。年輕人雖然體力充沛，但缺乏為政者所具備的條件，甚至他還認為年輕人根本就不適合於研究政治學❽。

第四、應對憲法忠誠，在執法時，務求公正、公平、公道，且要合情合理。

第五、公正清廉——重公益而輕私利：「凡關心公共福利的政府即是符合嚴格正義而建立的，故亦是優良的政治體制；凡以主政者私人的利益為前提的政府均為不完善及是腐敗的，因為他們是專制的、是暴虐無道。但國家乃屬於全體自由人的團體，不是一個人或少數人的私產。」❽「以公益為前提，由一人，少數人或

---

❽ *E. N.* I, 3, 1095a3; V, 9, 1128b16, 19; VI, 8, 1142a12, 15; VII, 14, 1154b10, 11.

許多人所主持的政府是優良的；以私利為目標的政府，不管由一人，由少數人或由許多人所主持的，均為邪惡的。」 **㊏** 「誰能對公共福利提供最有效的貢獻，及能對國家與國民有益的，誰就是把國家治理得最好者。」 **㊐** 「當一群吹笛者同樣精於笛藝，沒有理由不把上等的笛子給他們，而給出身高貴者，因為後者不見得會善加利用。」 **㊑** 「倘若主政者是無節制或不義者，他如何能主政呢?」 **㊒** 「優良的主政者須是好人及智者，因為政治家須是智者。」 **㊓** 「只想以武力統治與虐待別人的政治人物，不管他是否已把想法付諸實現，其想法即是極其荒謬的。這種甚至連合法性都談不上的事，一位主政者或立法者怎能想或做得出來呢? 違反正義的法統，無疑地，是不合法的，因為強權不代表公理。」 **㊔**

㊋ "That governments which have a regard to the common interest are constituted in accordance with strict justice, and are therefore true forms; but those which regard only the interest of the rulers are all defective, and perverted forms, for they are despotic." (*Pol*. III, 6, 1279a17–22.)

㊌ "The true forms of government, therefore, are those in which the one, or the few, or the many, govern with a view to the common interest; but governments which rule with a view to the private interest, whether of the one, or of the few, or of the many, are perversions." (*Pol*. III, 1279a28–32; *E. N*. VIII, 10.)

㊐ *Pol*. III, 13, 1283b43.

㊑ *Pol*. III, 12, 1282b32–35. 這裏亞氏是在暗示「選賢與能」及「內舉不避親，外舉不避仇」的用人唯才，唯賢是用的道理。

㊒ *Pol*. I, 13, 1259b40.

㊓ *Pol*. III, 4, 1277a16.

㊔ *Pol*. VII, 2, 1324b24–29.

　　因此，亞氏反對一人主政，因為他極易犯營私舞弊與中飽私囊的違法行為，因而成為名副其實的暴君，由其主持的政權自然成為猛於虎的苛政，為人民的公害：

> 不義的行為是把好的東西歸於自己的太多，把有害的事歸於自己的太少，這就是為什麼我們主張以「公理」(rational principle) 來治理國家而不讓一個人來統治，因為一個人統治國家容易出於私心，他所注意的是自身的利益，容易成為暴君。一位正義的保障者，同時也是平等的維護者，而他自己即是只取屬於其分內之物，絕不無功受祿，絕不營私舞弊，故是正義者。這樣的優秀主政者應得的酬報是嘉許與尊敬。凡對於這種酬報不感到滿足者，就成為暴君❷。

　　訂定了上述的原則後，亞氏就著手發表有關政體的各種形式及其優劣：

　　一、「君主政體」(Monarchy)：由一人主政，主政者被尊稱「君王」。這種政府可以是世襲的，也可以是由選舉產生的；可以是終身職，也可以是有期限。這種政體的腐敗就變成由暴君所主持的「暴政」(Tyranny)。

　　二、「賢人」或「貴族政體」(Aristocracy)：由少數比較出類拔萃的人所共同主持的政體。這些人具備各種優越的條件：淵博的學識、豐富的經驗和超乎常人的道德修養。他們既無私心又勇於促進大眾的福利；憑良知良能、公理和明智治理國家。這種政

---

❷　*E. N.* V, 6, 1134a35–1134b7.

體的腐化就變成由少數富人為自身的利益著想的「寡頭政體」
(Oligarchy)。

三、「共和（濟）」或「憲政政體」(Polity or constitutional
government)❾❸：由多數有私產並具備各種卓越條件之人士所主持
的政體，為民服務，以人民的利益為前提。這種政體若行之不當，
常會被居心叵測的野心政客所利用以圖謀私人的利益，於是就腐
敗成為由大多數的無產階級所主持的「民主政體」(Democracy)，
由於眾多的無產階級是無知及自私自利，故極易成為「暴民政體」
(Demagogy)，甚至會產生無政府的混亂局面 (Anarchy)❾❹。

以上所提的三種政體——君主、賢人、共和——在亞氏的心
目中原則上是優良的政體，至於實際上何為最理想，亞氏沒有且
無法作明確的交代，因為那全要視下列的情況而定：

㈠主政者是否具備學識淵博、經驗豐富、充滿智慧、德高望
重、公正清廉、重公益輕私利；以正義、法律治理國家，為人民
謀幸福。

㈡受治理之人民的情形是否許可。換言之，政體的適合性隨
著人民本身的情形而異，什麼樣的人民適合什麼樣的政體，不能
一概而論，如果一個地方的人民能產生一位出類拔萃的人士或一
個適合統治的傑出家族，則君主政體是最好的；賢人政體則為那
些在服從政令時，能像自由人一般的人民最適合；倘若在人民中
能自然產生一群有武裝能力的多數人，根據法律來輪流服從與統

❾❸ 在《宜高邁倫理學》上 (1160a36) 亞氏也稱這種政體為「財閥政體」
(Timocracy)，因為其基礎是建立於財富上 (based on a property
qualification)。

❾❹ *Pol.* III, 7, 8.

治；這種法律將根據每人的本事分配職位，那麼，對這種人民而言，共和政體自然是最理想的❾❺。

在理論上，亞氏似乎比較喜歡由一位卓越超群的完人所主持的君主政體。然而，事實上真正的完人並未出現，而且一般而言，出類拔萃的英雄只出現於原始民族中，所以由卓越的少數人所主持的賢人政府比較實際，同時也更理想。因此，實際上，賢人政體的確遠勝過君主政體❾❻。但亞氏發現，在當時的希臘城邦，賢人政體仍是一種過高的期望，所以為了更切實際，他退而主張「共和政體」為最好的，此實際上是等於中產階級在統治，因大體而言，此政體介於寡頭政體（少數富人主政）與民主政體（多數貧民主政）之間，因共和政體一方面是由多數人在統治，故異於寡頭政體；另一方面，這些主政者不是無私產的貧民或暴民，故與民主政體也不同。因此比較能平衡貧富兩極端，易於被人民接受。

亞氏不但在《政治學》裏高談闊論三種政體的優劣，且也在《宜高邁倫理學》上提到：

> 政治體系形成的優劣各有三種，它們是君主、賢人和建立於財產上的財閥政體，大部分的人把最後的政體稱為憲政或共和政體。其中以君主政體為最優，財閥則是最劣的一

---

❾❺ "A people who are by nature capable of producing a race superior in the virtue needed for political rule are fitted for kingly government...while the people who are suited for constitutional freedom are those among whom there naturally exists a warlike multitude able to rule and to obey in turn by a law which gives office to the well-to-do according to their desert." (*Pol.* III, 17, 1288a7–15.)

❾❻ *Pol.* III, 15, 1286a27–1286b10.

種。君主政體敗壞則演變成暴君政治,兩者均為君主制度,皆由一人主政,然而在它們之間卻有天壤之別。暴君所圖的是私利,君王謀求的是人民的福祉。君王之所以為君王必先自足,且在所有的事物上均勝過其臣民,由於這種人在各方面都感到滿足,沒有其他的需求,故他就不會圖私利,而能專心謀求人民的福利,否則就是名不副實的君主。暴君之行為舉止適得其反:除了圖謀個人的利益外,別無他求,因此是最惡劣的政治形態,因為最好的反面即是最壞的 (Corruptio optimi pessima)。君王的腐化則成暴君,因為暴政是由一人所統治的惡劣政治形態,惡王即是暴君。賢人政體一變動就成為寡頭政體,乃是因為統治者品德的惡劣之影響而促成了這種變化,寡頭統治者在使用公共資產上並未按照真正的需要,也未憑個人功勞之大小來分配,而把所有或大部分好的東西留給自己,並且常把多種職位由同一人來擔任,他們全神貫注於升官發財,國家的政權完全被少數品德惡劣的人所操縱。財閥政體一變動就成為民主政體了,兩者在形式上非常接近,因為財閥政體的理想也是由多數人來執政的,只要任何公民能有規定的資產,便可以有同等的政治地位。在三種腐敗政體中,民主政體並不算太壞,因為其偏差是輕微的,且在所經歷的過程上所遭受的變化也是最小及較易於應付的❾。

　　在上述的三種腐敗政體中,民主政體雖不算壞,但總是不好的。亞氏的這種主張,對現代人而言,似乎有點怪異,因為近代

------

❾ *E. N.* VIII, 10.

各國革命史上所記載的，無非是推翻專制、實行民主、追求自由
平等的過程，所以，民主、自由、平等早就是人民所嚮往的目標。
但我們不可忘記，亞氏所謂的民主政體與現代人所夢寐以求的截
然不同。亞氏的民主政體乃由多數貧民所主持的政體，這些貧民
是無產階級，必須從事勞動，他們不是自由人，同時知識水準低，
不具備主政者應有的條件，容易失去理性而感情用事，易受人煽
動與利用而走火入魔，於是混亂、脫序、衝突、打鬥等社會不安
的情況將層出不窮，因此，這種人絕非優秀者，由其所主持的政
府也不可能是良好的，因為「由優秀者所主持的政府才是最好
的。」❾ 再者，亞氏所謂的民主政體乃指當時所實行的政治制度，
尤其實行於當時雅典的民主政治，其所引起的紛亂與災禍，不但
是亞氏所親眼目睹的，且也身受其害，所以才對民主政體不懷好
感，因為那與暴民政治相去不遠。

　　然而，亞氏非常強調人民應享有自由與平等：「自由、平等之
形式之一是人人均有治理與被治理的機會……；另一形式是能根
據個人願望而生活，那便是自由人的特徵，因為不能依其願望而
生活的方式乃是奴隸的特徵。」❾ 此自由與平等在民主政體裏較易
受到保障，所以，亞氏原則上也贊成民主政體，只要參政者一方
面具備所應有的資格及經過合法的程序由全民所選出的賢能之
士；另一方面能嚴格遵守「人民的福祉即是最高的法律」(The
welfare of the people is the supreme law) 之原則。其實，現行的民
主憲政只不過是亞氏所贊成與欣賞的「共和政體」的放大與延伸，
故吾人有理由相信，倘若亞氏再生，能親眼目睹今天實行於世界

---

❾ *Pol.* III, 11.

❾ *Pol.* VI, 2, 1327a40–1317b1–16.

各國的健全良好的民主政體，必樂觀其成。而事實上亞氏較成熟的思想也逐漸傾向於這種政體，此乃根據亞氏在其《政治學》上的諸多主張：

第一、由集思廣益所下的判斷比較明智、正確、可靠及易於實現。其所產生的效果也較良好，猶如對音樂與詩的鑑賞，由多人所作的決定要比由單獨一人所作的更為周詳與正確；由所有出席的客人所供應的酒菜要比單獨一人所烹飪的更美味可口。因此由多數人所作的判斷遠勝過一個人或少數人所作的，所謂「三個臭皮匠，勝過一個諸葛亮」。

第二、一個人或少數人要比多人更易腐化，猶如少量的水要比集中在一起的大量的水更易腐臭。

第三、「選賢與能」、「因賢任用」、「任人唯才」、「內舉不避親」、「外舉不避仇」乃民主政治的特徵，對此，亞氏甚為強調，因為他曾說：「當一群同樣精於笛藝者，並能善加利用，沒有任何理由不給他們上等的笛子，反而給那些雖然出身高貴、有財有勢，但卻不懂笛藝且不能善加利用笛子的人。」❿

第四、雖然國家是由各分子所組成的一個統一的整體，然而各分子的性質不同，每分子仍有各自獨立的目的、利益、權限、功能、生命與地位，仍保持自己的身份與實在，並未完全被國家所吞併。

第五、剝奪大眾參政的權利易引起普遍的不滿情緒，進而威脅到國家的安全與社會的安定。

第六、法治是民主政治的基礎，捨法治無法談民主，而亞氏乃極力主張法治的社會，他曾說：「法律即是秩序，良好的法律產

---

❿　*Pol.* III, 12, 1282b32–35.

生良好的秩序。」(law is order and good law is good order) ❶「法律是正義的保證。」(to one another of justice) ❷「受法律所治理的國家遠勝過受賢能之士所治理的國家。」所以我們有理由相信, 亞氏絕對贊成民主政治的基本精神與原則:「在法律之前人人平等, 在法律之內人人自由。」

第七、基於「如人飲水, 冷暖自知」的道理, 一般人民對政權的優劣之感受比主政當局更深刻與敏銳, 因為其本身是政權所帶來之利弊的直接受益或受害者, 猶如房子之使用者對房子的結構與品質之優劣的認識要比建築師更清楚與正確; 客人對食物的評鑑比廚師來得內行; 穿鞋者要比任何其他人更清楚鞋子的鬆緊, 因為只有身歷其境者, 方知個中的滋味, 所以由利害之承受者自己選舉或罷免主政者更為合適。

第八、個人或少數人要比大眾更容易受忿怒或其他情緒的影響, 下不正確判斷的機會亦較大 ❸。同時亞氏亦未曾忽略有時大眾是魯莽、衝動、情緒化及容易被另有居心的人所利用, 或被極端分子所煽動的事實, 所以他亦主張以教育培養守法、守紀、重理性而輕情緒的良好國民, 使他們能明辨是非、分別善惡、衡量利弊、比較輕重; 期其能好所當好、惡所應惡; 取所該取、給所應給:「就如同一塊田地, 於種植之前, 必須先犁地除草, 學習者的心靈要獲得好的習慣, 也必須有一種適當的準備。就是教人真正的知道愛好他所應當愛的, 厭惡所應厭惡的事情。」❹

---

❶ *Pol.* VII, 4, 1326a29; "An order of succession implies law." (*Pol.* III, 16, 1287a19.)

❷ *Pol.* III, 9, 1280b9.

❸ *Pol.* III, 11.

以上的理由可從下面的一席話得到印證：

> 主張應由多數人而不是少數人來治理國家的觀念……似乎
> 是很正確的。雖然群眾中的每一個人不見得全是好人，然
> 而當他們在一起時，他們仍有可能是好的——並非就個體，
> 而是就整體而言是好的，就像一個由大家所供應的正餐，
> 要比由一個人單獨提供的餐點更美好。因為團體中的每一
> 個別分子都具有某種程度的優點與智慧，當他們聚集在一
> 起時，就變成一個人，但他卻有許多的手、腳、感官可以
> 運用……因此在鑑賞音樂與詩歌的優劣時，多數人的判斷
> 比一個人的意見更為可靠與完善，因為多數人必將從各個
> 角度評判，審慎思量、集思廣益、仔細斟酌方能窺其全貌，
> 必能百密而無一疏了❶❺。

八、革　命

　　雖然亞里斯多德指出了各種政體的優劣，但實際上實行起來
不盡理想，人民的福祉往往被忽略，權利被剝削，正義受到侵犯
的情形乃司空見慣之事，因此亞氏主張人民迫不得已時，可以藉
革命去推翻現行惡劣的政權以確保自身的幸福，所以革命也應視
為達到國家的目的之方法之一。
　　亞氏描述革命或改革的不同形式有：

---

❶❹　*E. N.* X, 9. 羅斯教授似乎認定亞氏忽略了群眾有時是鹵莽、衝動、情
　　緒化，及容易被極端份子所煽動的事實 (D. Ross, op. cit., p. 255)。

❶❺　*Pol.* III, 11, 1281a40–b10.

㈠政體的改變，譬如以賢人政體代替寡頭政體，以君主政體代替暴君或專制政體，以共和政體代替民主政體。

㈡政體本身不改，僅主政者易人，以賢能之士代替昏庸無能者。

㈢原則上政治體系不改，僅在程度上有些變更，如把民主政體變成更民主；把寡頭政體略加限制。

㈣把某些不合理、不符合人民福祉之不良現象加以改善。

革命之原因通常不外乎：正義受到侵犯；人民的權利被藐視與剝削；自由與平等未受到適當的保障；人民的生命與財產之安全遭到威脅；當權者的貪污無能、昏庸無道、貪贓瀆職、枉法、勞民傷財、營謀私利——亞氏非常強調這點、仗勢欺人等。此外，外來的因素有時也扮演相當的角色，如兩國之間的利益起衝突時，鄰國或較強的一方就會將現有的政權加以推翻。

革命的原因除了屬於一般性的之外，同時也要視不同的政體而定。譬如民主政體的革命之起因，通常歸根於領導人的煽動個性及人民未獲得平等的待遇，因為主張此種政體的人士相信，既然人們享有平等的自由，那麼在各方面都應該平等；寡頭政體的革命來自人民受到過分的壓迫，及當權者彼此間的勾心鬥角與爭權奪利。再者，主張寡頭政體的人相信人們不能在財富上平等，所以在各方面也都不應該平等，這種主張也會導致革命的爆發；賢人政體的革命肇因於國家的榮譽與地位之分配不公。換言之，只有極少數人獨攬大權，作威作福；共和政體（也包括賢人政體）之所以爆發革命乃由於憲法本身之不公正。

雖然亞氏贊成以革命推翻不符合人民利益的政權，但他也瞭解任何改變均會帶來諸多的弊端，因此，除非萬不得已，不可輕

言革命。為了革命的合理化與合法化，必須先認清下列諸點：

㈠發動革命者的感受及其態度是否合情、合理與合法。一般而言，厭惡惹是生非的善良人士最有權利起革命。

㈡革命的動機及其正當性。

㈢政治之不安與衝突之直接起因。

㈣人民從革命成功之後所獲得的利益是否大於以前所受的傷害，否則就得不償失。

從以上所言，吾人可確定亞氏對革命所抱持的態度是相當謹慎與保守的❿。亞氏這種對革命的看法與歌德晚年在目睹法國大革命的慘劇後所說的：「神常與和平的改革同在，少與革命的怒火同行」有異曲同工之妙，均值得那些熱衷於玩弄權術興風作浪，唯恐天下不亂，假借爭自由、民主的革命之名，行暴力之實的居心叵測之士，及抱著造反有理者之省思與惕勵！

---

❿　*Pol.* V, 1–7. Cf. Master pieces of World Philosophy in Summary Form, ed. by Frank N. Magill and Staff, 1967, Aristotle's politics.

第十章　教育哲學

　　亞里斯多德的教育哲學與倫理思想、政治思想發生極密切的關係，因為人不但是獨立的個體，而更是政治團體或國家的一分子，不同的身份有不同的目的與應盡的職務與責任，其教育思想乃為了順利地達到目的，所以關於亞氏教育觀點的理論，可在《倫理學》(*Ethics*) 中發現，但在實際及較重要的部分，可見諸《政治學》(*Politics*) 一書。前者敘述個人在生活中怎樣作自我訓練，後者論述人在社會中可利用社會與經濟的最有利條件以達成這種目的，所以，談完其倫理學與政治學後，接著就討論其教育哲學。

第一節　教育目的

　　亞氏教育哲學基於對「人的觀念」為出發點，人是由肉體與靈魂所組成的，故其反對柏拉圖的「先天觀念論」(innate ideas)。對亞氏而言所有知識起於感官，由於靈魂是肉體的原形，靈魂只有藉著肉體才能認識事物，基於此，亞里斯多德不但否認蘇格拉底的基本假定「智識即道德」之真確性，誠以道德乃行的，而非知的一種附屬物。而且他也不肯承認柏拉圖有關「實體」(reality) 的理論，以為柏拉圖抽象的「理念」(ideas)，除作為形式外，實

際是不存在。這種「理念」，除非寄託於有形的物體之中，並且經過我們的五官的感觸，否則對其毫無所知。實在既不包含理念，故人類的最高成就，不是具有理念的知識，亦非其獲得此種知識為教育的目的。(劉伯驥著《西洋教育史》頁 49)

由於人是由理性與非理性部分組成的，於是亞氏把教育分成理性教育和倫理教育，前者關係人的理性部分，後者是非理性部分，從倫理觀點看人可能是好人，但在理性知識方面可能相當貧乏，反之亦然。由於人必須針對不同的事物和不同的情況，所以有關倫理教育思想的見解方面亞氏比柏拉圖看得更複雜更透徹。每一種情況和每一種事物都要求特定的德行，德行的獲得只能付諸於實際的行動，故人必須接受各種不同的訓練。倫理的最後根據，不基於外在的法律或是形上的思考，而基於「睿智」，睿智是一種理性德行，在複雜的環境中唯賴此 (睿智) 達到目的的正確方法，睿智不由外鑠而來，乃從經驗中學習得來。故凡是根據其最高作用而行動時，道德自會達到。而人類最高活動是「理性」(reason)，因此，為著達到其目的，必須依循理性而生活。故教育的目的是培養理性的生活。

理性分為兩種：

(一)實踐理性

實踐理性一方面限制植物性及動物性功能，一方面則指揮那些功能使之有正確的表現方式。實踐理性所表現出來的「德」主要在倫理與政治的領域中，要實際去身體力行，因此培養良好習慣乃是重要的教育方針。

(二)理論理性

理論理性是純然因理性而理性，專注於探討普遍真理的冥思

上，是全然認知的性質，活動之目的除了本身之外無其他目的，這種目的，亞氏認為具有最高價值，「最能冥思的也就最能享受真正幸福」，在教育上產生了為知識而知識，並以智力的培養作為教育重點的主智主義的教育觀。(見林玉体著《西洋教育史》頁80)

亞氏強調理論理性比實踐理性優越，理論性學問如哲學、心理學等為真理追求真理而非為實用，倫理和政治學卻是為了實用，亞氏為不同的教育層次提供不同的教育目標和方法。同時，亞氏並認為教育乃實用的政治科學之一重要部門及促進公民團體之幸福與德行的方法。國家的基本作用是教育的，如欲社會完美，先求其分子的完美，因此一律性與強迫性的教育制度，是優良社會之首要本質，其適當的管理，乃政府最重要的職責。

第二節　教育制度

亞里斯多德教育上的基本觀念是由國家負責教育，幼兒期由父親照顧，一旦啟蒙之後，全交付國家栽培，故反對私人教育，國家的存在與否全基於國民的品質，所有國民都參與國家事務，為了國家的生存，所以國家必須負起教育國民的責任。在國家所控制下，教育必須為特定以及個別的國家體系所設計，沒有兩個政府在目標上與性質是完全一致的，因此在一個生存國度內，對該國國民有效的教育對其他國家的國民並不具有效力。

既然教育對一個國家的生存如此重要，所以教育必須普及，內容必須一致，即所謂「教育平等原則」(one and the same for all)，當時的雅典允許父母覓尋合適且能被其子女接受的教育環境，意指有一些可以接受比較優良的教育，有一些接受較差的教

育，完全基於父母經濟和社會地位而選擇，雅典在教育上的這種缺失，產生了教育機會懸殊不平的不良現象。亞氏為了改變此種現象，主張教育要由國家負起責任，使每一個學齡兒童都能接受由國家統籌的基本教育。

第三節　教育內容

　　教育課程中包括閱讀、寫作、音樂、體育、文法、修辭、心理學、自然科學等。在雅典的社會中要盡一些簡單基本職務，國民必須具有「讀」和「寫」的能力，因為對其將來參政時是不可或少的技能。再者，體育對培養一個好的國民也是基本的需求，由於人的理性完全基於健全、健康以及強壯的身體，這和俗語所云：「健全的思想基於健康之體魄」(Mens sana in corpore sano) 不謀而合。當孩子出生之後，盡早運動，而且終生持續，但不能造成運動傷害，或超乎其體能不當的訓練方式，教師必須視其身體的發育階段做適合其體力的訓練，亞氏非常強調體育的訓練並非為了比賽中得獎牌，而是希望訓練其有強健的身體及清楚的思想。

　　亞氏亦十分注重音樂教育，因為音樂能維持一個健全的國家，陶冶國民身心，培養健全性格。音樂的旋律對聽者產生好壞的影響，晦澀、消沉的靡靡之音使人精神萎靡不振，鏗鏘有力的進行曲能振奮人心，國民必須具有欣賞高尚音樂的能力，因此幼年期多予薰陶，發展其欣賞力和了解力。但是亞氏卻相當反對從事音樂教育者只為了表演上的需要或僅為了訓練少數的專業人才，尤其反對人民學習吹笛，凡偏差的音樂教育，亞氏是不屑且不予贊同的。

雖然從亞氏著作中不能詳知小學以上的教育架構，但可推測他對較高層次的教育也相當重視，成年教育要學數學、樂器演奏、詩、文法、修辭、文學、地理。文學與邏輯乃引導學生學習其他科目的必要工具，學數學並非為了使人的思想更上一層樓，乃為了提供學習者對簡單事物的精確推論。在更高層次的教育，則強調心理學、政治學、倫理學、教育學，在通才教育之後為專門教育，重視自然科學、哲學。自然科學所佔的是中心地位，因為所有知識都基於人對自然的經驗及其變化；倫理學則專屬於成熟的國民，他們接受這方面的教育，可增加處理倫理事情的經驗。人到五十歲時，經驗豐富，知識的領域擴大了，故能研究哲學，尤其是形上學，這門學科旨在比較與綜合所有知識，以獲得一切事物的最後原因。

第四節 教育步驟

前已提及幼兒需要教育，但是幼兒不會推理，其所作所為完全憑自然衝動，透過這些經驗而會控制自然的衝動，使其行為朝向某些目標，此刻教育即已開始，也同時由國家利用懲罰或獎賞訓練小孩子向善，即所謂培養習慣的方法，此方式在任何層面皆可適用，譬如在技能的訓練上，當一個人學習如何操縱工具或是彈奏樂器，以及在倫理德行方面，當一個人學習如何去控制自己的欲望和情緒，都可用獎懲來使他們為善避惡。德行對亞氏而言是一種經久的好習慣，一個人性格即是所有好習慣的總和，在各種環境中所形成的習慣，是由與生俱來的衝動演變而成。

換言之，對個人應該受何種方式的訓練，亞氏的態度十分明

確，反對柏拉圖與蘇格拉底透過知識的灌輸能導人向善的說法，他認為一個人只知道何謂善，並不因此即可成為好人，故一個人只知何謂善對成為一個好人既無價值亦無幫助，是以，通往道德之路乃非透過知識或是推理，修德必須注意的三種要素：本性(nature)、習慣 (habit) 和理性 (reason)。本性提供人一些衝動，而德行非與生俱來，一個嬰兒呱呱墜地之時，非好也非壞，但可以是好也可以是壞，具有受環境影響之潛能。亞氏以為嬰兒在基本上和動物一般，但強過於動物，因為其具有潛能，所以要寓教於樂，給予他們足夠活動而適當的生活空間作各種的娛樂，如唱歌、跳舞、說故事；在未成年之前給予體育、倫理教育，但在未滿十四歲以前不宜給予太多的理性教育，同時盡量使其得到其他動物所無法得到的東西，例如羞恥心、模仿性、嫉妒、高尚的理念、政治抱負、對東西具有驚訝的心情。在此亞氏認定人是動物，但亦有與動物相異之處，所以有別於其他思想家把人看成與動物完全相同、或完全不同，因人具有理性，而且也應接受理性教育。

在此種情況下，國家必須盡力將幼兒培養成為團體的好分子，於是只藉著講理、知識的灌輸和推理，此目的乃無法達成，而必須幫助他們培養善良的習慣，即所謂「倫理教育」。至於「理性教育」是另一回事，靈魂具有雙重性質，理性性質與非理性性質，倫理教育所涉及的靈魂非理性層面，靈魂的理性層面是關於「智慧」、「記憶」、哲學以及學習的態度，為獲得以上所言透過教導、推理、知識的灌輸即可達成。

第五節　教學技巧

　　教師的職責不是為了激發人的先天概念 (innate ideas)，而是幫助學生分析自己所得到的經驗，為達到其目的，教師應運用諮商技巧進行溝通，了解各種問題，期能在某一學科上發現問題，了解問題，將該學科從經驗中所了解到的原理原則應用到這些問題上。為了教學成功，教師必須善用邏輯，所謂邏輯包括文學批判、修辭學以及辯證學，教師必須是個智者，對學問的精確性訓練有素，亦應是潛心致力研究工作者，對事物有廣泛認識，因此對亞氏而言，倫理教育是父親與主政者的職責，理性教育是學者的職責，學者們必須合作以促進知識的進展。

　　雖然天生我材必有用，但每一個人的才能有所差異，唯有人盡其才各守本分，為人師表的必須視其個別差異因材施教，在所教的學科上巧作安排，何者為先，何者為後，以期達事半功倍之效。

　　亞氏的教育哲學對後世產生了相當大的影響，啟迪了人們對教育的正確觀念，尤其是對音樂、體育上的教育方式，更是教導吾人以培養身心健全、陶冶品德為要，切勿以養成或訓練明星專業人才，但是今日由於一般人心存功利觀念，往往為了競技較量高下，而一味的抹煞教育具有的正常功能和抑制其正常的發展，所產生的偏差真是筆墨難以言喻，許多國家尤其共產主義集團之下的國家，為了在體壇上奪得更多的獎牌，對選手的訓練方式極為不人道，用強迫、殘酷的手段作超越他們體能範圍的不當訓練，例如大陸上的體操選手，其成員多半來自孤兒或是家境清寒的孩子，施以嚴格的訓練方式，在我們的國家國民的生活富裕，孩子

們養尊處優慣了，吃苦耐勞式的訓練很難收到成效，但我們仍願意以啟迪的、循循誘導的方式去培養他們的興趣，水到渠成的幫助他們，誰說這種教育沒有受到亞氏的影響呢！至於其他的倫理教育，前已詳述，自不贅言。

　　總之，亞氏的教育哲學其最終目的是希望教育發揮最大的效力，提昇國民的品質，為教育一個守法守紀的善良世界公民而努力❶。

---

❶　由於手邊所有的參考資料有限，本章主要取材自林玉体和劉伯驥著《西洋教育史》，茲向這兩位作者致萬分的歉意與謝忱。

第十一章　藝術哲學（美學）

　　「藝術哲學」或「美學」(Aesthetics) 在今日已成了一門專門的學科，所牽涉的範圍非常之廣，但在亞里斯多德以前，甚至在其時代，有關美學的言論委實甚少，而亞氏本人也未建立一套完整的美學理論。他所寫的《詩學》(Poetics) 是其有關美學的主要根據，而在此著作中，他主要討論「悲劇」(tragedy)，次要則討論「敘事詩」(epic)。

　　亞氏對「美」的觀念似乎缺乏連貫性，因為在不同的著作裏表達不同的意見，譬如，在《修辭學》上說它是「令人愉快的善：因其為善，所以令人愉快。」❶在《形上學》上卻有不同的說法：「善與美不同（因為前者總是以人的行為為主題，而美卻也能於靜止的事物上找到）。」❷以上所言自然不能算是給「美」所下的定義。在《形上學》的另一處則給「美」提供了較正確定義：「美的主要形式是秩序、對稱與明確。」❸此與在《詩學》上的意見相

---

❶　"The beautiful is that good which is pleasant because it is good." (I, 9, 1366a33–36.)

❷　"The good and the beautiful are different (for the former always implies conduct as its subject, while the beautiful is found also in motionless things)." (*Met*. VIII, 3, 1078a31–32.)

似:「美是有關尺度與秩序的東西。」❹嗣後聖多瑪斯也許就是受亞氏的啟示給「美」所下的有名定義是:「悅目者謂之美。」(That which pleases when seen, i. e. known, or that whose apprehension pleases)❺所以按照此定義,凡悅目者即是「美」。但引起人悅目之事物——令人愉快之事物,須具備三個條件:第一、「完整性」或「充實性」(integrity),此亦即是類似亞氏所說的「秩序」或「尺度」;第二、「勻稱」(proportion),相等於亞氏所說的「對稱」或「秩序」;第三、「光輝」或「燦爛」(splendor),此與亞氏所說的「明確」相去不遠❻。

亞氏提到美的事物有:敘事詩、喜劇、繪畫、雕刻、音樂,尤其悲劇,所以在相等於其美學著作的《詩學》這部著作裏,所談的幾乎全是有關悲劇的事,其定義是:

> 模仿一個嚴肅而本身完整的行動,而且是有某種程度的長短。劇中使用的語言應依不同情節而加上愉悅的伴奏;其形式應是富於戲劇性的,而不是敘述性;最後,以其劇情引起憐憫與恐懼之感,藉以達成此等情緒的淨化❼。

---

❸ "The chief forms of beauty are order and symmetry and definiteness." (*Met.* VIII, 3, 1078a31–32.)

❹ "Beauty is a matter of size and order." (*PO.* 7, 1450b40–41.)

❺ "Pulchra enim dicuntur quae visa placent." (*S. th.* I, q. 5, a. 4, ad. 1.)

❻ 請參閱拙著《形上學》,同上,頁 155–158。

❼ "A tragedy then, is the imitation of an action that is serious and also, as having magnitude, complete in itself; in language with pleasurable accessories, each kind brought in separately in the parts of the work; in a dramatic, not in a narrative form; with incidents arousing pity and fear,

定義裏所說的各部分，均引起後代學者的不同解釋：

依照穆齊 (Butcher) 的解釋，亞氏所謂的「行動」(praxis)，不僅指人的外在身體的動作，而也包括人的內在心靈的動作。或更正確地說，是一種誠於中而形於外的動作。柏拉圖也用過「模仿」(mimesis) 的字樣，譬如，他說感覺世界之物乃是理念世界的模仿，故有不完美的意義，但亞氏所謂的「模仿」，卻有「創造」的意義，由於在藝術上的模仿是從個體之中去發現普遍永恆的因素。「本身完整」乃意味整個劇情的結構應有開始、中間與結局三部分，並要一氣呵成而形成一個有機的整體。劇情不能太長以致欣賞戲劇者不易記住以往的情節；但也不可太短以致無法把劇情很完整、生動、逼真地表達出來。這是原則性的說法，至於實際上的長短端看劇情的需求，所以亞氏在定義裏也只做原則性的指示：「有某種程度的長短」。「語言加上愉悅的伴奏」是指「加上節奏、和聲，或合唱」。「依不同情節」則指「有些地方可用韻文，有些地方卻可用合唱」。戲劇畢竟有自己的獨特風格，它與敘事詩不同，故其「形式應是富於戲劇性的」。定義裏所說的「淨化」(katharsis－purgation)，無法確知亞氏之所指，故引起許多爭議，誠可謂眾說紛紜，莫衷一是。或套羅斯教授所說的：「關於此一著名理論，註解的書已經裝滿了整棟圖書館。」❽不過，學者們的不同解釋，大致上可歸納成三種：第一、倫理學的解釋：指清靜人的心靈以收到倫理教化的功效；第二、心理或病理學的解釋：悲

---

wherewith to accomplish its catharsis of such emotions." (*PO.* 6, 1449b24–27.)

❽ "A whole library has been written on this famous doctrine." (D. Ross, op. cit., p. 282.)

劇的效用，在於以毒攻毒，將過度的病態情緒加以洗滌解放；第三、這是羅斯教授的解釋：悲劇的淨化，乃是透過悲劇家對人生可憐可驚的側面之體驗，由此而使生命提昇、豐富及深刻化❾。以上三種解釋均言之有理，而很可能亞氏所謂的「淨化」或「昇華」乃涵蓋了上述三種功能。

達到情緒的「淨化」是悲劇的目的，而此目的之達到乃藉著由劇情所引起觀眾的「憐憫」與「恐懼」心情。觀眾意識到劇中人物的不幸遭遇，一方面對他表同情，另一方面又害怕自己會經歷同樣的惡運，於是大為所動而引起愉快的感受，然而，並非出於幸災樂禍的心情（除非惡人遭到應得的懲罰），而是觀眾大受劇情的緊張、刺激、曲折、離奇所感動因而對之欣賞不已。亞氏曾舉荷馬所寫的《伊里亞特》(Iliad) 史詩中有關「厄迪帕斯」(Oedipus) 的故事為例：在厄迪帕斯知道自己的身世之後，如何怨恨自己被命運之神捉弄以致犯了殺父娶母，又生了一群不幸兒女的傷天害理罪行，於是用其母親，同時又是他妻子朱卡斯(Jocasta) 的金飾針刺瞎了自己的雙眼。雙眼失明之後，他又決定自我放逐，滿懷離愁別恨的痛苦，離開王宮，到處流浪。這是典型的悲劇，恐怕世界上再也找不到更複雜、更扣人心弦的情結，觀眾難道不被感動而產生憐憫與恐懼的情緒？

為了圓滿地達到目的及收到預定的效果，亞氏把構成悲劇的要素分成六種：情節 (plot or fable)、人物 (character)、措辭 (diction)、思想 (thought)、場景 (spectable) 和旋律 (melody)，其中以「情節」最為重要，稱之為悲劇的「靈魂」(the soul of tragedy)，因為：

---

❾　參閱高柏園譯，《亞里斯多德》，同上，頁229。

在一齣戲劇中，演員的動作並非為了描摹人物；他們是為了動作的緣故而含括人物在內。悲劇本質上不是人物的模仿，而是動作與人生，抑或幸與不幸的模仿。人類的一切幸福與災禍，皆取動作的形式；我們生活的目的是某種動作，而非性質。人物賦予吾人性質，然而吾人幸福與否，只有在動作之中，才能顯現出來；悲劇不可以沒有動作，但它卻可以沒有人物。所以情節才是悲劇的目的與動機，而在所有事情中，目的是最重要的❿。

再者：

悲劇是藉著它的情節而使其成為「完整」(complete) 或「統一」(unitary)，而且透過情節來完成它的淨化情緒的功能：「悲劇中最具誘惑力之成分，便是情節中的急轉 (reversals) 與發現 (discovery) 的部分。」⓫整個情節都是環繞著一個主角——「悲劇英雄」(tragic hero)，一個悲劇英雄「並沒有什麼特殊的德行與公正，且他不是由於罪惡與敗壞而遭到不幸，而是由於某種判斷上的錯誤；同時此人物必須為享有名聲與榮華者，如厄迪帕斯 (Oedipus)、塞埃斯提茲 (Thyestes)⓬以及出身於同樣顯著門第的人。」⓭

---

❿　*PO.* 6, 1450a17–26.

⓫　*PO.* 6, 1450a33–35.

⓬　塞埃斯提茲 (Thyestes)，希臘神話中之一人物，為彼羅斯 (Pelops) 之子，阿第烏斯 (Atreus) 之弟，曾誘姦其嫂，並陰謀弒其兄。阿第烏斯乃將塞氏殺死，並設宴令塞氏食其子之肉。

亞氏有關悲劇的見解曾一度（從十五世紀到十七世紀）普遍地被學者們所接受。康乃爾 (Corneille) 和拉幸 (Racine) 都依據亞氏所訂定的原則寫他們的悲劇，由於這些原則「對所有人，在任何時候都是有效的。」（康乃爾語）⓮

為了進一步說明藝術或詩的性質，亞氏把詩與歷史和哲學作比較以顯示其中之不同：詩比歷史更具備普遍性質，由於歷史只不過是把所發生過的個別事例忠實地記錄下來以供後人參考，而詩則在描述可能或必然發生的事情，所以它不受時空間的限制，在這點上，「詩比歷史更具有哲學意味」⓯。但它又與哲學不同，因為前者不涉及事物的純然抽象之普遍本質。也因此，當論及它們地位之高低時，哲學應居首位，其次才是藝術（詩），歷史則殿後。然而，由於各門學術均有其獨特的功能與用途，均為人類所需要，不能因著其地位的高低而做取捨，譬如人必須放棄史學的研究，犧牲他的藝術天才而去進修哲學，正如斯塔斯 (Stace) 所說：「我們若論起根本的崇高和真實而定哲學、藝術和歷史的位次，哲學應居第一，因為它的對象便是普遍相的本身，純粹的普遍相；藝術應居第二，因為它的對象是特別物中的普遍相；而歷史則為最後，因為它僅以特別體來看特別體而加以討論的……哲學雖高於藝術，然而從這裏面並不能推斷一個人應該犧牲他的藝術天才以企進於哲學。亞氏哲學有一個根本觀念，就是於存在的

⓭ *PO*. 13, 1453a8–12. 參閱高柏園譯，《亞里斯多德》，同上，頁 229–230。

⓮ 郭實渝譯（G. E. R. Lloyd 著），《亞里斯多德思想的成長與結構》，臺北，聯經，民國七十三年，頁 203–204。

⓯ *PO*. 9, 1451b5.

階梯裏，縱是低級的形式自身也是一個目的，並且是有絕對的權限的。……哲學雖為人的精神活動的極致，而藝術也有它的權限，其本身也是一個絕對的目的，這一點是柏拉圖之所未能見到的。」❶❻

❶❻ 《批評的希臘哲學史》，中譯本，頁 266–268。引自傅偉勳著，《西洋哲學史》，臺北，三民書局，民國六十四年，頁 155。

第十二章　亞里斯多德哲學之回顧及其對後代的影響

　　哲學影響人的思想，思想影響人生；有正確的思想，才有健全的人生觀；有健全的人生觀，人生才有意義與價值。在人類思想史上，有些哲學家的思想對後人影響較大，因此吾人對其思想的研究亦較多；有些影響較少，故研究其思想亦較少。毫無疑問的，亞里斯多德對後人思想之影響至深且鉅，故研究其思想者亦不乏其人，且有越來越多的趨勢。今就歷代研究其學說的情形作一番簡述以略窺其對後代的影響。

第一節　從亞氏逝世到西元前第一世紀

　　亞氏自從其師柏拉圖逝世之後，即離開柏拉圖所創的學院 (Academy)，不久就自立門戶，創辦「梨塞翁」(Lyceum) 以作為傳道、授業、解惑之所，志在把自己的思想傳給後代。亞氏的有些弟子也都能繼踵其志，尤其以狄奧華都 (Theophrastus of Eresos, d. 287 B. C.) 為最傑出，於亞氏逝世後出掌「梨塞翁」，且成為「逍遙派」(Peripatetic School) 之首，曾以亞氏的思想為基礎寫過有關倫理學、形上學❶和邏輯學等論著。名符號邏輯學家波亨斯基 (I.

M. Bochenski) 曾從其所遺留下的殘篇 (fragments) 中重建邏輯論
證與命題，故其在邏輯方面的貢獻功不可沒。

　　亞氏的其他弟子值得一提的有：尼克古 (Dicaearchus, b. c. 342
B. C.) 和阿利多西奴 (Aristoxenus)，此二人在學術上也頗有成就。
前者把亞氏的人類學加以發揮，譬如他主張靈魂分享某種程度的
神性，及肯定人種 (human species) 乃是永恆的，對此亞氏則表示
存疑❷。除了寫過《論心靈》(On the soul) 之外，尚有論預言、
地理、希臘文化史等書。後者除了致力於協調亞氏的思想與畢達
哥拉斯的學說外，並寫過《柏拉圖的生平》和《和聲的要素》
(Elements of Harmony)，此書對音樂的學理甚有貢獻。

　　羅德歐尼姆斯 (Eudemus of Rhodes)，不但是亞氏的學生，且
是其至友，據說曾出版過亞氏的《物性學》(Physics) 和《歐德美
亞倫理學》(Eudemian Ethics)，並致力於數學史、天文學之研究，
且和狄奧華都 (Theophrastus) 合作一起發展亞氏的邏輯學。新柏
拉圖學派的學者波羅古斯 (Proclus, 410–485 A. D.) 在註解幾何學
之父歐幾里得 (Euclid) 的著作時，曾以其所寫的《幾何學史》為
藍本。

　　亞氏的另一位弟子，尼迷狄烏斯 (Demetrius of Phaleron, 345–
283 B. C.) 由於是一位演說家和政治家，故對亞氏的政治學和修辭
學特別感興趣。

　　於西元前 288 年繼狄奧華都出掌梨塞翁的斯達多 (Strato of
Lampsacus, d. 269 B. C.)，其主要興趣在於自然哲學，且主張唯物
論。被收入亞氏的全集中的《論顏色》(De coloribus) 和《論續

❶　由 W. D. Ross 和 F. H. Fobes 於 1929 年在牛津出版。
❷　Pol. II, 8, 1269a5.

線》(*De lineis insecabilibus*) 的兩部著作可能是出於其手筆（有些
學者則主張是狄奧華都所寫的）。《論可聽者》(*De audibilibus*) 則
可確定是他的傑作。在《論機械性》(*mechanica*) 和《論動》(*On
motion*) 兩部著作裏，曾討論墜物之加速、槓桿原理、慣性定律、
速度的平行四邊形及亞氏極受爭議的「拋體運動」學說 (The
theory of projectile motion)，在在顯示他在科學方面豐富的學識。
阿利斯達古斯 (Aristarchus of Samos, 220–150 B. C.) 亦是其弟子
之一，早在哥白尼之前即主張地球繞軸自動及繞太陽運轉。

　　斯達多的胞弟，李剛 (Lyco, 270–226 B. C.) 繼其兄之後成為
「梨塞翁」的第四任校長，對發揚亞氏的教育哲學頗有成就。

　　逍遙學派的其他早期成員尚值得一提的有：葉羅尼母斯
(Hieronymus of Rhodes)、阿利斯多 (Aristo of Ceos) 和赫米布斯
(Hermippus) 等，然而他們的主要貢獻偏重於編寫及收集哲學論集
和撰寫傳記。

　　西元前後一百年間，在希臘思想界曾興起了一股對各種哲學
問題爭論的熱潮，各學派為了說明及維護自己的論點，便廣泛地
利用亞氏的辯證學 (dialectics) 及其邏輯，且對其自然哲學與心理
學亦有深入的研究，譬如主張懷疑論的嘉尼阿尼斯 (Carneades,
214–129 B. C.) 對亞氏的《題論》(*On Topics*) 及斯多亞學派 (Stoic
School) 的學人們對亞氏在心理學上所討論的內在感官的探討皆
有心得。中期的斯多亞學派曾強調逍遙派的唯物論傾向。同時 (如
Parnaetius, Posidonius, Antiochus of Ascalon) 對亞氏在《論哲學》
(*On Philosophy*) 與《論蒼天》(*De Caelo*) 這兩部著作中所討論的
「內在要素」(The immanentist factor) 亦感興趣，由於亞氏在前書
裏曾主張星辰與魂乃屬於天體的部分；在後書裏則指出上帝是天

外的內在型相 (The immanent form of the outermost heaven)。安第奧古斯 (Antiochus of Ascalon) 為一位斯多亞與柏拉圖學派的學者 (Stoic-platonist)，其著作已遺失，只有透過西塞羅 (Cicero) 和西都亨比利古斯 (Sextus Empiricus)，後人才略知其思想。他曾嘗試使亞氏的思想與斯多亞學派的主張，尤其與柏拉圖的見解趨於一致。根據西塞羅的說法，他發現亞里斯多德與柏拉圖之間，除了在用辭上不同外，在內容上則是一致的。

吉利多拉霧斯 (Critolaus) 與其弟子尼奧諾魯斯 (Diodorus of Tyre) 皆為西元前第二世紀的逍遙派學者，先後成為該學派的首腦人物。前者曾在羅馬講授亞氏哲學多年，直到被嘉多 (Marcus Porcius Cato) 革職為止。他不但欣賞亞氏的哲學，且對斯多亞學派的學說亦頗有研究，發現二者有不少共同點，尤其亞氏有關蒼天對世界的影響之主張與斯多亞學派的「天佑」(Divine Providence) 學說極為相似。後者對語言學、歷史特別感興趣。克亞古斯 (Clearchus of Soli) 是另一位逍遙派的名學者，對柏拉圖的哲學也有相當的了解，他肯定此師生二人有關靈魂的見解大體上並無太大的出入。尼哥拉霧斯 (Nicholas of Damascus) 為西元前第一世紀的一位學人，同時也是第一位以五本論著對亞氏的哲學作了廣泛的註解者，可惜大部分已散失，所遺下的僅斷簡殘篇及《論植物》(*De plantis*) 這部書。

亞氏的思想不但受到逍遙派學者的重視與推崇，且當時所流行的其他學派也或多或少受其影響，譬如斯多亞學派曾局部地採納亞氏的邏輯與範疇論。亞氏所提倡的歸納法也獲得甚高的評價。至於其他有關物性及自然哲學的學說也受到斯多亞學派的肯定，他們尤其贊成亞氏所強調的:「人天生為社會動物」的說法。主張

懷疑論者 (Sceptics) 雖然基本上不欣賞亞氏的思想,但為了證明自
己的立場也不得不引用亞氏的推論。提倡享樂主義 (Epicurism) 的
伊璧鳩魯 (Epicurus, 342–270 B. C.) 也許反對亞氏的神學與心理
學,但卻贊成亞氏有關意志、友誼、追求知識是作為人的更高目
標及會給人類帶來更大快樂的說法。

　　羅德安道尼古斯 (Andronicus of Rhodes) 是一位相當出色的
逍遙派學者,大約於西元前第一世紀左右與莫厄都斯 (Boethus of
Sidon) 合作出版《亞氏全集》,並作序文。他可能是把亞氏自己所
題名的《第一哲學》(*First Philosophy*) 或《神學》(*Theology*) 這部
著作改稱為《形上學》(*Metaphysics*) 的人,雖然此名稱已在尼哥
拉霧斯 (Nicholas of Damascus) 的著作裏出現過。然而,把亞氏所
有有關邏輯的著作命名為《工具》(*Organon*) 則確定是其傑作。
《亞氏全集》為一本有系統的著作,由於該書的問世,的確給有
意研究其學說者提供了不少方便,對發揚其哲學委實有莫大的貢
獻,是故尼哥拉霧斯才能加以善用藉此發展亞氏的思想體系,從
此時開始,亞氏在學術上的地位得以建立和肯定,且其思想被認
為在許多方面是追求真知識的基礎。同時有關亞氏個別著作的註
解也逐漸問世。

　　在西元前後一世紀羅馬時代的學人們,如馬羅 (Varro, 116–27
B. C.),西塞羅 (Cicero, 106–43 B. C.) 和塞尼加 (Seneca, 54 B. C.–
39 A. D.) 等均能閱讀亞氏的原文著作,然大部僅限於比較通俗的
作品,且對其瞭解常帶有斯多亞學派之學說的色彩。西塞羅對亞
氏的《題論》與《修辭學》有特別研究,影響後代西方的修辭學
與辯證學頗多。

第二節　從西元後第一世紀到第五世紀

從西元前的第一世紀末期到西元後的第二世紀初期，在這段時間裏，對亞氏哲學的研究留下一段空白，直到阿斯巴詩霧斯 (Aspasius) 才開始註解其《倫理學》。格林 (Claudius Galen, 129–199 A. D.) 的本行雖是醫學，眾多的醫學著作使其成為醫學界的權威直到凡莎利霧斯 (Vesalius, c. 154 A. D.) 時，但其對哲學，尤其邏輯學，有濃厚的興趣，曾寫過頗有價值的《邏輯導論》，把亞氏與斯多亞學派的邏輯融於一爐，且曾發明了三段論證的第四格式 (the fourth figure) 作為補充。至於有關亞氏的「共相」(the universals) 學說，他採取唯名論的說法，即主張「共相」只是名稱而已，實際上是缺乏內容。亞氏有關靈魂之滅與不滅問題，其實其態度始終是相當曖昧的，然而格林卻直截了當地說亞氏主張靈魂是可滅的。

赫米奴斯 (Herminus, 130–190 A. D.) 詮釋了《前分析學》，但融入了不少自己的意見，其最得意之處乃培植了一位高足：阿梭尼亞亞歷山大 (Alexander of Aphrodisias, 160–220)，從西元 195 年就一直主持由羅馬帝國國王在雅典所創辦的亞氏思想研究中心，是第一位註解亞氏的主要著作者，故有「註解家」(Exegete or commentator) 及「亞氏第二」(the second Aristotle) 之稱，尤其對《後分析學》做了詳細的註釋與發揮，但對於有些重要問題上，似乎並未忠實地介紹亞氏的思想，譬如他把人的理智（被動）視為是物質 (intellectus materialis)，與動物的想像力沒有太大的分別，並把獨立的主動理智與第一因 (First Cause) 視為同一回事。

他的這種見解影響後代對亞氏學說的解釋甚大。儘管如此，其著作對瞭解原典確有裨益，且也包括不少亞氏年輕時所寫的論文之珍貴部分。他的《命運論》(*On Fate*) 曾被回教人士利用為辯論有關定命說與意志自由的根據。以亞氏思想為基礎，他與其他同時代的學人們也寫過有關邏輯學、倫理學、自然哲學及心理學等著作。

著名的埃及天文學家、地理學家兼數學家托勒密 (Claudius Ptolemy)，約生於西元後第二世紀初期，倡天動說 (Ptolemaic system)，謂地球居宇宙之中央，恆靜不動，日月星辰繞之而行，在十五世紀哥白尼之地動說未被發現以前，其說早已深入人心，牢不可破，所著《天論》(*Almagest*) 與《地論》(*Geography*) 為流行甚久的名著,但其研究學術之方法與思考方式亦受亞氏的影響。

以柏拉圖思想為基礎的新柏拉圖主義 (Neo-Platonism) 興起於西元後第三世紀，其代表人物為普羅丁 (Plotinus, 205–270)，對亞氏的哲學也相當內行。雖然曾嚴厲批評過亞氏的範疇論，然在其他許多重要的問題上，他卻贊成亞氏的觀點，譬如有關實現與潛能及獨立理智等學理。他也曾企圖利用亞氏的實現受潛能限制的學說以解釋柏拉圖的分享理論，並把柏氏的理型 (Ideas) 放在亞氏的獨立理智裏以建立一個統一的知識形上學。他同時也強調亞氏所主張的目的因之重要性。

鮑詩利 (Porphyry, 232–304) 曾師事普羅丁，也是新柏拉圖學派的成員之一，極推崇亞氏的哲學，是第一位協調柏拉圖學說與亞里斯多德學說的偉大哲學家 (the first harmonizer)，他曾極力證明二者之間只是表面上不一致，即從不同的觀點去看同一問題，所得的結論卻是一樣的，故其認為：二者在各問題上是「殊途同

歸」，由於亞氏研究問題的出發點是感性知識與物質世界，柏氏則從更高層次開始：從人的理智再往上升到屬於神明之物。他對亞氏的邏輯學特有好感，著有《哲學導論》(*Isagoge*) 一書，實際上該書只簡單地討論五個述詞 (five predicables) 的性質與用途，分別是「類」(genus)、「種」(species)、「種別」(differentia)、「偶有性」(accidents) 及「特性」(property)，但亞氏早已提過它們，並已善加利用。此書後來成為亞氏邏輯著作的一部分，對發揚亞氏的思想極具作用。從這時開始亞氏的思想與新柏拉圖主義的關係就密不可分了。

初期的拉丁教父❸通常對亞里斯多德不懷好感，其主要原因可能他們對亞氏的思想未作深入的研究，他們的知識也局限於其《範疇論》。熱羅尼莫 (Hieronimus, 340–420) 甚至視亞氏為異端邪說的化身。但當時在東方的教會人士，基於對宗教問題的爭論，借重亞氏的地方越來越多，譬如厄味撒 (Emesa) 的主教尼味諟烏斯 (Nemesius, fl. 400) 就對亞氏的《論心靈》及其他倫理著作頗有研究，此可從他所寫的有關靈魂和人的行為之論著獲得印證。

意安味古斯 (Iamblicus) 為西元後第四世紀研究亞氏思想的學者，從他所著的《哲學導論》(*Protreticus*) 中，後人可由此獲知亞氏有關哲學導論的觀念，因為在該著作裏幾乎全部引用亞氏的話。同時代另一位學人，第味斯諟烏斯 (Themistius) 給亞氏的大部分理論著作作了中肯的譯述，他並在君士坦丁堡興起了研究亞

❸ 早期維護天主教（基督教）教義的一些著名學者，稱之為「教父」(Fathers of the Church)。以拉丁文寫作者，稱為「拉丁教父」(Latin Church Fathers)，以希臘文寫作者，稱為希臘教父 (Greek Church Fathers)。

氏哲學的熱潮。由他所註解的《論心靈》(*De anima*)，嗣後對多瑪斯反駁阿味羅厄斯學派對該著作的解釋幫助極大。

於第四世紀出生於非洲的維多利奴 (Marius Victorinus) 在羅馬教授修辭學，對文法與哲學的研究頗有成就，且在晚年時 (c. 355) 信奉天主教，翻譯過亞氏的《範疇論》（已遺失）及鮑詩利 (Porphyry) 的《哲學導論》(*Isagoge*)（部分已遺失）。巴特斯達都 (Agorius Praetextatus) 將第味斯詩烏斯 (Themistius) 所譯述的《分析學》(*Analytics*) 改編以適應拉丁讀者的需求。聖奧古斯丁 (St. Augustine, 354–430) 只提到他曾讀過《範疇論》，但未做任何譯述的工作。接近第四世紀末期時，嘉培拉 (Martianus Capella) 把《範疇論》和《論解釋》融會貫通之後，將其內容收入於其所寫的 *De nuptiis philologiae et mercurii* 內，共有四冊。一百年之後，包伊夏斯 (Boethius, 470–524) 曾企圖把柏拉圖和亞里斯多德的全部著作譯成拉丁文，並加以註解用以證明兩者思想之連貫性，雖然並未如願以償，但仍對後學者有莫大的助益。他並曾努力使希臘文化變成拉丁文化，故也翻譯了不少希臘文著作並加註解，在他註解鮑詩利的《哲學導論》所提出的共相問題 (the problem of universals) 就成為中世紀哲學家所熱烈討論的問題。他對亞氏邏輯學的研究成就最大，對《範疇論》、《論解釋》、《前分析學》、《後分析學》、《題論》及《詭辯性謬論》所做的註釋均相當有分量，以此為根據，他完成了頗具創見的著作:《論定言三段論證》(*De categoricis syllogismis*)、《論假言三段論證》(*De hypotheticis syllogismis*) 及《論題異》(*De differentiis topicis*)，在此三部著作裏，他以斯多亞學派的邏輯做基礎，重新訂定了亞氏的三段推論式規則。包伊夏斯也寫過《論三位一體》(*De Trinitate*) 的書，在

該書中,他廣泛地採用了亞氏與新柏拉圖學派的哲學術語和定義,這對後來「亞里斯多德基督化」(The christianization of Aristotle)的工作幫助很大,尤其他有關「永恆」(eternity)、「位格」(person)、「本性」(nature)的定義及對學問的區分與研究方法之見解最值得一提。多瑪斯註解過此書,並發揮了許多來自亞氏的哲學觀念。他的另一本名著:《哲學安慰論》(De consolatione philosophiae) 也是在柏拉圖、亞里斯多德及斯多亞學派的影響下所完成的作品。於第五世紀時,由於一些新柏拉圖學派的學者們對柏拉圖有關來生、預言和天啟 (divine inspiration) 等超自然現象的見解感興趣,對亞氏大都抱敵視的態度,其中以波羅古斯 (Proclus, 410–485) 和詩利阿奴斯 (Syrianus) 尤為顯著,雖然前者也熟知亞氏的哲學,並編寫過亞氏的部分著作。同時代比較著重經濟的亞歷山大學派則強調自然神學裏的理性主義,並視宗教上的啟示只是一個超越真理 (one transcendent truth) 之象徵性表現,而該真理只有藉著哲學之研究才可獲致,因此他們對亞氏所發明的推論法:證明 (demonstrative)、辯證 (dialectical)、修辭 (rhetoric) 和詩詞 (poetic) 極為注意,把亞氏的《修辭學》與《詩詞學》視為《題論》(On Topics) 和《哲學性詭辨》(Sophistical Refutations) 的擴充,於是就把該兩部著作重新列入《工具》(Organon) 內。波羅古斯的學生阿蒙尼烏斯 (Ammonius Hermeae, fl. c. 485) 是亞歷山大學派的這種精神之推動者,且是最有系統的研究新柏拉圖主義的學人,也註解過亞氏的著作,曾與其他學人致力使基督徒和非基督徒相安無事和平共處,因著他們的努力,亞氏的思想方能在其他地方生根,譬如西義烏斯 (Sergius),是一位景教的神父及醫師,就把研究亞氏的風氣帶到敘利亞的基督教

學校裏去，他並與另一位景教教徒，波羅巴斯 (Probus, fl. 480) 以敘利亞文翻譯並註解亞氏的著作；亞歷山大斯德發奴斯 (Stephanus of Alexandria) 則在君士坦丁堡發揚亞氏的思想。同時亞歷山大與雅典的學校於 475 年和 545 年之間把名學者如阿蒙尼烏斯、辛比詩烏斯和若翰費羅保奴斯等所寫有關亞氏著作的註解加以出版，此對進一步瞭解亞氏的思想有極大的幫助。

第三節　從第六世紀到第十世紀

辛比詩烏斯 (Simplicius, fl. c. 533) 乃阿蒙尼烏斯的弟子，雖然比其師父更傾向於柏拉圖主義，但也發現亞氏的哲學有許多可取之處，曾註解過亞氏的《物性學》和《論蒼天》。他起先在柏拉圖於雅典所創辦的學園裏教授哲學直到該學園於西元 529 年被雨斯定尼安 (Justinian) 國王關閉為止，此後他與學園的主持人達麥詩烏斯 (Damascius, c. 480 A. D.)，同時也是他的老師，投奔於波斯國王高斯拉烏 (Khosran I)，師生一起把亞歷山大學派的思想帶到波斯去。他的同學（因都是阿蒙尼烏斯的學生）有些日後成為天主教教徒，其中以若翰費羅保奴斯 (John Philoponus) 較有名氣。他在融合天主教教義與亞氏學說的工作上有很大的貢獻。在他皈依天主教後，反駁過亞氏有關「世界永恆」的論調及阿梭尼亞亞歷山大有關獨立主動理智的觀念，因為他主張「創造說」與「靈魂不滅」。他給《物性學》所寫的註解已提前發現了「動力原理」(the theory of impetus)，此對十四世紀拉丁語系的學者們有重大的影響。他也曾參與「基督論」(Christology) 的爭論。雖然他的主張被教會斥為異端的「基督一性論」(Monophysitician)，但在

爭論的過程中，亞氏的邏輯與形上學卻一再地被引用與發揮。

　　當辛比詩烏斯 (Simplicius) 和達麥詩烏斯 (Damascius) 投奔到波斯國王高斯拉烏時，其時波斯人與敘利亞人已對希臘哲學產生相當的興趣，再加上後來景教教徒的努力，整個敘利亞研究亞氏的風氣越來越濃厚，有關亞氏思想的著作也不斷出現，譬如波斯保羅 (Paul of Persia, fl. 570) 就寫了一本獻給國王高斯拉烏有關亞氏的《工具》著作，迄今尚保存著。

　　在第五世紀以前，基督教（天主教）神學受亞氏的影響不大，但其邏輯頗受重視，因為它對神學家的訓練頗有裨益。逐漸地亞氏的物性學與形上學的有些觀念就被採用。在偽尼奧尼詩烏斯 (Pseudo-Dionysius, c. 500 A. D.) 的神學著作裏就經常出現鮑詩利 (Porphyry) 的五個述詞及亞氏的十個範疇。其他觀念，如「自立體」(substance)、「本質」(essence)、「依附體」(accidents)、「原形」(substantial form)、「原質」(prime matter)、「種差」(species)、「本性」(nature)、「品質」(quality)、「分量」(quantity) 及「特性」(property) 也被用為描述上帝的特性與三位一體的道理，雖然不一定經常保持亞氏的原意。若翰達馬斯古 (St. John Damascus, 700–754 A. D.) 的思想也甚受亞氏的影響。

　　於第九世紀興起的拜占庭文藝復興運動也再度對亞氏感興趣。胡斯烏斯 (Photius, 820–891) 為東西方教會分裂的關鍵人物及是君士坦丁堡的大主教（曾兩次被羅馬教宗開除教籍），即是此運動的領導人，在他的著作裏包括了亞氏的邏輯摘要。許多古老的書籍也在此時被發現及再版，目前仍保存的最古老原稿就是該時代所發現的，此對研究古代人思想的真實性與正確性自然有極大的幫助。

整個中東皈依回教之後，對希臘哲學的研究有增無減，於西元後八百年至一千年之間達到高潮，以阿拉伯文翻譯及註解亞氏的著作亦甚為普遍。回教哲學家阿慶尼 (Al-Kindi, ibn-Ishåg, d. 873) 對亞氏的《論蒼天》、《氣象學》、《形上學》等的研究頗有心得。他是第一位研究亞氏，並也是第一位以阿拉伯文介紹其思想的阿拉伯大哲學家，是一位博學的學者，除了哲學的著作，並寫過有關地理、天文、占星術、數學、音樂、物理、醫學、心理學、氣象學及政治學等書。他區別了主動理智與被動理智，後者受前者所定形 (actualized)。景教徒胡納印 (Hunayn ibn-Ishåg) 父子對亞氏的著作做了有系統及科學化的翻譯，當他們在翻譯成阿拉伯文之前，先慎重地比較過希臘原文與敘利亞文翻譯本。

阿沙拉比 (Al-Farabi, d. 950) 是一位有相當影響力的回教哲學家，雖然其思想染有新柏拉圖主義的色彩，但基本上還是傾向於亞里斯多德，故有「亞里斯多德第二」(the second Aristotle) 之稱，阿味齊納 (Avicenna) 的哲學思想受其影響甚鉅，故也主張存在與本質為實際上不同的二物。他把亞氏的邏輯學介紹給回教世界，並強調亞氏有關「首動的不動者」(the first unmoved mover) 的觀念。他的兩位在學術上的同伴 Abu Bishr Matta ibn-yunus, c. 870–940 和 Jacobite Yahya ibn-Adi 也是研究亞氏的學者，前者寫過有關《前分析學》及「條件三段推論式論證」(conditional syllogisms) 的著作，後者曾發揮亞氏的理性主義。意撒格依沙厄利 (Isaac ben Solomon Israeli, 850–950) 為一位早期研究亞氏哲學的猶太學者，他雖然是主張新柏拉圖主義者，但在其所著的《論定義》(*De definitionibus*) 及《論元素》(*De elementis*) 二書中就討論許多亞氏的哲學觀念。據阿味齊納 (Avicenna) 的說法，就是他

給「真理」下過正確與有名的定義：「名實相符」(Adaequatio rei et intellectus)。多瑪斯曾在其《神學大全》卷一的第十六問題的第一、二節引用過此定義。

第四節　從第十一世紀到第十五世紀

　　波斯籍的阿味齊納 (Avicenna, 980–1037) 與出生於西班牙的阿味羅厄斯 (Averroes, 1126–1198) 是兩位聞名西方世界的回教學者，同時也是研究亞氏思想的權威人士，前者被稱為亞里斯多德第三 (the third Aristotle)，他所強調的本質與存在之間的實際區別及可能與必然物之間的關係就很顯明地來自亞氏的靈感；後者則有「註解家」(the commentator) 之稱譽，因為他花了很長的時間幾乎註解了亞氏的全部著作，大詩人但丁還特別加以推崇，讚美其為「偉大的詮釋」(il gran commento)。其註解所用的格式亦相當具有科學化，後來許多註解也因而加以模仿。阿味齊納曾企圖調和亞里斯多德、新柏拉圖主義與回教信仰。他對心理學頗有貢獻；以新柏拉圖主義與亞氏的哲學精神寫過《形上學》著作，但不是註解亞氏的《形上學》。他同意亞氏給靈魂所下的定義：軀體的第一實現和原形，但明顯地表明其否認個別靈魂為精神體及不滅的信念。他那有名的主張：「物先、物裏、物後的共相」(universale ante res, in rebus, post res)，亦來自亞氏的啟發。阿味羅厄斯的主要任務是註解亞氏的著作，但摻雜不少自己的意見，所以也被指責為曲解亞氏思想者 (the corruptor)，譬如他主張所有人有一個共同的理智，及雙重真理 (two-forth truth) 的存在。前者曾引起多瑪斯的不滿，故著有《駁斥阿味羅厄斯學派的學人們有關

理智統一性的謬論》(*De unitate intellectus contra Averroistas*) 一書
以證明真相。儘管如此，他對分析亞氏的著作，介紹其思想仍是
功不可沒，而他本人對亞氏的崇拜更是五體投地，因為對他而言，
亞氏簡直就是真理的代言人，其哲學即是在教授真理，而亞氏自
己則是自然所賜以顯示人類的終極完美之標準與典範 (the
measure and model offered by nature to show the ultimate perfection
of man)。

　　其他對亞氏哲學的研究頗有成就的學者有：阿巴露尼 (Al-
Baruni) 和殷加農 (Ibn Khaldum)，兩位皆是社會學家，前者對印
度文化與宗教也作了深入的分析，後者則對世界文化的研究頗有
成就。阿加西 (Algazel) 曾以客觀的態度把哲學家們的見解加以摘
要，尤其關於阿沙拉比和阿味齊納的見解。作為哲學家思想的介
紹者，他的貢獻曾獲得一致的肯定。阿文巴齊 (Avempace) 和意杜
沙利 (Ibn Tufail) 為在阿味羅厄斯以前的兩位西班牙學者，在回教
世界裏對亞氏的研究也值得一提。

　　柏拉圖所創辦的學園 (Academy) 於第十一和第十二世紀間在
君士坦丁堡復校，此舉再度促成了人們對柏拉圖哲學研究之狂熱，
因此對亞里斯多德思想亦感興趣。博學多才的哲學家麥克西露
(Michael Psellus) 和他的學生若翰意達路 (John Italus) 及厄佛所的
總主教邁克爾 (Michael) 與尼西亞 (Nicaea) 的大主教歐斯達詩烏
斯 (Eustratius) 分別是當時研究、講授與註解柏氏與亞氏思想的領
導人物。雖然學人們不斷爭論有關柏氏與亞氏的優劣，以及宗教
人對哲學的攻擊，然並未因此而削減研究的風氣。這些學人們也
許對亞氏思想的瞭解或發揚無甚大的突破，但研究的範圍卻不限
於其邏輯，幾乎涵蓋亞氏的全部思想，尤其把注意力集中於對亞

氏的政治學，倫理學及生物學的研究上。亞味拉 (Peter Abelard, 1079–1142) 應算是中世紀時第一位研究亞氏哲學的大學者，他堅信亞氏的辯證法對真理的分析與發現乃必要的工具。他對「共相」的問題特別感興趣，而大致上他也以亞氏對此問題的見解為基礎去發展其學說。同時，在十二世紀的後半，學者們對亞氏的物理學、宇宙論、自然科學和形上學又有新的研究標的，主要來自梭黎諾 (Salerno) 的著名醫學院及英國的哲學家們。莎利西西亞特 (Alfred of Sareshel) 得自亞氏的靈感寫了《論心動》(*De motu cordis*) 一書。

中世紀時在猶太哲學家中比較重要的學者為阿味齊波羅 (Avicebron or ibn-Gabirol, 1021–1058) 和馬意蒙尼 (Maimonides, 1135–1204)，前者著有《生命的泉源》(*Fons vitae*)，尤其對十三世紀的方濟學派學者影響甚大，在此書中，他一方面反對亞氏有關精神實體與原形之多元化 (plurality of forms) 的看法；另一方面則同意亞氏有關推動因的觀念，並把上帝視為宇宙的最初推動因，同時他也利用亞氏的「形質論」建立其形上學架構。後者所著的《困惑者的指南》(*Guide for the perplexed*) 曾影響聖大雅博 (St. Albert the Great) 和聖多瑪斯甚大。他非常強調教義的合理性及哲學與神學、理性與啟示的和協關係及其相輔相成的功能，在這方面，他可以說是在多瑪斯之前最具遠見的學人。他也利用亞氏的原理證明上帝的存在，並主張「永恆創造說」(Creation from eternity)。另一位值得一提的是十二世紀中葉的猶太學人多黎諾阿巴拉漢 (Abraham ibn Daud of Toledo)，他把亞里斯多德的思想融入猶太教義的理性與神修生活裏。

西方到十二及十三世紀時，研究亞氏的思想越來越熱烈，支

持與反對者均大有人在。西密第斯 (Nicephorus Blemmydes)、巴齊味黎 (George Pachymeres)、密多齊特 (Theodore Metochites)、巴拉安 (Barlaan)、斯哥拉利烏斯 (Gennadius Scholarius) 都或多或少受到亞氏的影響，在他們的著作中也不難發現含有亞氏思想的成分。若翰柏沙利翁 (John Bessarion) 為波當 (G. Gemistus Plethon) 具有影響力的學生，雖然偏愛柏拉圖，但也崇拜亞里斯多德，後晉升為樞機主教，曾翻譯過其《形上學》，並收集過亞氏著作的原稿。威尼斯詹姆斯 (James of Venice) 在君士坦丁堡於西元 1150 年前後用拉丁文翻譯過《後分析學》、《物性學》、《論心靈》、《形上學》的卷一到卷四及《自然短篇》(*parva naturalia*)。其譯文雖經莫厄維克 (William of Moerbeke) 的修改，但一直被採用到文藝復興為止。亞利斯第布斯 (Henricus Aristippus) 除把柏拉圖的二部對語錄：Meno 和 phaedo 譯成拉丁文外，尚翻譯了亞氏的《氣象學》(*Meteorology*) 的卷四，《論生滅》也很可能是他所翻譯的，於其間也找到無名氏有關《論生滅》、《論感官與感覺物》及《宣高邁倫理學》直接從希臘文翻譯過來的譯本。《後分析學》和《物性論》也同時被重新翻譯過。稍後在西班牙和英國即有人開始從事阿拉伯文的翻譯工作。葉蘭 (Gerard of Cremona) 於多黎諾 (Toledo) 把《物性學》、《論蒼天》、《論生與滅》、《氣象學》、《形上學》的卷一到卷三及《後分析學》譯成拉丁文。阿西利 (Alfred Sareshel) 註解過《氣象學》。葉蘭 (Gerard of Cremona) 與斯高 (Mchiael Scot) 於西元 1165 年與 1230 年之間用阿拉伯文翻譯了亞氏的一半著作。哥西特 (Robert Grosseteste) 為羅吉・培根 (Roger Bacon, 1214–1294) 之師，大約於西元 1240 年翻譯過《宣高邁倫理學》和《論蒼天》，且詳細註解了《後分析學》，依培根

之見，其師為少數真正了解亞氏思想的人之一，其他人均未能真
正了解亞氏及亦未忠實地翻譯過他的著作，而培根本人由於熟諳
希臘文，能閱讀原著，故能發現亞氏的確修正過其時代的哲學。
培根也註解過《物性學》及《形上學》的局部，同時在西元 1250
年以前也已註解了被巴黎大學所認定是「危險的著作」
(dangerous texts)，可惜他志在數學，尤其對科學試驗有特別偏好，
所以沒有多餘的精力對亞氏作更深的研究。這時阿拉伯世界有關
亞氏的註解即不斷地透過西班牙學人們的翻譯流入歐洲，使西方
人對亞氏有進一步的認識，其中尤以阿味羅厄斯的註解引起熱烈
的爭論。威廉奧味尼 (William of Auvergne) 和腓力 (Philip the
Chancellor) 是首先引用阿味羅厄斯的註解者。聖大雅博在邏輯學
與自然哲學方面也頗欣賞阿味羅厄斯的見地，但在心理學與形上
學方面，則比較喜歡阿味齊納的主張。不過他一直認為亞氏的著
作對拉丁世界的文化，尤其對哲學的貢獻應被肯定，所以他除了
不贊成那些明顯地違反信仰與教義的學說外，亞氏的其他思想，
他均以胸懷若谷的態度予以接受，雖然他為了不遭那些無知者的
冤枉指責，仍很謹慎地聲明：「我只是在解釋，並不認同亞里斯多
德」 (I expound, I do not endorse Aristotle)。其高足聖多瑪斯 (St.
Thomas Aquinas, 1225–1274) 也對阿味羅厄斯相當了解，但基本上
他認為阿氏並非亞氏的忠實註解家，由於他所提出的許多觀念與
天主教信仰相左，其中主要有：有關世界的永恆性及必然性；理
智（包括主動與被動理智）的統一性，即主張一個理智為全人類
所共有；雙重真理的存在：在哲學上是真的，在神學上可以是假
的，反之亦然，而哲學真理的地位要超越神學真理。聖多瑪斯則
不認為這些是亞里斯多德的主張，所以他急於需要亞氏的忠實譯

文以便認識真實的亞里斯多德。於是多氏就請其同修會（道明會）的會士莫厄維克 (William of Moerbeke) 把亞氏的主要著作譯成拉丁文。莫氏首先把亞氏的《詩詞學》、《修辭學》及其他有關動物的著作全部譯成拉丁文。嗣後又翻了《論蒼天》的卷三和卷四；《氣象學》的卷一到卷四；《政治學》的卷三到卷八及直到當時所遺失的《形上學》的卷十一；他也重新翻譯了《範疇論》和《論解釋》，而且校正了其他譯文，尤其由威尼斯詹姆士 (James of Venice) 所翻譯的版本。這些工作大約於 1255 年與 1278 年之間完成，有了可靠的譯文做根據，多瑪斯熟讀了亞氏的著作，並為大部分的主要著作做註解，於是亞氏的思想得以發揚光大。雖然多氏服膺亞氏哲學，但並非盲從，在不違反教義與真理的大前提下，在註解、解釋、發揮和引申亞氏的思想時，他均能保持相當程度的自由與獨立的風格，以便去蕪存菁，收到截長補短之效，故他接受亞氏時，乃經過重新的思考與審議 (Aristotle rethought and re-examined)。倘若他發現亞氏所言有不妥之處，他寧願跟隨柏拉圖、新柏拉圖主義者、聖奧古斯丁，甚至阿味齊納，只要他們所言有理。因著多瑪斯的努力，才使亞里斯多德取代了柏拉圖的地位，因為他發現前者較接近真理，且與天主教信仰較接近，雖然亞氏有些觀念仍有缺陷，需要修正以便與教會的信仰相符合，此即所謂的「使亞里斯多德基督化」(christianization of Aristotle) 的工作，雖是項艱難的工作，卻是多瑪斯偉大的傑作之一，為學術界帶來了莫大的貢獻，因為原先亞氏的著作乃從希臘文直接翻譯成敘利亞文，再從敘利亞文譯成阿拉伯文。當時阿拉伯一帶的回教勢力極為強大，又有新柏拉圖主義的推動，亞氏的思想無形中受了這兩股力量的感染，再經過西班牙才進入歐洲大陸，許多地

方已變了質。巴黎大學於 1210 年把亞氏的自然哲學和形上學列入禁書之林，雖然其邏輯與倫理學仍可自由的被傳授，且於 1225 年消除禁令，但巴黎的主教鄧彼厄 (Stephen Tempier) 於 1270 年又重申禁令，且於 1277 年把由阿味羅厄斯所註釋的亞氏思想 (Averroist Aristotelianism) 的二百九十項命題視為異端邪說，其中也包括一些多瑪斯的主張，特別有關「個體性的基本原理」(principle of individuation) 及「天使的種別」。可是後來有越來越多的學人研讀多瑪斯的著作，對其思想有了更進一步的瞭解之後，才發現其價值，連帶地也推崇亞里斯多德的哲學，於是其地位獲得肯定得以鞏固。於十四世紀時，巴黎大學要求所有哲學教授必須宣誓不得講授與亞氏思想相左的學說；到 1624 年時，法國國會甚至決議將講授違反亞氏思想者處以極刑，1687 年巴黎大學又重申此決議。

多瑪斯除澄清及發揚光大亞氏的哲學外，其另一項偉大的貢獻是確定哲學與神學、信仰與理性的性質、地位及彼此間的關係，其意為：雖然兩者為不同性質的學科，但不僅彼此不發生衝突，且可相輔相成，此乃基於「真理與真理之間絕不相抵觸」的大原則。他以類比的推理方式來區別教會與國家（政府）的關係；兩者同為完善的社會組織，雖然教會在地位上高於國家，但因其所直接管理的是宗教或精神事務，故不應直接干涉國家的事務，除非關係到教會的權益。他的這種思想在註解亞氏的《倫理學》和《政治學》時已作了清楚的交代。巴黎若翰 (John of Paris) 在其所寫的《王權與教權論》(De potestate regia et papali) 中擁護亞氏與多氏有關自然法的原理及國家的完整地位以反對羅馬齊斯 (Giles of Rome) 所提倡：「教權在非宗教事務上亦為至高無上」的論調。

有「精銳博士」(doctor subtilis) 之稱的思高圖 (Duns Scotus, 1265–1308) 乃多瑪斯之死敵，他主張信仰超越理性，神學與哲學扯不上關係，「先驗證據」(argument a priori) 即足以證明上帝的存在以反對多瑪斯與亞里斯多德的「後驗證據」(argument a posteriori)。在個體性的基本因素的問題上 (the principle of individuation) 亦持相反的意見。儘管如此，他仍以亞氏的原形、原質、因果律及必然與非必然等觀念建立其思想體系。唯名論之父的威廉奧坎 (William Ockham, 1300–1349) 為思高圖的學生，後來卻與之對敵，主張「共相」只是空洞的抽象名詞而無真實意義，個體才是最真實的。基於「事物不無故的增加」(Entia non sunt multiplicanda praeter necessitatem) 的原則，他否認主動理智的存在及在理智與個別事物之間需要媒介的說法。他此種偏激的唯名論，一方面為法蘭西・培根的經驗論鋪路，另一方面則給亞氏的實在論出了難題。到十四世紀中葉，里修 (Lisieux) 的主教奧黎 (Nicholas Oresme) 把亞氏的《倫理學》與《政治學》譯成方言使一般讀者均能欣賞其價值以影響他們的日常生活。對大詩人但丁 (Dante) 而言，亞氏簡直就是全部人類知識的化身，是承先啟後的一代宗師 (The master of those who know)。他所寫的《王制論》(De monarchia) 則強調國王的統一、獨立與絕對權就足夠保證人民在現世所欲獲得的幸福。此主張似乎來自阿拉伯學人們對亞氏有關主動與被動理智所作的解釋：一個為所有人所共同分享的統一理智。在《宜高邁倫理學》裏，但丁發現正確的倫理準則及對人性的深入探討。

　　從十二世紀末期到十三和十四世紀時，有些學者已開始注意在亞氏思想裏所含的自然科學觀念，其中尤以聖大雅博及哥西特

(Robert Grosseteste, d. 1253) 比較有名。後者給《後分析學》做了註解，並從希臘文翻譯《論蒼天》和《宜高邁倫理學》，及被誤認為是亞氏所著的《論世界》(*De mundo*)。後來的德國道明會會士，如第奧諾利 (Theodoric of Freiberg) 及英國牛津大學的密當 (Merton) 學院的教授們，均曾繼承其遺志繼續研究亞氏的自然科學。法國的布利南 (John Buridan) 和奧利斯密 (Oresme) 等也步其後塵。巴厄味烏斯 (Bar Hebraeus—the son of the Hebrew, 1226–1286) 是一位皈依天主教的猶太人，在他的神學、哲學及其他著作裏相當成功地發揮了亞氏的思想，並也註解過亞氏。

第五節　從第十六世紀到第二十世紀

從十四世紀到十八世紀，在歐洲發生過幾件重要大事：文藝復興、宗教改革及啟蒙運動，與這些事件有密切關聯的是人文主義、世俗主義、理性主義及科學的人生與宇宙觀，在這期間亞氏所獲得的是毀譽參半。

主張人文主義者，雖然基本上是反對士林哲學，連帶也反對亞里斯多德，但並非完全如此，這可從他們繼續對亞氏的《政治學》、《修辭學》及《詩詞學》和倫理著作感興趣之事實可獲得印證。1498 年於威尼斯由喬治巴拉 (Giorgio Valla) 所出版的《希臘修辭學家》(*Rhetores Graeci*) 就包括久被人所忽略的亞氏的《修辭學》和《詩詞學》。

由馬丁路德所領導的宗教改革直接是反抗代表天主教的羅馬教宗之權威，間接也反對代表天主教思想的士林哲學及與士林哲學有密切關係的亞氏思想。

　　為了應付這種趨勢，天主教於 1537 年召開特冷騰大公會議 (The Council of Trent) 及於佛羅倫斯所召開的大公會議 (The Council of Florence) 均重申士林哲學的價值，間接也就鞏固了亞氏的地位。君士坦丁堡於 1453 年滅亡之後，許多希臘的著名學者來到意大利，其中有些對亞氏的研究別具專長，例如特密遜 (George of Trebitoud) 即認為亞里斯多德遠勝過柏拉圖；佛羅倫斯的主教阿基羅布雷 (Argyropoulos) 註解過亞氏的《倫理學》及把多瑪斯的《論存有與本質》(*De ente et essentia*) 翻譯成希臘文；柏沙利翁 (Bessarion) 樞機主教把亞氏的《形上學》譯成拉丁文及修正了柏遜 (Gemistos Plethon) 對亞氏所作的批評，且企圖重新協調亞里斯多德與柏拉圖的思想。此時與哲學有關的希臘文也被講授，新的譯文及無名氏的註解也不斷出現及被翻成拉丁文，終於在 1495 年阿寧出版社 (Aldine Press) 發行了亞氏的大部分著作。由羅陵梭巴拉 (Lorenzo Valla) 所主持對歷史文獻的鑑定工作，也開始對亞氏及其註解家的著作進行鑑定工夫；羅柏德露斯 (Robertellus) 於 1549 年再版了《詩詞學》並附有拉丁譯文與註解。法梭羅 (Fasolo) 翻譯了辛比詩烏斯 (Simplicius) 的《論心靈》註解。從十五世紀到十六世紀這段期間，由於對亞氏思想的研究越來越熱烈，故學者們對其正確解釋也頗感興趣。意大利幾個有名的大學，如巴奴亞 (Padua)、莫羅亞 (Bologna)、西拉蘭 (Ferrara) 和威尼斯等地的大學之哲學思潮都籠罩在亞氏思想的氣氛中，然而是經過阿味羅厄斯所解釋的亞氏思想，當時有名的阿味羅厄斯派學者有：奧古斯定尼火 (Agosto Nifo)、尼哥黎多密尼亞 (Nicoletto Vernia) 和彼德波本納西 (Pietro Ponponazzi) 等。這些學者也把注意力集中於某些較受爭議的問題上，譬如有關主動理

智之性質與靈魂不滅的問題。前已提過，依照阿味羅厄斯的說法，亞氏主張有一個為所有人所共有的「超越理智」(overmind) 之存在，它是不滅的。阿梭尼亞亞歷山大 (Alexander of Aphrodisias) 則持相反的意見，認為上帝是唯一的「超越理智」，人的靈魂則並非不滅的。波本納西 (Pietro Ponponazzi) 於 1516 年支持後者的主張寫了一篇反對靈魂不滅的論文，並強調應從亞氏的著作中直接認識亞氏，勿透過註解家，而亞氏並不代表全部知識，他也犯過錯，必須加以指正。前者的擁護者有：Nicolleto Vernia, Agostino Nifo, Leonicus Thomaeus, Alexander Achillini 及 Marco Antoni Zimara。沙馬黎拉 (J. Zabarella, d. 1589) 則發揮了波本納西的立場，在其他方面則接受阿味羅厄斯的解釋。他對方法學有相當的貢獻。他和其弟子巴誄烏斯 (Julius Pacius, 1550–1635) 對亞氏著作的研究和註解一直影響現代學人們對亞氏的研究。巴誄烏斯翻譯過亞氏的邏輯著作 (*Organon*) 和《物性學》(1592 年與 1596 年於佛蘭克福出版) 及於 1597 年在里昂出版過亞氏全集。他於 1595 年在西南 (Sedan) 出版的《邏輯規則》(*Institutiones logicae*) 使他成為著名的極端方法多元論者。

在宗教改革之後的北歐，尤其在加爾文教派裏盛行反對亞氏邏輯學與方法論的風氣。法國的數學家兼哲學家拉姆斯 (Peter Ramus, 1515–1572) 對亞氏的批評最為嚴厲。他寫過《辯證規則》(*Dialecticae institutiones*)、《亞里斯多德之批評》(*Aristotelicae animadversiones*) 及其他兩本有關《後分析學》之研究的著作，除了批評亞氏的思想外，尚把邏輯與修辭合併為一，且將所有方法歸納為一。嘉本達利烏斯 (J. Carpentarius, 1524–1574) 是一位研究希臘數學的學者，他不贊成拉姆斯的批評，寫過有關柏拉圖與亞

里斯多德之比較的論著（1573 年於巴黎出版），旨在調和兩者的思想。有關於亞里斯多德思想史之研究由尼達博 (Lefèvre d'Ètaples) 開始於法國，此工作後來為巴詩烏斯所延續。

擁護與反對亞氏的爭論逐漸蔓延到英國和德國。大致來說，牛津大學是擁護亞氏的學府，劍橋大學則持反對立場，並傾向於柏拉圖主義。牛津大學一向把亞氏的研究列入課程的整體中之一部分直到十七世紀的中葉，尤其著重亞氏的邏輯、倫理和政治著作之研讀與闡述。雖然這段期間，對亞氏的研究有走下坡的趨向，但仍有一些值得一提的研究者，譬如 John Sanderson、John Case、Richard Crackenthorpe、Thomas Wilson、Ralph Lever、Jacobus Martinus Scotus 和 Everard Digby。在英國對亞氏的研究工作從未中斷，尤其英國教會的神職人員仍相當熱衷於亞氏學說，特別在邏輯、倫理和政治問題上。胡克 (Richard Hooker, 1554–1600) 所寫的《教會憲政》(*Ecclesiastical Polity*)；巴慈 (Joseph Butler, 1692–1752) 對倫理與自然神學；曼西 (H. L. Mansel, 1820–1871) 對邏輯學；巴斯嘉 (E. L. Mascall, 1905–1993) 對形上學所作的研究均為在亞氏的影響下所表現的成果。尤其泰勒 (Thomas Taylor, 1758–1835) 獨自一人幾乎翻譯了亞氏的全部著作，並附加《希臘學人們所做的最佳註解的許多說明》(*Copious Elucidations from the Best of his Greek Commentators*)。他雖然基本上熱衷於柏拉圖主義，但卻極樂意接受亞氏的正確觀念以形成智慧的大結合。

在德國，儘管馬丁路德對亞氏的敵視，密蘭遜 (P. Melanchthon) 仍盡力使亞氏的研究不致中斷，尤其亞氏的邏輯，雖然他所了解的已摻雜了斯多亞學派的成分。斯濟克 (Jacob Schegk, 1511–1587) 是一位邏輯與醫科教授，對希臘文化之研究

頗有名氣，對亞氏的《分析學》之研究亦甚有心得，他曾反駁拉姆斯對亞氏的批評。其他受亞氏影響的學者有翁基烏斯 (J. Jungius) 及其弟子萊布尼茲。後者修正過文藝復興時代的意大利修辭學家尼梭利奧 (M. Nizolio, 1498–1576) 對亞氏的邏輯和理論哲學所作的過分批評及渥爾夫 (Christian Wolff, 1679–1754) 對亞氏所發動的攻擊。然而反對拉姆斯最激烈者應推克克曼 (Kerkermann, 1572–1609)，其論著在歐洲大陸和英國甚為流行。荷蘭的奧厄詩烏 (G. Voëtius) 雖然是一位加爾文教派的學者，但卻擁護亞氏的學說以反駁笛卡兒的方法論。十六與十七世紀的法國大學開始廣泛地對亞氏作深入的研究，此工作到十九世紀時的柏林學院 (The Berlin Academy) 得以開花結果。

　　為了對付由馬丁路德所發起的宗教改革，天主教會於特冷騰所召開的大公會議 (The Council of Trent, 1545–1547; 1551–1552; 1562–1563) 之後，逐漸對多瑪斯的思想之研究重新興起了一股熱潮，由於多氏的思想大致而言以亞里斯多德的思想做根據，故許多學者於研究多氏思想之同時，也註解亞氏的著作以發揚其思想，例如：方尼 (Dominic of Flandenrs) 註解過《形上學》，費蘭利 (Ferrariensis) 註解過《後分析學》、《物性學》和《論心靈》(*De anima*)，阿密利 (G. C. Javelli) 則在亞氏的主要著作上下工夫，同時也反駁波本納西的主張；嘉耶旦 (T. V. Cajetan) 註解過《範疇論》、《後分析學》和《論心靈》，同時也寫過有關鮑詩利 (Porphyry) 的《述詞》(*praedicabilia*) 之論著。

　　這股研究亞氏的熱潮很快就吹向西班牙和葡萄牙，甚至到拉丁美洲，整個中西歐洲及拉丁美洲的高等教育均建立於亞氏思想的架構上。在撒拉曼加 (Salamanca) 大學的國際公法始祖方濟維多

利亞 (Fr. Vitoria) 修正並發揮了亞氏的自然法觀念；梭道
(Domingo de Soto) 註解過《物性學》和《論心靈》。在亞加拉
(Alcala) 和哥音巴拉 (Coimbra) 的一些聖衣會會士 (Carmelites) 和
耶穌會會士，合作撰寫有關亞氏的邏輯與自然哲學的論著。道黎
諾 (Fr. de Toledo) 曾受教於梭道，也註解過亞氏的某些學說。彼
黎意拉 (Benedict Pereira) 於 1585 年註解並發揮過《物性學》。對
亞氏的研究具有大學術貢獻應推有「葡萄牙亞里斯多德」(the
Portuguese Aristotle) 之尊稱的方西嘉 (P. da Fonseca) 和蘇亞黎
(Fr. Suárez) 這兩位學者對於《形上學》所做的研究。前者曾討論
該書的真實性，並比較各譯本的優劣；後者於 1597 年所寫的《形
上問題之研討》(*Disputationes metaphysicae*)，嚴格而言，雖不能
算是註解，但確是對亞氏形上學的研究與發揮，此對研究亞氏的
學者有很大的幫助。另外，馬烏路斯 (Silvester Maurus) 於 1668 年
對亞氏的主要著作所做的解釋也值得一提。

　　這時在歐洲，尤其在意大利，學者們對自然及宇宙和上帝的
看法有了極大的改變，故對亞氏的某些重要學理多採取敵視態度，
他們所用的武器是：以亞氏的用詞來反對亞氏，其中比較有名的
有：佛蘭加斯多羅 (G. Fracastoro, 1478–1553)，嘉納諾 (G.
Cardano)，弟黎詩奧 (B. Telesio)，布魯諾 (G. Bruno) 和甘巴尼拉
(T. Campanella) 等。布魯諾重申尼南特 (David of Dinant) 的主張，
把純潛能的原質視為與純實現的上帝是一回事 (the identification
of pure matter with pure act)，換言之，上帝即是原質 ❹。瓦尼尼
(G. C. Vanini, 1584–1619) 受波本納西的影響，也以亞氏的用詞來

---

❹　聖多瑪斯曾斥之為荒謬之至："Sed tertius error fuit David de Dinando,
qui stultissime posuit Deum esse materiam primam." (*S. th*. I, 3, 8.)

反對亞氏，主張自然即是首先的自動推動者，無需在它以外的其
他推動者。與意大利的自然哲學家稍微扯上關係並攻擊亞氏者有
巴第詩 (Fr. Patrizi) 於 1571 年所寫的《討論逍遙派作家十五書》
(*Discussionum Peripateticarum Libri XV*)，及嘉沈尼 (P. Gassendi)
於 1624 年所寫的反駁亞里斯多德的《矛盾說法》(*Exercitationes
paradoxicae adversus Aristotelem*)。哥白尼 (Copernicus, 1473–
1543)，伽利略 (Galileo Galileo, 1564–1642)，斯德明 (Simon
Steven, 1548–1620) 對亞氏的一些有關天文與其他自然科學的觀
念也大肆攻擊。法蘭西・培根 (Francis Bacon, 1561–1626) 在一般
人的觀念裏必然是反對亞氏者，因為他是近代經驗哲學之始祖，
曾極力評擊亞氏的三段推論式邏輯，主張基於經驗並把所觀察到
的資料作為分析與發現真理的標準，以歸納法為唯一可靠的方法。
他於 1620 年發表《新工具》(*Novum Organum*) 一書，強調歸納法
的價值，並企圖以它來代替亞氏的《工具》。其實他本人對亞氏卻
相當景仰，這可從下面一席話得到印證：「就好像由泉源所流下的
水，不會超過泉源的水平，同樣的，由亞氏所獲得未經檢討的知
識，亦不會超過亞氏本身所擁有的知識。」❺霍布斯 (Thomas
Hobbes, 1588–1679) 雖然也經常嘲笑亞氏，但其本人卻深研細讀
過亞氏的作品，並借重亞氏的地方甚多❻。他也寫過亞氏的《修

---

❺ "As water will not ascend higher than the level of the first springhead
from whence it descendeth, so knowledge derived from Aristotle, and
exempted from liberty of examination, will not rise again higher than the
knowledge of Aristotle." (*Advancement of Learning*, I, IV, 12.)

❻ G. R. G. Mure, *Aristotle* (the U. S. A., 1964), p. 250; D. J. Allan, *The
Philosophy of Aristotle* (London: Oxford Univ. Press, 1970), p. 165.

辭學》摘要，尤其對其中有關情緒的文字特感興趣。柏克來 (G. Berkeley, 1685–1753) 卻罵那些對亞里斯多德、柏拉圖和《聖經》之所言不表贊同者為呆頭呆腦者❼。然而，吾人也不得不承認，開始於十七世紀成熟於十八世紀及結束於十九世紀的啟蒙運動，在歐洲造成一陣高唱自由、民主、獨立思考、理性至上與反權威、反傳統的旋風之後，亞氏的權威的確備受打擊，許多自由派思想家均以嘲笑亞氏為能事，英國詩人蒂利能 (John Dryden, 1631–1700) 大約於西元 1662 年給嘉黎頓 (Charleton) 所寫的詩句充分表露了這種風氣：「統治思想最久的暴政即在於我們的祖先將天賦的思想自由出賣給亞里斯多德，把亞氏的思想作為普遍的指南──被亞氏牽著鼻子走。」❽亞氏所遭受的非議，主要由於他的一些落伍的天文、科學及宇宙觀，以及他太過重視理論而忽略了實際經驗。概括而言，十七與十八世紀是亞氏被忽略的時代，只有其詩學、邏輯學與政治學頗受重視而已，而在所有亞氏的著作中，政治學被研究的最多（雖然其詩學也對文藝復興時代的意大利文學家及法國戲劇家產生巨大影響），且從多瑪斯、莫厄未克

---

❼　"In these free-thinking times, many an empty head is shook at Aristotle, as well as at the Holy Scriptures." (G. R. G. Mure, op. cit., p. 250); Allan, loc. cit.

❽　"The longest tyranny that ever swayed was that wherein our ancestors betrayed their free-born reason to the Stagyrite, and made his torch their universal light." (Epistle to Charleton, Written about 1662). 但大詩人 Pope 卻於 1709 年用美妙的詩句稱美過亞氏：
"Not only nature did his laws obey,
But fancy's boundless empire owned his sway." (*Essay on Criticism* (first ed. only)).

(Moerbeke) 到巴黎若翰 (John of Paris)、馬基維利 (Machiavelli)、嘉耶旦 (Cajetan)、味拉明 (Bellarmine)、蘇亞黎 (Fr. Suárez)、維多利亞 (Fr. Vitoria)、克羅詩烏 (Grotius)、巴拉斯當 (Blackstone, 1723–1780) 一直到二十世紀的其他學人們未曾間斷過。洛克 (J. Locke, 1632–1704)、孟德斯鳩 (Montesquieu, 1689–1755)、木克 (E. Burke, 1729–1797) 及〈美國獨立宣言〉的主要起稿人傑佛遜 (Thomas Jefferson, 1743–1826)、胡克 (R. Hooker)、阿克頓 (J. Acton, 1834–1902)、布萊斯 (J. Bryce, 1838–1922) 等有關權力之結構與其他政治理論均直接或間接受亞氏的影響。於 1891 年所發現由亞氏所編寫的《雅典憲法》(*Constitutions of Athens*) 更加深了學者們對其政治學的興趣。萊布尼茲 (G. Leibniz, 1646–1716) 是一位甚為傑出的德國唯理論者兼數學家，不但欣賞亞氏的邏輯，且也把亞氏的「形質論」作為其個別單子的形上學 (metaphysics of individuals一monads) 之基礎。

　　亞氏的權威於十八世紀飽受低估之後，於十九及二十世紀分別在柏林學院 (Berlin Academy) 及新士林哲學的影響之下又重新建立起來，研究亞氏的熱潮重現曙光，特別其著作的年代次序與其思想的發展史大受重視。柏林學院在貝克 (J. Bekker) 的監督下於 1838 年出版了《亞氏全集》(*Corpus Aristotelicum*)；該學院亦於 1909 年完成了《亞氏的希臘文註解》(*Commentaria in Aristotelem Graeca*)，及於 1882 年至 1903 年出版了《亞氏附錄》(*Supplementum Aristotelicum*)。魏特 (Theodor Waitz) 於西元 1844 年到西元 1846 年編輯了《工具》並加註解。曾於西元 1908 年得諾貝爾文學獎的尤耕 (R. Eucken, 1846–1926) 及鄧尼冷莫 (A. Trendelenburg, 1802–1872) 和他的兩位高足：亥尼 (C. Heider) 與

白冷達諾 (Fr. Brentano, 1838–1917) 均為這世紀熱心研究並擁護亞氏學說者。後者把士林哲學和亞氏的「意向」(intentionality) 觀念應用於心理學上，許多著名的德國哲學家（如 A. Marty、C. Stumpt、C. Ehronfels、A. Meinong、E. Husserl、M. Scheler 和 Nik Hartmann 等）均直接或間接受其影響甚鉅。鄧尼冷莫著重於以法國的唯心論重估亞氏形上學的價值，他對美國思想家，如阿慈 (Felix Adler)，莫利斯 (George Sylvester Morris) 和杜威 (John Dewey) 等也產生某種程度的影響。其他德國學者，如尼尼克 (H. Driesch, 1867–1941)、齊勒 (E. Zeller, 1814–1908) ❾ 和馬爾 (H. Maier) 也對亞氏思想之研究頗有心得。

　　亞氏在法國受重視的程度就不如在德國。雖然拉味桑 (Ravaisson-Mollien, 1813–1900) 發現亞氏的「存有者」觀念對其「精神力能論」(Dynamic spiritualism) 有所幫助，且其主張對後來的學者（如 L. Brunschvicg O. Hamelin, 1856–1907 和 L. Robin, 1866–1947）產生影響，但因著他們的唯心與唯理主義立場，使他們把亞氏視為僅僅是柏拉圖的隨從者而已。然而偉大的法國科學史家，且尼利 (P. Tannery, 1843–1904)，尤其在杜亨 (P. Duhem) 所寫的頗受重視的著作中曾強調亞氏的科學地位。英國學者，如莫尼特 (J. Burnet)、泰勒 (A. E. Taylor) ❿ 和懷德海 (A. E. Whitehead) 等也從唯心論的觀點把亞氏視為柏拉圖的隨從者，雖然不如法國學者那麼偏激。

　　羅馬教宗良十三世 (Leo XIII) 在位時，鑑於各種學說荒謬錯綜紛起，於是大力提倡重振多瑪斯思想。他於西元 1879 年所頒佈

---

❾　著 *Aristoteles und die alten peripatetiker.*

❿　著 *Aristotle* (London: Nelson, 1919, 1943).

的「永恆的天父」(Aeternis Patris) 通諭除了鼓勵天主教學者們研究多瑪斯思想外，並指出許多具體的準則。由於多瑪斯的哲學基本上以亞里斯多德的哲學作為基礎，故也間接推動研究亞氏的熱潮。把亞氏所有的拉丁文譯本重新整理，並加評註成為有名的《拉丁亞里斯多德》(*Aristoteles Latinus*) 即是在這股熱潮衝刺下所產生的成果。

二十世紀學者們研究亞氏的重點則放在探討亞氏思想的發展史，而不著重於其思想在整個人類思想史上所佔的地位。耶克爾 (W. Jaeger) 於西元 1923 年（英譯本於西元 1934 年完成）所寫的名著《亞氏思想之發展史》(*Fundamentals of the History of His Developments*) 即是代表作之一。杜林 (I. Düring) 在這方面也下過不少工夫。英國的學者，如羅斯 (W. D. Ross)、莫爾 (G. R. Mure) 和巴克 (E. Barker) 原則上也朝此方向努力。在羅斯和史密斯 (J. A. Smith) 的監督下，牛津大學成功的把《亞氏全集》譯成標準的英文。當代的英語系哲學家對亞氏也有濃厚的興趣，在牛津、倫敦和紐約均成立研究亞氏思想的中心。在倫敦所成立的「亞里斯多德研究社」(Aristotelian Society) 反映了「必須在亞氏的精神內付諸實行的哲學才是好哲學」(Good philosophy must be practiced in the spirit of Aristotle)❶之見解。

最近幾十年研究亞氏的特色則偏重於以座談會的方式討論亞氏的著作與思想，其中之一即是於西元 1957 年的八月在牛津大學所舉辦的，與會的學者所提出的論文經由俄特莫 (Göteborg) 大學在杜林教授與奧溫 (G. E. L. Owen) 的監督下於西元 1960 年出版，題名為《第四世紀中葉的亞里斯多德與柏拉圖》(*Aristotle*

---

❶　Enc. Britanica—Aristotelianism.

and Plato in the Mid-Fourth Century)。另一次座談會乃於西元 1960 年八月在魯汶大學舉行，論文則於西元 1961 年在曼西恩 (S. Mansion) 教授的監督下由該大學出版，題名為《亞里斯多德與方法問題》(*Aristotle et les problemes de methode*)。

　　從以上對亞氏哲學所作的簡略回顧，已充分證明亞氏在人類思想史上所佔的獨特地位。不管贊成或反對其思想，吾人不得不承認他是被研究最多的思想家，而他對人類文化與文明影響之大無人可與之相提並論。若要詳細說明其影響，可能差不多要像寫一部西洋思想史那麼冗長。他的各種學說與信念已深入人心，在哲學家、神學家、史學家、科學家、文學家、倫理學家、政治學家的著作與言行中隨處可見。不僅在學術上，甚至在人的日常生活的許多習慣用語，研其根源，均來自亞氏，譬如：質料 (matter)、形式 (form)、類 (genus)、種 (species)、能量 (energy)、潛能 (potentiality)、實現 (actuality)、實體 (substance)、附體 (accident)、性質 (quality)、分量 (quantity)、本質 (essence)、原因 (cause)、效果 (effect)、關係 (relation)、個體 (individual)、主詞 (subject)、述詞 (predicate) 等，這些只是其中一小部而已。即使那些決心要反對他的激進者，竟然發現他們自己也是在使用亞氏的語言，難怪佛羅斯特 (S. E. Frost, Jr.) 教授會如此肯定地說：「在西方歷史上，影響世世代代人的思想最深遠者，非亞里斯多德莫屬。即使那些企圖忽視或反對他的人，也會發現他們，以及評鑑他們的人之思想模式均受亞氏的影響。」 ❷

---

❷　"There has been no man in western history who has had a more profound influence upon the thinking of all generations from his time than Aristotle. Even when men sought to ignore him or to condemn him,

至於論及主要學科的起源幾乎無一不以亞氏為始祖，有些雖
仍需改善、增減、發揮與充實，有些則無此需要，因已經很完善
了，是以，梁啟超先生雖然對亞氏並未作深入的研究，但也不得
不對他心悅誠服崇拜不已：

> 大哉亞里斯多德，生乎二千年以前，而令今世之言哲學者、
> 言名學者、言數學者、言天文學者、言心理學者、言倫理
> 學者、言生計學者、言政治學者，無不崇拜之以為鼻祖、
> 以為本師。試一番泰西汗牛充棟之科學書，觀其發端處敘
> 述本學之沿革，無論何科，無不皆推本於亞里斯多德。(《飲
> 冰室》卷二)

耶克爾 (W. Jaeger) 是研究亞里斯多德思想的發展史專家，當
其評估亞氏的歷史地位時所作的評論極具有權威性：

> 亞里斯多德這個名字乃意味客觀、永恆、長久以來的整個
> 抽象思想界之知識巔峰，及士林哲學家心目中的偶像。……
> 雖然今日已不再像過去般，把他視為真理的化身，然而，
> 作為西方知識界的巨擘，其在歷史上的重要性，的確並不
> 因著過去五百年，人們為了擺脫亞氏思想之窠臼，給歐洲
> 文化帶來的哲學成就而減低❸。

---

they found him shaping their thinking and that of those about them."
(*Historical and Philosophical foundations of Western Education*, N. Y.,
1968, p. 67.)

❸ W. Jaeger, *Aristotle—Fundamentals of the History of His Development*

　　因此，亞氏也永遠是大詩人但丁口中承先啟後的「智者之師」
(Il maestro di color che sanno－the master of those who know)。「學
問之父」的尊稱，對亞氏而言，誠為實至名歸也。

(Oxford: Clarendon Press, 1962), p. 368. 在序文中已引用過。

參考書目

一、中文書目

傅偉勳著，《西洋哲學史》，臺北，三民書局，民國六十四年。

高思謙譯，《亞里斯多德之宜高邁倫理學》，臺北，商務印書館，民國六十八年。

李震著，《希臘哲學史》，臺北，三民書局，民國七十一年。

項退結編譯，《西洋哲學辭典》，臺北，國立編譯館，民國六十五年。

李日章譯，《亞里斯多德》，臺北，聯經出版事業公司，民國七十二年。

高柏園譯，《亞里斯多德》，臺北，時報文化出版事業有限公司，民國七十二年。

宋稚青著，《邏輯與科學方法》，臺北，大中國圖書公司，民國六十年。

羅光著，《理論哲學》，臺北，學生書局，民國六十八年。

錢志純著，《理則學》，臺北，文景出版社，民國六十一年。

郭實渝譯，《亞里斯多德思想的成長與結構》，臺北，聯經出版事業公司，民國七十三年。

劉伯驥著，《西洋教育史》，臺北，中華書局，民國六十二年。

傅佩榮譯，《西洋哲學史》，臺北，黎明文化事業有限公司，民國七十五年。

沈清松著，《物理之後／形上學的發展》，臺北，牛頓出版社，民國七十六年。

曾仰如著，《柏拉圖的哲學》，臺北，商務印書館，民國七十二年。

曾仰如編著，《形上學》，臺北，商務印書館，民國七十四年。

曾仰如著，《宗教哲學》，臺北，商務印書館，民國七十五年。

曾仰如著，《倫理哲學》，臺北，商務印書館，民國七十五年。

淦克超譯，《亞里斯多德的政治學》，臺北，水牛出版社，民國五十三年。

仰哲編譯部譯，《形上學》，新竹，仰哲，民國七十一年。

鄔昆如著，《西洋哲學史》，臺北，國立編譯館，民國六十年。

二、西洋書目

I. Works of Aristotle（亞氏的著作）

Aristotelis Opera (in Greek), 5 vols. Berlin, 1831–1870.

Aristoteles Latinus. Bruges, 1939.

Commentaria in Aristotelem Graece. Berlin, 1882–1909.

Complete works of Aristotle, 12 vols., ed. by D. Ross, Oxford, 1908–1952.

Fragments:

Heitz, Em., *Fragmenta Aristotelis*. Paris, 1886.

Kappes, M., *Aristotelis Lexikon*. Paderborn, 1894.

Rose, V., *Aristoteles pseudepigraphus*. Leipzig, 1886.

Rose, V., *De Aristotelis librorum ordine et auctoritate*. Berlin, 1853.

Rose, V., *Aristotelis quae ferbantur librum fragmenta*. Leipzig, 1886.

Ross, W. D. (ed.), *Aristotelis Fragmenta Selecta*. Oxford, 1955.

Walzer, R., *Aristotelis dialogorum fragmenta in usum schlarum*. Fuenze, 1934.

Wilpert, P., *Reste Verlorener Aristoteleschriften bei Alexander von Aphrodisias*. Hermes, 1940.

II. Works on Aristotle（有關亞氏的著作）

Abbagnano, N., *La nozione d'infinite secondo Aristotele*. Lanciano: Carabba, 1933.

Alfaric, P., *Aristote*. Paris, 1905.

Allan, D. J., *The Philosophy of Aristotle*. Oxford, 1952.

Anquin, Nimio de., *Las dos concepciones del ente en Aristoteles*. Bs. Aires, 1942.

Antweiler, A., *Der Begriff der Wissenschaft bei Aristoteles*. Bonn: Hanstein, 1936.

Apelt, O., *Zur Metaphysik des Aristoteles*. Leipzig, 1891.

Aquinas, St. Thomas, *Opera Omnia*.

Aquinas, St. Thomas, Commentaria in: *De gene. et. corrupt., Meteor., De anima, De sensu et sensato, De memoria et reminiscentia, Metaph., decem libros Ethicorum, Pol., Phys. Ana. post., Peri Hermeneias, De caelo et mundo*.

Arnim, H. von, *Die drei Aristotelischen Ethiken*. Wien, 1925.

Arnim, H. von, *Eudemische Ethik und Metaphysik*. Wien, 1928.

Arnim, H. von, *Nochmals die Aristotelischen Ethiken*. Wien, 1929.

Arnim, H. von, *Der neuerte Versuch die Magna Moralia als unecht zu erweisen*. Wien, 1929.

Arnim, H. von, *Die Enstechung der Gotteslehre des Aristoteles*. Wien, 1931.

Arnim, H. von, *Zur Entstechungsgeschichte der Aristotelischen Politik*. Wien, 1924.

Aubenque, P., *Le problème de l'être chez Aristote, Essai sur la problématique Aristotélicienne*. Paris, 1962.

Badareu, *L'individuel chez Aristote*. Paris, 1936.

Barbado, M., O. P., *Localizaciòn de las facultades sensitivas según los antiguos: Ciencia Tomista*. 1920, pp. 5–16.

Barker, E., *The Political Thought of Plato and Aristotle*. London, 1906.

Barker, E., *Aristotle: Enc. Britanica*, 15th ed.

Barthelemy St. Lillaire, J., *La Mètaphysique d'Aristote*. Paris, 1870.

Beare, J., *Greek Theories of Elementary Cognition from Alcmaeon to Aristotle*. Oxford, 1906.

Bernard, R., *La critique Aristotelicienne de l'intelligence: Rev. des Sc. Phil. et Theol. ii*, 1922, pp. 217–246.

Bidez, J., *Un singulier naufrage littèraire. A la recherche des èpaves de l'Aristote perdu*. Bruxeles, 1943.

Bignani, E., *La poetica di Aristotele e il concetto dell'arte presso gli antichi*. Florence, 1932.

Bignone, E., *L'Aristotele perduto e la formazione filosofica di Epicuro*, 2 vols. Florence, 1936.

Bittle, Celestine, N., *Reality and the Mind*. Milwaukee: The Bruce Publishing Company, 1936.

Bittle, Celestine, N., *The Domain of Being-Ontology*. Milwaukee: The Bruce Publishing Company, 1938.

Bonitz, H., *Aristotelischen Studien*, 1866.

Bourgey, L., *Observation et experience chez Aristote*, 1955.

Bover, J. M., *El concepto de belleza en la Poetica de Aristoteles: Razòn y Fe 29*, 1911, pp. 459–469.

Brentano, F. C., *Aristoteles Lehre von Ursprung des menschlichen Geistes*. Leipzig, 1911.

Brentano, F. C., *Aristoteles und seine Weltanschauung*. Leipzig, 1911.

Brentano, F. C., *Aristoteles*. Trd. *Moises Sanchez Barrado*. Barcelona, 1930.

Brocker, W., *Aristoteles*. Frankfurt, 1925.

Burnet, J., *The Ethics of Aristotle*. London, 1900.

Burnet, J., *Aristotle*. London, 1924.

Bywater, I., *Aristotle on the Art of Poetry*. Oxford, 1909.

Calogero, G., *I Fondamenti della Logica aristotelica*. Florence, 1927.

Cantin, St., *L'intelligence selon Aristote, Laval, Theol. et Philos. 4*, 1948, pp. 252–288.

Carlini, A., *Studi aristotelici. La Metafisia*. Bari: Laterza, 1928.

Carteron, H., *La notion de force dans le systeme d'Aristote*. Paris, 1924.

Case, T., *Aristotle: Encyclopaedia Britannica*, 11th ed. Cambridge, 1910.

Case, T., *The development of Aristotle: Mind 34*, 1925, pp. 80–86.

Cassirer, H., *Aristoteles' Schrift won der Seele*. Tubinga, 1932.

Cencillo, Luis, *Funciones del concepto de "materia" en el Corpus aristotelicum: Revista de Filosofia 15.* Madrid, 1956, 57, pp. 209–226.

Cencillo, Luis, Hyle, *Origen, concepto y funciones de la materia en el Corpus Aristotelicum.* Madrid, C. S. I. C., Inst. "Luis Vives", 1958.

Cherniss, H., *Aristotle's criticism of Presocratic Philosophy.* Baltimore, 1935.

Cherniss, H., *Aristotle's criticism of Plato and the Academy.* Baltimore, 1944.

Chevalier, J., *La notion de nècessaire chez Aristte et chez ses prèdécesseurs, particulièrement chez Platon.* Paris, 1915.

Claghorn, G. S., *Aristotle's criticism of Plato's "Timaeus".* La Haya, 1954.

Colli, G., *Aristotele, Organon. Introd. y traduccion.* Turin, 1955.

Cooper, L., *Aristotle, Galileo and the tower of Pisa.* Ithaca, 1935.

Copleston, F., *A History of Philosophy,* vol. l. New York, 1960.

Corte, M. de, *La definition aristotelicienne de l'ame: Revue Thomiste 45,* 1939, pp. 460–508.

Corte, M. de, *La causalitè du premier Moteur dans la philosophie aristotelicienne: Revue d'Histoire de la Philosophie,* 1931, pp. 105–146.

Corte, M. de, *Aristote et Plotin.* Paris, 1935.

Corte, M. de, *Glose sur un passage du "De anima" I 4, 429b10–22: Revue Neosc. de Philosophie,* 1932, pp. 239–247.

Corte, M. de, *La doctrine de l'intelligence chez Aristote.* Paris, 1934.

Corte, M. de, *Notes exégetiques sur la théorie du "sensus communis": Revue Néoscholastique Louvain,* 1932, pp. 187–214.

Covotti, A., *Da Aristotele ai Bizantini.* Naples, 1935.

Croissant, J., *Aristote et les mystères.* Lieja, 1932.

Cubells, F., *El acto energetico en Aristoteles: Anales del Seminario de Valencia l,* 1961.

Dadidson, T., *Aristotle and ancient education ideals.* London, 1892.

Dal Sasse, G., *La Metafisia di Aristotele.* Padua, 1944.

D'Arcy, W. T., *On Aristotle as a Biologist*. Oxford, 1912.

Defourny, M., *Aristote et l'education: Annales de l'Insittut Sup. de Philos*. Louvain, 1920, pp. 1–176.

Defourny, M., *Aristote. Theorie economique et politique sociale: Annales de l'Inst. Sup. de Philos*. Louvain, 1914, pp. 1–34.

Defourny, M., *Aristote et l'evolution sociale: Ann. de l'Inst. Sup. de Philos*. Louvain, 1924, pp. 529–696.

Defourny, M., *Aristote: Edudes sur la Politique*. Paris, 1932.

Dubois, J., *Trois interprétations classiques de la dèfinition arist. du temps: Rev. Thomiste*, 1961, pp. 399–429.

Duhem, P., *Le système du monde*, vol. 1. Paris, 1913.

During, I., *Aristotles "De partibus animalium, critical and literary commentaries"*. Goterborg, 1943.

During, I., *Aristotle's Protrepticus, an attempt at reconstruction*. Estocolmo, 1961.

Elorbuy, E., *Sobre la vida de Aristoteles, segun Ammonio: Pensamiento 9*, 1953, pp. 79–95.

Elorbuy, E., *Los "Magna Moralia" de Aristoteles, Emerita 7*, 1940, pp. 6–70.

Elorbuy, E., *Aristoteles en la cultra occidental: Revista Nacional de Educacion 11*, 1943, pp. 49–70.

Elorbuy, E., *La evolucion de la psicologia de Aristoteles según Fr. Nuyens: Pensamiento 6*, 1950, pp. 465–494.

Elorbuy, E., *El nuevo Aristoteles del J. Zurcher: Pensamiento 8*, 1952, pp. 325–356.

Enriques, F., *Zur Geschichte der Logik. Grundlage und Aufbau der Wissensschaft im Urtel der mathematischen Denker*. Leipzig: Berlin, Teubner, 1931.

Eucken, R., *Die Methode der aristotelischen Forschung*. Berlin Weidmann,

1872.

Eucken, R., *Eine Einführung in Aristoteles*. Münich, 1889.

Farre, L., *Fundamentos para una Metafisica de los valores en Aristoteles: Actas del Congreso internacional de Barcelona*, t. 2. Madrid, 1949, pp. 753–754.

Festugiere, A., *Notes aristotèliciennes: I. Les mèthodes de la dèfinition de l'âme. II, Thèorie du Premier Moteur: Revue des Sc. Phil. et Théol. 20*, 1931, pp. 83–94.

Festugiere, A., *Aristote: Le Plaisir*. Paris: Vrin, 1946.

Festugiere, A., *Le temps et l'âme selon Aristote: Rev. des Sc. Phil. et Théol.*, 1934, pp. 5–28.

Filkuka, L., *Die metaphysischen Grundlagen in Ethik Aristoteles*. Praga, 1903.

Foley, Leo A., *The persistence of aristoteleian Physical Method: The New Scholasticism 24*, n. 2, 1953, pp. 160–175.

Fouillée, A. J. E., *Aristoteles y su polemica contra Platon*, trd. by Manuel Granell. Bs. Aires: Espasa-Calpe, 1948.

Fritz, K. von, *Der Urspring der aristotelischen Kategorienlehre: Archiv fur Gesch. der Philos.*, bd. 40 heft 3. Berlin, 1931, pp. 449–496.

Gadamer, H. G., *Der aristotelische Protreptikos und die entwicklungsgeschitliche Betrachtung der aristotelischen Ethik: Hermes 63, 138, 164*, 1928.

Gautheir, R. A., *La Morale d'Aristote*. Paris, P. U. F., 1958.

Gentile, M., *La dottri na platonica delle idee-numeri e Aristotele*. Pisa, 1930.

Gercke, A., *Aristoteles*, en R. E. Pauly-Wissowa. Stuttgart, 1896.

Gerland, A., *Aristoteles und die Mathematik*. Marburg, 1899.

Geyser, J., *Die Erkentnistheorie des Aristoteles*. Münster, 1917.

Giacon, C., *Il divenire in Aristotele*. Padova: Cedam, 1947.

Gilbert, N. W., *Renaissance Concepts of Method*. New York, 1960.

Gillet, M., *Du fondament intellectuel de la morale d'aprés Aristote.* Friburg, 1905.

Gilson, E., *The Christian Philosophy of St. Thomas Aquinas.* New York, 1956.

Goederkemeyer, A., *Die Gliederung der aristotelischen Philosophie,* 1921.

Goederkemeyer, A., *Aristoteles,* 1922.

Golcke, P., *Die Enstehung der aristotelischen Logik.* Berlin, 1936.

Gomez-Nogales, S., *Horizonte de la metafisica aristotelica.* Madrid, 1955.

Grabmann, M., *Mittelalterliche Deutung und Umbildung der aristotelischen Lehre vom Nous poietikos.* Münich, 1936.

Gredt, Joseph, *Elementa Philosophiae Aristotelico-Thomisticae.* Barcelona: Herder, 1951.

Grenier, H. *Cursus Philosophiae.* Quebec, 1948.

Grote, G., *Aristotle.* London, 1872.

Hamelin, O., *La Morale d'Aristote: R. N. N.,* 1923, pp. 497–507.

Hamelin, O., *Le systeme d'Aristote,* published by L. Robin. Paris, 1920.

Hamelin, O., *El sistema de Aristoteles,* trd. by Adolfo E. Jasc- alevich. Bs. Aires, 1946.

Hayen, A., *La theorie du bein naturel d'apress Aristote: R. N. P.,* 1937, pp. 5–43.

Heath, T. L., *Mathematics in Aristotle.* Oxford, 1949.

Heiberg, J. S., *Mathematisches zu Aristoteles.* Leipzig, 1904.

Howald, E., *Die Schriftenverzichnisse des Aristoteles und Theophrast.* Hermes, 1920, 204ss.

Ivanka, A. de, *Sur la composition du "De anima" d'Aristote: Rev. de Phil de Louvain,* 1930, pp. 75–83.

Ivanka, A. de, *Die Behandlung der Metaphysik in Jaegers "Aristo- teles": Scholastik,* 1932, pp. 1–29.

Jaeger, W., *Studien zur Enstehungsgeschichte der Metaphysik des Aristoteles.*

Berlin: Weidmann, 1912.

Jaeger, W., *Das Pneuma in Likeion.* Hermes, 1913, pp. 29–74.

Jaeger, W., *Aristoteles. Grundlegung einer Geschichte seiner Entwi- cklung.* Berlin: Weidmann, 1923.

Jaeger, W., *Aristotle: Fundamentals of the History of His Development,* trd. by Richard Robinson. Oxford: The Clarendon Press, 1962.

Johnson, E. H., *The argument of Aristotle's Metaphysics.* New York, 1906.

Jolivet, R., *La notion de substance. Essai historique et critique sur le deveopment des doctrines d'Aristote a nos jours.* Paris, 1929.

Jolivet, R., *Aristote et la notion de creation: Rev. Sc. Phil. et Theologiques,* 1930, pp. 5–50, 209–215.

Kafka, G., *Aristoteles.* Münich, 1922.

Kurfeβ, *Zur Geschichte der Erklarung des Aristoteles Lehre vom sogennantes nous poietikos und pathetikos.* Tübinqen, 1911.

Lachance, L., *L'etat paien d'Aristote: Angelicum,* 1937, pp. 323–344.

Lagrange, J. M. *Comment s'est transformée la pensee religieuse d'Aristote d'après un livre rècent: Revue Thomiste,* 1926, pp. 285–329.

Lalo, C., *Aristote.* Paris, 1923.

Le Blond, J. M., *Logique et mèthode chez Aristote. Etude sur la recherche de principes dans la physique aristotelicienne.* Paris, Vrin, 1939.

Le Blond, J. M., *La définition chez Aristote: Gregorianum.* Rome, 1939, pp. 351–380.

Lefevre, Ch., *Du platonisme a l'aristotelisme: Rev. Phil. 59.* Louvain, 1961, pp. 197–248.

Lewes, G. H., *Aristotle. A chapter from the history of science.* London, 1964.

Lones, T. E., *Aristotle's researches in natural science.* London, 1912.

Mager, A., *Der nous pathetikos bei Aristoteles und Thomas von Aquin: Rev. Neosc. de Philos.* Louvain, 1934, pp. 263–274.

Maier, H., *Die syllogistik des Aristoteles*. Bubinga, 1896–1900, 3 vols.

Manquat, M., *Aristote naturaliste*. Paris, 1932.

Mansion, A., *Aristote et les Mathematiques: Rev. Neosc. de Philos*. Wien, 1903.

Mansion, A., *Sur le correspondence du logique et du reel: Rev. Neosc. de Philos. 35*. Wien, 1932, pp. 305–340.

Mansion, A., *Autour des Ethiques attribuee a Aristote: Rev. Neosc.de Philos. 33*. Louvain, 1931, pp. 80–107, 216–236, 360–567.

Mansion, A., *Introduction a la Physique aristelicienne*. Louvain, 1945.

Mansion, Suzanne, *La premiere doctrine de la substance. La substance selon Aristote: Rev. Neosc. de Philos*. Louvain, 1948, pp. 349–369.

Mansion, Suzanne, *Le jugement d'existence chez Aristote*. Louvain, 1946.

Marchesi, A., *Il principio di non-contraddizione in Aristotele e Kant e la funzione del "tempo": Riv. Fil. Neosc. 52*. Milan, 1960, pp. 413–430.

Marias, J., *Sobre a Politica de Aristoteles: Rev. de Estudios Politicos 35*. Madrid, 1951, pp. 63–73.

Mariotti, S., *La "quinta essencia" nell'Aristotele perduto e nella Accademia: Riv. de Pilos. e d'istruz*. Class, 1940, pp. 179–189.

Maurice Denis, N., *L'etre en puissance selon Aristote*. Paris, 1922.

Merlan, Ph., *Studies in Epicurus and Aristotle*. Wiesbaden, 1960.

Miceli, R., *Aristotele*. Rome, 1927.

Milhaud, G., *Aristote et les Mathematiques: Etudes*. Paris, 1906.

Miller, J., *The Structure of Aristotelian Logic*. London, 1938.

Moreau, J., *L'ame du monde de Platon aux stoiciens*. Paris, 1939.

Moreau, J., *Aristote et son ecole: Coll. "Les grands penseurs"*. Paris, 1962.

Mugnier, R., *La theorie du premier moteur et l'evolution de la pensee aristotelicienne*. Paris, 1930.

Mugnier, R., *De l'idee de hierarchie dans le systeme d'Aristote: Arch. de*

Philos. IX 3, 1932, pp. 75–93.

Mure, G. R. G., *Aristotle*. New York, 1932.

Newmann, W. L., *The Politics of Aristotle*: I–II, 1887; III–IV, 1902.

Noble, H., *Le fondement intellectuel de la morale aristotelicienne: Revue Thomiste*, 1905, pp. 700–708.

Nuyens, F. J. Ch., *L'evolution de la Psychologie d'Aristote*. Louvain, 1948.

Oggioni, E., *La Filosofia prima di Aristotele*. Milan: Vita e Pensiero, 1939.

Olle-Laprunne, L., *La Morale d'Aristote*. Paris, 1881.

Owens, J., *The doctrine of Being in the Aristotelian Metaphysics*. Toronto, 1951.

Pauler, Akos von, *Aristoteles*. Paderborn, 1933.

Phillippe, M. D., *Abstraction, addition, separation chez Aristote: Rev. Thomiste 48*, 1948, pp. 461–479.

Phillips, R. P., *Modern Thomistic Philosophy*. London, 1934.

Piat, C., *Aristote*. Paris, 1912.

Piat, C., *L'ame et ses facultes d'apres Aristote: Rev. Neosc. de Philos.*, 1907, pp. 153–172.

Planella Guille, J., *Los sistemas de Platon y de Aristoteles*. Barcelona, 1947.

Portelli, Aug., *Platonica penetratio in Aristotelis doctrinam: De intellectu agenti*. Perugia, 1949.

Pouchet, G., *La biologie aristotelicienne*. Paris, 1885.

Quiles,I., *Aristoteles: Vida, escritos, doctrina*. Bs. Aires, 1944.

Ravaisson, F., *Essai sur la Metaphysique d'Aristole*. Paris, 1837.

Reale, G., *Il concetto di filosofia prima d l'unita della Metafisica di Aristotele*. Milan: Vita e Pensiero, 1961.

Regis, L. M., *L'opinion selon Aristote*. Paris, 1935.

Riondato, E., *Storia e metafisica nel pensiero di Aristotele*. Padova, 1961.

Rivaud, A., *Le problème du dèvenir et la notion de matière dans la philosophie grecque depuis l'origine jusqu'd Thèophraste*. Paris, 1906.

Robin, L., *La pensèe hellènique des origines à Epicure*. Paris, 1942.

Robin, L., *La theorie platinicienee des Idees et des Nombres d'apress Aristote*. Paris, 1908.

Robin, L., *Aristote*. Paris, 1944.

Robin, L., *La pensèe hellènique*. Paris, 1942.

Robin, L., *Notes sur la notion d'individu chez Aristote: Rev. des Sch. Phil. et Theol.*, 1931, pp. 472–475.

Roland-Gosselin, M. D., *Aristote*. Paris, 1928.

Roland-Gosselin, M. D., *De l'induction chez Aristote: Rev. des Sc. Phil. et Theol.*, 1912, pp. 236–252, 661–675.

Roland-Gosselin, M. D., *Les methodes de la definition d'apress Aristote: R. Sc. Phil. et Theol. 6*, 1912, pp. 231–252, 661–675.

Rolfes, E., *Die Philosophie des Aristoteles als Naturerklarung und Weltanschuung*. Leipzig, 1923.

Rosmini, A., *Aristoteles esposto ed esaminato*. Turin, 1857.

Ross, W. D., *Aristotle's Metaphysics*. Oxford, 1924.

Ross, W. D., *Aristotle*. London, 1923, 1949, 5th ed.

Ross, W. D., *Aristotle's Physics*. Oxford, 1936.

Rostagni, A., *La poetica di Aristotele*. Turin, 1927.

Rotta, P., *Il platonismo in Aristotele*. Varallo: Lesia, 1921.

Rotta, P., *Aristotele*, 2nd ed. Brescia, 1945.

Saitta, G., *Aristotele, Dell'Anima, passi tradotti e commentati*. Bolonia, 1937.

Salzi, P., *La genese de la sensation dans les rapports avec la theorie de la connaissance chez Protagoras, Platon et Aristote*. Paris, 1934.

Santayana, J., *The secret of Aristotle: Dialogues in Limbo*. New York, 1925, pp. 173–193.

Schacher, J., *Studien zu den Ethiken des Corpus aristotelicum*. Paderborn,

1940.

Schilling, K., *Das Ethos des mesotes*. Tibinga, 1930.

Schilling, K., *Aristoteles' Gedanke der Philosophie*, 1928.

Scholz, H., *Geschichte der Logik*. Berlin, 1931.

Schuppe, W., *Die aristotelischen Kategorien*. Berlin, 1917.

Sesmat, A., *L'Univers d'Aristote: Rev. de Philosophie*. Paris, 1938, pp. 286–309.

Sesmat, A., *La theorie aristotelicienne du lieu: Rev. de Philos.*, 1938, pp. 1–23.

Sesmat, A., *La theorie aristotelicienne du mouvement local: Rev. de Philos.*, 1939, pp. 1–23.

Siebeck, H., *Aristoteles*. Stuttgart, 1899, 1910.

Siebeck, H., *Aristoteles, Rev. de Occidente*. Madrid, 1930.

Simon, Ives, *Positions aristoteliciennes concernant de problème de l'activitè de sens: Rev. de Philos.*, 1933, pp. 229–258.

Siwek, P., *La psychophysique humaine d'apress Aristote*. Paris, 1930.

Solmsen, F., *Die Entwicklung der aristotelischen Logik und Rhetorik*. Berlin: Weidmann, 1929, 1936.

Spengel, L., *Aristotelische Studien*, 4 vols. München, 1864–1868.

Spicer, E. G., *Aristotle's conception of the Soul*. London, 1934.

Stahr, A., *Aristotelica*. Halle, 1830.

Stenzel, J., *Zahl und Gestalt bei Platon und Aristoteles*. Leipzig, 1924, 1933.

Stewart, J. A., *Notes on the Nicomachean Ethics of Aristotle*. Oxford, 1892.

Stocks, J. L., *Aristotelianism*. New York, 1925.

Stocks, J. L., *El aristotelismo y su influencia*, trd. de Gonzalez Rios. Bs. Aires, 1947.

Studniczska, *Das Bildniss des Aristoteles*. Leipzig, 1908.

Tannery, P., *Recherches sur l'histoire de la Astronomie ancienne*. Paris, 1893.

Taylor, A. E., *Aristotle*. London, 1919, 1943.

Theiler, W., *Die grosse Ethik und die Ethiken des Aristoteles*. Hermes, 1931.

Thompson, D. W., *On Aristotle as a biologist*. Oxford, 1913.

Thurst, A., *Etudes sur Aristote*. Paris, 1860.

Tonquedec, J., *Questions de Cosmologie et de Physique chez Aristote et St. Thomas*. Paris: Vrin, 1950.

Trendelenburg, Fr. A., *Geschichte der Kategorienlehre*. Berlin, 1946.

Trendelenburg, Fr. A., *Aristotelis De Anima libri tres*. Berlin, 1877.

Trendelenburg, Fr. A., *Elementa Logicae aristotelean*. Berlin: Weber, 1892.

Urmeneta, F. de, *Introduccion a la Metafisica de Aristoteles: (traducción y comentario)*. Barcelona, 1950.

Verbeke, G., *Comment Aristote concoit-il l'iimateriel? Rev. de Phil*. Louvain, 1946, pp. 205–236.

Verbeke, G., *Philosophie et conceptions prephilosophiques chez Aristote: R. Phil*. Louvain, 1961, pp. 405–430.

Wallace, E., *Outlines of the Philosophy of Aristotle*. Cambridge, 1898.

Walzer, R., *Magna Moralia und die aristotelische Ethik*. Berlin, 1929.

Weil, R., *Aristote et l'histoire. Essai sur la "Politiques"*. Paris, 1960.

Weiss, H., *Kausalitat und Zufall in der Philosophie des Aristoteles*. Basel, 1942.

Werner, Ch., *Aristote et l'idealism platonicien*. Paris, 1910.

Werner, Ch., *la finalitè d'après Aristote: RTP,* 1931, pp. 5–16.

Wilamowitz-Moellendorff, U. von, *Aristoteles und Athen*. Berlin, 1893.

Willmann, O., *Aristoteles als Padagog und Didaktiker*. Berlin, 1909.

Wilson, J. C., *Aristotelian Studies*. Oxford, 1912.

Wittmann, M., *Die Ethik des Aristoteles*. Ratisbona, 1920.

Wunderle, G., *Die Lehre des Aristoteles von der Zeit*. Fulda, 1908.

Wundt, M., *Untersuchungen zur Metaphysik des Aristoteles*. Stuttgart, 1953.

Zea,I., *La Filosofia en Aristoteles: Tierra Nueva I*, n. 6. Mexico, 1940.

Zeller, Ed., *Aristoteles und die alten peripatetiker*, 4th ed. Berlin, 1921.

Zubiri,X., *La idea de Filosofia en Aristoteles: Naturaleza, Historia*. Madrid, 1944, pp. 127–138.

Zuccante, G., *Aristotele e la morale*. Florence, 1926.

Zürcher, J., *Aristoteles Werke und Geist*. Paderborn, F. Schöningh, 1952.

人名索引

X

Xenocrates（齊諾克雷弟斯） 7,
21, 114

Z

內容索引

A

B

G

Generation (and corruption)〔生（與滅）〕 19, 117, 132, 144, 145, 198, 224, 233, 499

- ～notion（意義）
- ～process（過程）
- ～formation（形成）

Generosity（慷慨） 387

Genus（類別） 37, 67, 70, 113, 126, 147, 149, 264, 311, 312, 314, 474, 499

God（神——上帝） 133, 154, 161, 340, 341, 343, 411

- ～existence (proof of)（神之存在的證明）
  - ～from the order of the world（從宇宙的秩序）
  - ～from the degree of perfections（從事物的完美等級）
  - ～psychological（心理證明）
  - ～from the motion of things（從事物的變動）
- ～nature（性質）
  - ～sulf-subsisting（自有者）
  - ～eternal（永恆者）
  - ～impassive（無感受）
  - ～transcendental（獨一無二）
  - ～spiritual（精神體）
  - ～invisible（不可分的）
  - ～simple（單純的——不從部分合成的）
  - ～most perfect（最完美的）
  - ～Actus Purus（純實現）
  - ～providence（對萬物的照顧）
  - ～his relationship with the world（與世界的關係）

H

K

L

M

U

V

平等與差異——漫遊女性主義　劉亞蘭 著

本書從自由主義的女性主義、馬克思主義的女性主義、激進女性主義等觀點，帶領讀者一同了解哲學和性別之間，有時碰撞、有時猜忌、有時和平相處、有時鬧到要分手的思辯過程。希望讀者朋友在了解女性主義者為女性發聲的奮鬥歷史之後，也能一起思考：兩性之間的發展、人與人之間的對待，是否能更和諧、更多元？

少年達力的思想探險　鄭光明 著

探究哲學問題就像是走在一座令人迷惘、困惑不已的思想迷宮裡一樣。這個思想迷宮並不在雲端上，而是在我們的日常生活中。我究竟是否存在？周遭一切會不會如夢如幻、只不過是惡魔的玩笑？什麼都可以懷疑嗎？還是有什麼是確定不可以懷疑的？在本書中，達力將以上述問題為藍本進行思想探險，期能在哲學的思想迷宮中，找到一條智慧之路。

信不信由你——從哲學看宗教　游淙祺 著

西方哲學從古希臘到十九世紀末為止，其論辯、批判與質疑的焦點集中在「上帝是否存在」上。而二十世紀的西方哲學家，在乎的是「宗教人的神聖經驗」、「宗教語言」、「宗教象徵與神話」等新議題。至於身為世界公民的我們，如何面對宗教多元的現象？應該怎樣思考宗教多樣性與彼此相互關係的問題呢？

這是個什麼樣的世界？

王文方 著

「形上學」的主題包括因果、等同、虛構人物、鬼神、可能性、矛盾、自由意志等等，都是讀者平時會想到、但卻沒機會仔細深思的問題。透過淺顯易讀的文字介紹，作者希望讀者讀完本書後，會有這樣的一種感覺：形上學的討論無非是想對我們的常識作出最佳的合理解釋罷了；這樣的討論或許精緻複雜，但絕非玄奧難懂。